BAKUMAN。

TRAUM UND REALITÄT

BAKUMAN.

1

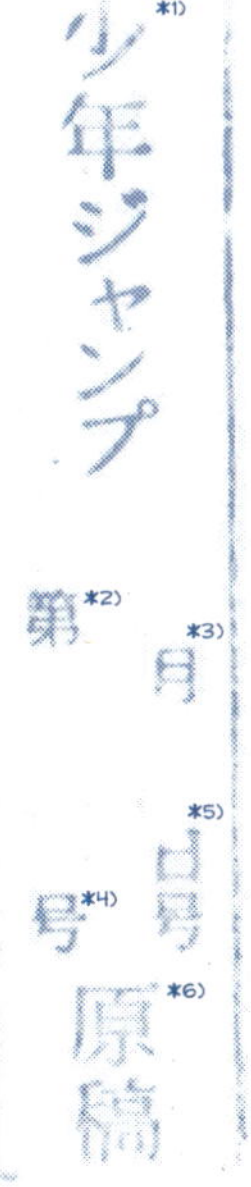

TEXT: TSUGUMI OHBA

ZEICHNUNGEN: TAKESHI OBATA

*1) *Weekly Shonen Jump*, *2) Nummer, *3) Monat, *4) Ausgabe, *5) Tag, *6) Manuskript

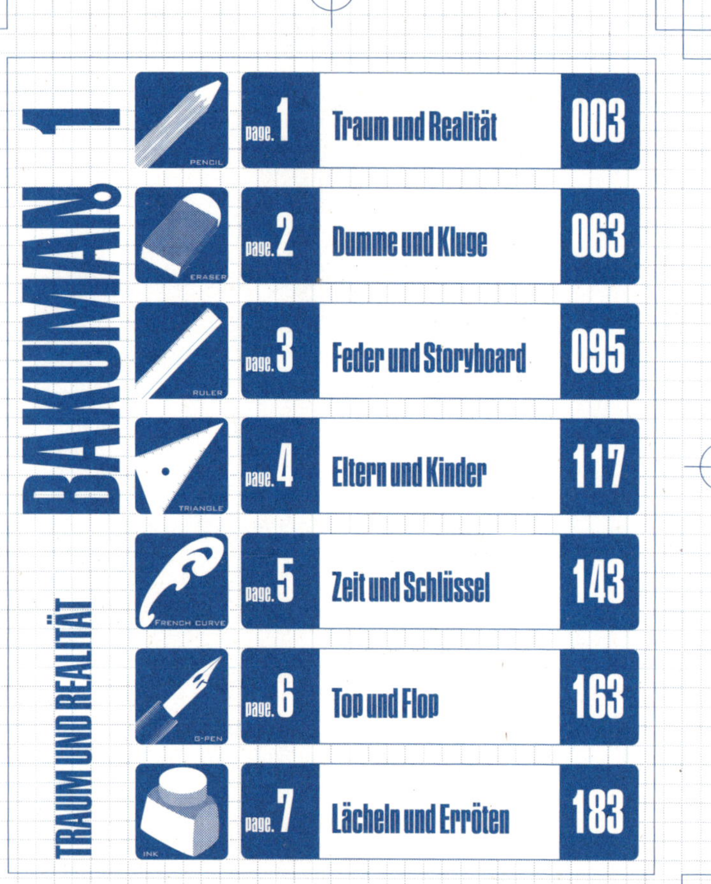

もくじ .indd P4
09.1.5 7:25:52 PM

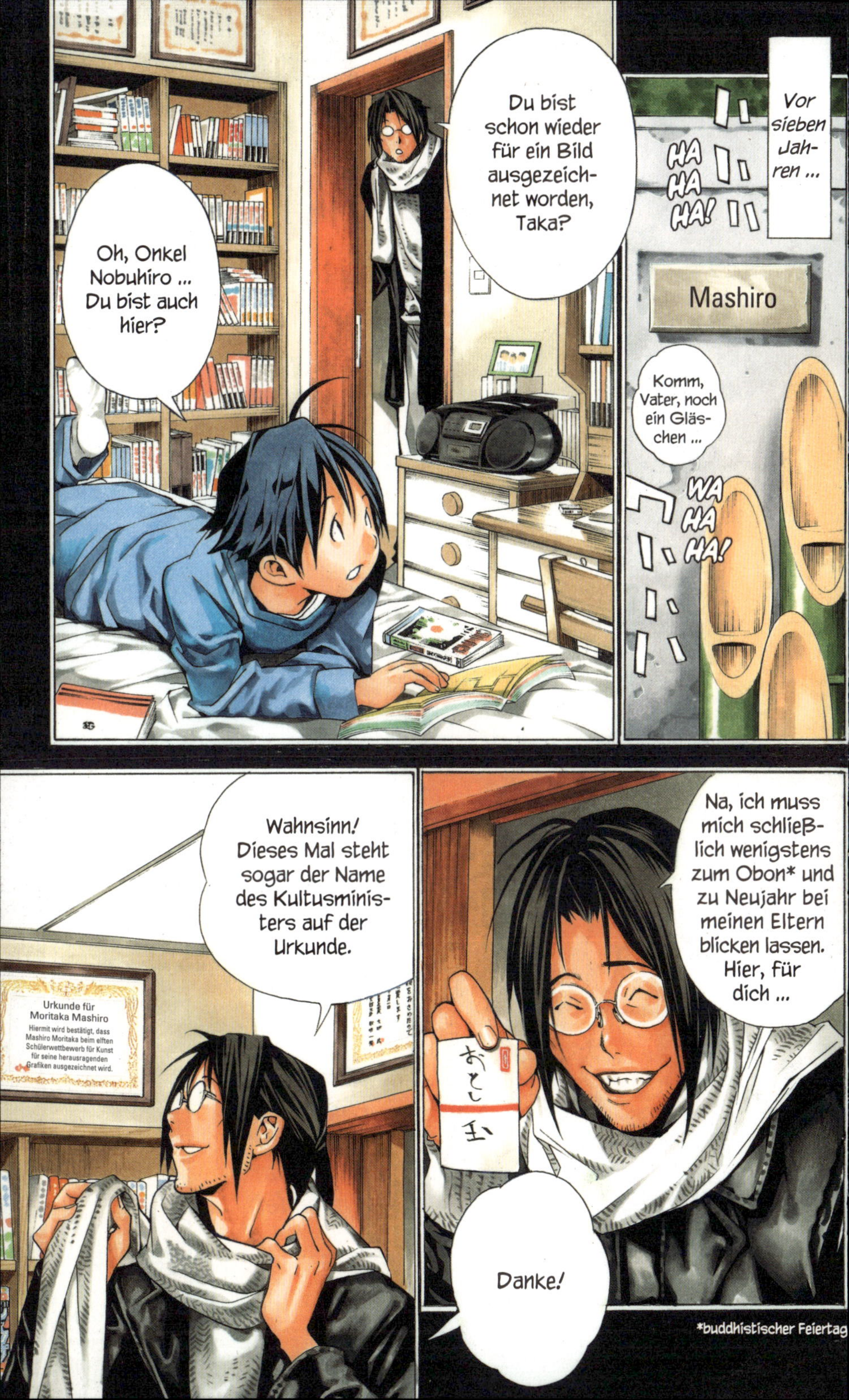

Vor sieben Jahren ...

HA HA HA!

Mashiro

Komm, Vater, noch ein Gläschen ...

WA HA HA!

Du bist schon wieder für ein Bild ausgezeichnet worden, Taka?

Oh, Onkel Nobuhiro ... Du bist auch hier?

Na, ich muss mich schließlich wenigstens zum Obon* und zu Neujahr bei meinen Eltern blicken lassen. Hier, für dich ...

おとし玉

Danke!

Wahnsinn! Dieses Mal steht sogar der Name des Kultusministers auf der Urkunde.

Urkunde für Moritaka Mashiro

Hiermit wird bestätigt, dass Mashiro Moritaka beim elften Schülerwettbewerb für Kunst für seine herausragenden Grafiken ausgezeichnet wird.

*buddhistischer Feiertag

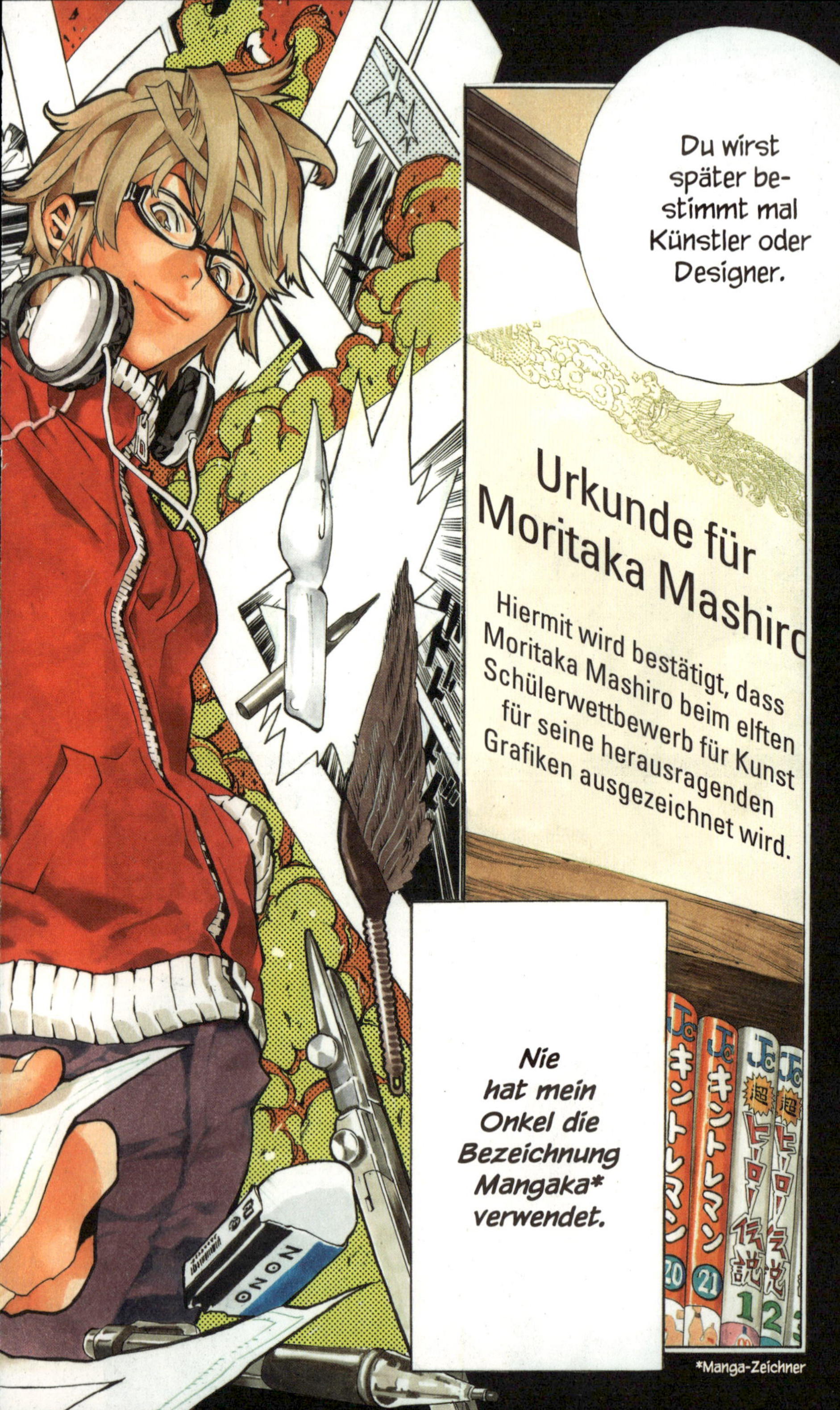
Du wirst später bestimmt mal Künstler oder Designer.
Urkunde für Moritaka Mashiro
Hiermit wird bestätigt, dass Moritaka Mashiro beim elften Schülerwettbewerb für Kunst für seine herausragenden Grafiken ausgezeichnet wird.
Nie hat mein Onkel die Bezeichnung Mangaka* verwendet.
*Manga-Zeichner

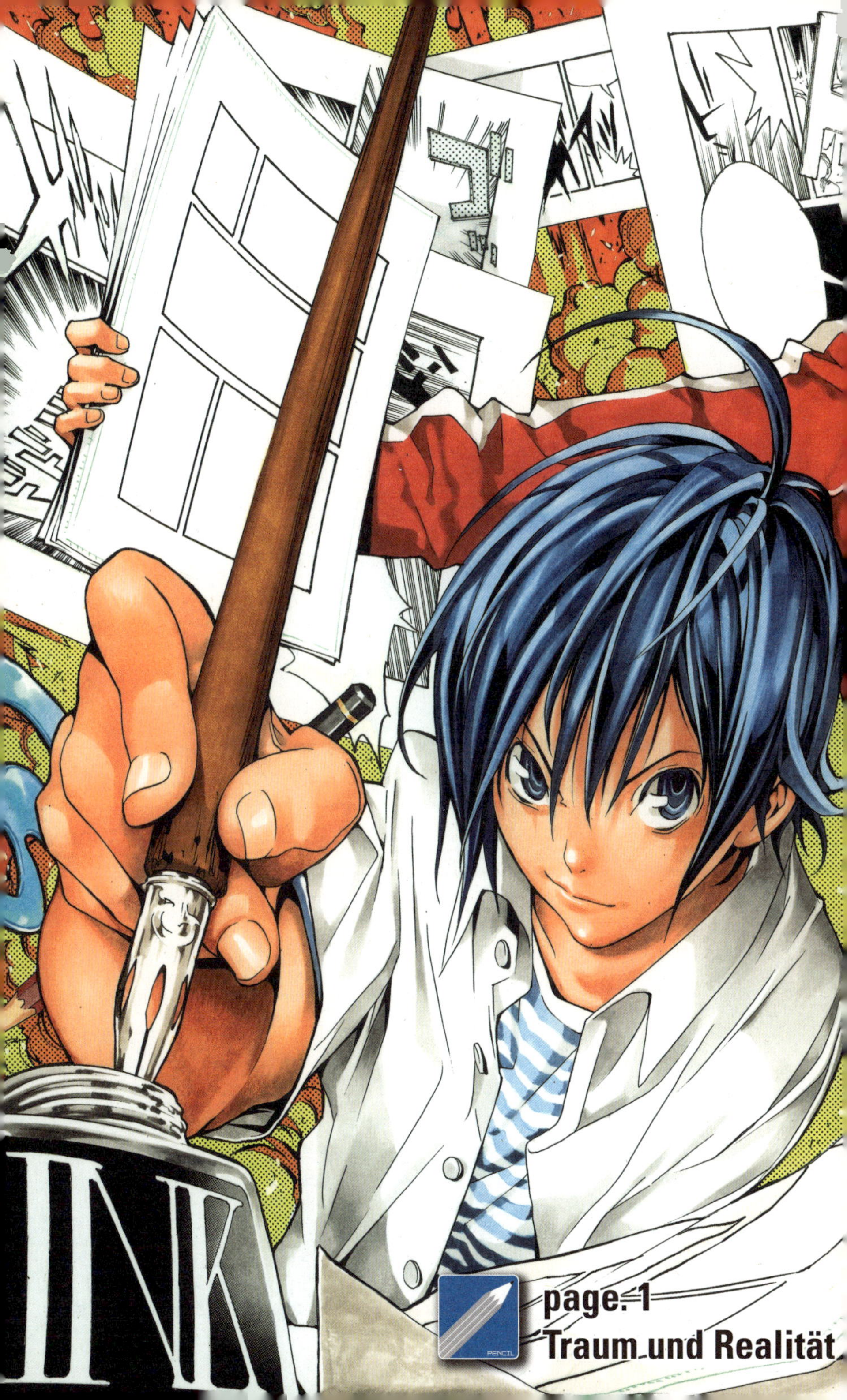
INK
PENCIL
page. 1
Traum und Realität

BAKUMAN。

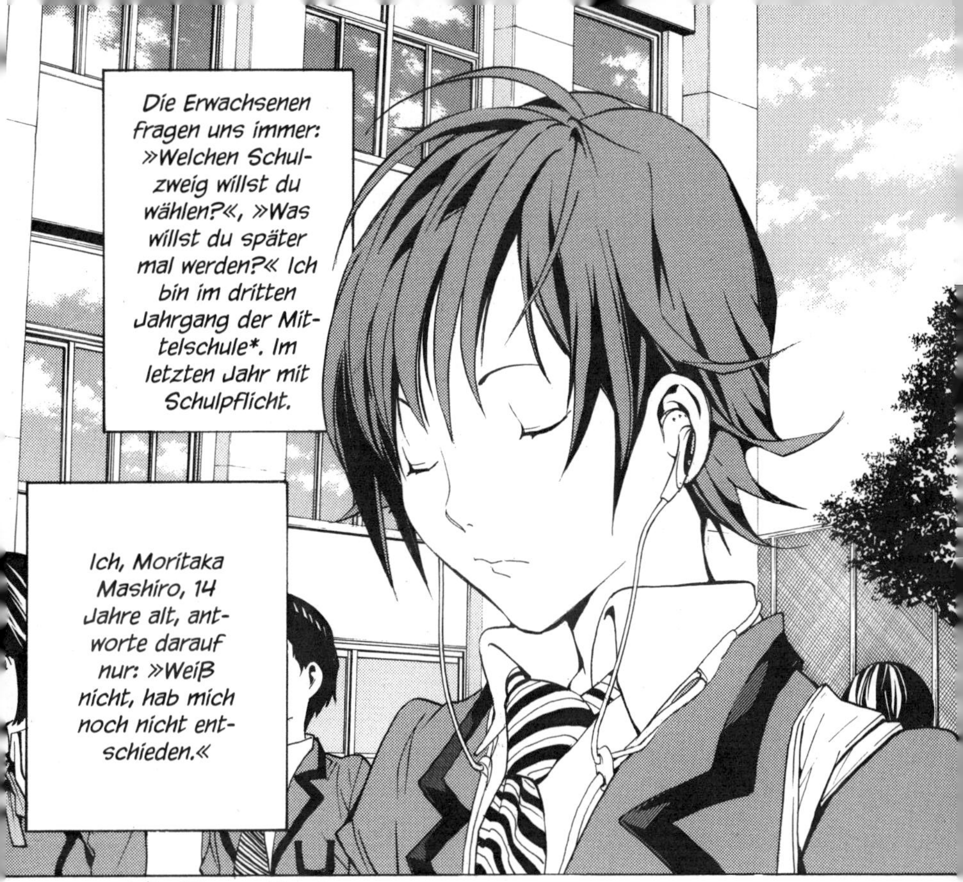

Die Erwachsenen fragen uns immer: »Welchen Schulzweig willst du wählen?«, »Was willst du später mal werden?« Ich bin im dritten Jahrgang der Mittelschule*. Im letzten Jahr mit Schulpflicht.

Ich, Moritaka Mashiro, 14 Jahre alt, antworte darauf nur: »Weiß nicht, hab mich noch nicht entschieden.«

*entspricht unserer Klasse 9

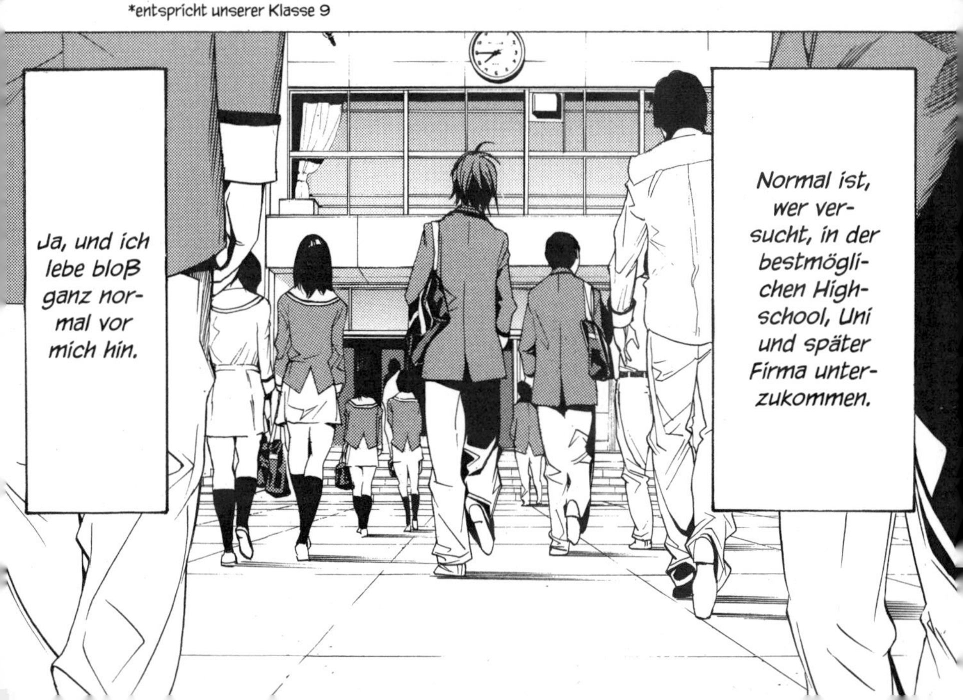

Normal ist, wer versucht, in der bestmöglichen Highschool, Uni und später Firma unterzukommen.

Ja, und ich lebe bloß ganz normal vor mich hin.

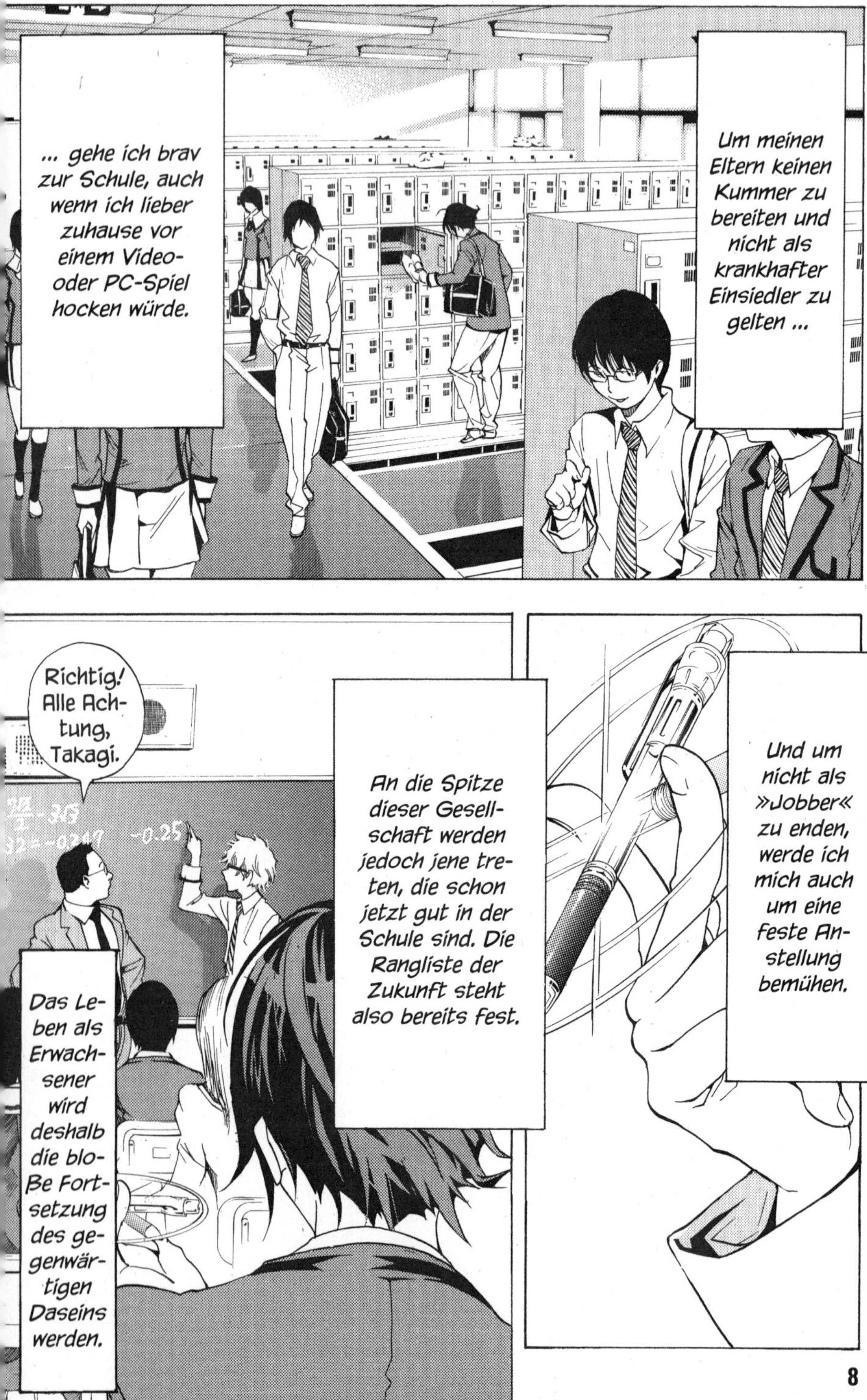

Um meinen
Eltern keinen
Kummer zu
bereiten und
nicht als
krankhafter
Einsiedler zu
gelten ...

... gehe ich brav
zur Schule, auch
wenn ich lieber
zuhause vor
einem Video-
oder PC-Spiel
hocken würde.

Und um
nicht als
»Jobber«
zu enden,
werde ich
mich auch
um eine
feste An-
stellung
bemühen.

Richtig!
Alle Ach-
tung,
Takagi.

Das Le-
ben als
Erwach-
sener
wird
deshalb
die blo-
ße Fort-
setzung
des ge-
genwär-
tigen
Daseins
werden.

An die Spitze
dieser Gesell-
schaft werden
jedoch jene tre-
ten, die schon
jetzt gut in der
Schule sind. Die
Rangliste der
Zukunft steht
also bereits fest.

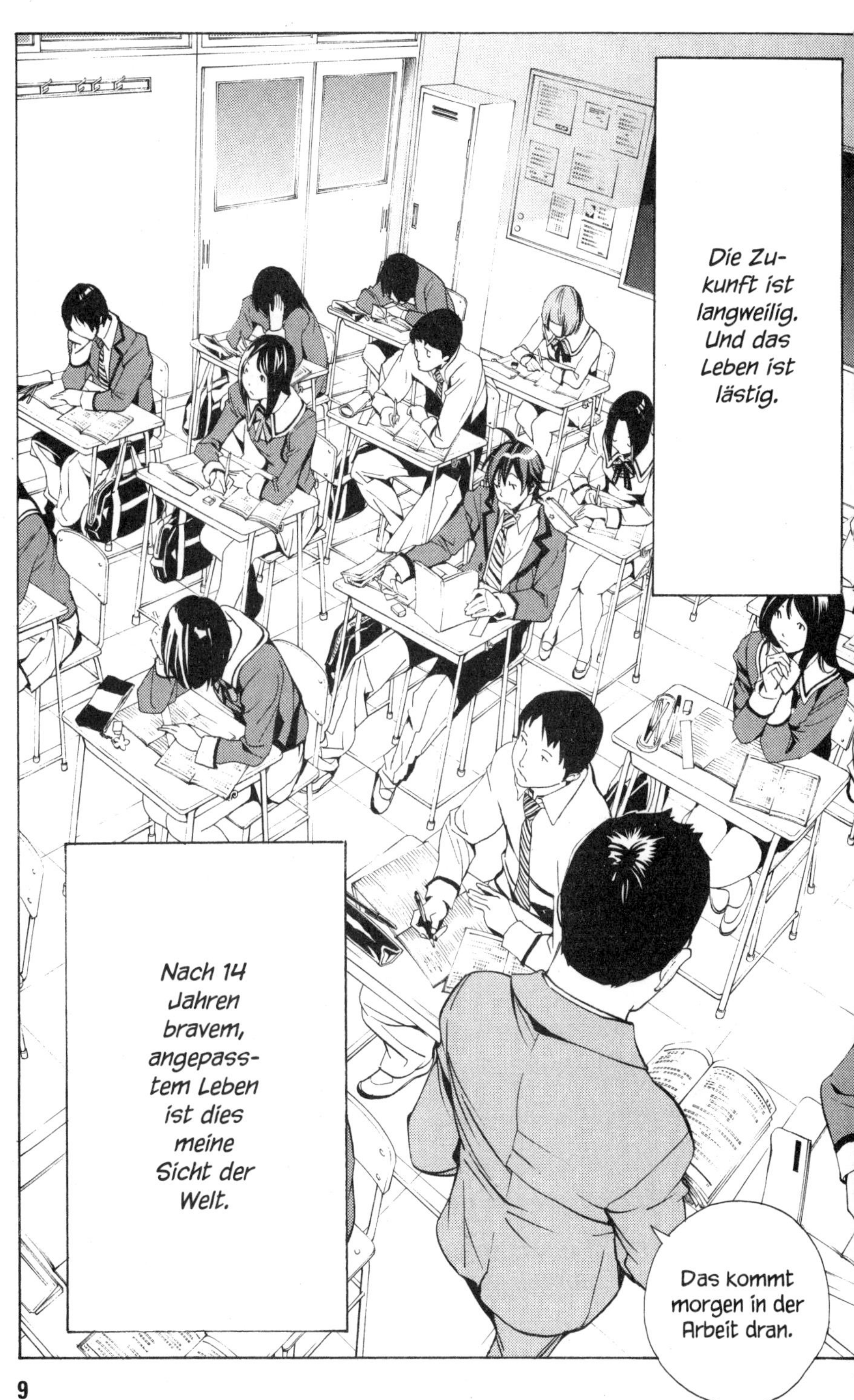
Die Zukunft ist langweilig. Und das Leben ist lästig.
Nach 14 Jahren bravem, angepasstem Leben ist dies meine Sicht der Welt.
Das kommt morgen in der Arbeit dran.

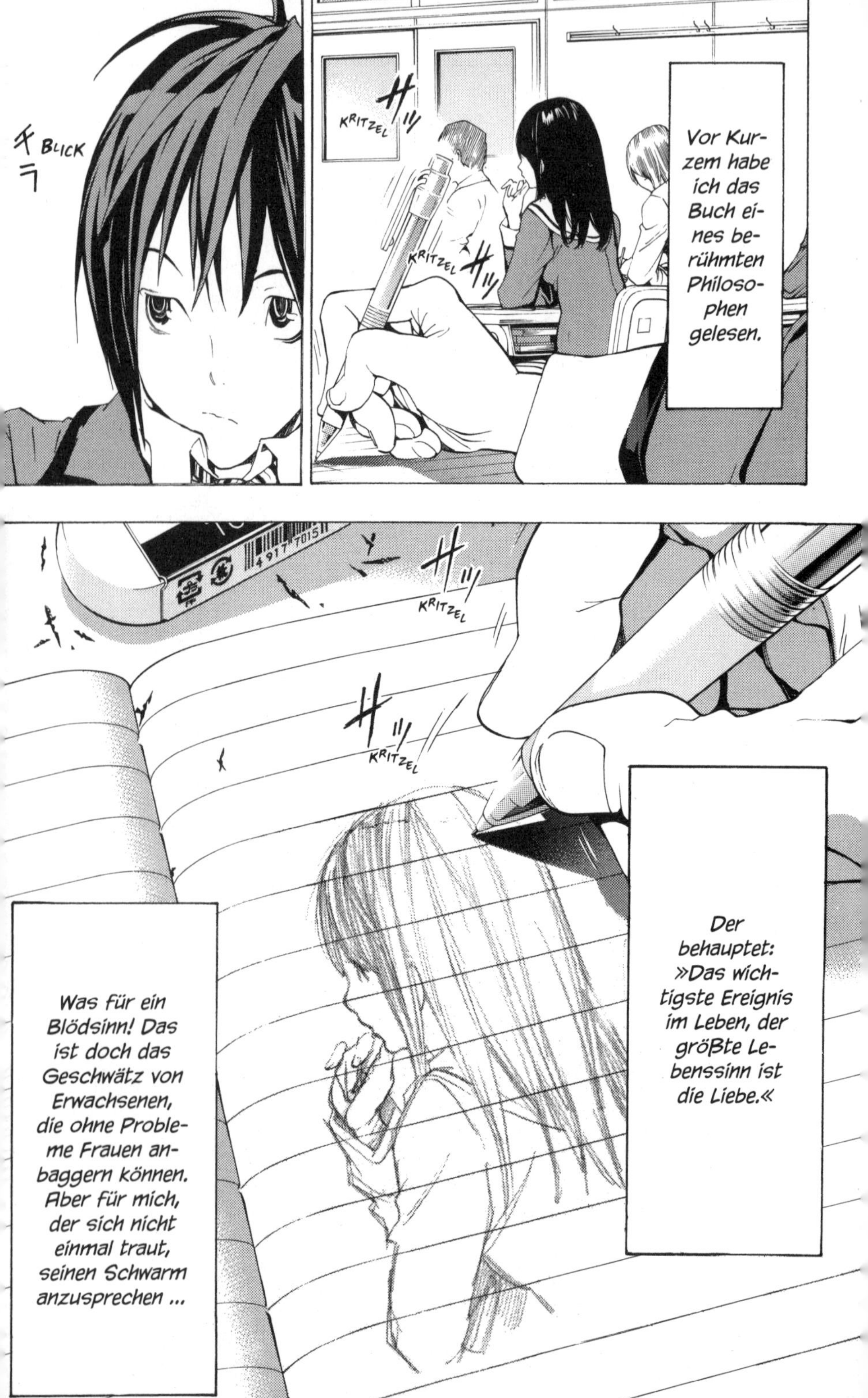
Vor Kurzem habe ich das Buch eines berühmten Philosophen gelesen.
KRITZEL
KRITZEL
チラ
BLICK
KRITZEL
KRITZEL
Der behauptet: »Das wichtigste Ereignis im Leben, der größte Lebenssinn ist die Liebe.«
Was für ein Blödsinn! Das ist doch das Geschwätz von Erwachsenen, die ohne Probleme Frauen anbaggern können. Aber für mich, der sich nicht einmal traut, seinen Schwarm anzusprechen ...

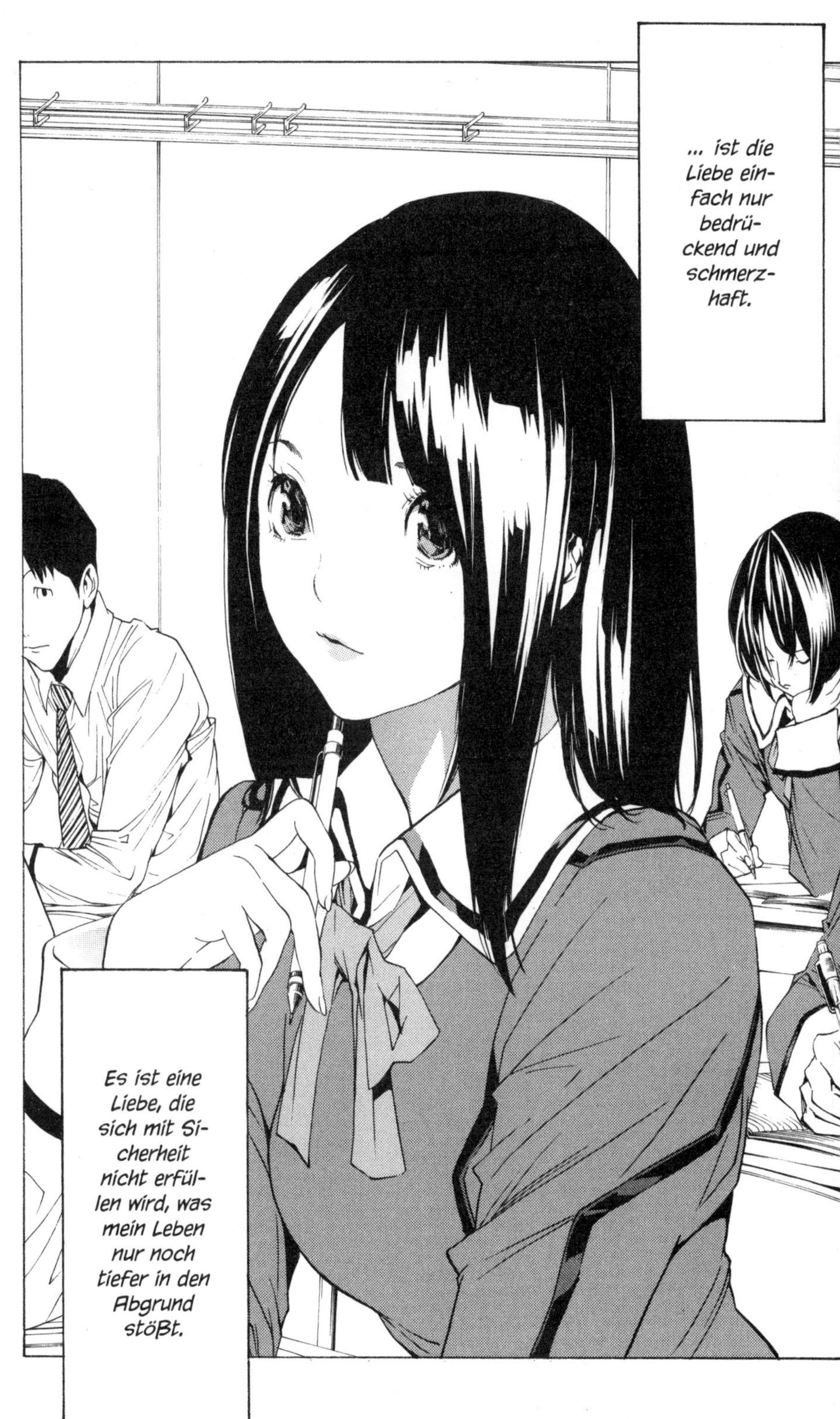
... ist die Liebe einfach nur bedrückend und schmerzhaft.
Es ist eine Liebe, die sich mit Sicherheit nicht erfüllen wird, was mein Leben nur noch tiefer in den Abgrund stößt.

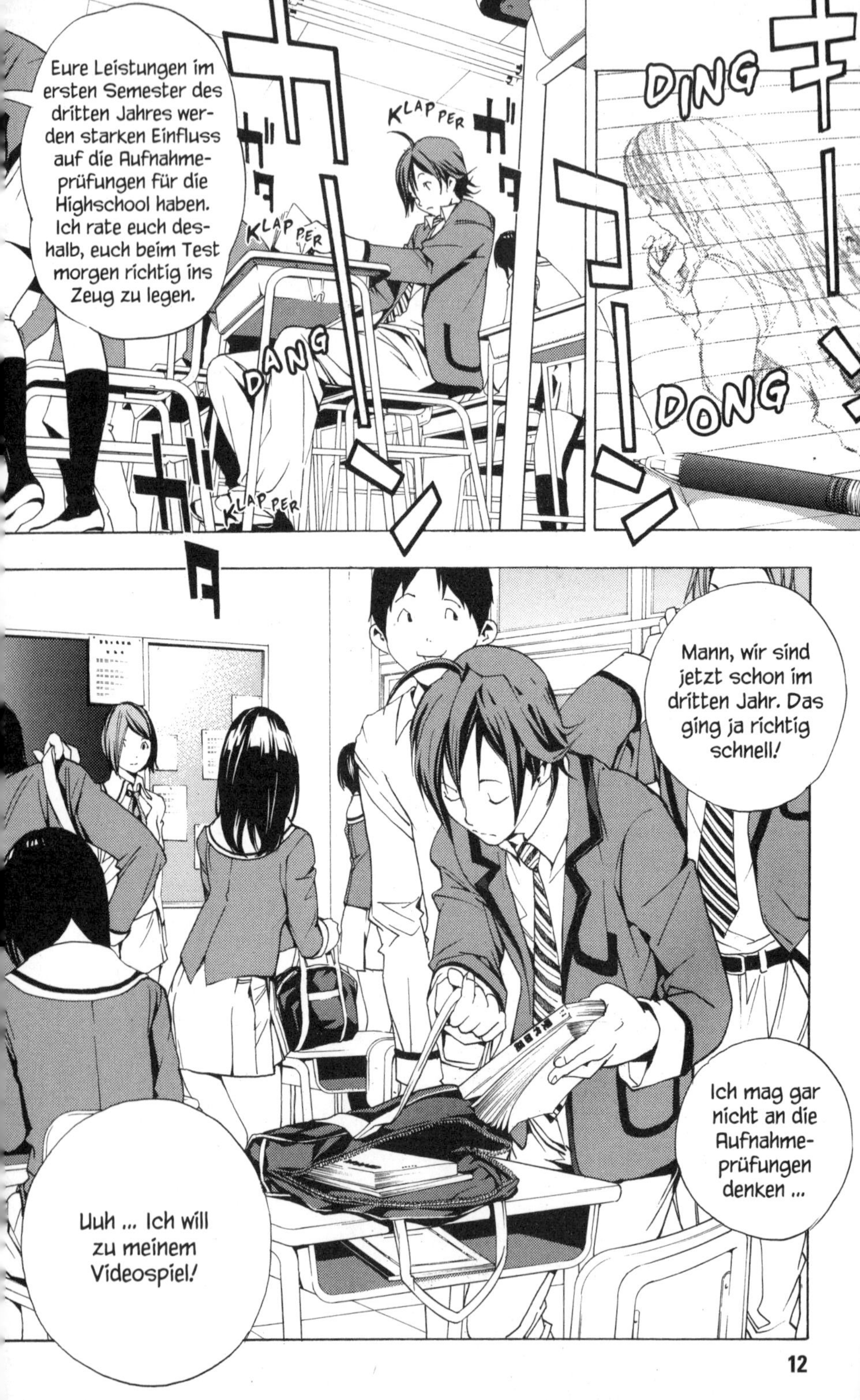
DING
DONG
Eure Leistungen im ersten Semester des dritten Jahres werden starken Einfluss auf die Aufnahmeprüfungen für die Highschool haben. Ich rate euch deshalb, euch beim Test morgen richtig ins Zeug zu legen.
KLAPPER
KLAPPER
DANG
KLAPPER
Mann, wir sind jetzt schon im dritten Jahr. Das ging ja richtig schnell!
Ich mag gar nicht an die Aufnahmeprüfungen denken ...
Uuh ... Ich will zu meinem Videospiel!

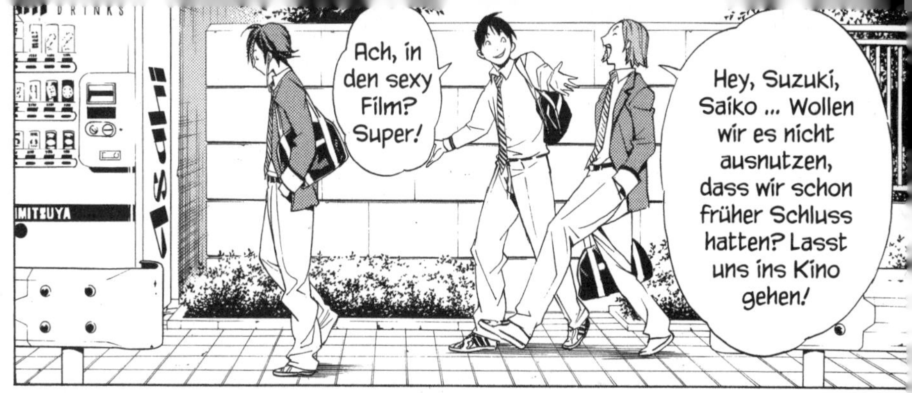
DRINKS
MITSUYA
Hey, Suzuki, Saiko ... Wollen wir es nicht ausnutzen, dass wir schon früher Schluss hatten? Lasst uns ins Kino gehen!
Ach, in den sexy Film? Super!

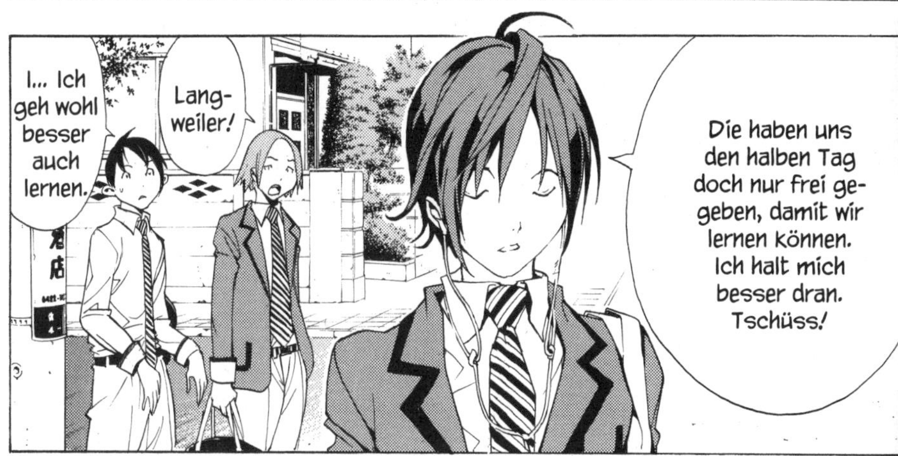
Die haben uns den halben Tag doch nur frei gegeben, damit wir lernen können. Ich halt mich besser dran. Tschüss!
Langweiler!
I... Ich geh wohl besser auch lernen.

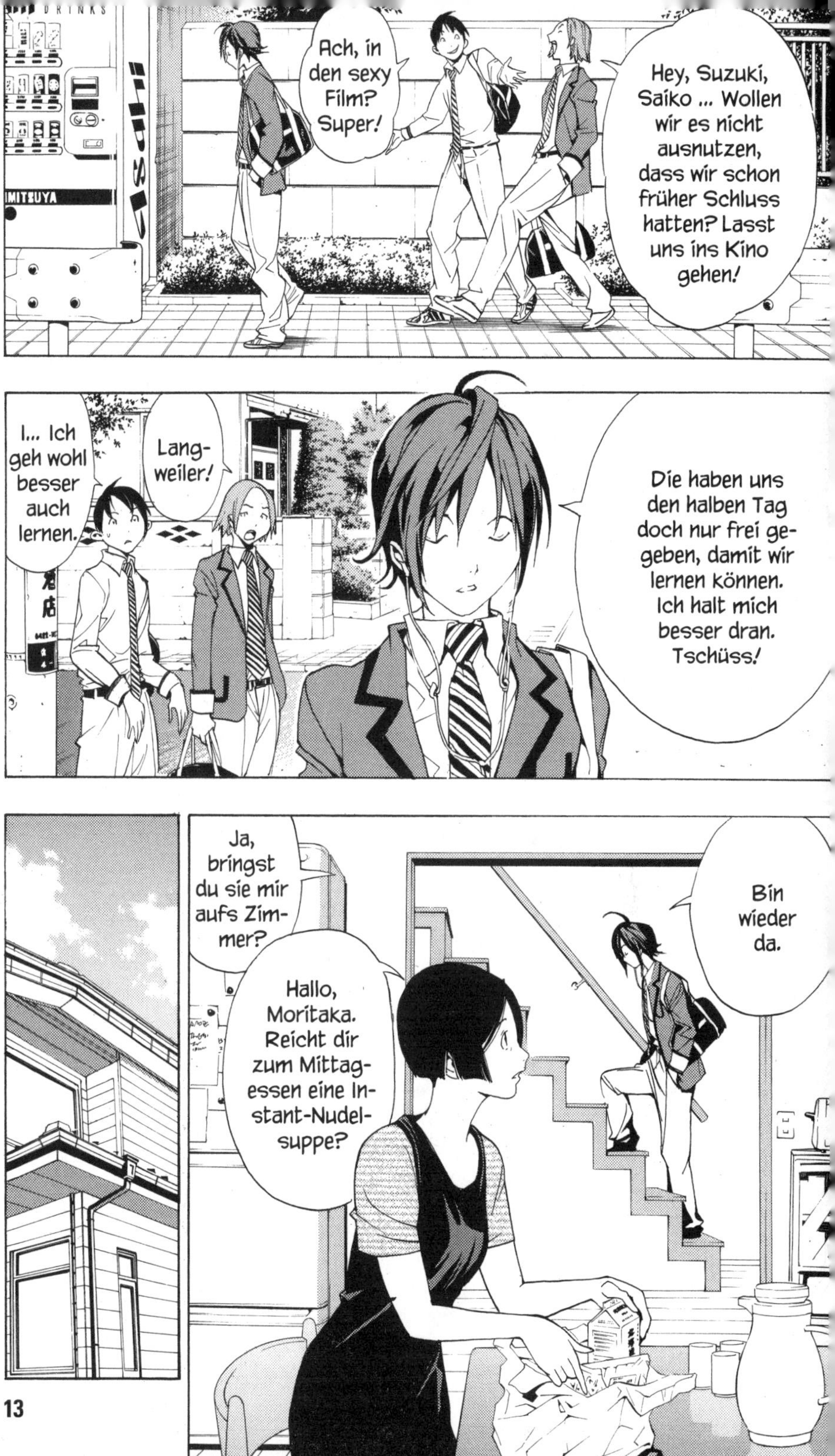

Bin wieder da.
Hallo, Moritaka. Reicht dir zum Mittagessen eine Instant-Nudelsuppe?
Ja, bringst du sie mir aufs Zimmer?

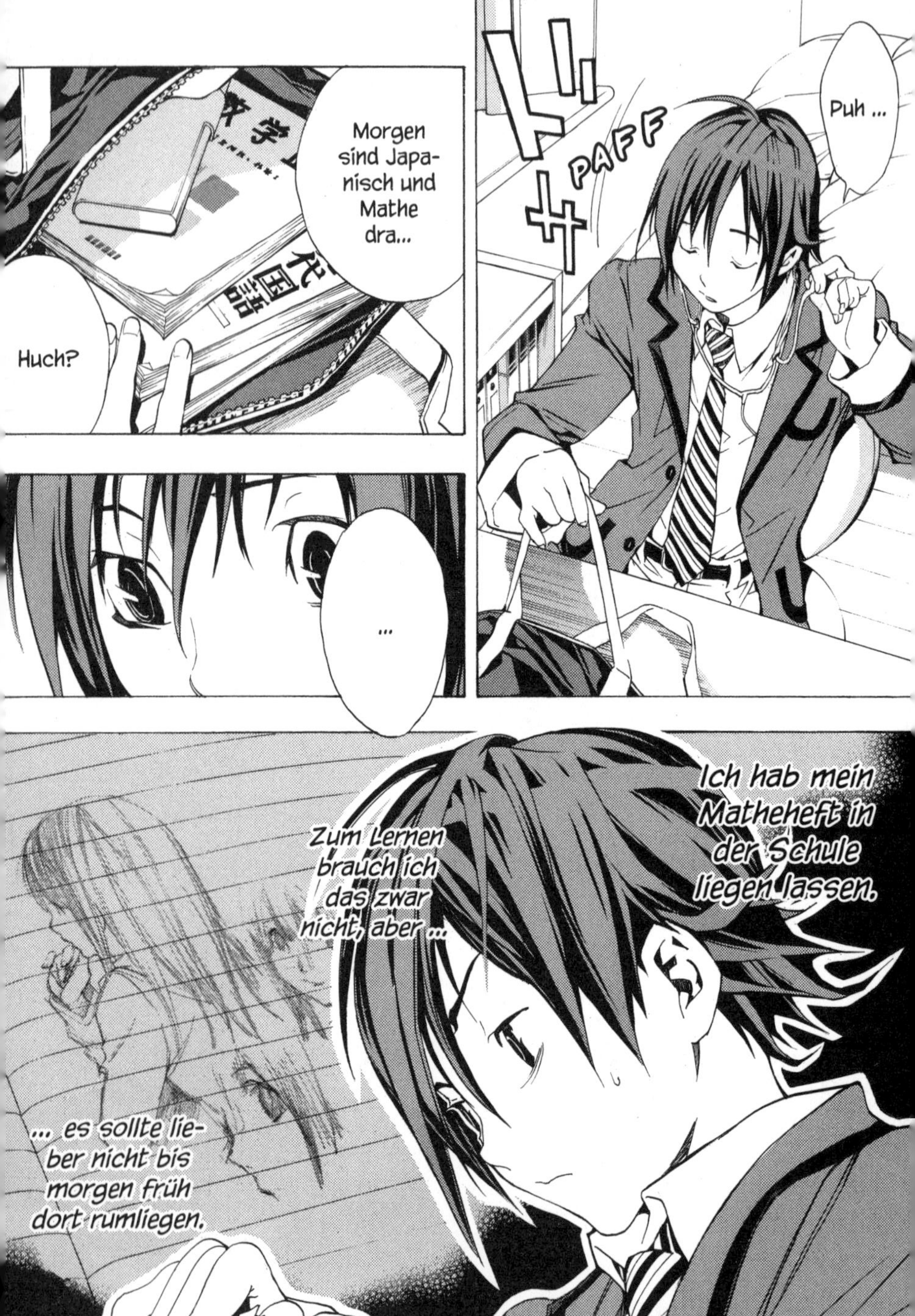
Puh ...
PAFF
Morgen sind Japa-
nisch und
Mathe
dra...
Huch?
...
Ich hab mein
Matheheft in
der Schule
liegen lassen.
Zum Lernen
brauch ich
das zwar
nicht, aber ...
... es sollte lie-
ber nicht bis
morgen früh
dort rumliegen.

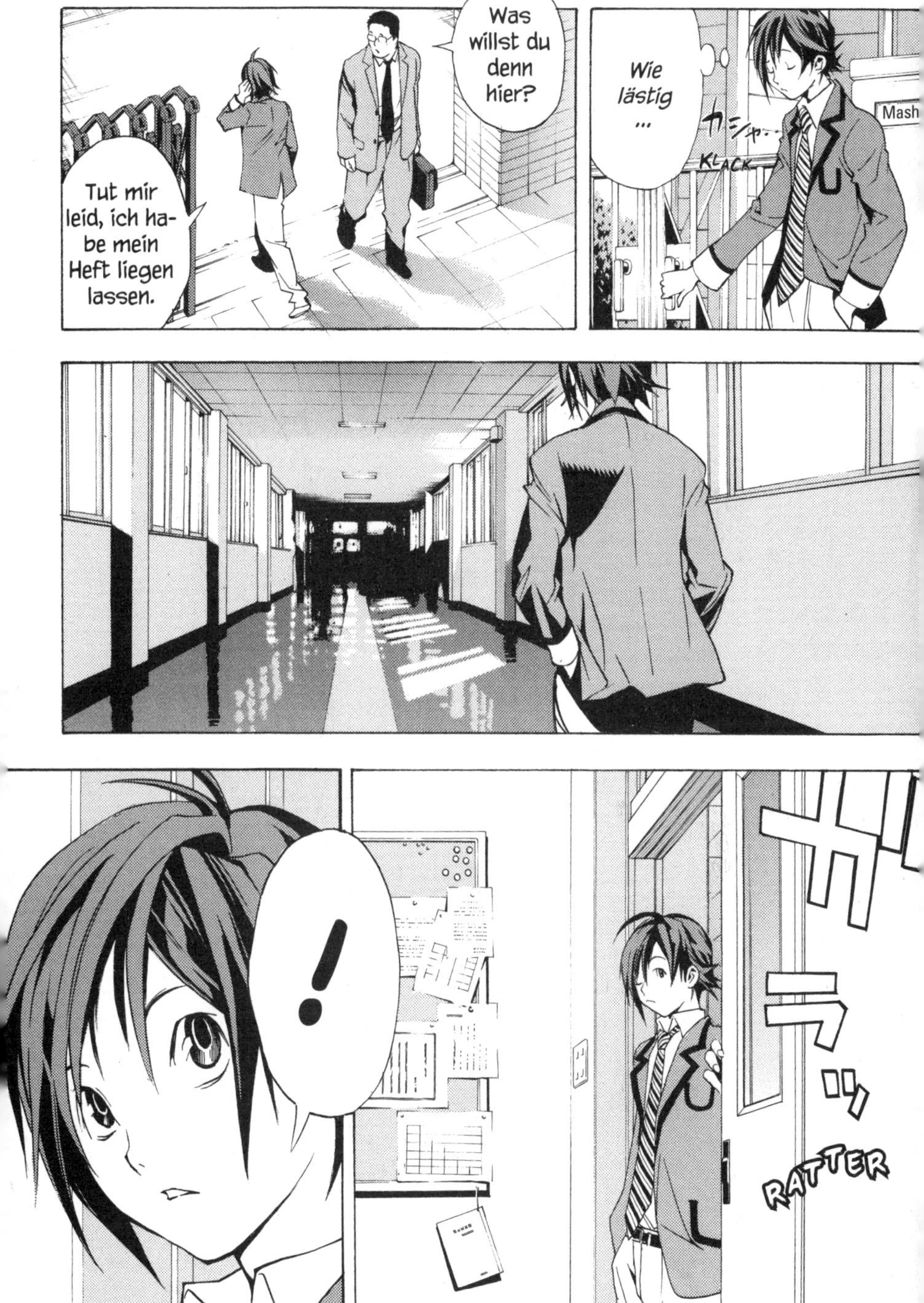

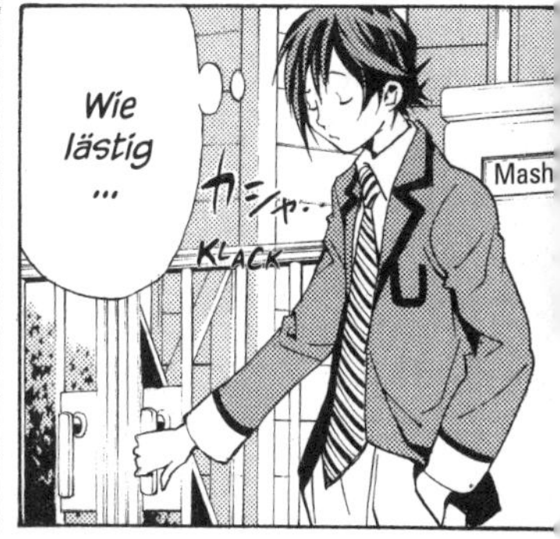
Wie lästig ...
KLACK
Mash

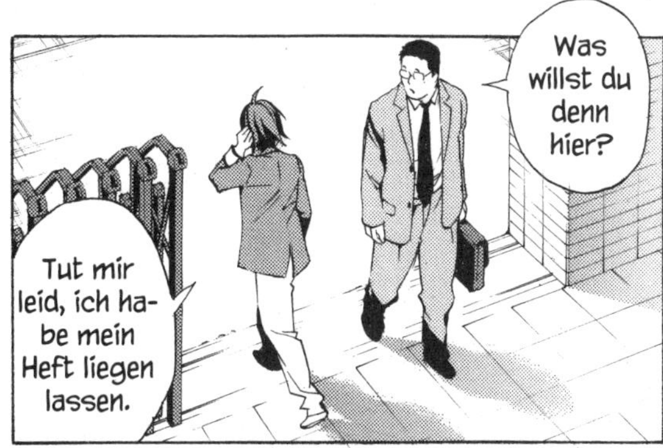
Was willst du denn hier?
Tut mir leid, ich habe mein Heft liegen lassen.

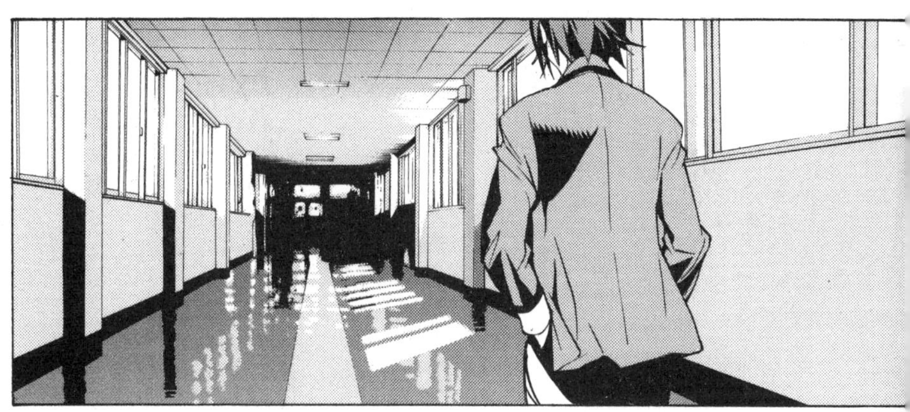

RATTER

!

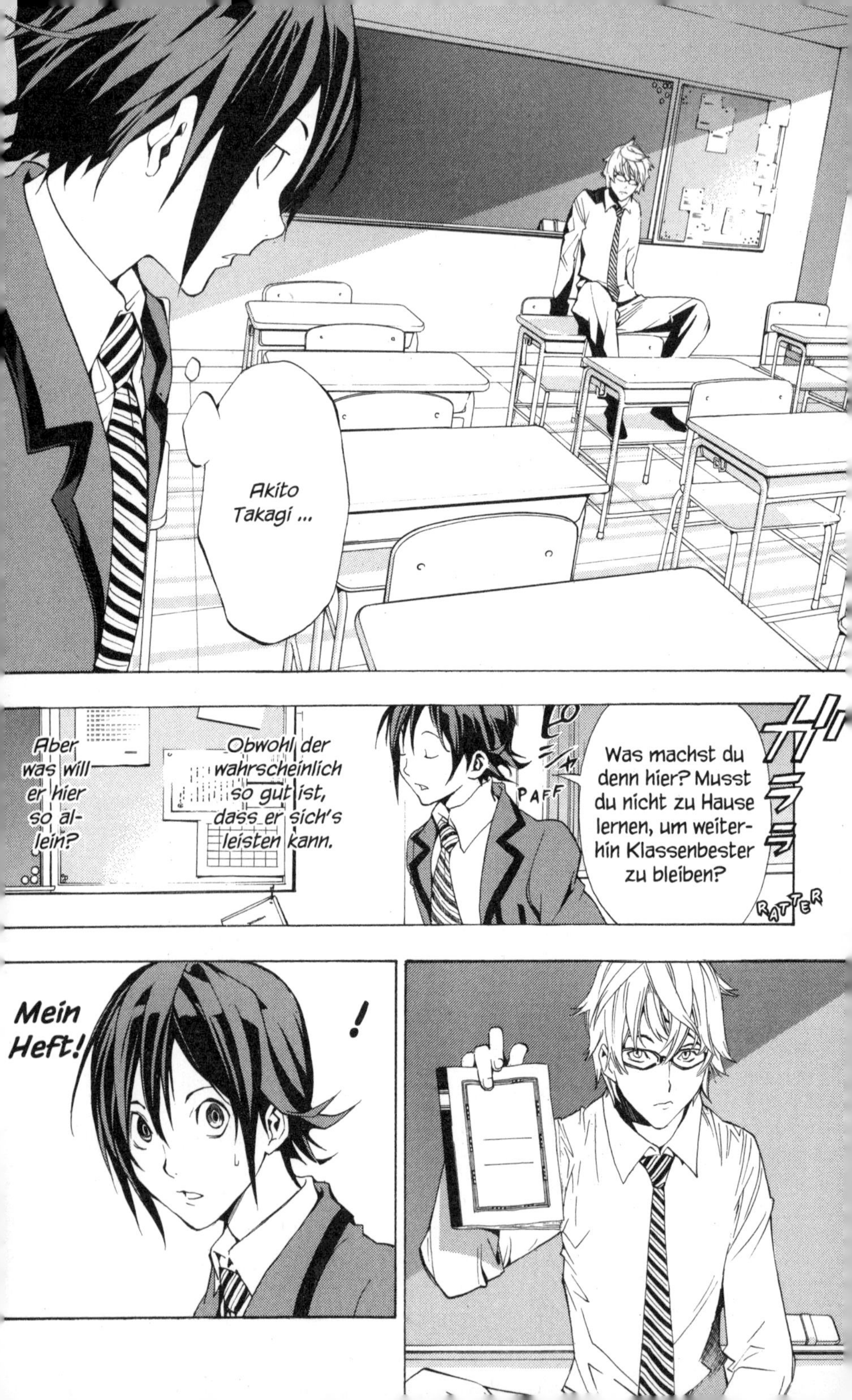

Akito Takagi ...

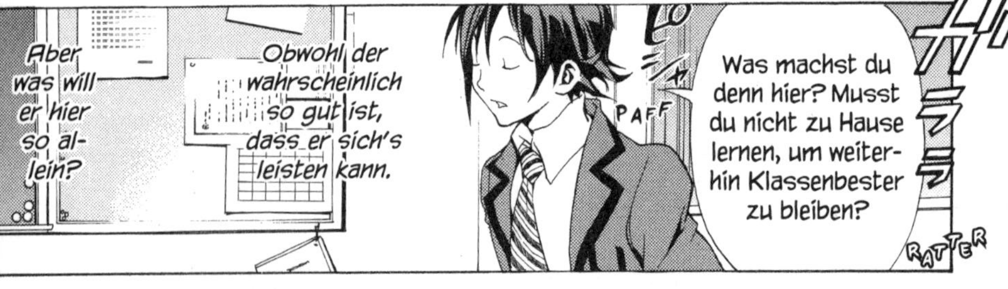

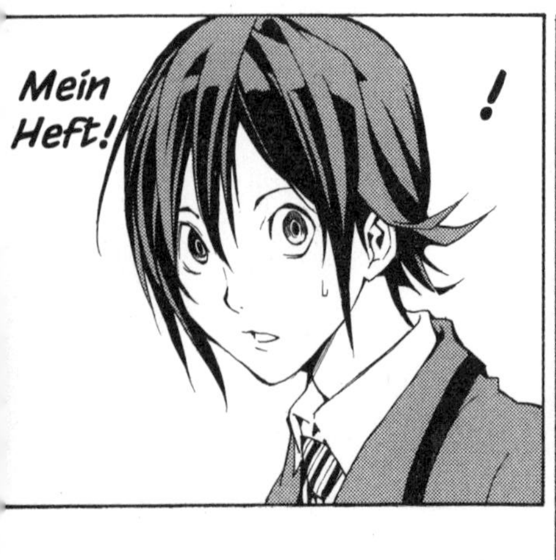

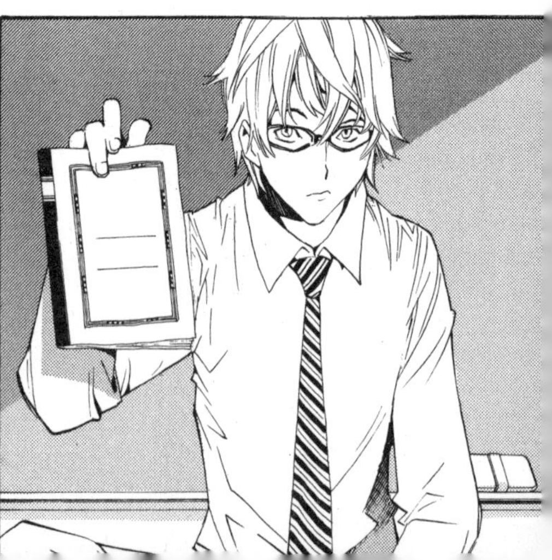

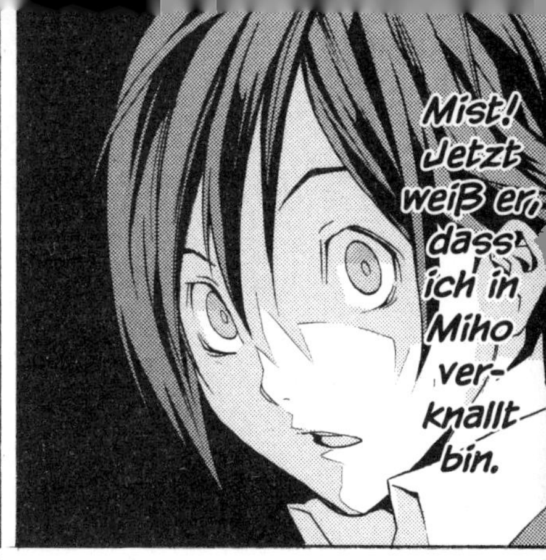

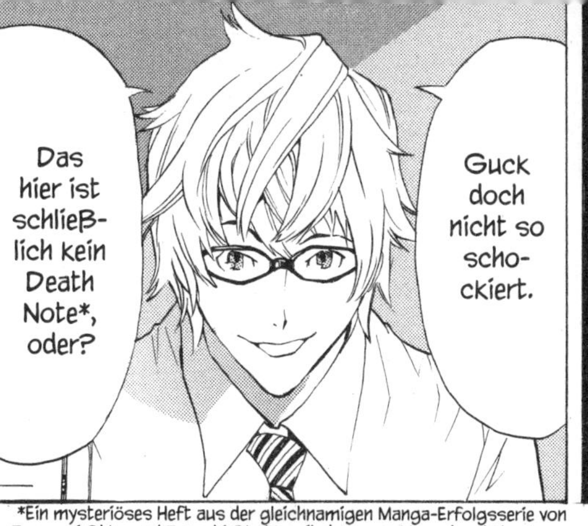

*Ein mysteriöses Heft aus der gleichnamigen Manga-Erfolgsserie von Tsugumi Ohba und Takeshi Obata, mit dem man Menschen töten kann.

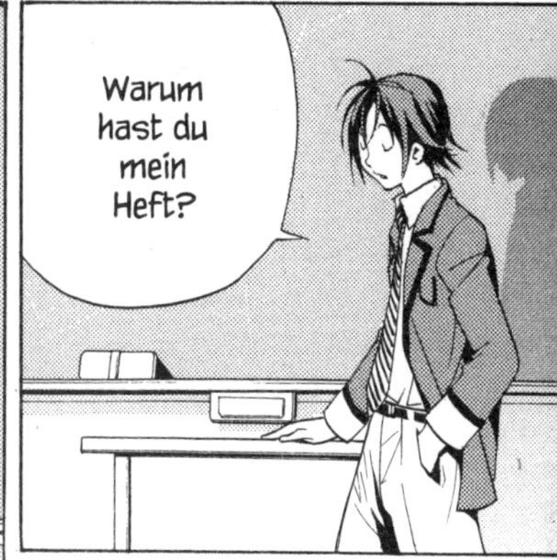

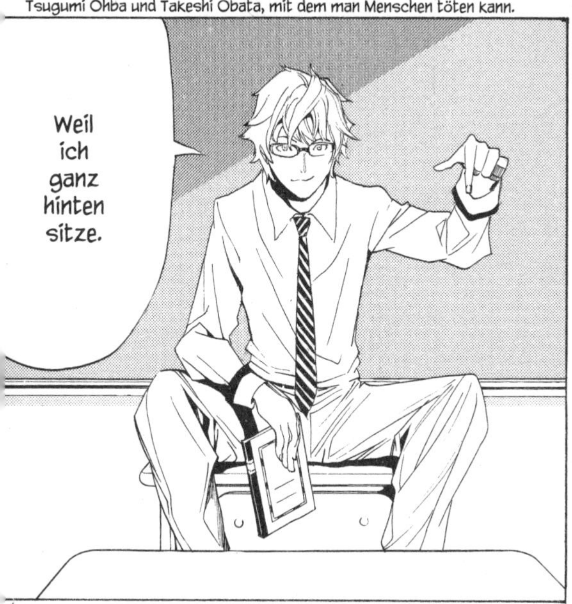

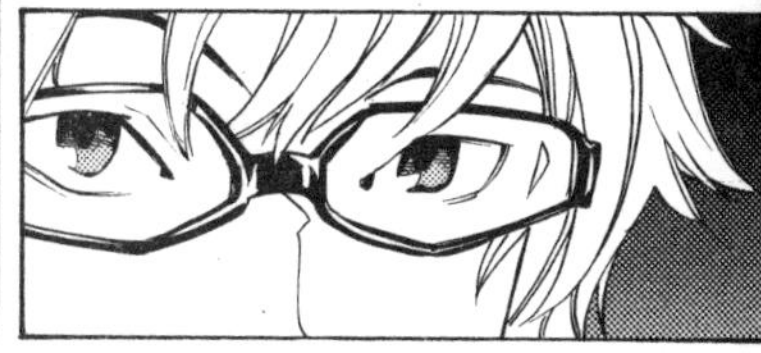

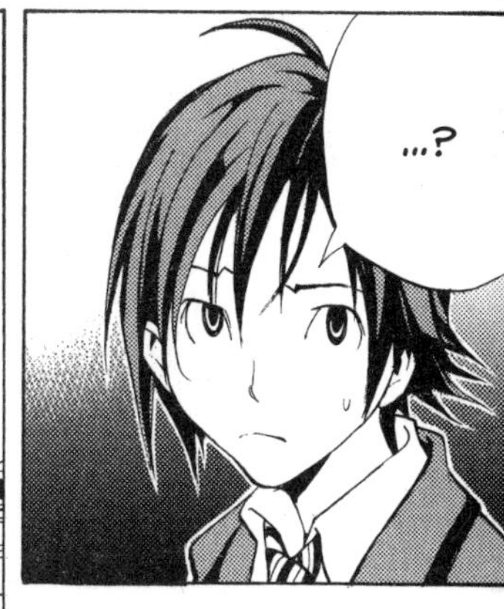

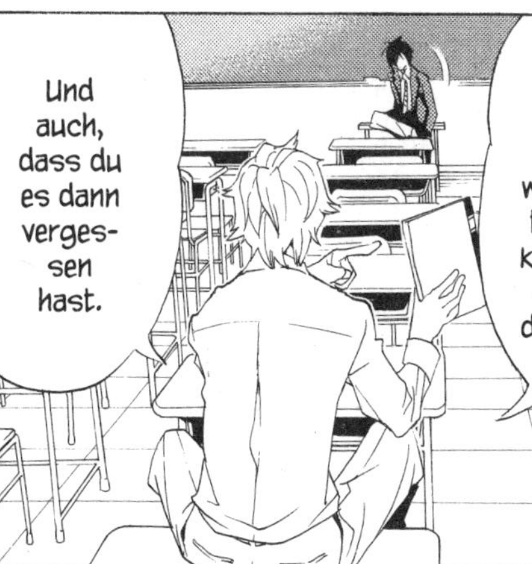

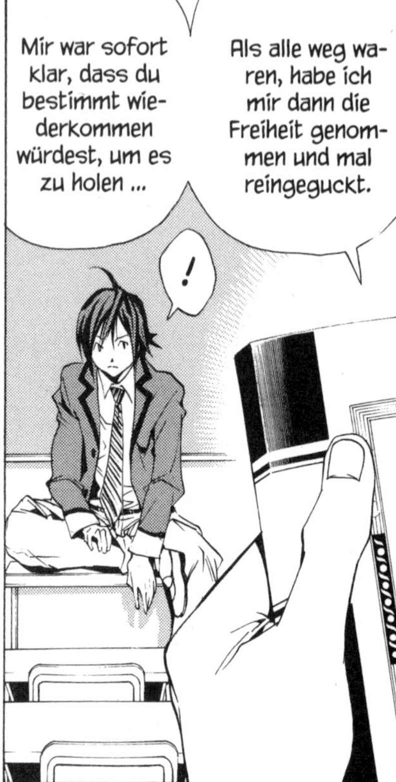

Als alle weg waren, habe ich mir dann die Freiheit genommen und mal reingeguckt.
Mir war sofort klar, dass du bestimmt wiederkommen würdest, um es zu holen ...
!

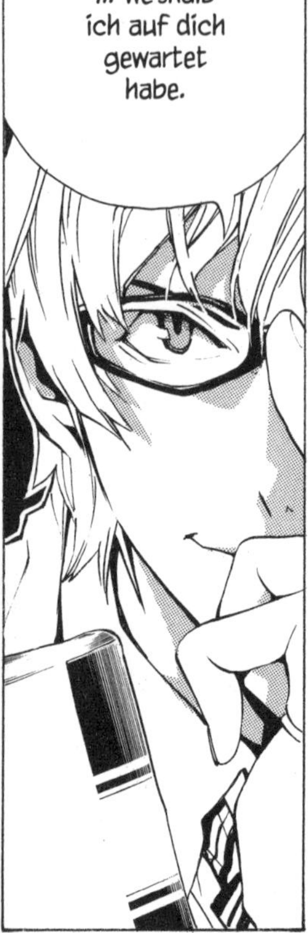

... weshalb ich auf dich gewartet habe.

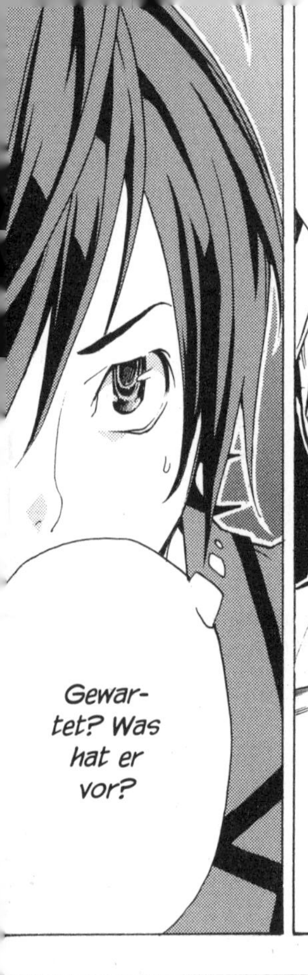

Gewartet? Was hat er vor?

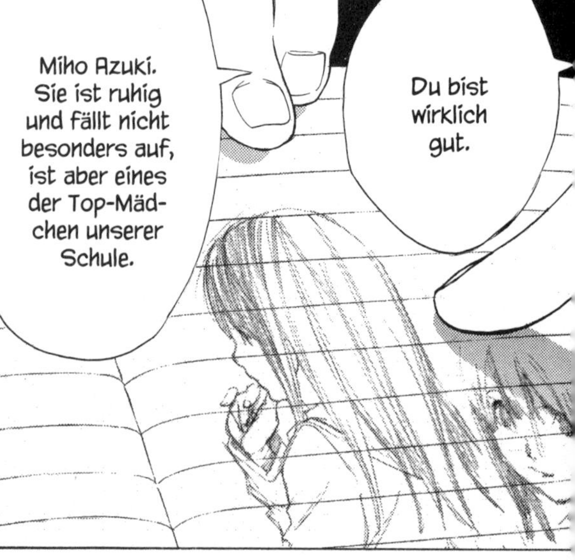

Du bist wirklich gut.
Miho Azuki. Sie ist ruhig und fällt nicht besonders auf, ist aber eines der Top-Mädchen unserer Schule.

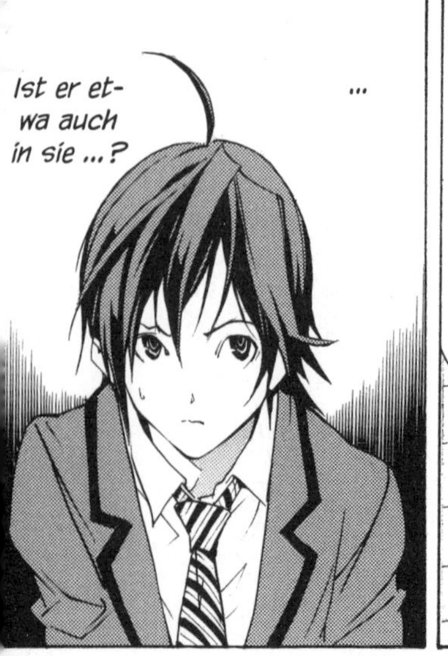

...
Ist er etwa auch in sie ...?

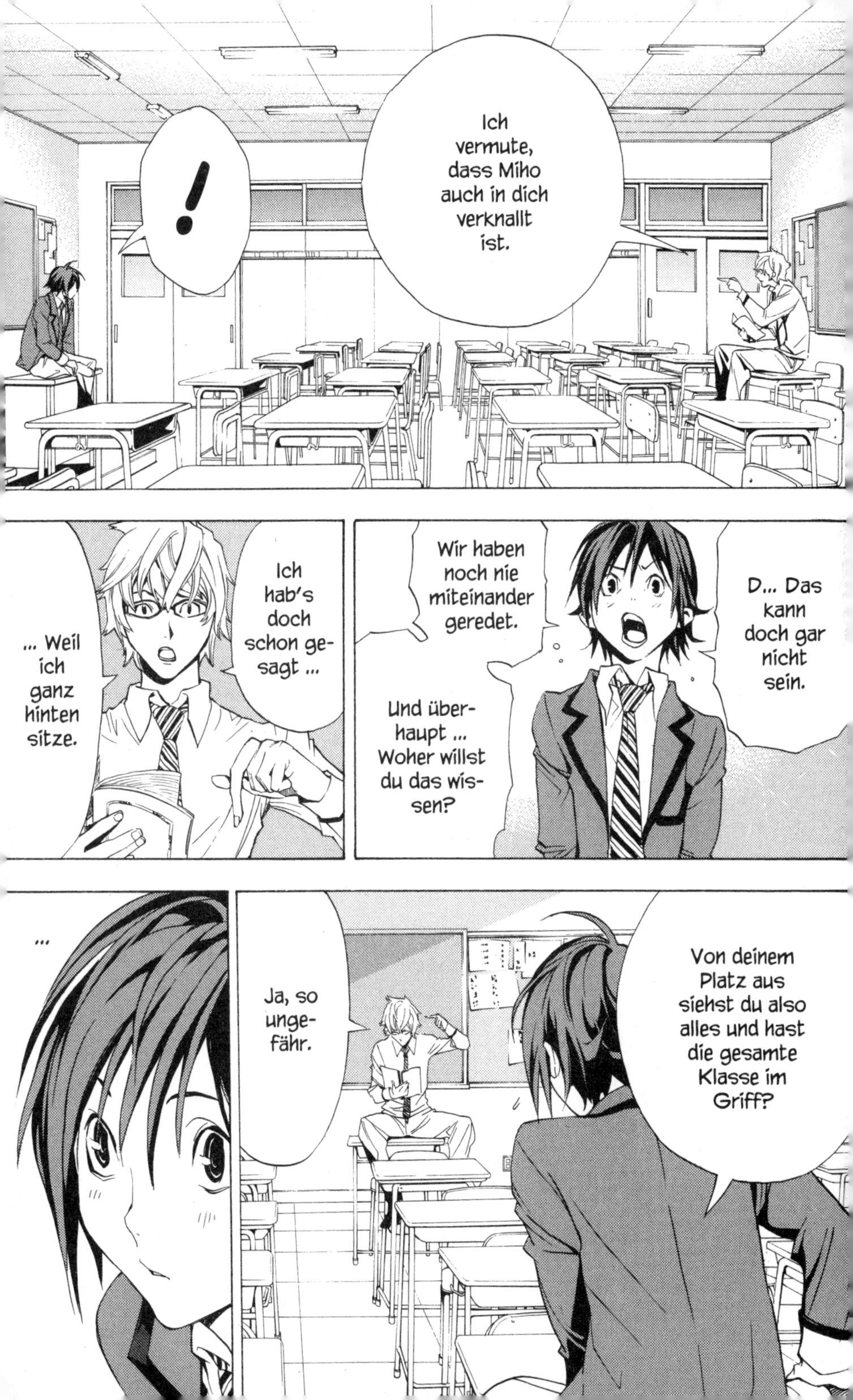

Ich vermute, dass Miho auch in dich verknallt ist.

!

D... Das kann doch gar nicht sein.

Wir haben noch nie miteinander geredet.

Und überhaupt ... Woher willst du das wissen?

Ich hab's doch schon gesagt ...

... Weil ich ganz hinten sitze.

Von deinem Platz aus siehst du also alles und hast die gesamte Klasse im Griff?

Ja, so ungefähr.

...

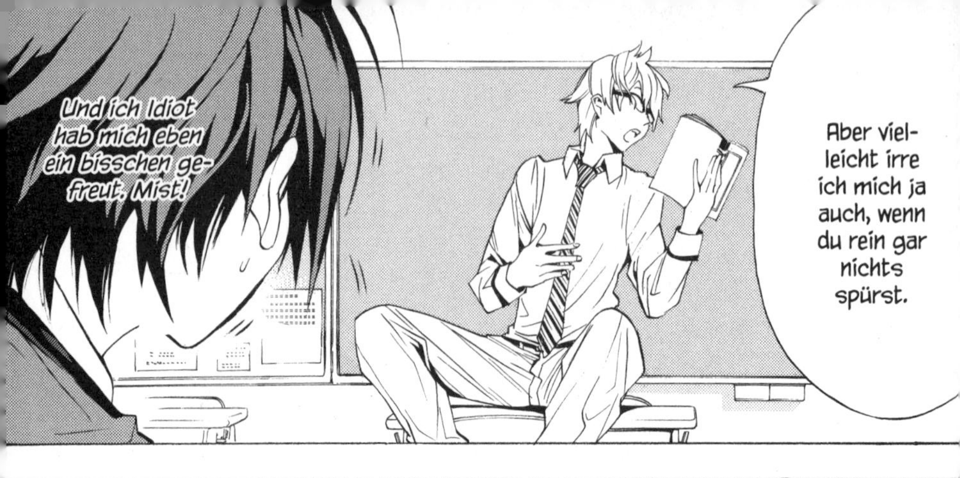
Aber viel-
leicht irre
ich mich ja
auch, wenn
du rein gar
nichts
spürst.
Und ich Idiot
hab mich eben
ein bisschen ge-
freut. Mist!

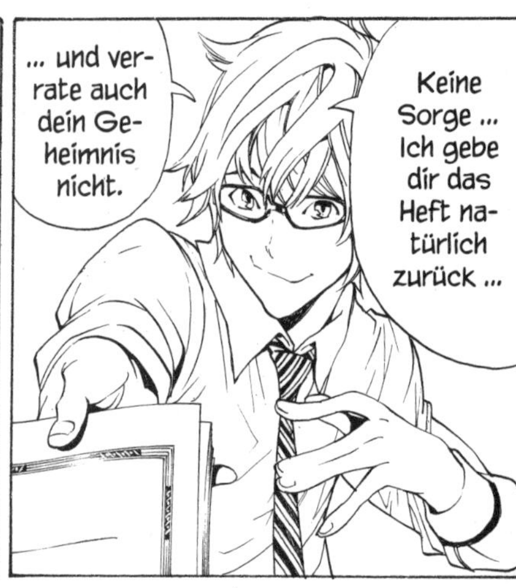
Keine
Sorge ...
Ich gebe
dir das
Heft na-
türlich
zurück ...
... und ver-
rate auch
dein Ge-
heimnis
nicht.

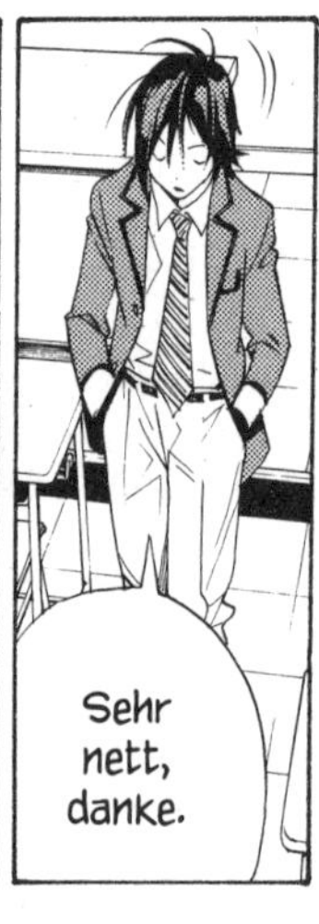
Sehr
nett,
danke.

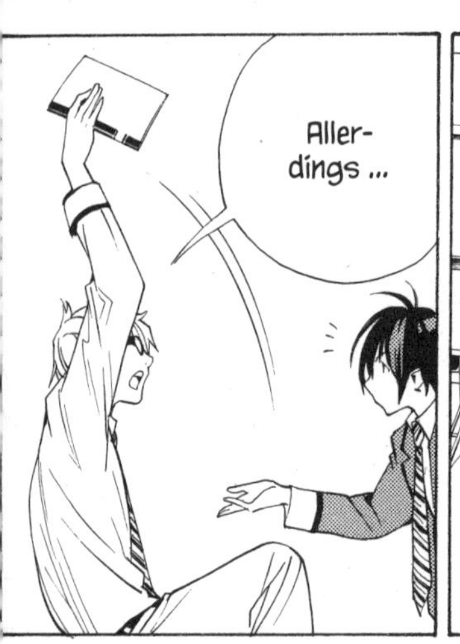
Aller-
dings ...

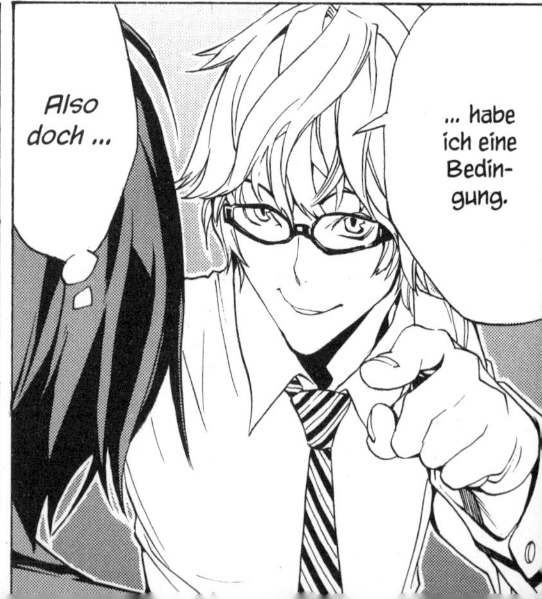
... habe
ich eine
Bedin-
gung.
Also
doch ...

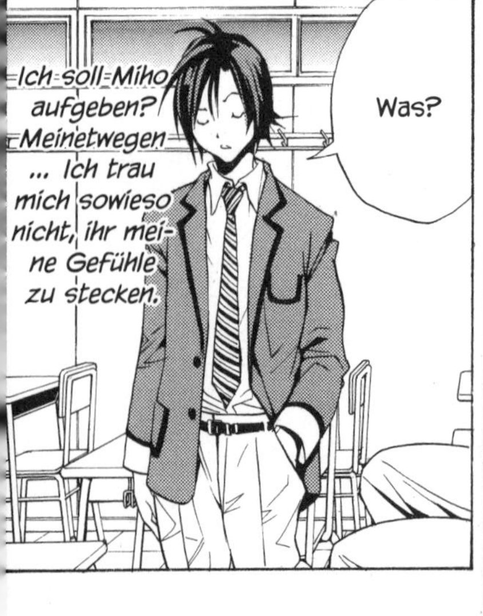
Was?
Ich soll Miho
aufgeben?
Meinetwegen
... Ich trau
mich sowieso
nicht, ihr mei-
ne Gefühle
zu stecken.

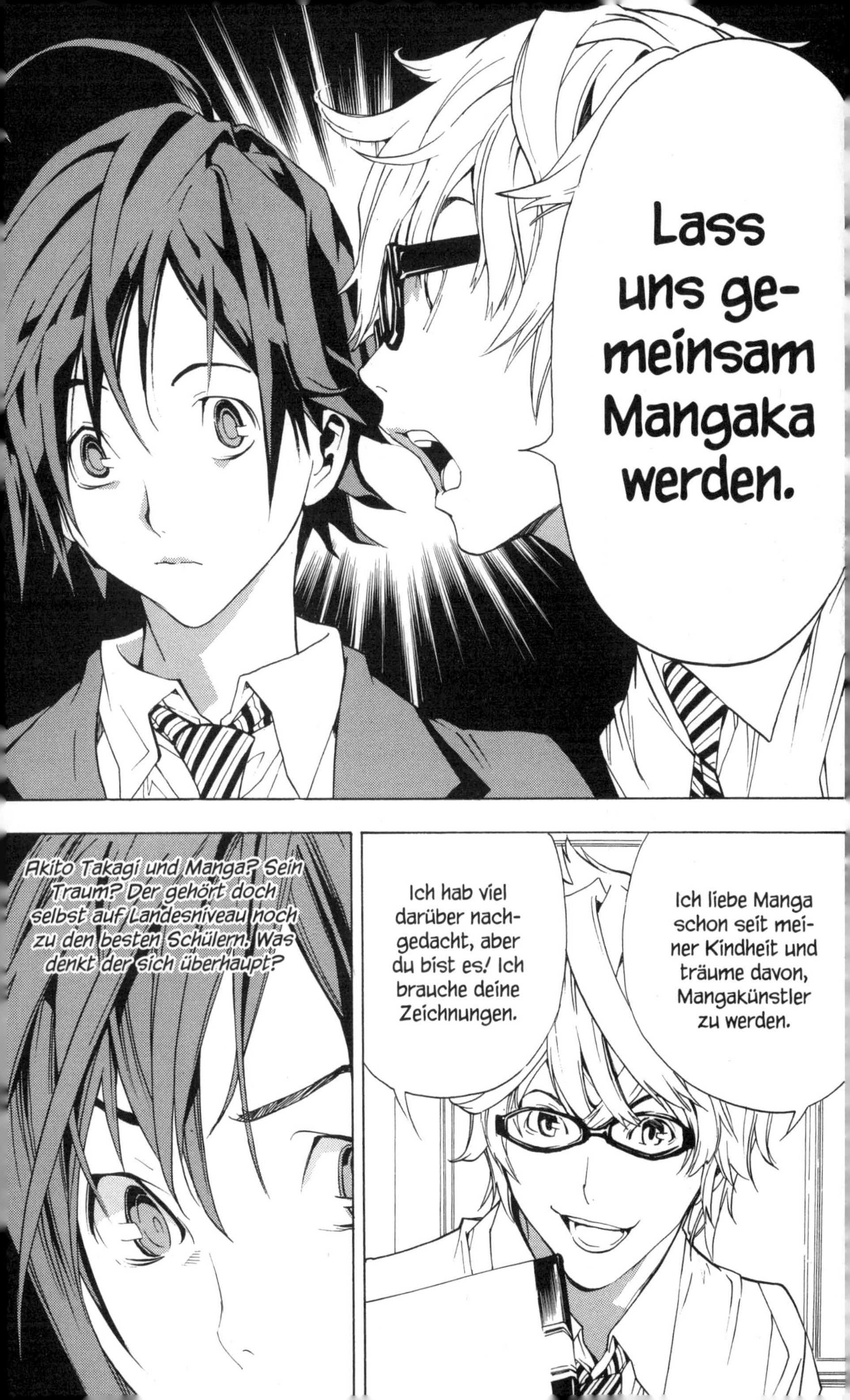

Lass uns gemeinsam Mangaka werden.

Ich liebe Manga schon seit meiner Kindheit und träume davon, Mangakünstler zu werden.

Ich hab viel darüber nachgedacht, aber du bist es! Ich brauche deine Zeichnungen.

Akito Takagi und Manga? Sein Traum? Der gehört doch selbst auf Landesniveau noch zu den besten Schülern. Was denkt der sich überhaupt?

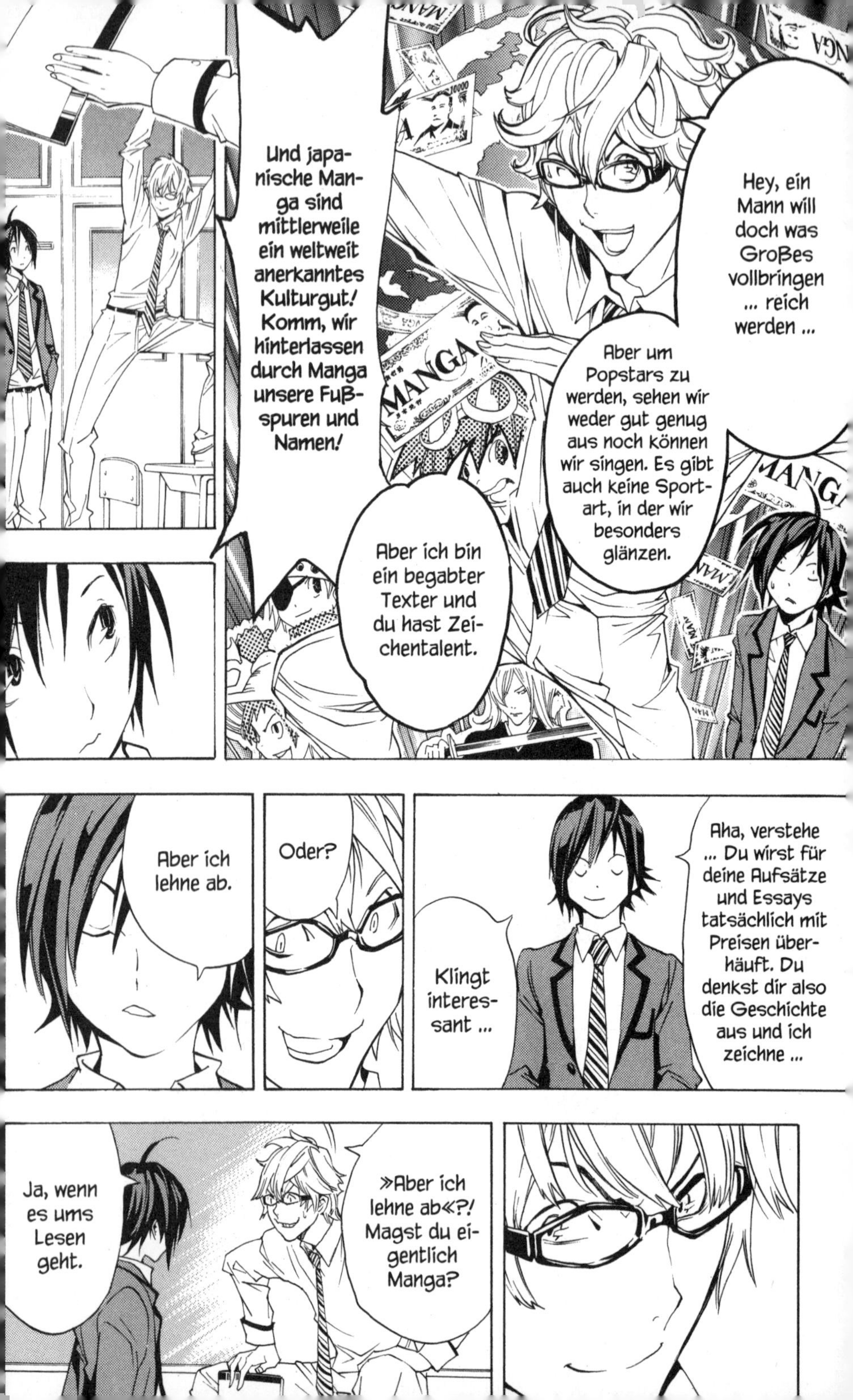

Hey, ein Mann will doch was Großes vollbringen ... reich werden ...

Aber um Popstars zu werden, sehen wir weder gut genug aus noch können wir singen. Es gibt auch keine Sportart, in der wir besonders glänzen.

Aber ich bin ein begabter Texter und du hast Zeichentalent.

Und japanische Manga sind mittlerweile ein weltweit anerkanntes Kulturgut! Komm, wir hinterlassen durch Manga unsere Fußspuren und Namen!

Aha, verstehe ... Du wirst für deine Aufsätze und Essays tatsächlich mit Preisen überhäuft. Du denkst dir also die Geschichte aus und ich zeichne ...

Klingt interessant ...

Oder?

Aber ich lehne ab.

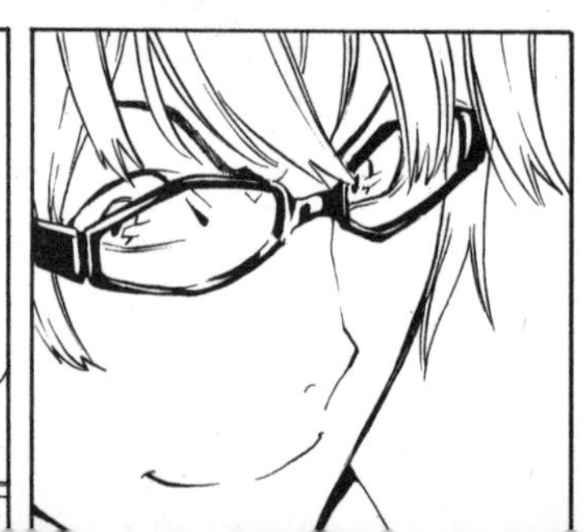

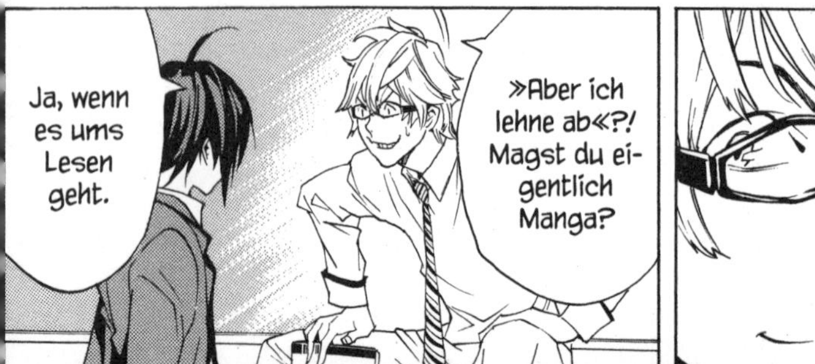

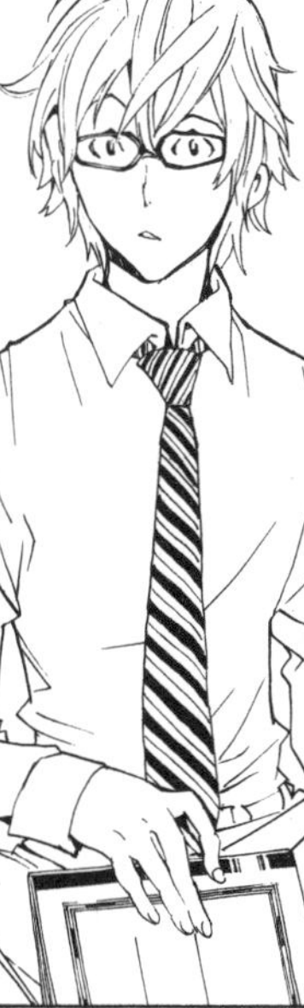

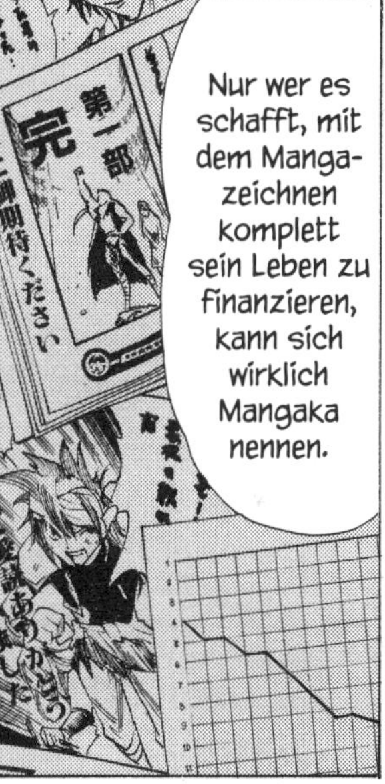
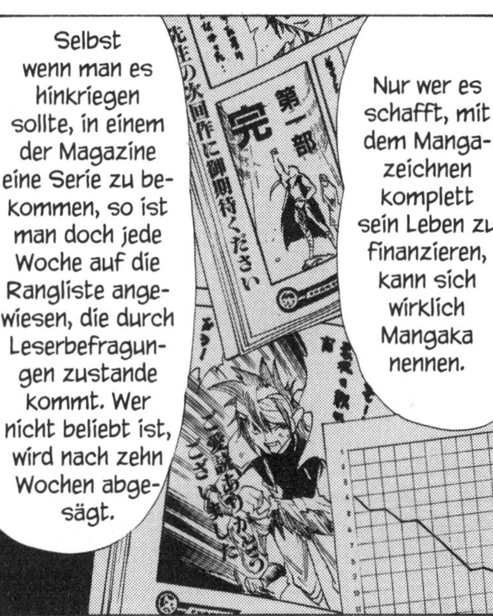

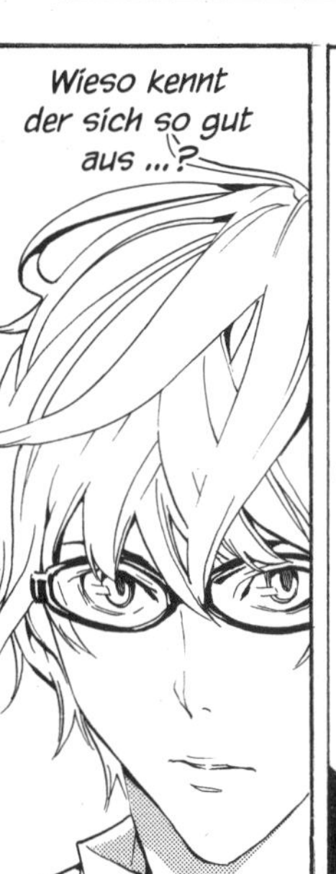

Nur wer einen Riesenhit landet ... oder mehrere Hits hintereinander hat, sodass er seinen Lebensunterhalt damit bestreiten kann, ist ein echter Mangaka. Wer das nicht schafft, ist nur ein Glücksspieler.

Selbst der Autor der Serie *Death Note,* die du vorhin erwähnt hast, wurde in einer Zeitschrift zitiert, er müsse an neuen Projekten arbeiten, um in fünf Jahren nicht am Hungertuch zu nagen.

Echt? Das überrascht mich. Aber stimmt, die Serie war ja relativ kurz.

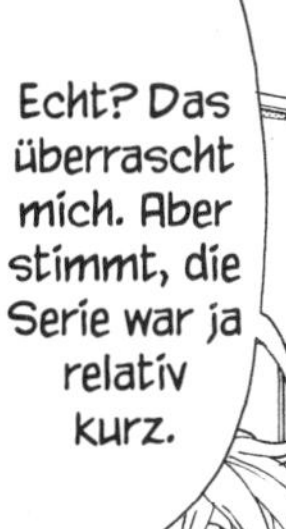

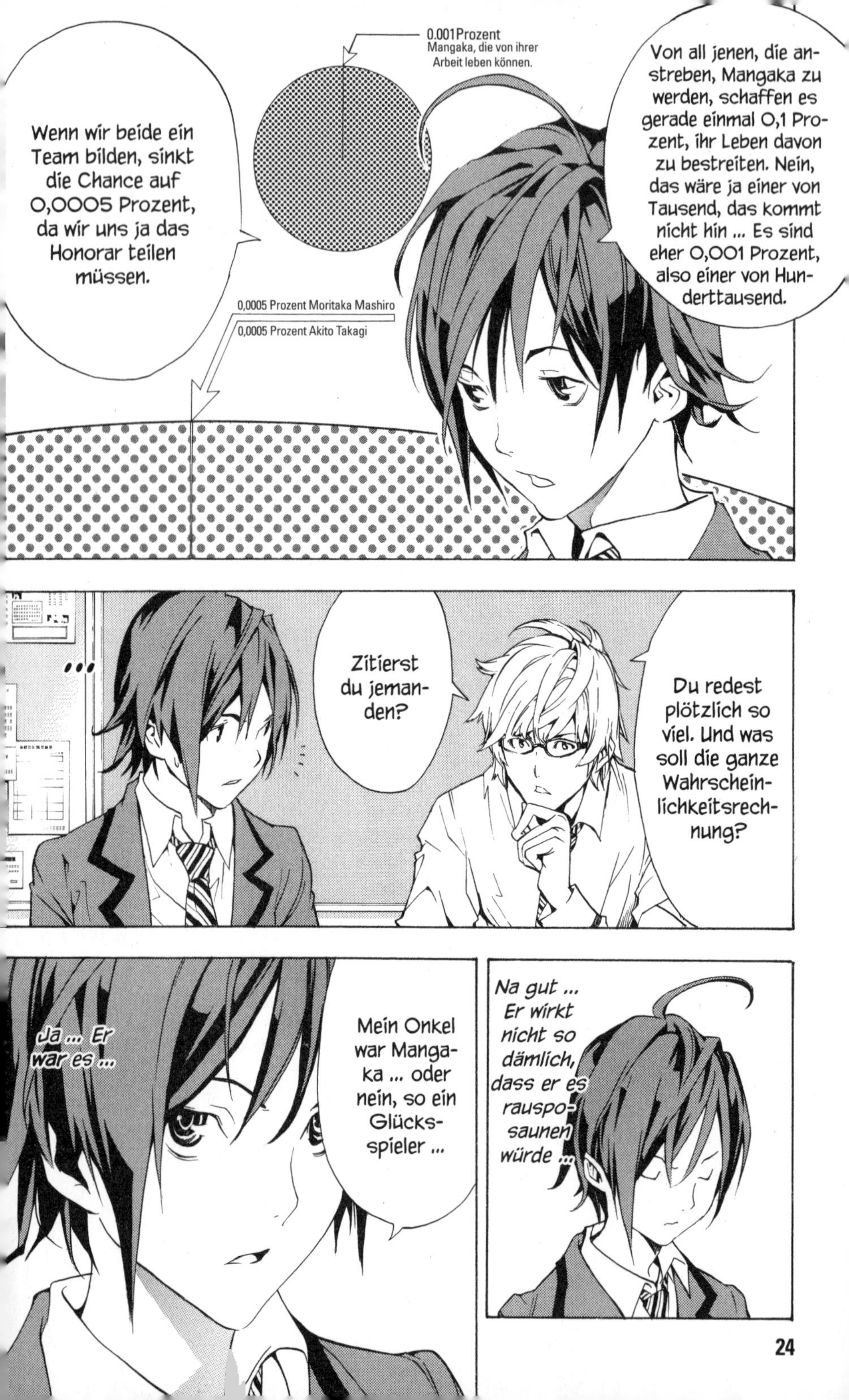

Von all jenen, die anstreben, Mangaka zu werden, schaffen es gerade einmal 0,1 Prozent, ihr Leben davon zu bestreiten. Nein, das wäre ja einer von Tausend, das kommt nicht hin ... Es sind eher 0,001 Prozent, also einer von Hunderttausend.

0.001 Prozent
Mangaka, die von ihrer Arbeit leben können.

0,0005 Prozent Moritaka Mashiro
0,0005 Prozent Akito Takagi

Wenn wir beide ein Team bilden, sinkt die Chance auf 0,0005 Prozent, da wir uns ja das Honorar teilen müssen.

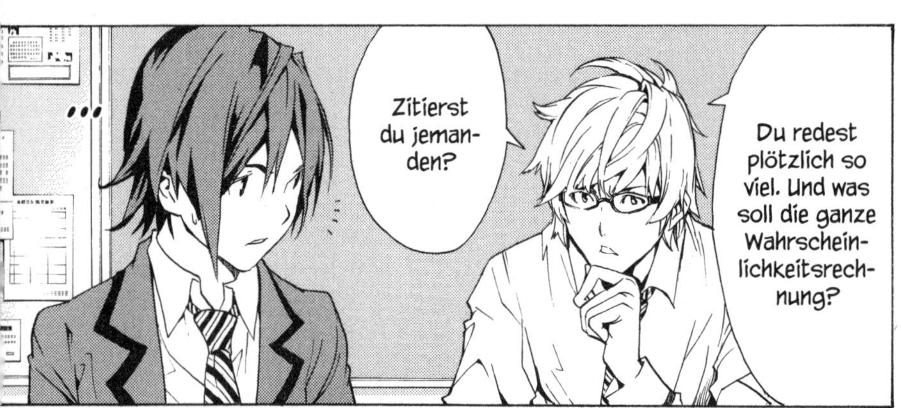

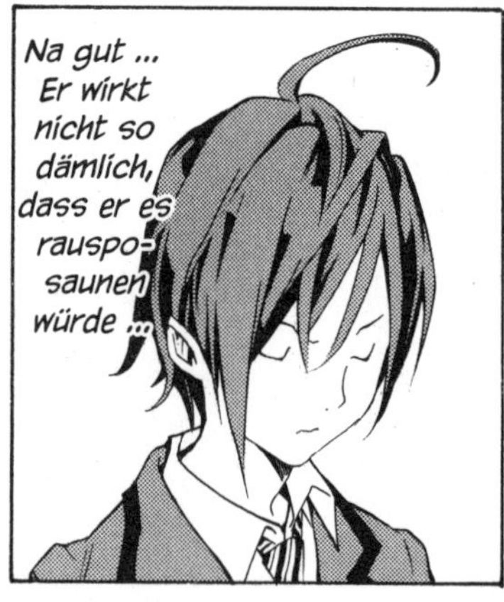

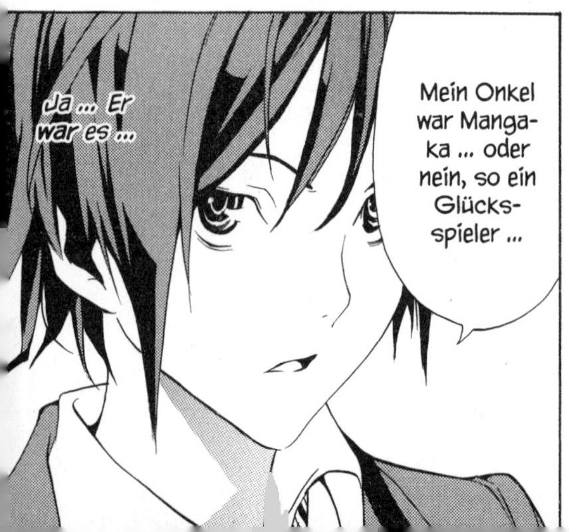

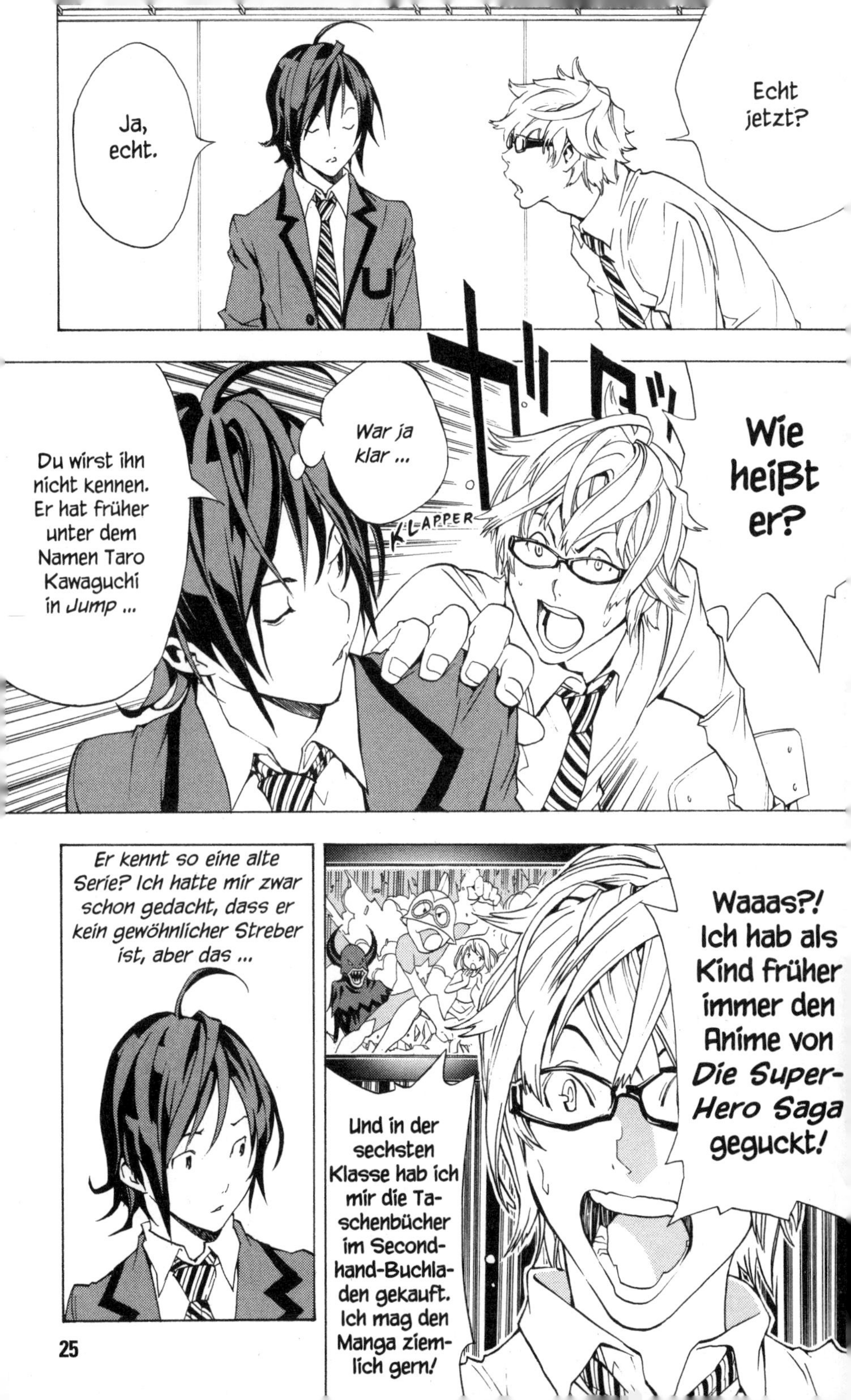

Echt jetzt?

Ja, echt.

Wie heißt er?

KLAPPER

War ja klar ...

Du wirst ihn nicht kennen. Er hat früher unter dem Namen Taro Kawaguchi in *Jump* ...

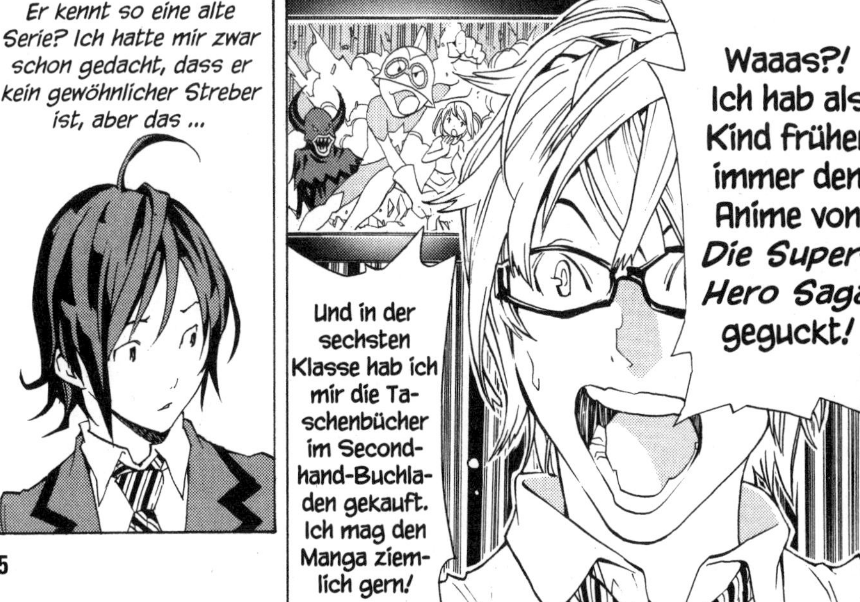

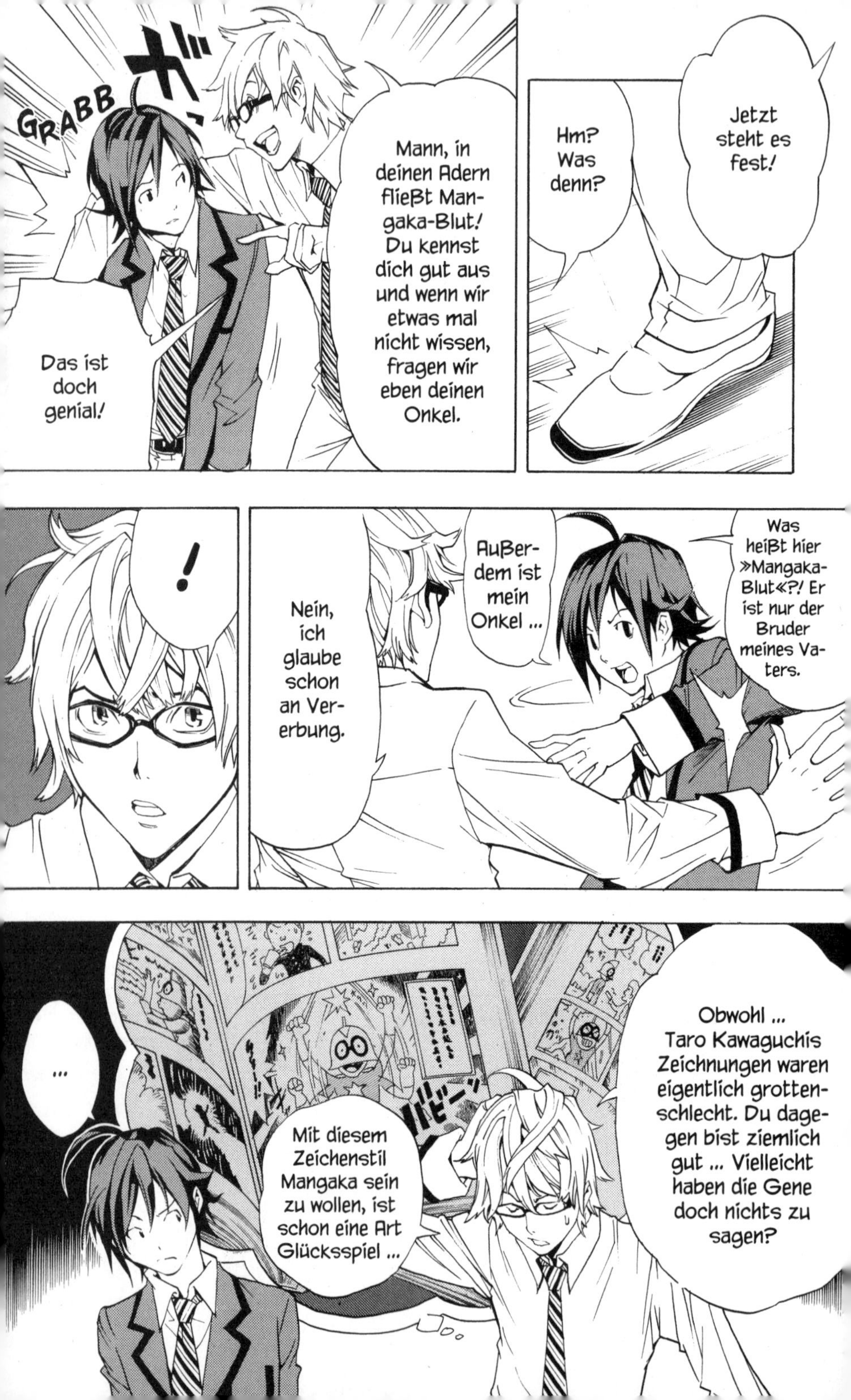

Jetzt steht es fest!

Hm? Was denn?

Mann, in deinen Adern fließt Mangaka-Blut! Du kennst dich gut aus und wenn wir etwas mal nicht wissen, fragen wir eben deinen Onkel.

GRABB

Das ist doch genial!

Was heißt hier »Mangaka-Blut«?! Er ist nur der Bruder meines Vaters.

Außerdem ist mein Onkel ...

Nein, ich glaube schon an Vererbung.

!

Obwohl ... Taro Kawaguchis Zeichnungen waren eigentlich grottenschlecht. Du dagegen bist ziemlich gut ... Vielleicht haben die Gene doch nichts zu sagen?

Mit diesem Zeichenstil Mangaka sein zu wollen, ist schon eine Art Glücksspiel ...

...

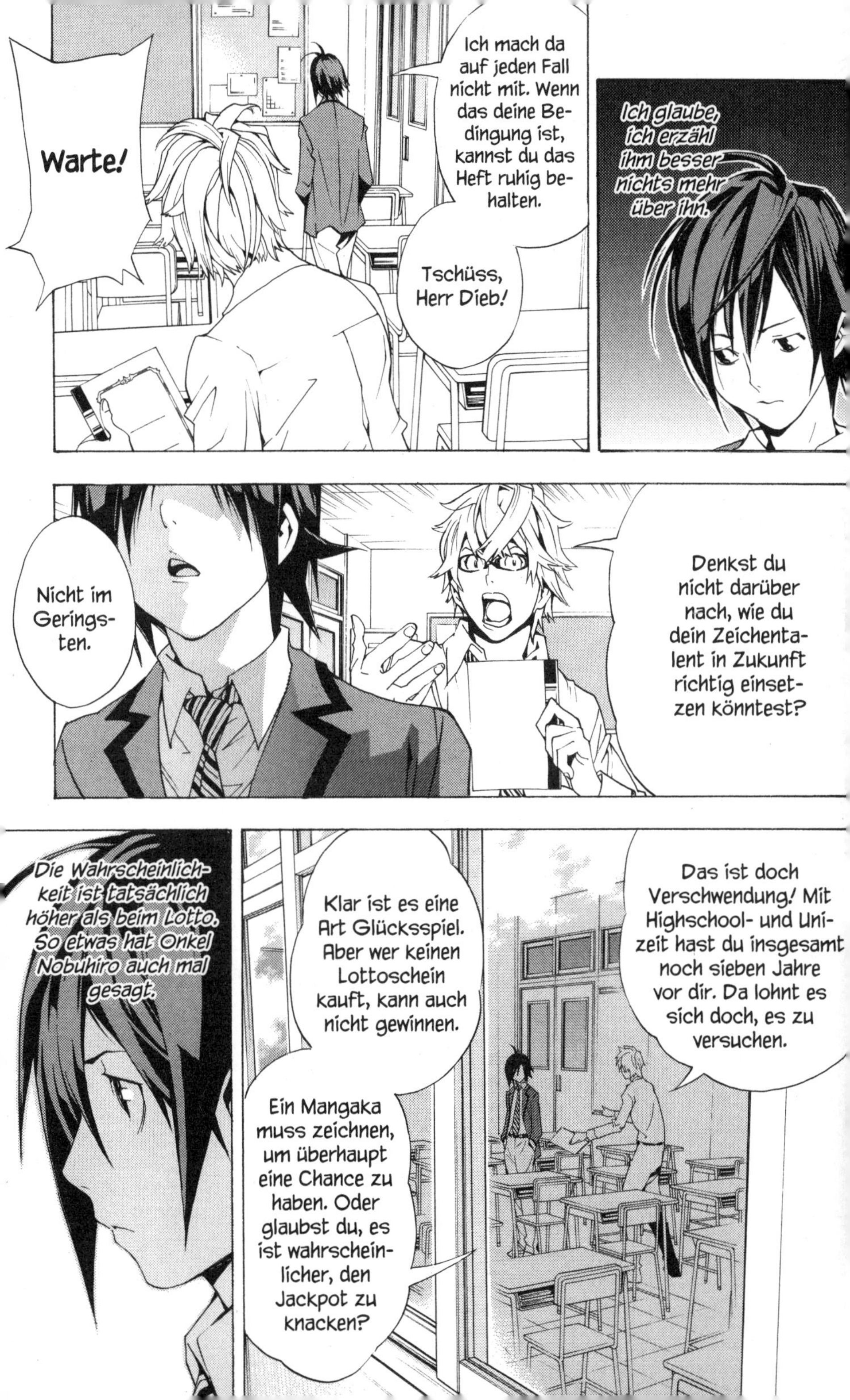

Ich glaube, ich erzähl ihm besser nichts mehr über ihn.

Ich mach da auf jeden Fall nicht mit. Wenn das deine Bedingung ist, kannst du das Heft ruhig behalten.

Tschüss, Herr Dieb!

Warte!

Denkst du nicht darüber nach, wie du dein Zeichentalent in Zukunft richtig einsetzen könntest?

Nicht im Geringsten.

Das ist doch Verschwendung! Mit Highschool- und Unizeit hast du insgesamt noch sieben Jahre vor dir. Da lohnt es sich doch, es zu versuchen.

Klar ist es eine Art Glücksspiel. Aber wer keinen Lottoschein kauft, kann auch nicht gewinnen.

Ein Mangaka muss zeichnen, um überhaupt eine Chance zu haben. Oder glaubst du, es ist wahrscheinlicher, den Jackpot zu knacken?

Die Wahrscheinlichkeit ist tatsächlich höher als beim Lotto. So etwas hat Onkel Nobuhiro auch mal gesagt.

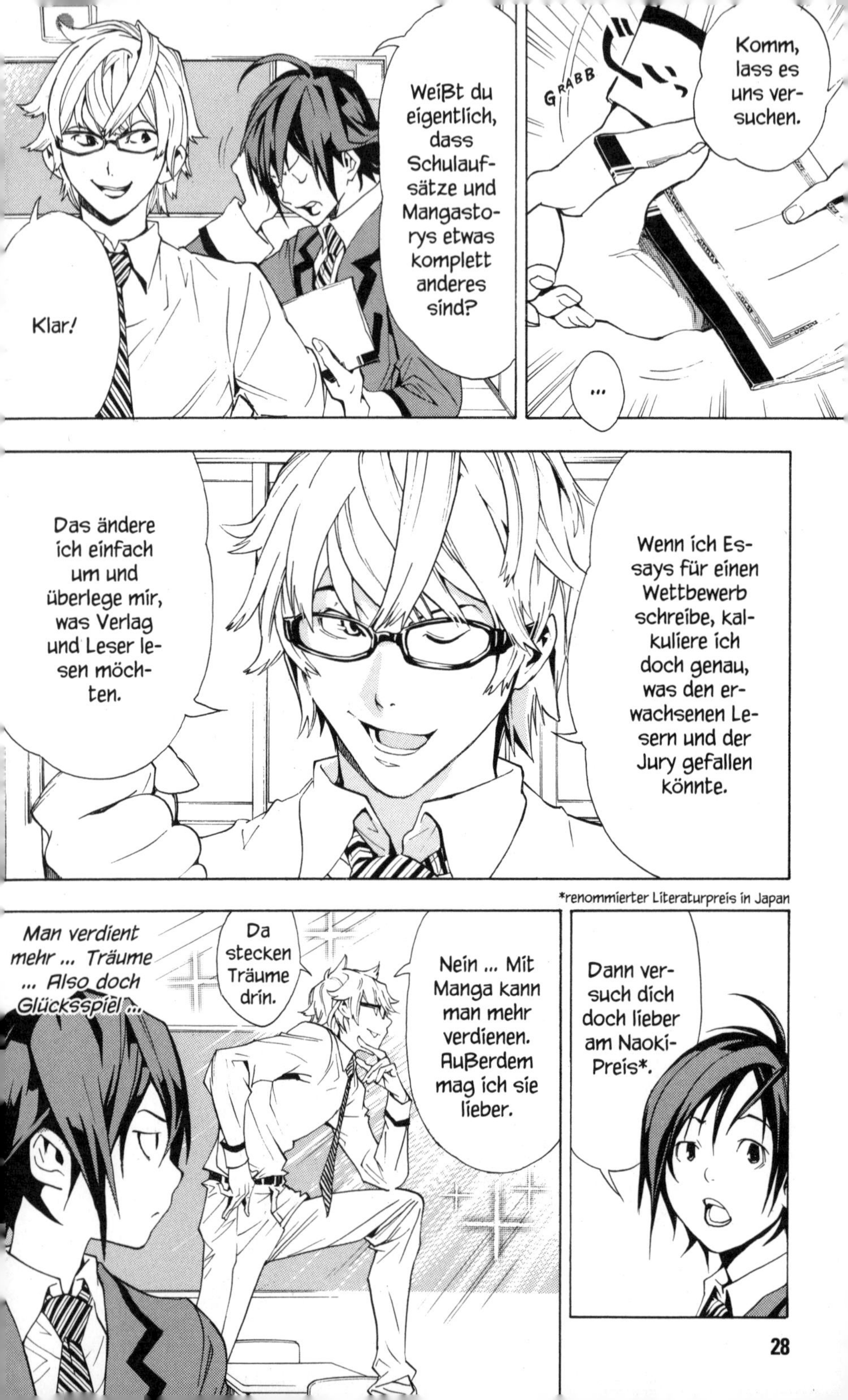

Komm, lass es uns versuchen.

GRABB

...

Weißt du eigentlich, dass Schulaufsätze und Mangastorys etwas komplett anderes sind?

Klar!

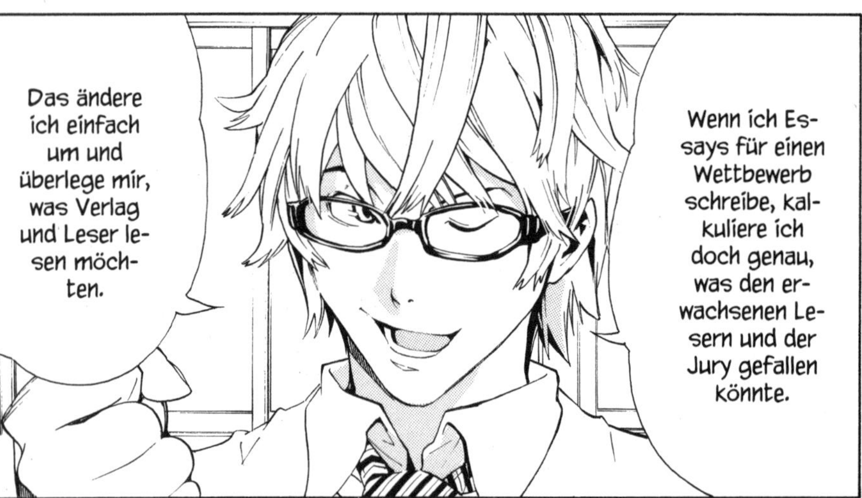

Dann versuch dich doch lieber am Naoki-Preis*.

Nein ... Mit Manga kann man mehr verdienen. Außerdem mag ich sie lieber.

Da stecken Träume drin.

Man verdient mehr ... Träume ... Also doch Glücksspiel ...

*renommierter Literaturpreis in Japan

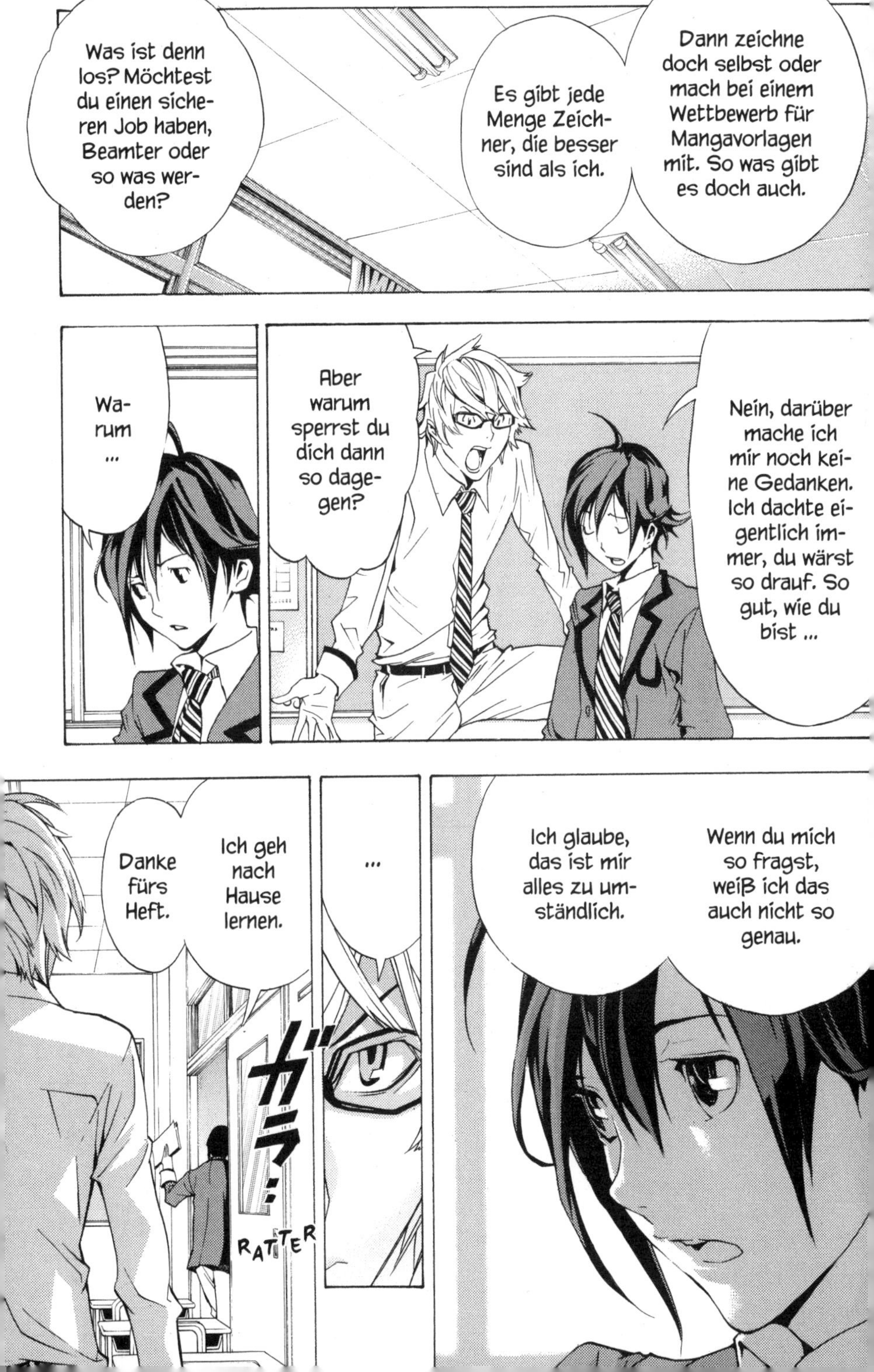

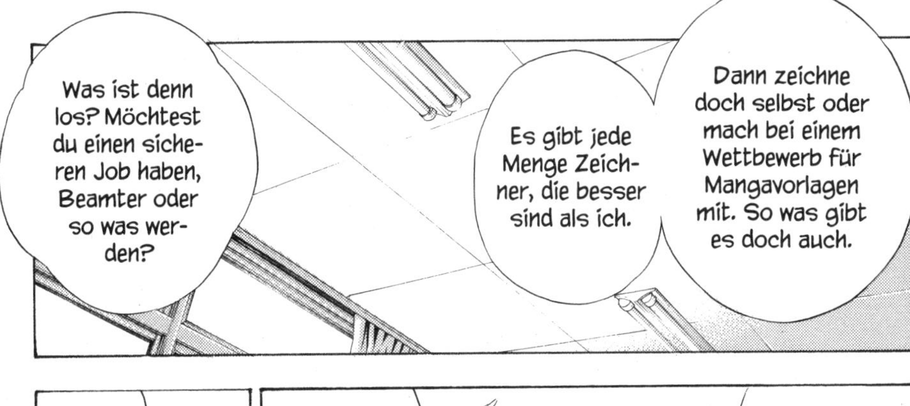
Dann zeichne doch selbst oder mach bei einem Wettbewerb für Mangavorlagen mit. So was gibt es doch auch.
Es gibt jede Menge Zeichner, die besser sind als ich.
Was ist denn los? Möchtest du einen sicheren Job haben, Beamter oder so was werden?

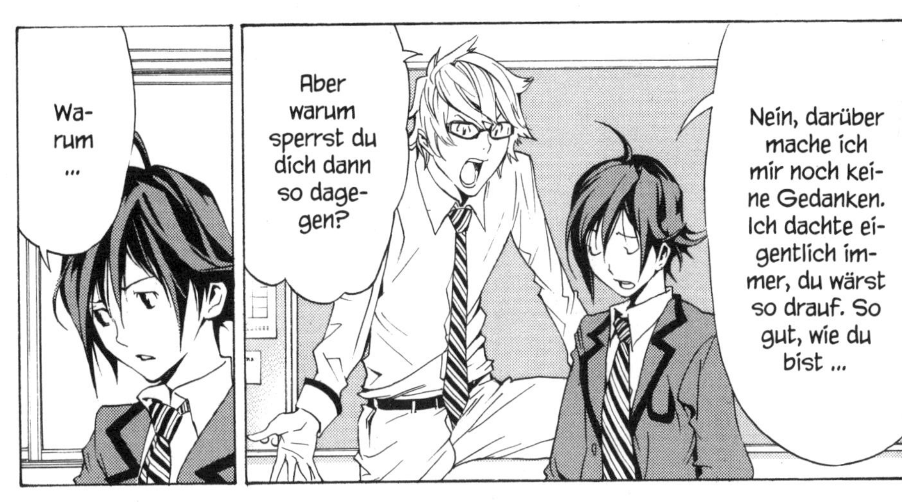
Nein, darüber mache ich mir noch keine Gedanken. Ich dachte eigentlich immer, du wärst so drauf. So gut, wie du bist ...
Aber warum sperrst du dich dann so dagegen?
Warum ...

Wenn du mich so fragst, weiß ich das auch nicht so genau.
Ich glaube, das ist mir alles zu umständlich.
...
Ich geh nach Hause lernen.
Danke fürs Heft.
ガラッ
RATTER

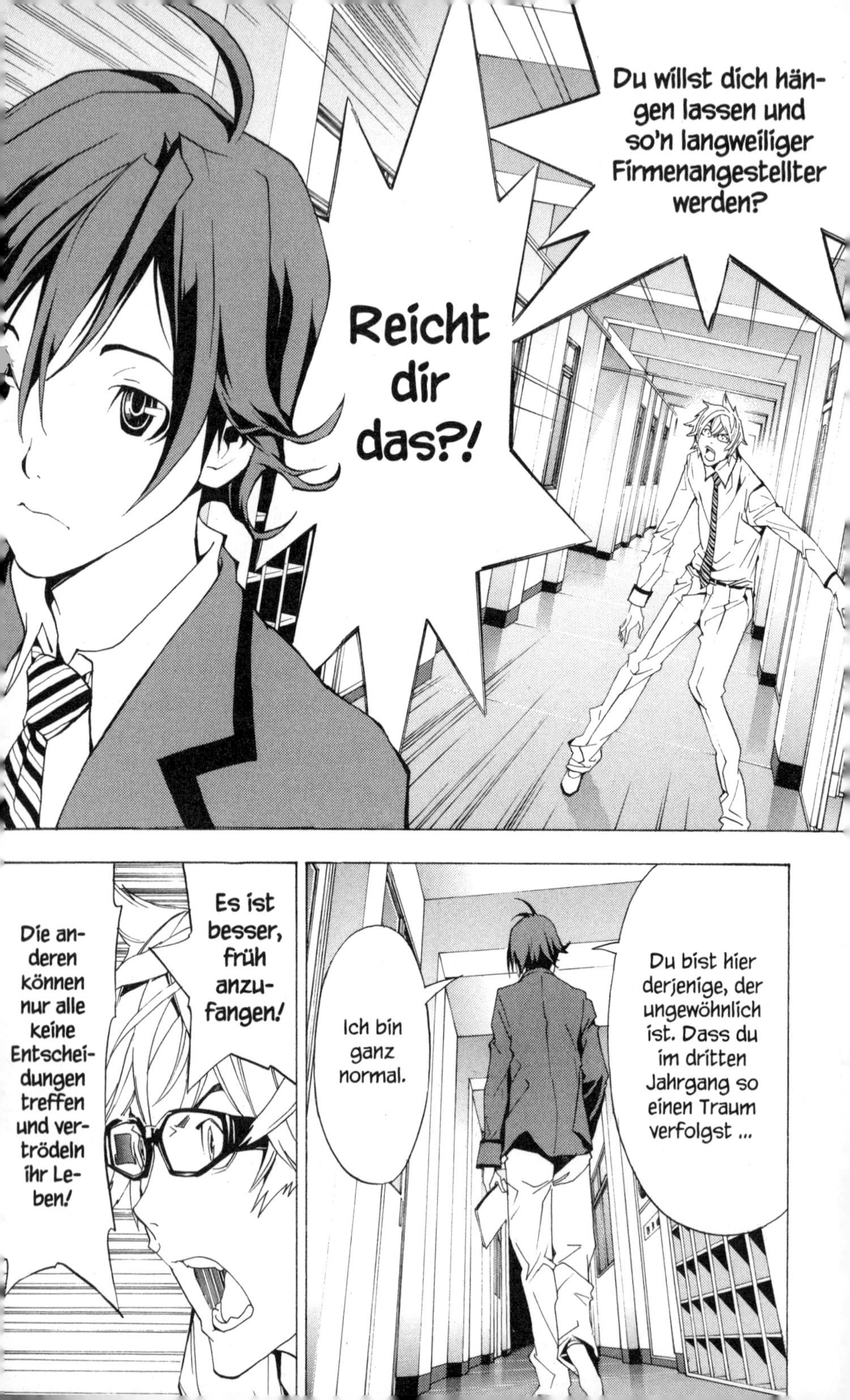

Du willst dich hängen lassen und so'n langweiliger Firmenangestellter werden?

Reicht dir das?!

Du bist hier derjenige, der ungewöhnlich ist. Dass du im dritten Jahrgang so einen Traum verfolgst ...

Ich bin ganz normal.

Es ist besser, früh anzufangen!

Die anderen können nur alle keine Entscheidungen treffen und vertrödeln ihr Leben!

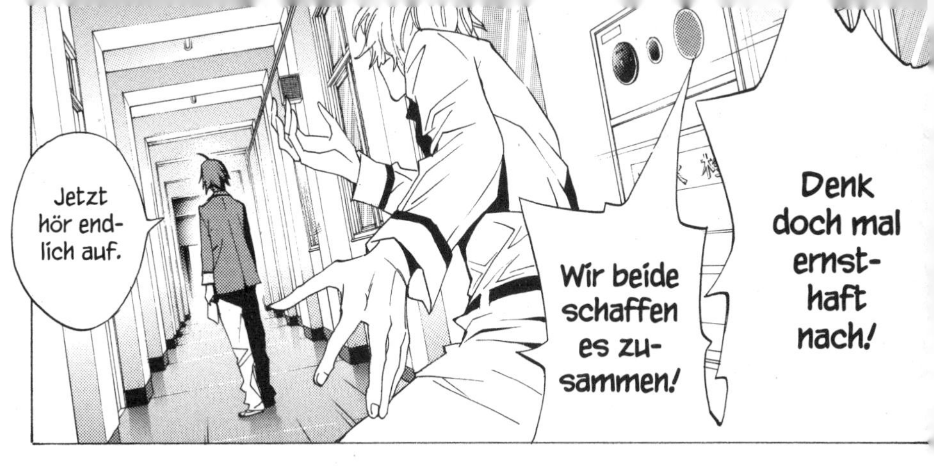
Denk doch mal ernst- haft nach!
Wir beide schaffen es zu- sammen!
Jetzt hör end- lich auf.

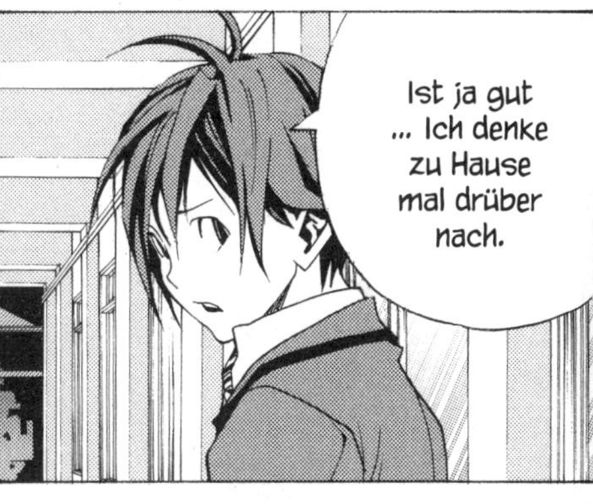
Ist ja gut ... Ich denke zu Hause mal drüber nach.

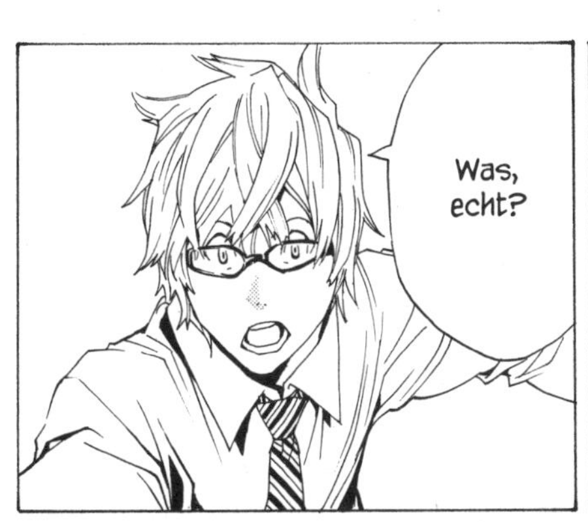
Was, echt?

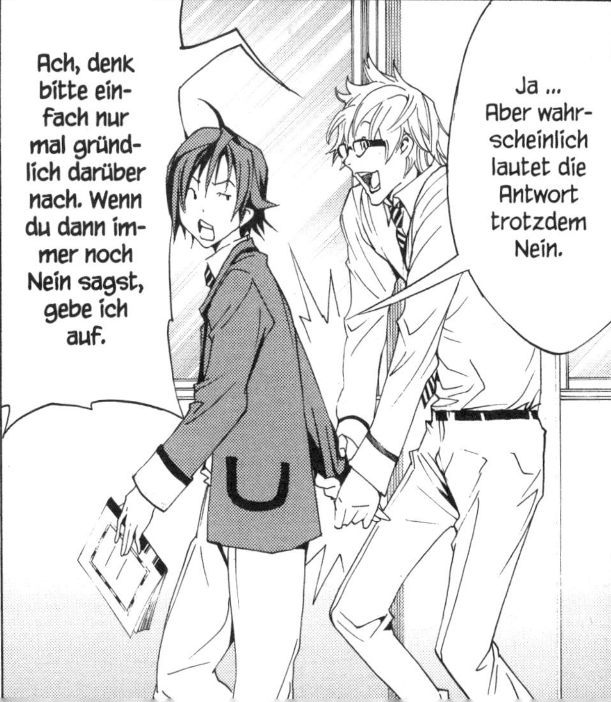
Ja ... Aber wahr- scheinlich lautet die Antwort trotzdem Nein.
Ach, denk bitte ein- fach nur mal gründ- lich darüber nach. Wenn du dann im- mer noch Nein sagst, gebe ich auf.

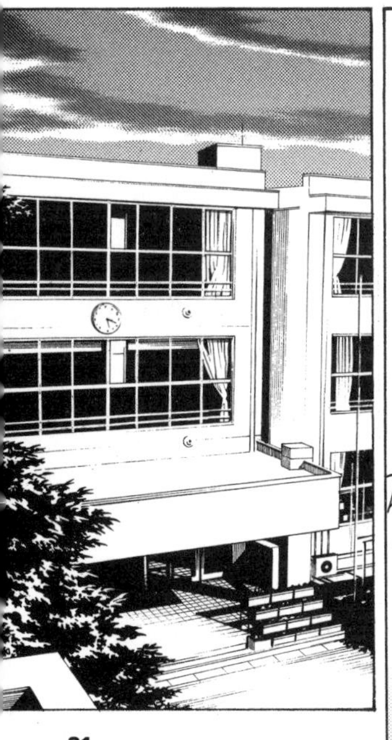

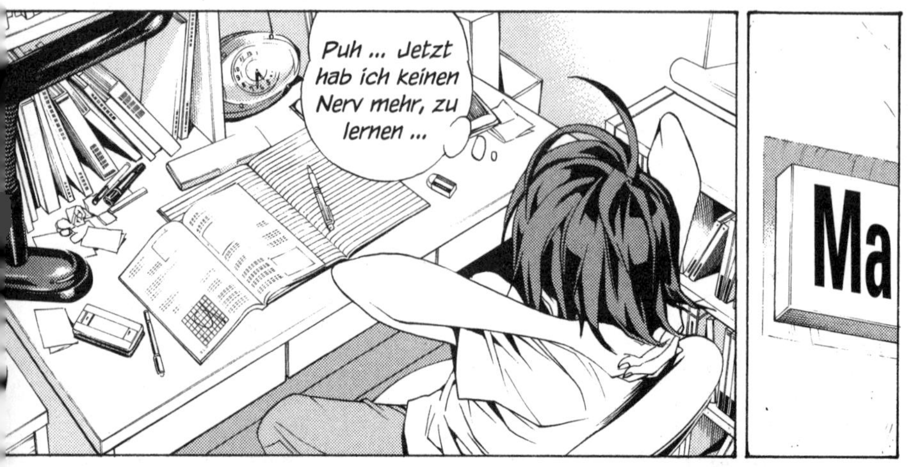

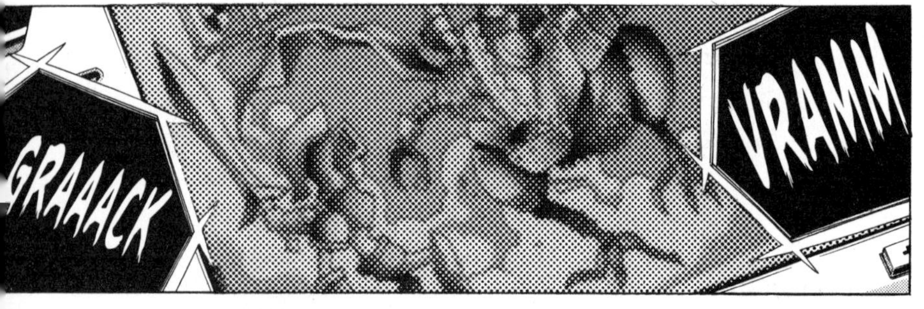

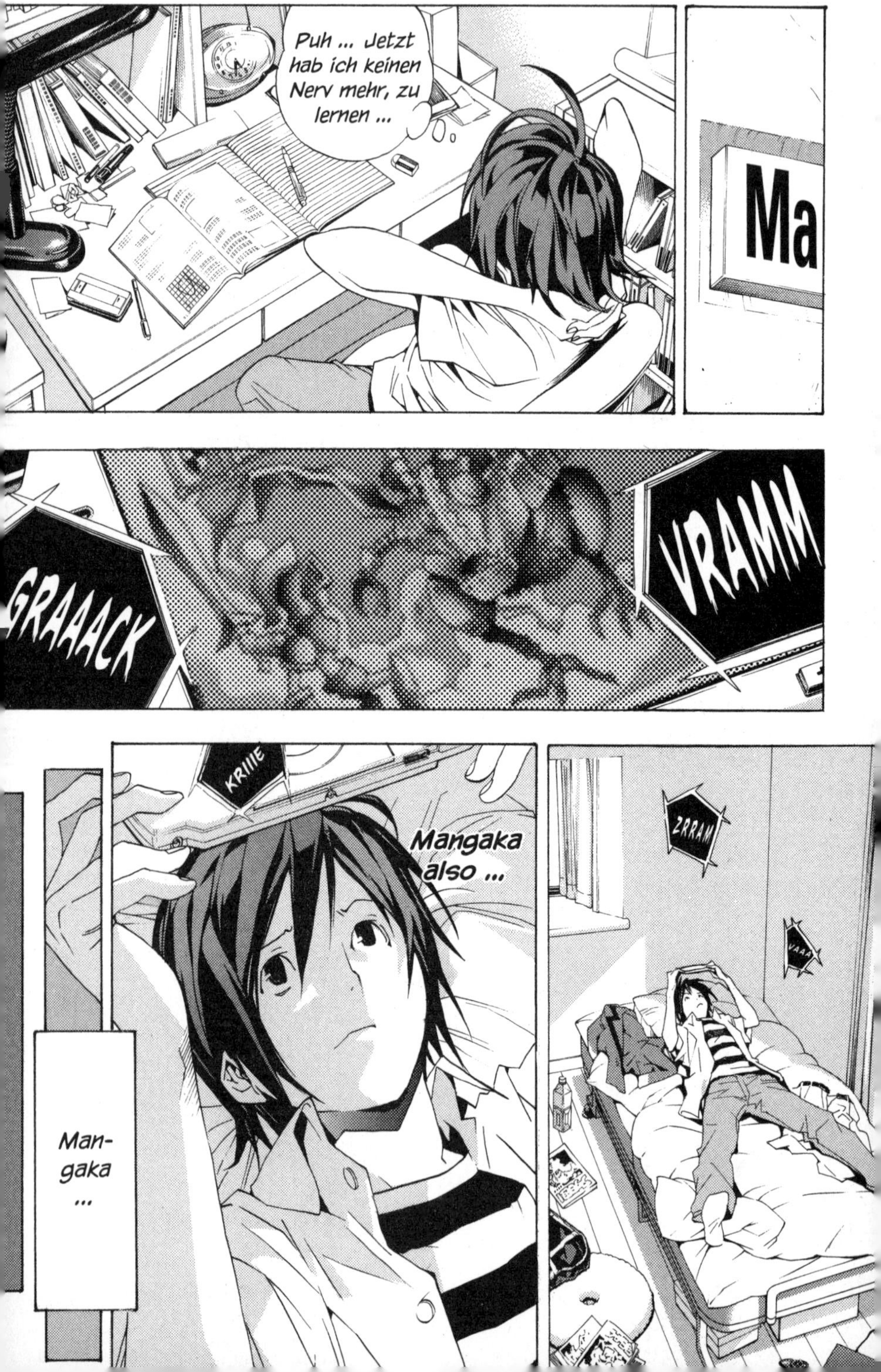

ZRRAM

KRIIIE

Mangaka also ...

Man-gaka ...

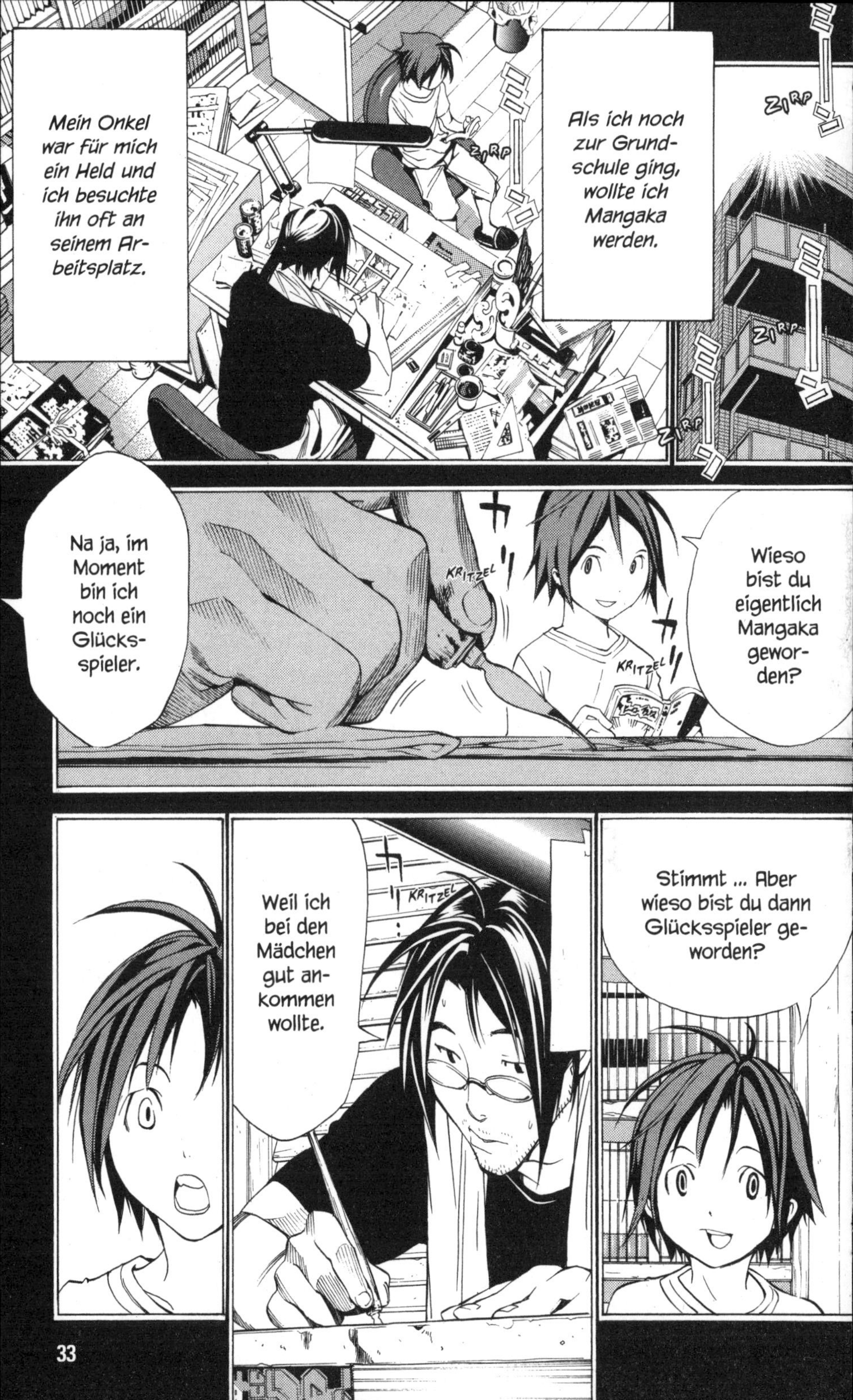
ZIRP
Als ich noch zur Grundschule ging, wollte ich Mangaka werden.
ZIRP
Mein Onkel war für mich ein Held und ich besuchte ihn oft an seinem Arbeitsplatz.
ZIRP
ZIRP
Wieso bist du eigentlich Mangaka geworden?
KRITZEL
KRITZEL
Na ja, im Moment bin ich noch ein Glücksspieler.
Stimmt ... Aber wieso bist du dann Glücksspieler geworden?
KRITZEL
Weil ich bei den Mädchen gut ankommen wollte.

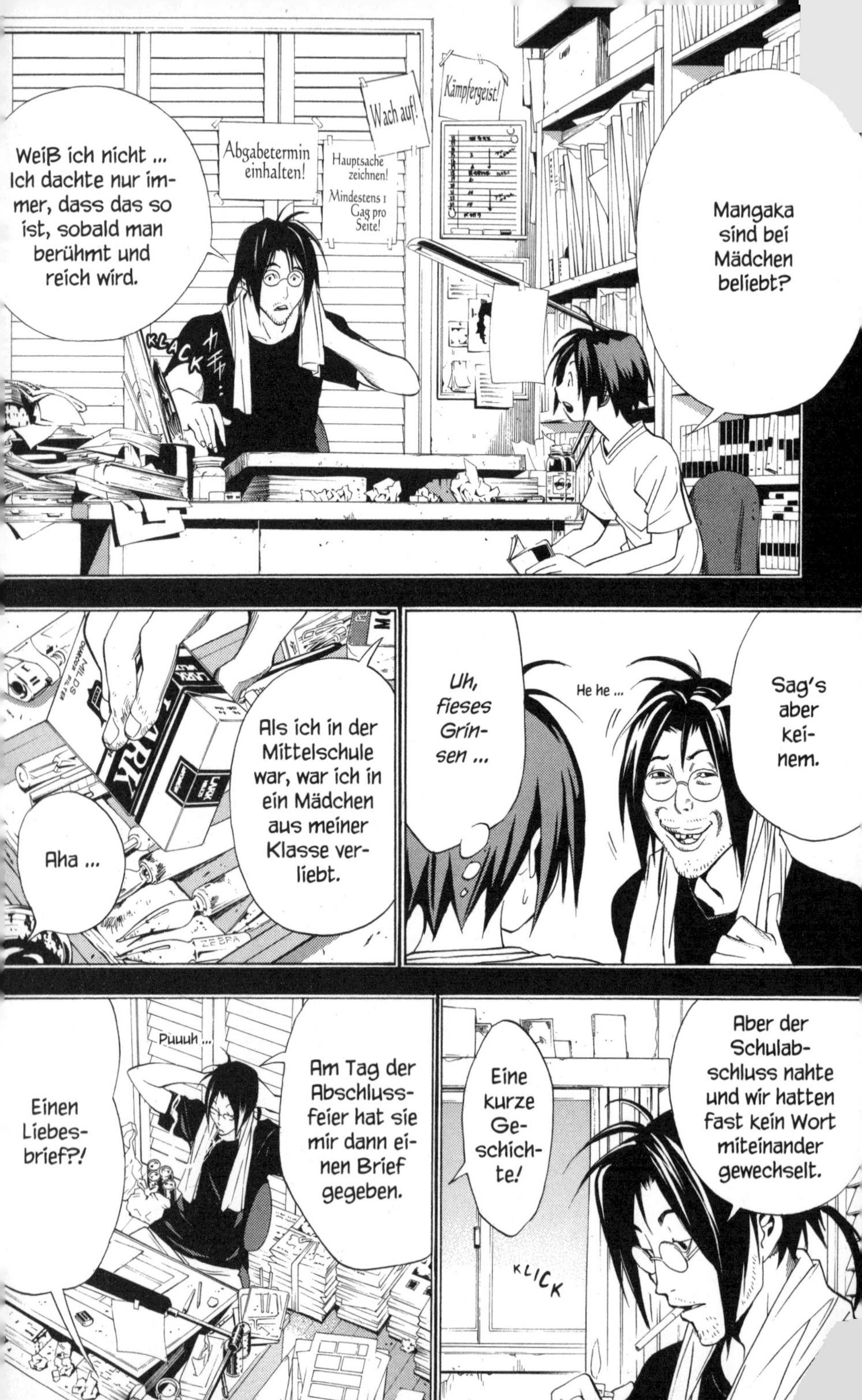
Wach auf!
Kämpfergeist!
Abgabetermin einhalten!
Hauptsache zeichnen!
Mindestens 1 Gag pro Seite!
Mangaka sind bei Mädchen beliebt?
Weiß ich nicht ... Ich dachte nur immer, dass das so ist, sobald man berühmt und reich wird.
KLACK
Sag's aber keinem.
He he ...
Uh, fieses Grinsen ...
Als ich in der Mittelschule war, war ich in ein Mädchen aus meiner Klasse verliebt.
Aha ...
Aber der Schulabschluss nahte und wir hatten fast kein Wort miteinander gewechselt.
KLICK
Eine kurze Geschichte!
Am Tag der Abschlussfeier hat sie mir dann einen Brief gegeben.
Puuuh ...
Einen Liebesbrief?!

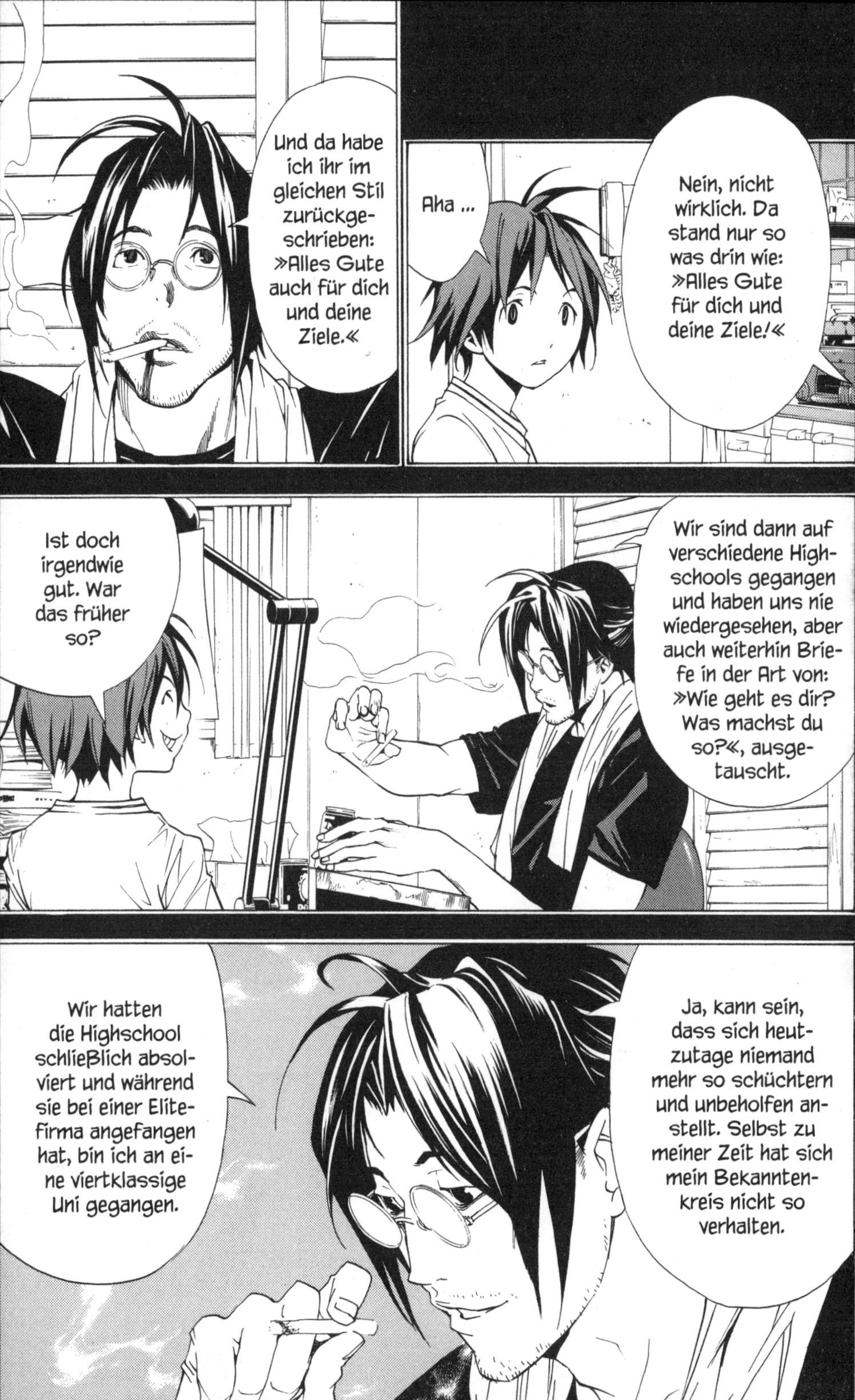
Nein, nicht wirklich. Da stand nur so was drin wie: »Alles Gute für dich und deine Ziele!«
Aha ...
Und da habe ich ihr im gleichen Stil zurückgeschrieben: »Alles Gute auch für dich und deine Ziele.«
Wir sind dann auf verschiedene Highschools gegangen und haben uns nie wiedergesehen, aber auch weiterhin Briefe in der Art von: »Wie geht es dir? Was machst du so?«, ausgetauscht.
Ist doch irgendwie gut. War das früher so?
Ja, kann sein, dass sich heutzutage niemand mehr so schüchtern und unbeholfen anstellt. Selbst zu meiner Zeit hat sich mein Bekanntenkreis nicht so verhalten.
Wir hatten die Highschool schließlich absolviert und während sie bei einer Elitefirma angefangen hat, bin ich an eine viertklassige Uni gegangen.

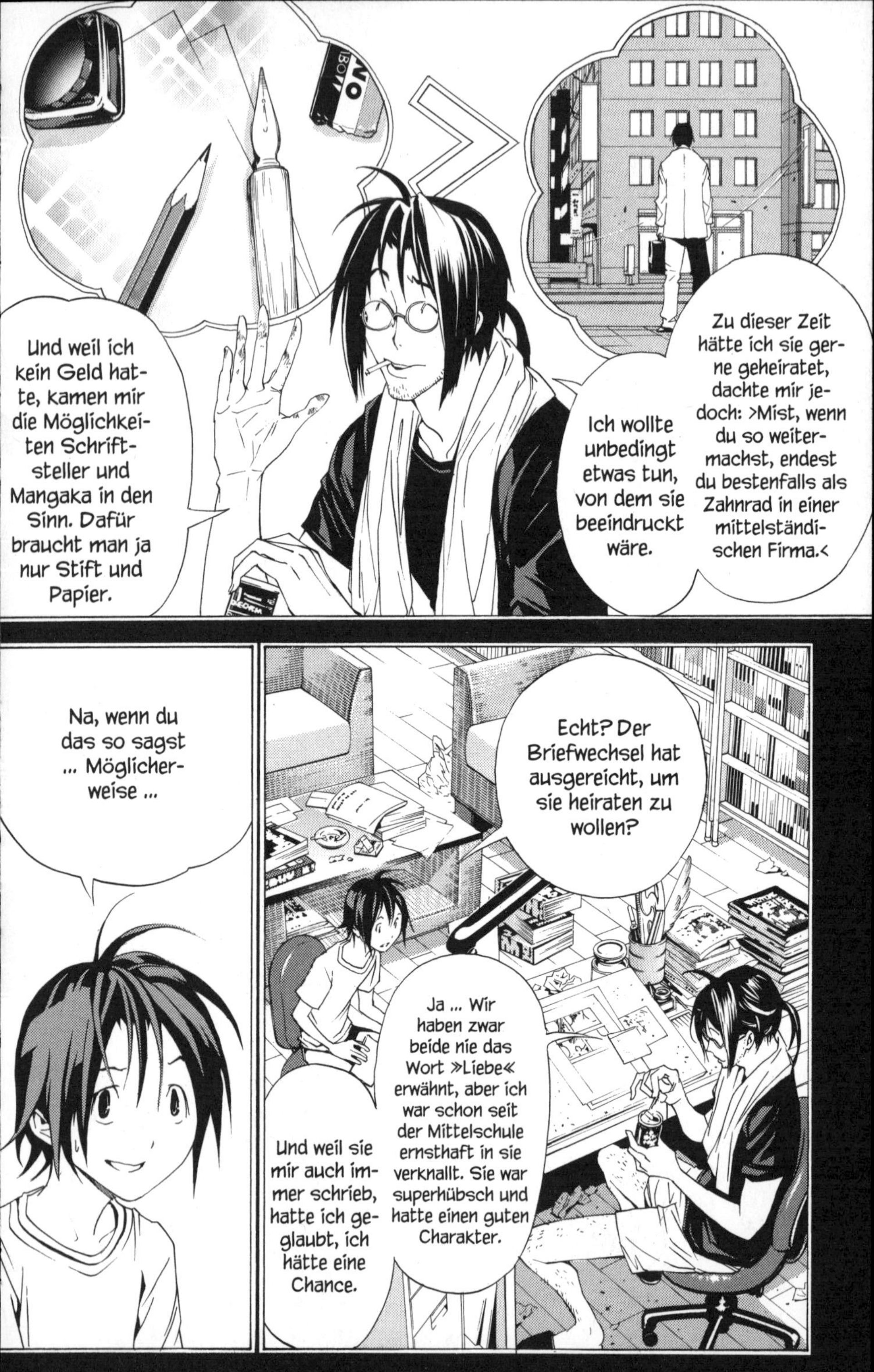

Zu dieser Zeit hätte ich sie gerne geheiratet, dachte mir jedoch: >Mist, wenn du so weitermachst, endest du bestenfalls als Zahnrad in einer mittelständischen Firma.<

Ich wollte unbedingt etwas tun, von dem sie beeindruckt wäre.

Und weil ich kein Geld hatte, kamen mir die Möglichkeiten Schriftsteller und Mangaka in den Sinn. Dafür braucht man ja nur Stift und Papier.

Echt? Der Briefwechsel hat ausgereicht, um sie heiraten zu wollen?

Ja ... Wir haben zwar beide nie das Wort »Liebe« erwähnt, aber ich war schon seit der Mittelschule ernsthaft in sie verknallt. Sie war superhübsch und hatte einen guten Charakter.

Und weil sie mir auch immer schrieb, hatte ich geglaubt, ich hätte eine Chance.

Na, wenn du das so sagst ... Möglicherweise ...

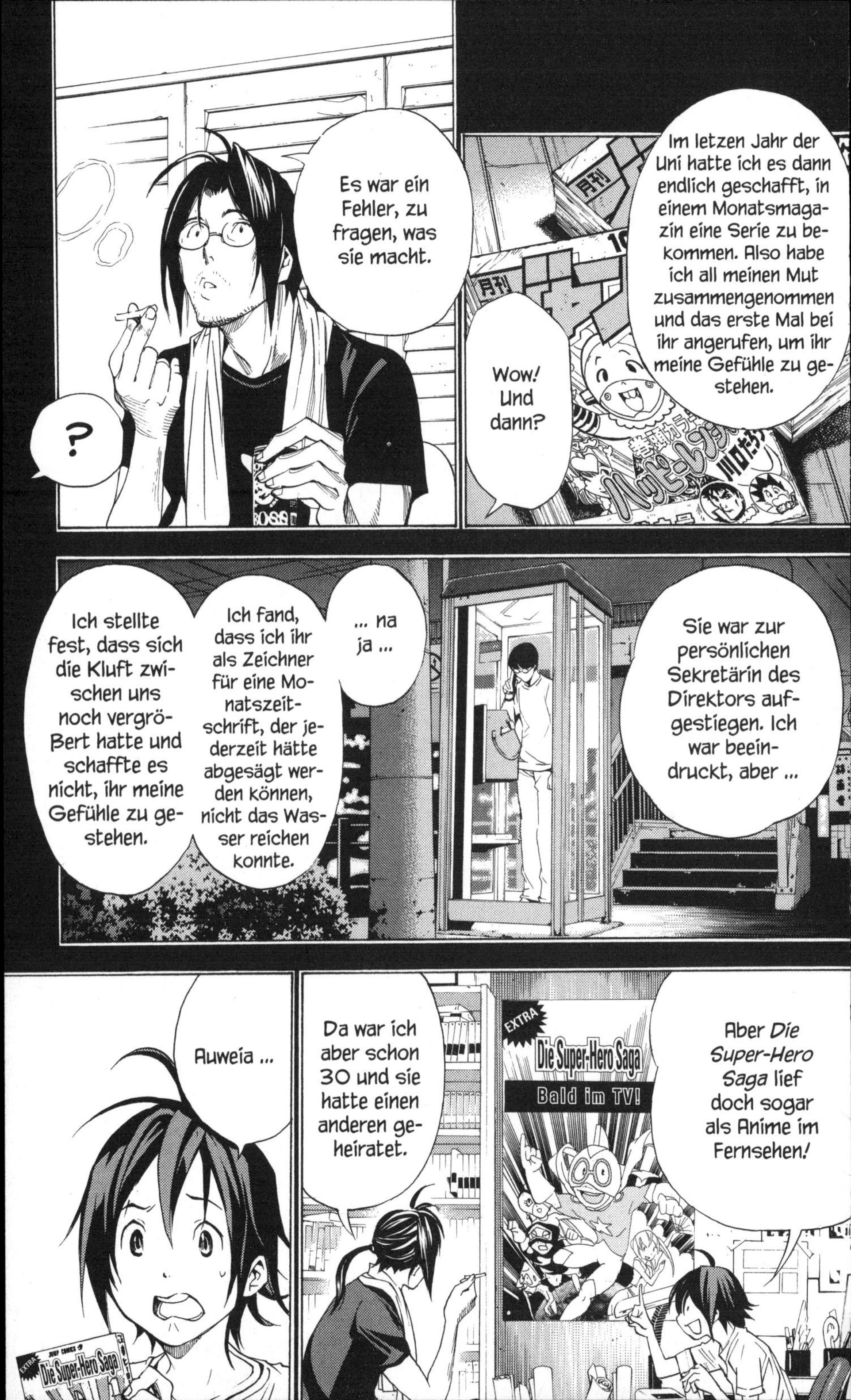

Im letzen Jahr der Uni hatte ich es dann endlich geschafft, in einem Monatsmagazin eine Serie zu bekommen. Also habe ich all meinen Mut zusammengenommen und das erste Mal bei ihr angerufen, um ihr meine Gefühle zu gestehen.

Wow! Und dann?

Es war ein Fehler, zu fragen, was sie macht.

?

Sie war zur persönlichen Sekretärin des Direktors aufgestiegen. Ich war beeindruckt, aber ...

... na ja ...

Ich fand, dass ich ihr als Zeichner für eine Monatszeitschrift, der jederzeit hätte abgesägt werden können, nicht das Wasser reichen konnte.

Ich stellte fest, dass sich die Kluft zwischen uns noch vergrößert hatte und schaffte es nicht, ihr meine Gefühle zu gestehen.

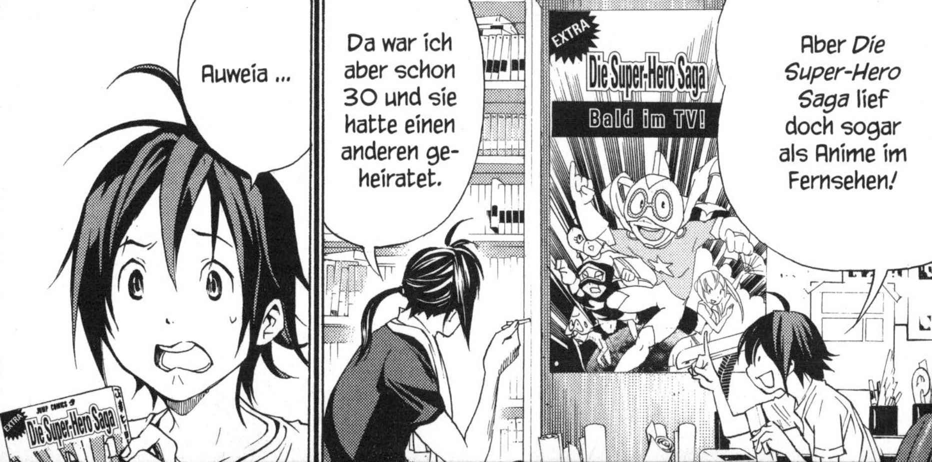

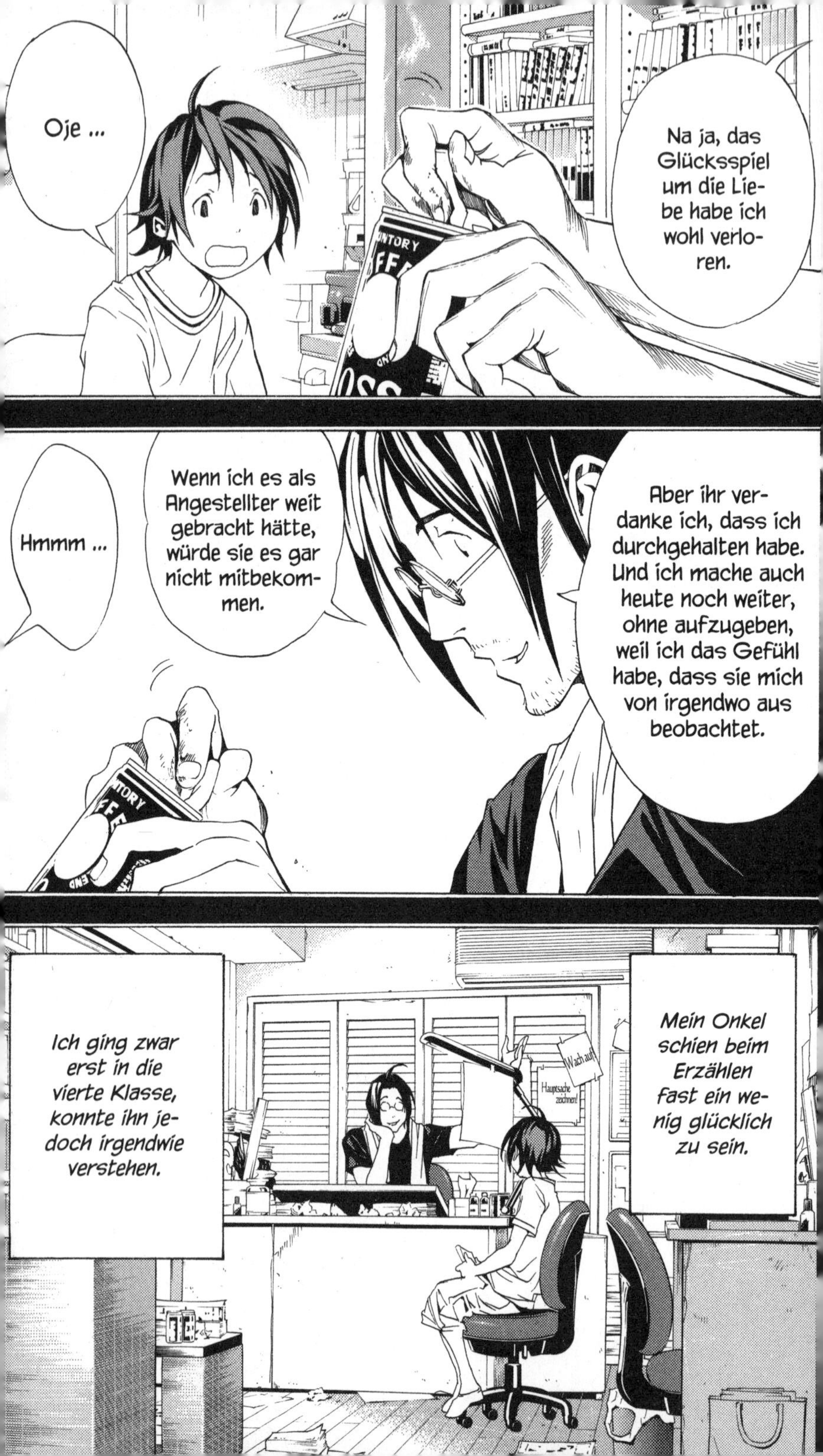

Na ja, das Glücksspiel um die Liebe habe ich wohl verloren.
Oje ...
Aber ihr verdanke ich, dass ich durchgehalten habe. Und ich mache auch heute noch weiter, ohne aufzugeben, weil ich das Gefühl habe, dass sie mich von irgendwo aus beobachtet.
Wenn ich es als Angestellter weit gebracht hätte, würde sie es gar nicht mitbekommen.
Hmmm ...
Mein Onkel schien beim Erzählen fast ein wenig glücklich zu sein.
Wach auf
Hauptsache zeichnen!
Ich ging zwar erst in die vierte Klasse, konnte ihn jedoch irgendwie verstehen.

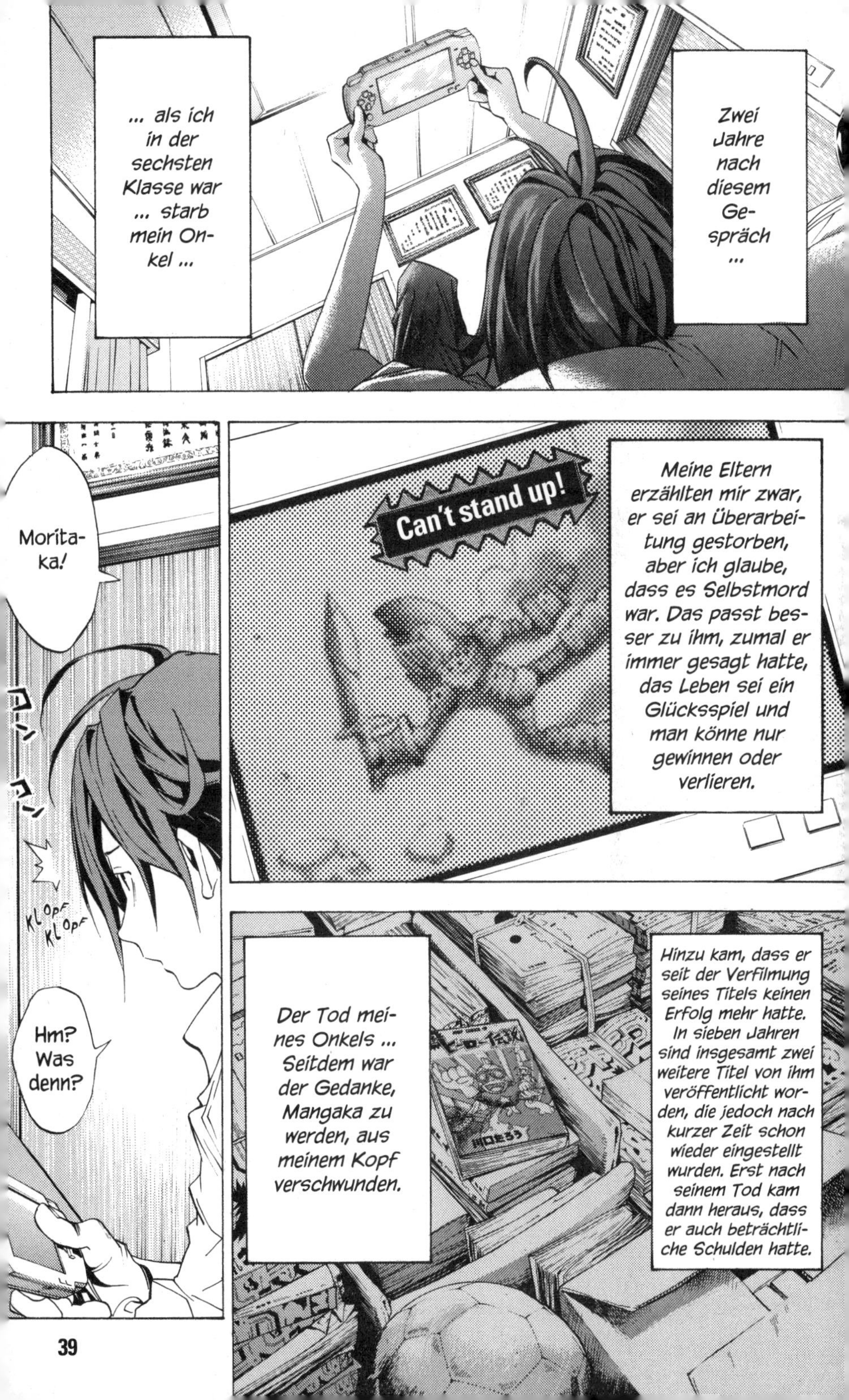

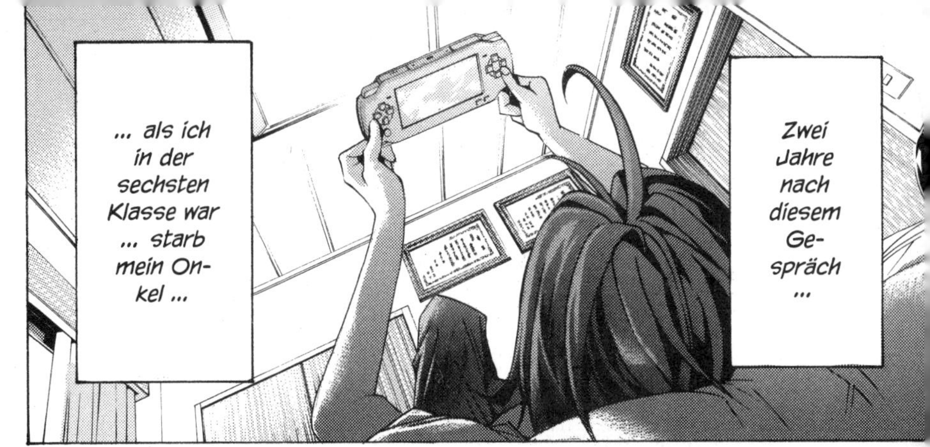

Can't stand up!

Meine Eltern erzählten mir zwar, er sei an Überarbeitung gestorben, aber ich glaube, dass es Selbstmord war. Das passt besser zu ihm, zumal er immer gesagt hatte, das Leben sei ein Glücksspiel und man könne nur gewinnen oder verlieren.

Hinzu kam, dass er seit der Verfilmung seines Titels keinen Erfolg mehr hatte. In sieben Jahren sind insgesamt zwei weitere Titel von ihm veröffentlicht worden, die jedoch nach kurzer Zeit schon wieder eingestellt wurden. Erst nach seinem Tod kam dann heraus, dass er auch beträchtliche Schulden hatte.

Der Tod meines Onkels ... Seitdem war der Gedanke, Mangaka zu werden, aus meinem Kopf verschwunden.

Moritaka!

KLOPF KLOPF

Hm? Was denn?

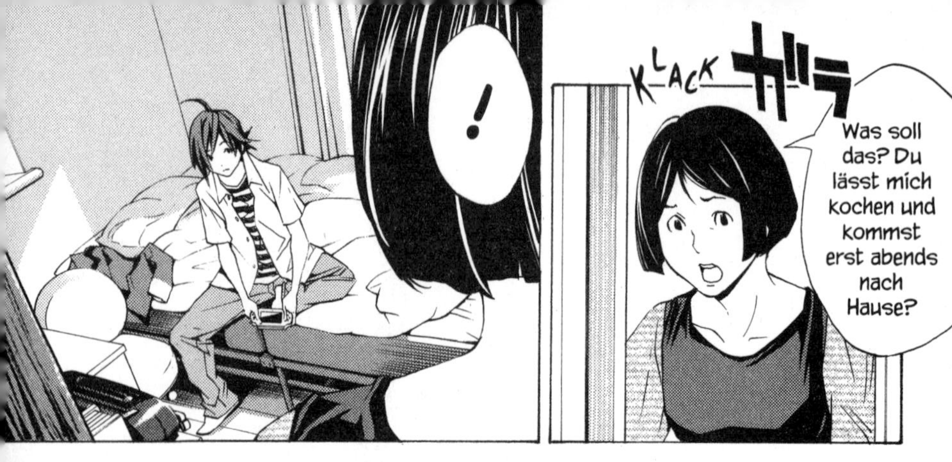
KLACK
Was soll das? Du lässt mich kochen und kommst erst abends nach Hause?
!

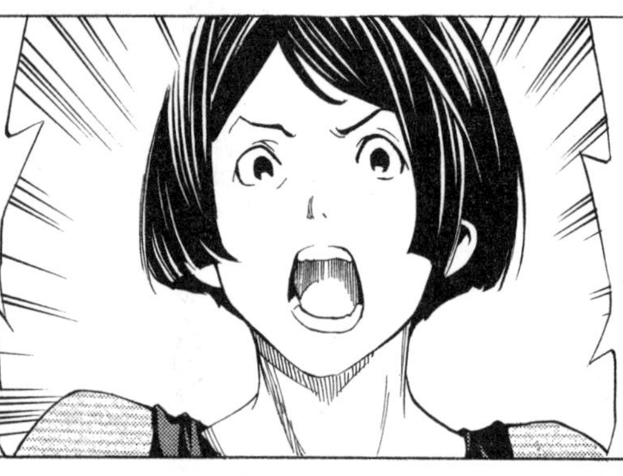
Was machst du denn da? Ihr schreibt morgen doch eine wichtige Arbeit!
Wenn du so weiter-machst, schaffst du nicht mal die Minami High-school!

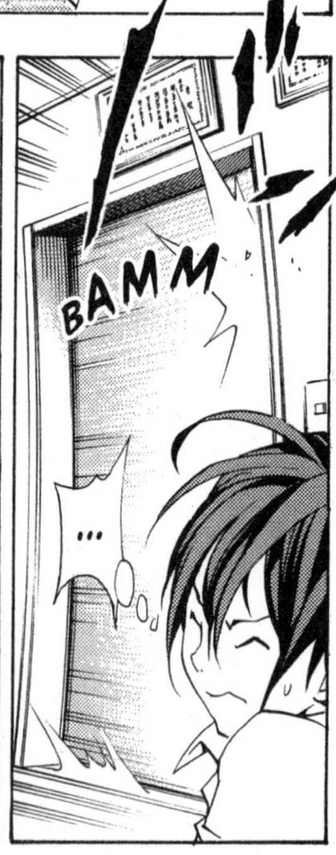
BAMM
...

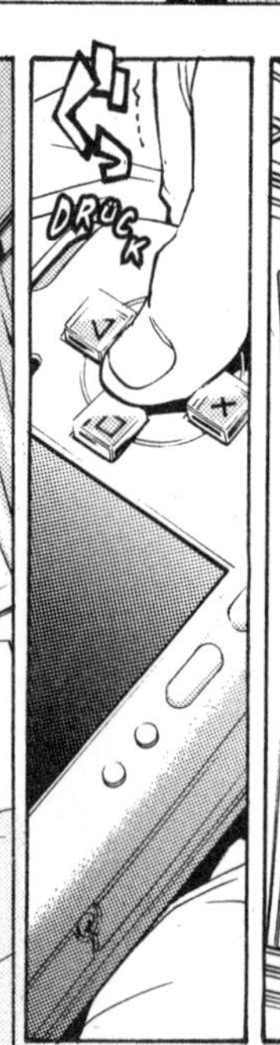
DRÜCK

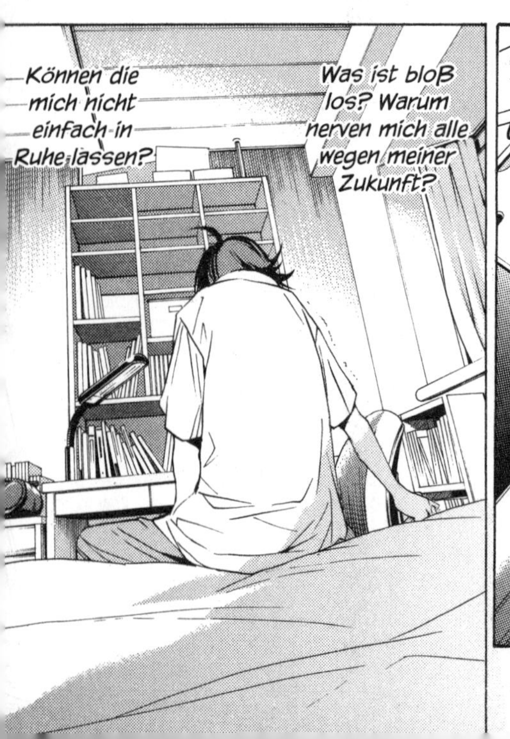
Was ist bloß los? Warum nerven mich alle wegen meiner Zukunft?
Können die mich nicht einfach in Ruhe lassen?

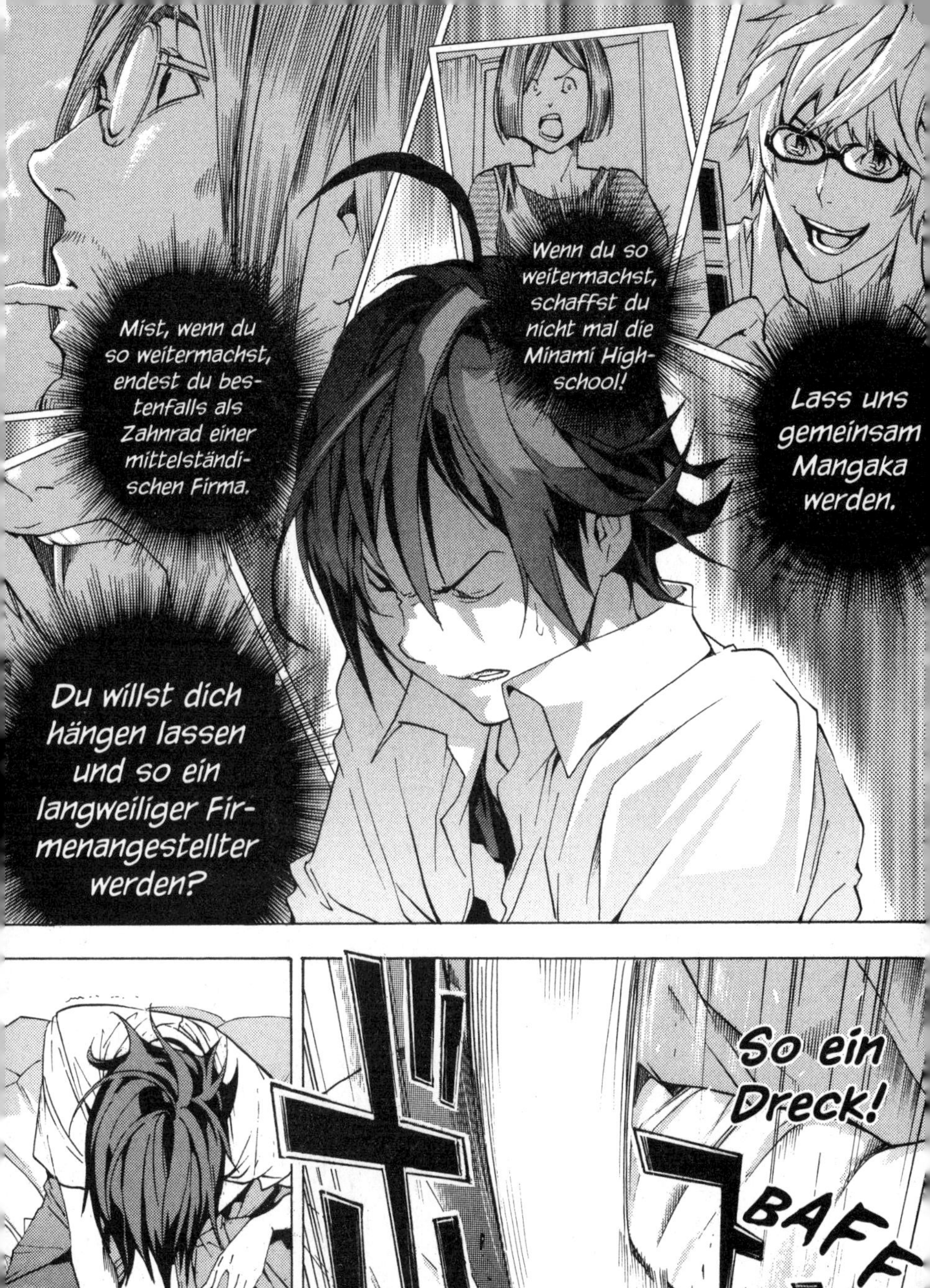
Lass uns gemeinsam Mangaka werden.
Wenn du so weitermachst, schaffst du nicht mal die Minami Highschool!
Mist, wenn du so weitermachst, endest du bestenfalls als Zahnrad einer mittelständischen Firma.
Du willst dich hängen lassen und so ein langweiliger Firmenangestellter werden?
So ein Dreck!
BAFF
...

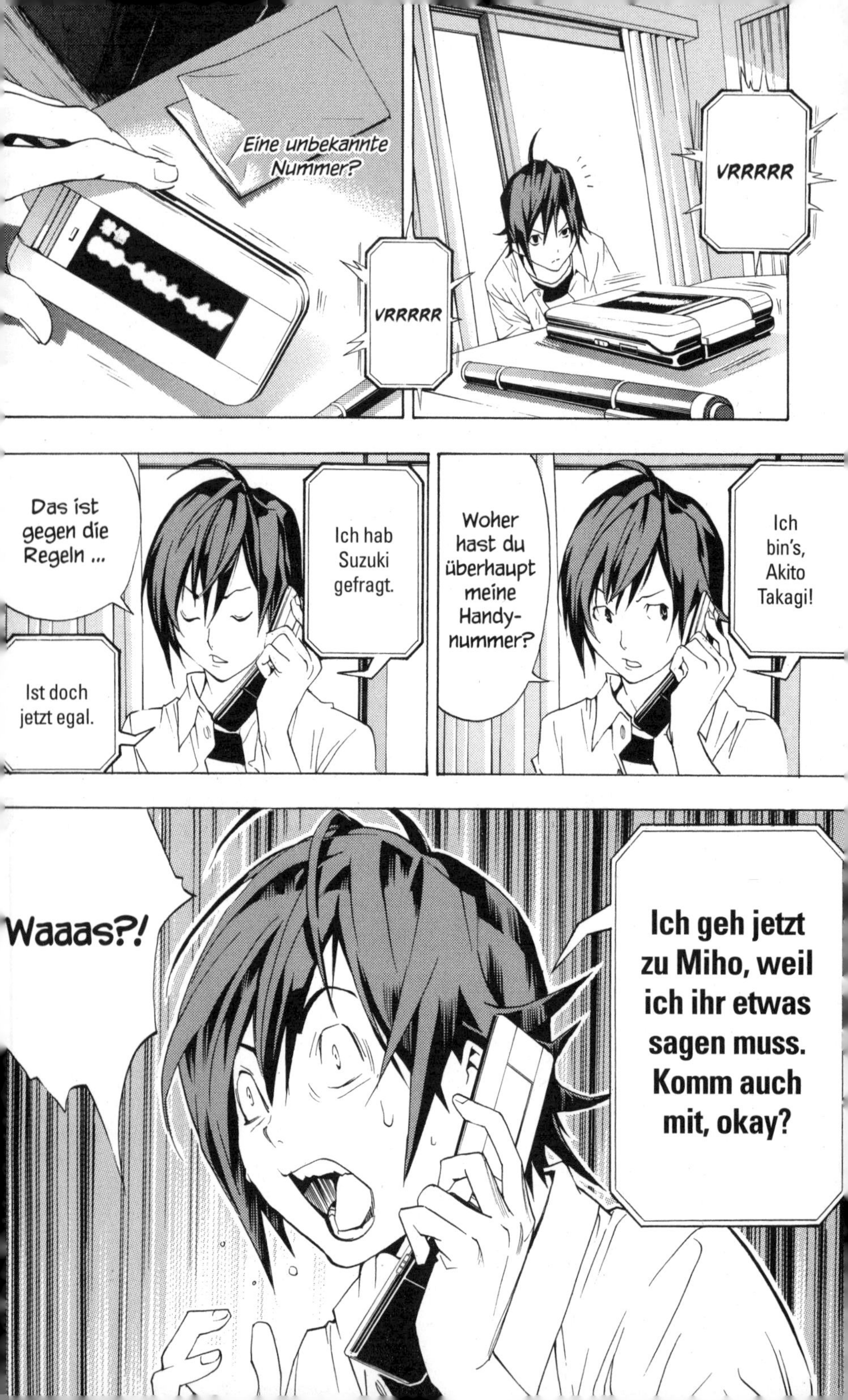

VRRRRR

VRRRRR

Eine unbekannte Nummer?

Ich bin's, Akito Takagi!

Woher hast du überhaupt meine Handynummer?

Ich hab Suzuki gefragt.

Das ist gegen die Regeln ...

Ist doch jetzt egal.

Ich geh jetzt zu Miho, weil ich ihr etwas sagen muss. Komm auch mit, okay?

Waaas?!

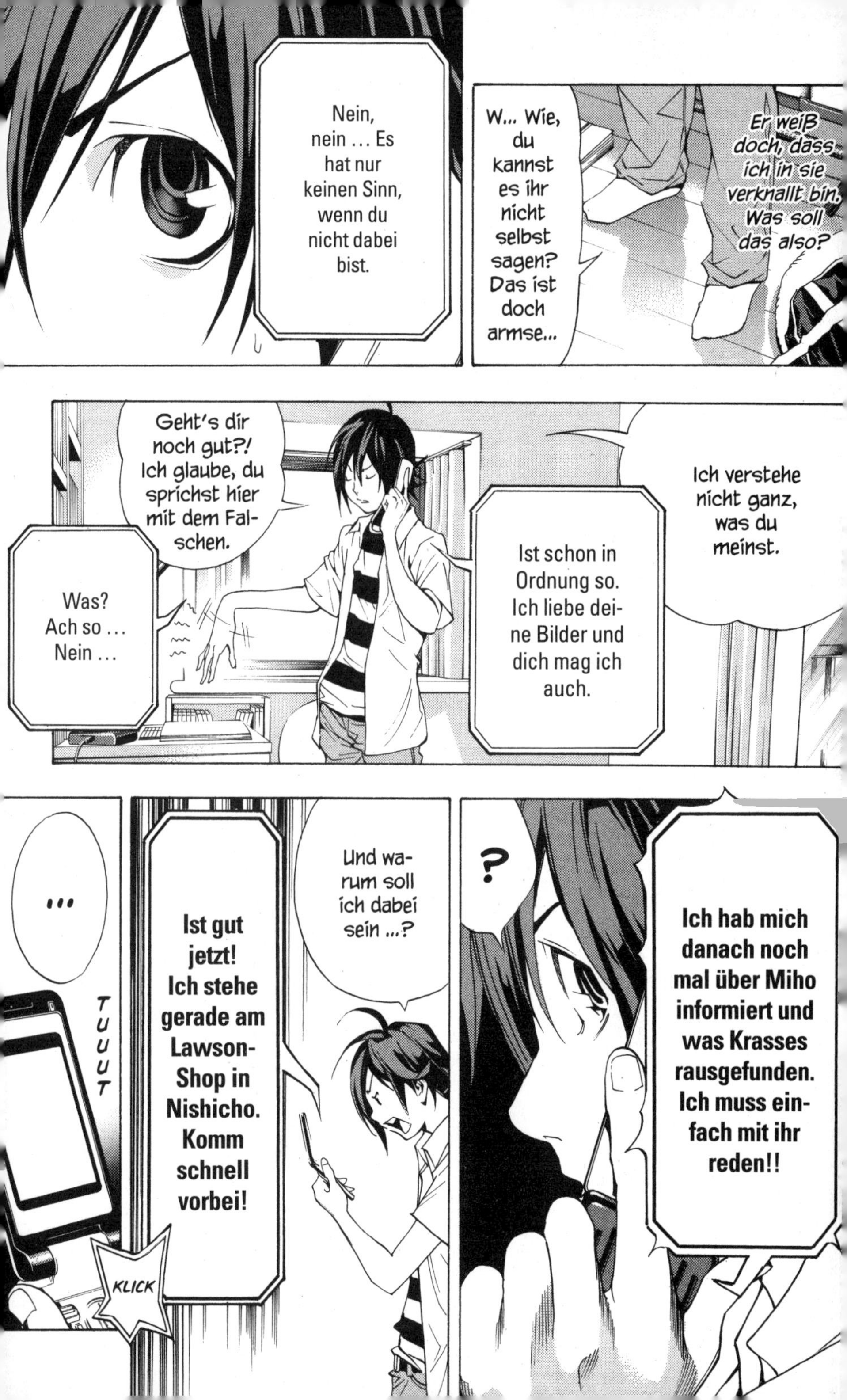

Er weiß doch, dass ich in sie verknallt bin. Was soll das also?

W... Wie, du kannst es ihr nicht selbst sagen? Das ist doch armse...

Nein, nein … Es hat nur keinen Sinn, wenn du nicht dabei bist.

Ich verstehe nicht ganz, was du meinst.

Ist schon in Ordnung so. Ich liebe deine Bilder und dich mag ich auch.

Geht's dir noch gut?! Ich glaube, du sprichst hier mit dem Falschen.

Was? Ach so … Nein …

?

Ich hab mich danach noch mal über Miho informiert und was Krasses rausgefunden. Ich muss einfach mit ihr reden!!

Und warum soll ich dabei sein ...?

Ist gut jetzt! Ich stehe gerade am Lawson-Shop in Nishicho. Komm schnell vorbei!

KLICK

TUUUUT

...

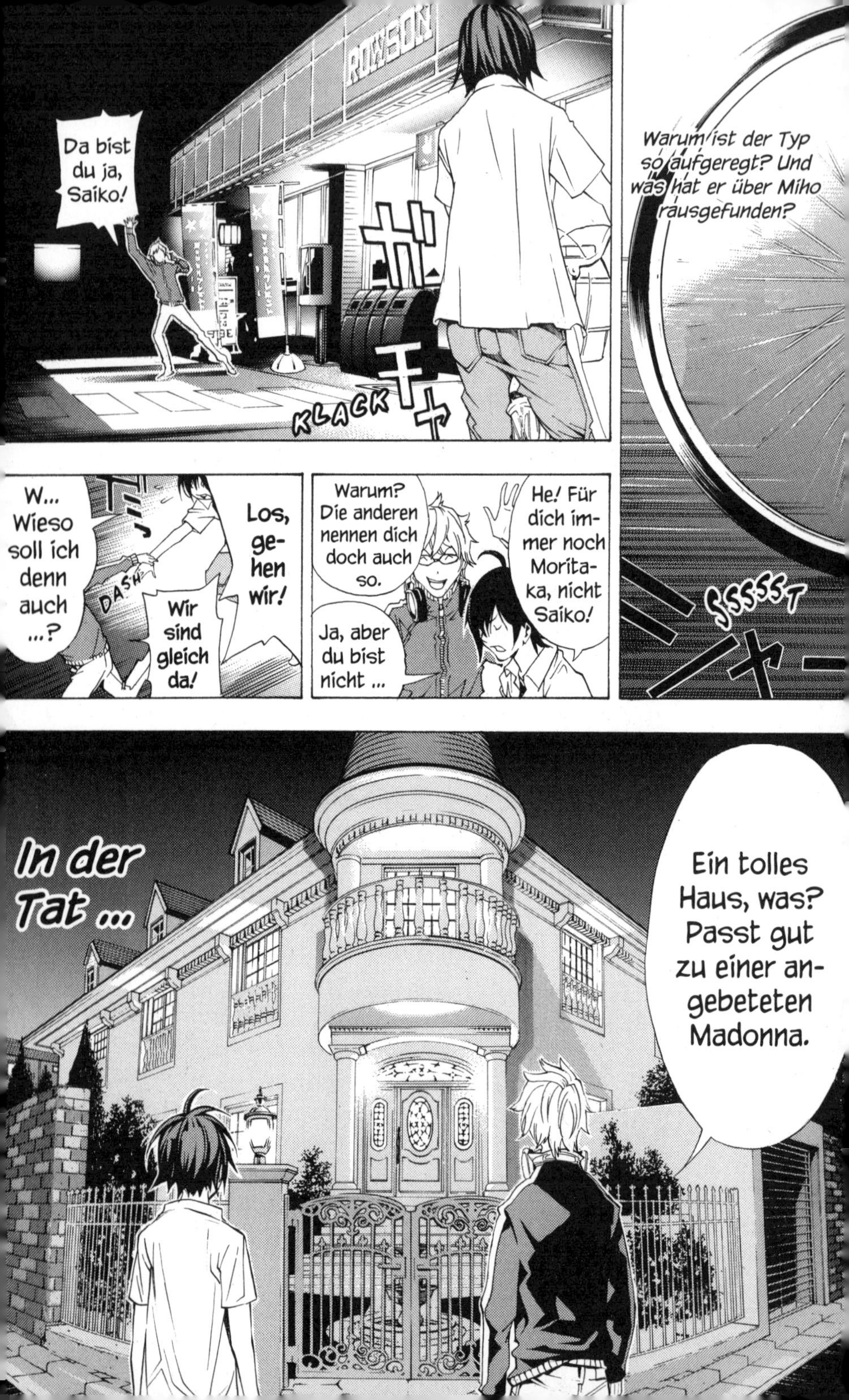

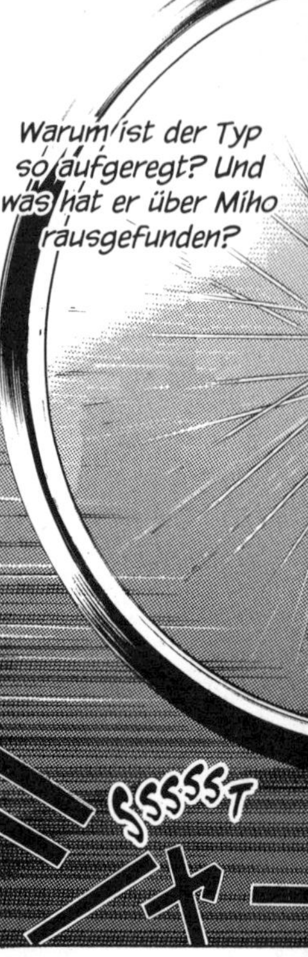

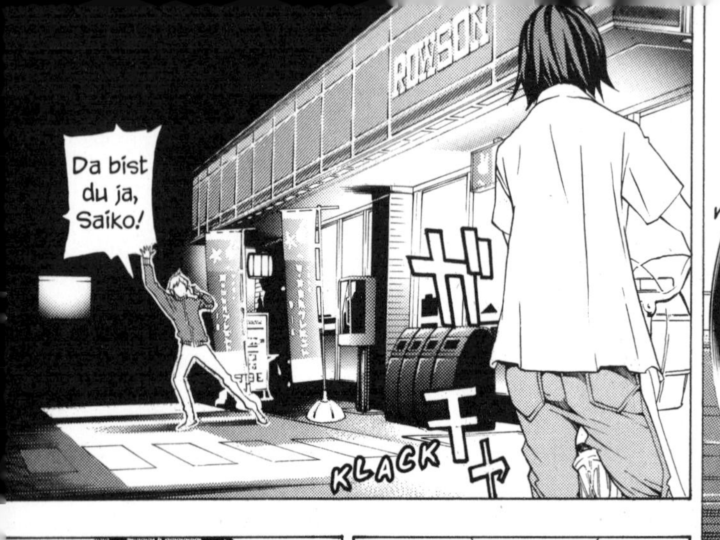

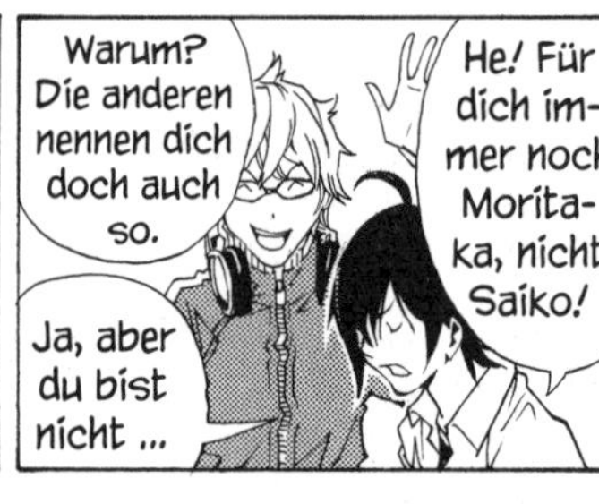

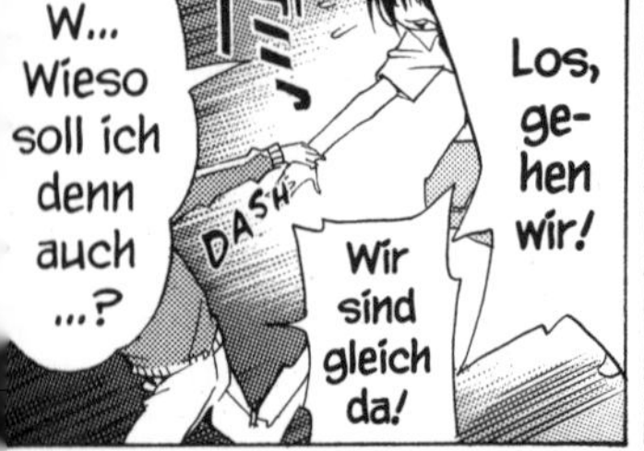

Ein tolles Haus, was? Passt gut zu einer angebeteten Madonna.

In der Tat ...

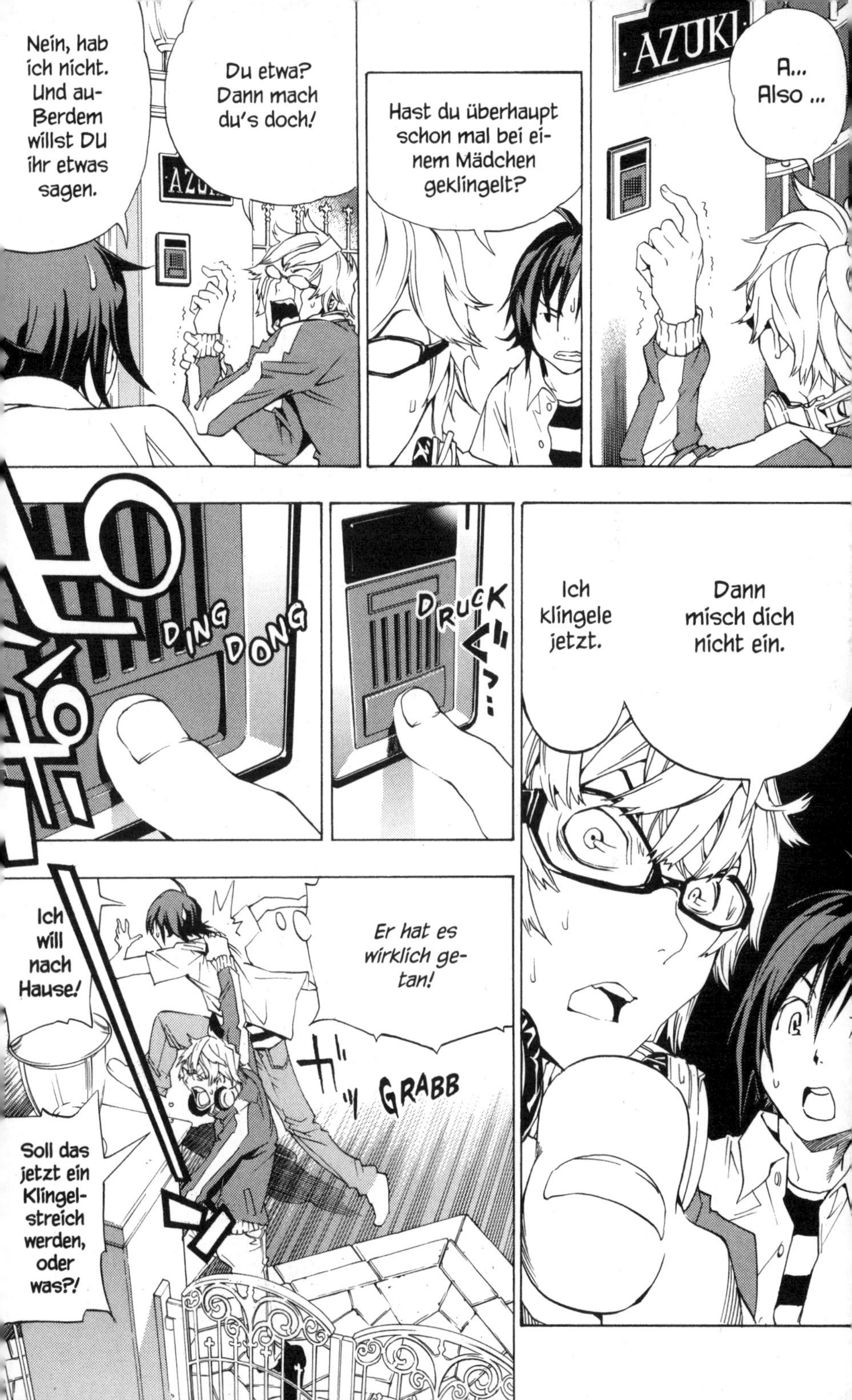

A... Also ...
Hast du überhaupt schon mal bei einem Mädchen geklingelt?
Du etwa? Dann mach du's doch!
Nein, hab ich nicht. Und außerdem willst DU ihr etwas sagen.
Ich klingele jetzt.
Dann misch dich nicht ein.
DRUCK
DING DONG
Er hat es wirklich getan!
GRABB
Ich will nach Hause!
Soll das jetzt ein Klingelstreich werden, oder was?!

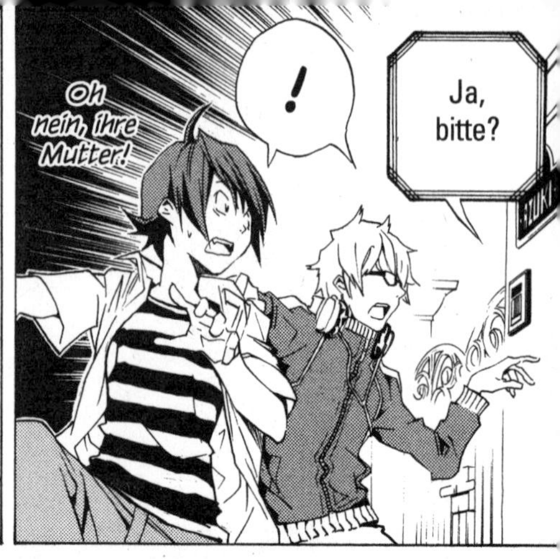
Ja, bitte?
!
Oh nein, ihre Mutter!

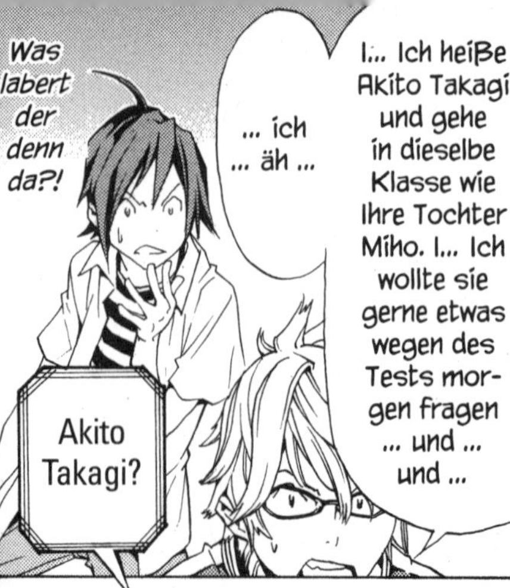
I... Ich heiße Akito Takagi und gehe in dieselbe Klasse wie Ihre Tochter Miho. I... Ich wollte sie gerne etwas wegen des Tests morgen fragen ... und ... und ...
... ich ... äh ...
Was labert der denn da?!
Akito Takagi?

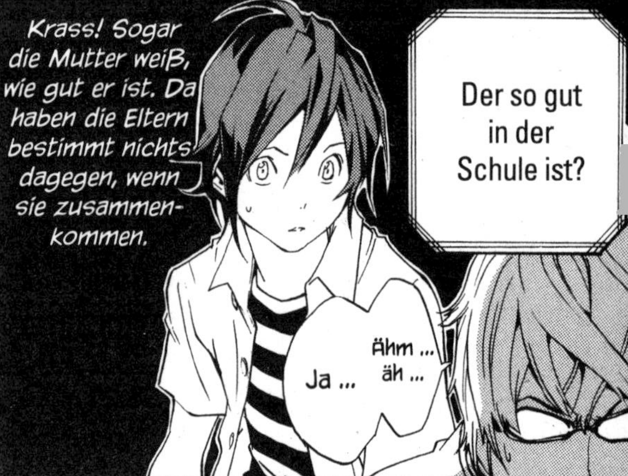
Der so gut in der Schule ist?
Ähm ... äh ...
Ja ...
Krass! Sogar die Mutter weiß, wie gut er ist. Da haben die Eltern bestimmt nichts dagegen, wenn sie zusammenkommen.

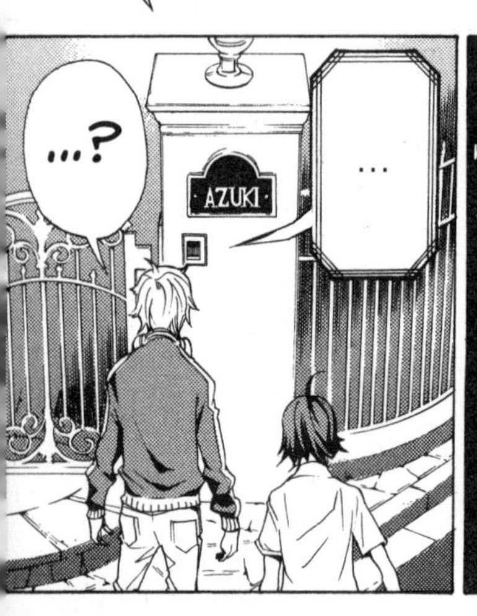
...
...?
AZUKI

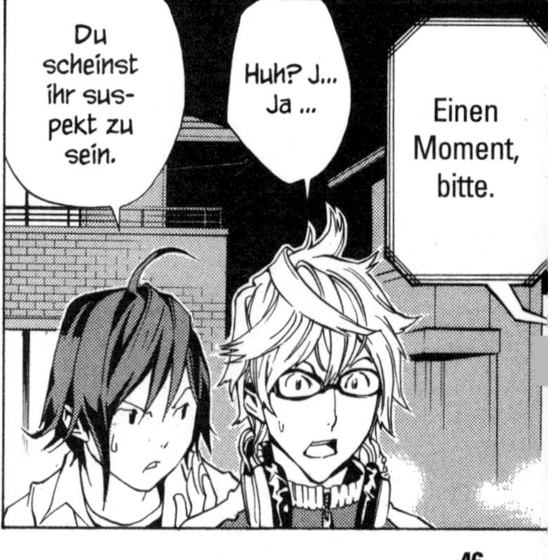
Einen Moment, bitte.
Huh? J... Ja ...
Du scheinst ihr suspekt zu sein.

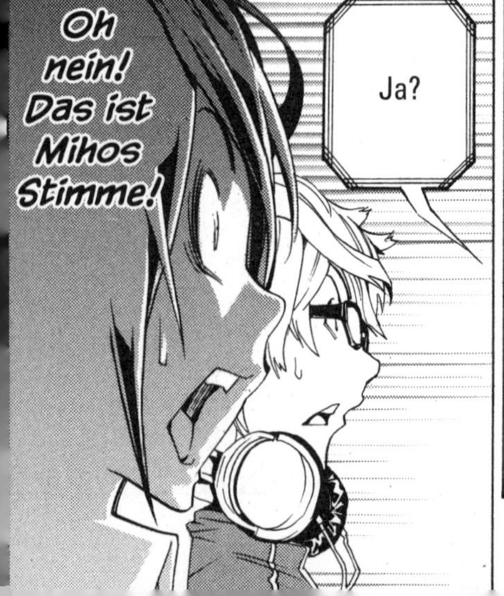
Ja?
Oh nein! Das ist Mihos Stimme!

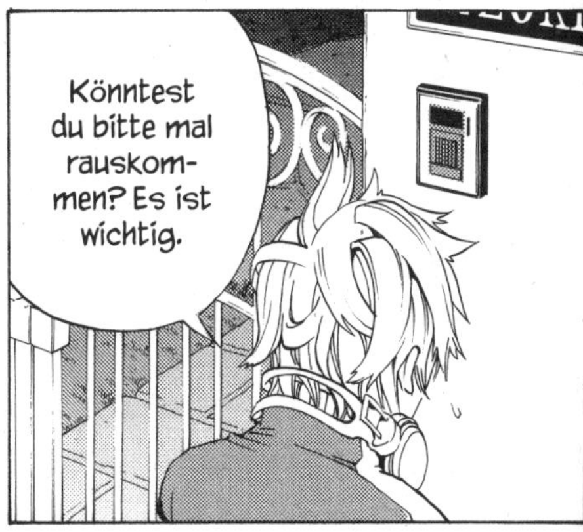
Könntest du bitte mal rauskommen? Es ist wichtig.

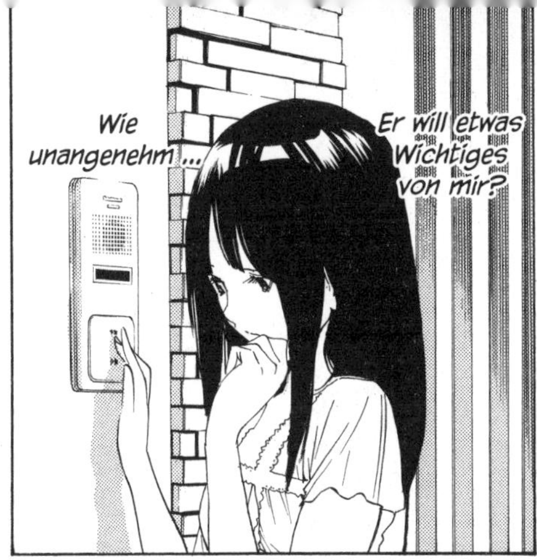
Er will etwas Wichtiges von mir?
Wie unangenehm ...

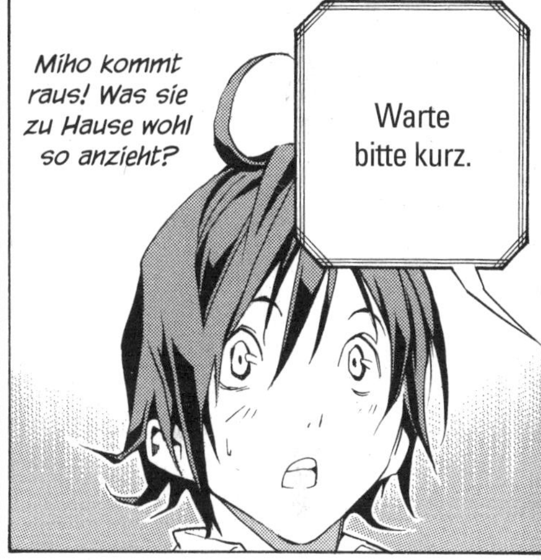
Warte bitte kurz.
Miho kommt raus! Was sie zu Hause wohl so anzieht?

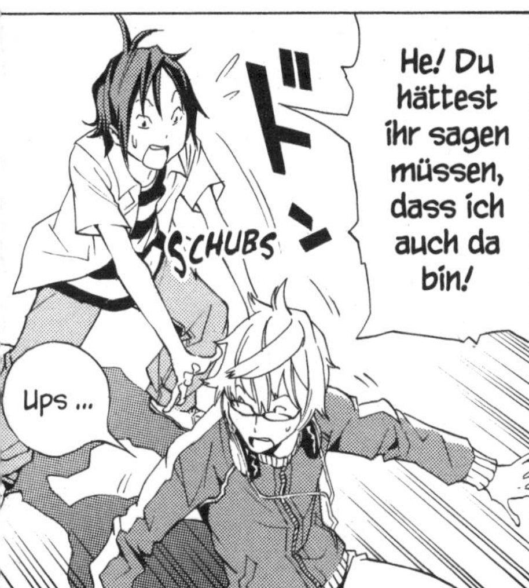
He! Du hättest ihr sagen müssen, dass ich auch da bin!
SCHUBS
Ups ...

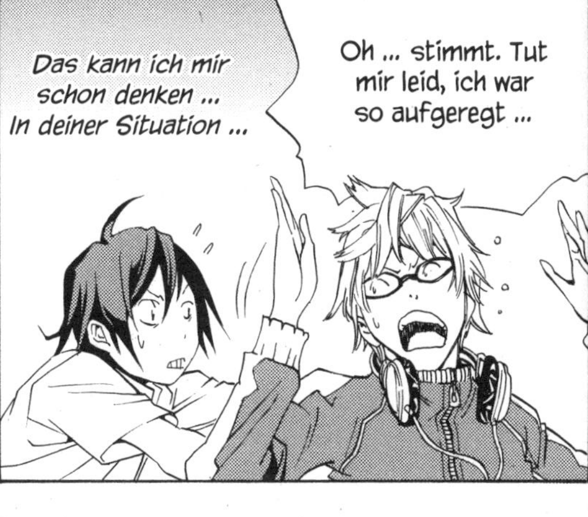
Oh ... stimmt. Tut mir leid, ich war so aufgeregt ...
Das kann ich mir schon denken ... In deiner Situation ...

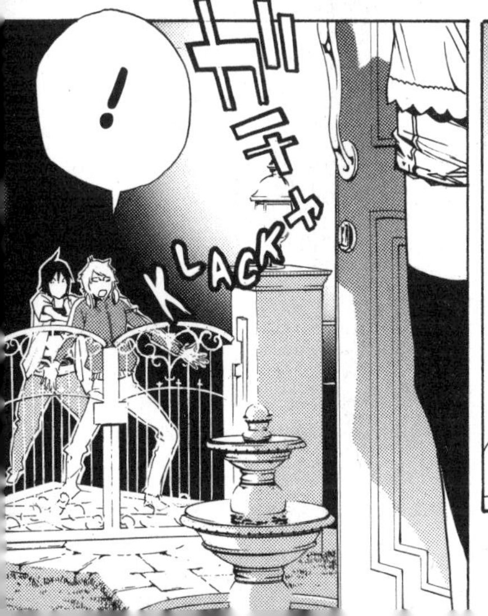
!
KLACK

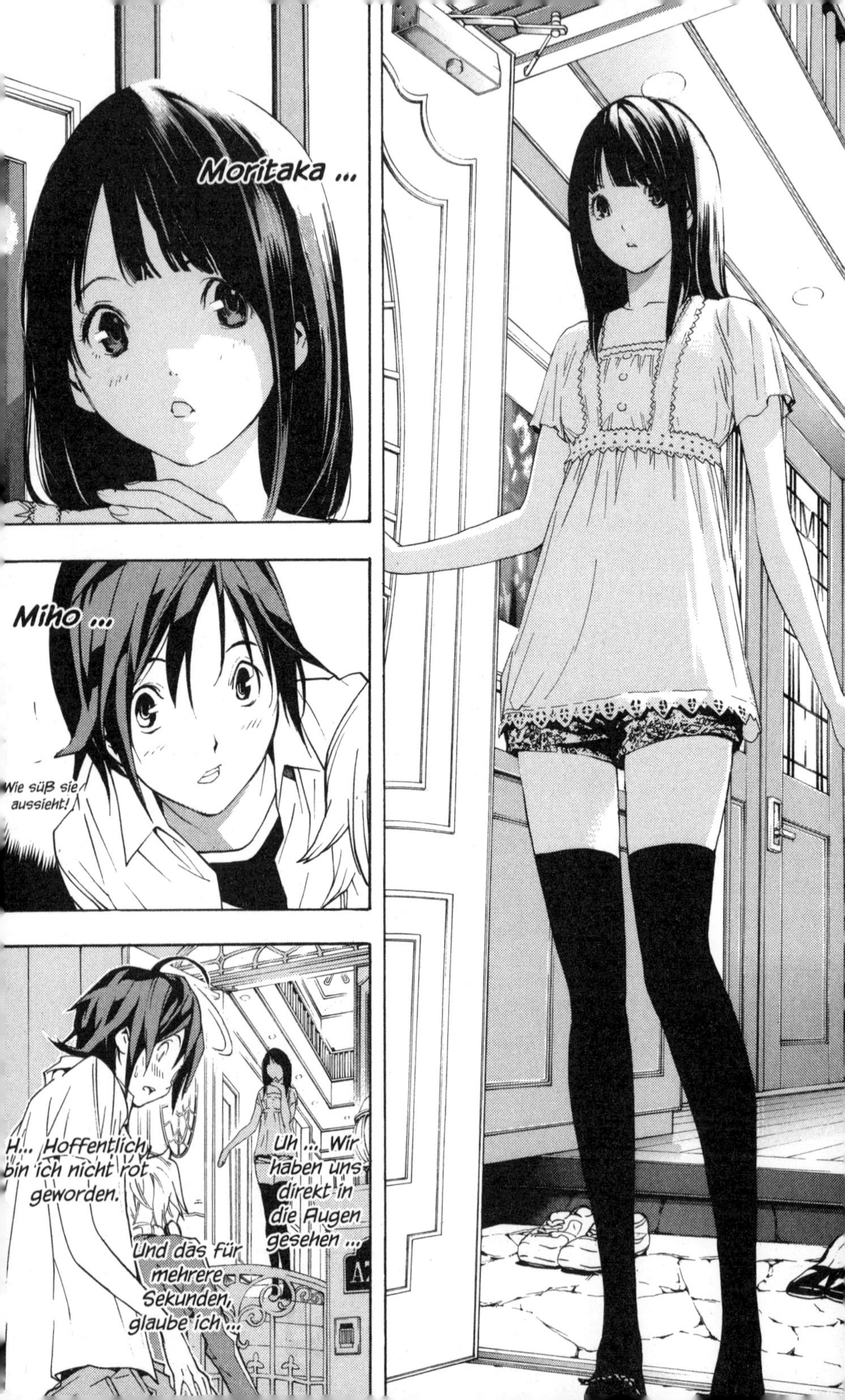
Moritaka ...
Miho ...
Wie süß sie aussieht!
Uh ... Wir haben uns direkt in die Augen gesehen ...
Und das für mehrere Sekunden, glaube ich ...
H... Hoffentlich bin ich nicht rot geworden.

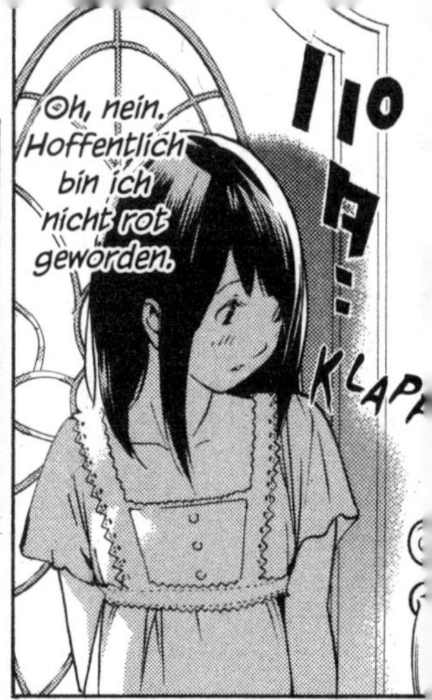
Oh, nein. Hoffentlich bin ich nicht rot geworden.
KLAPP

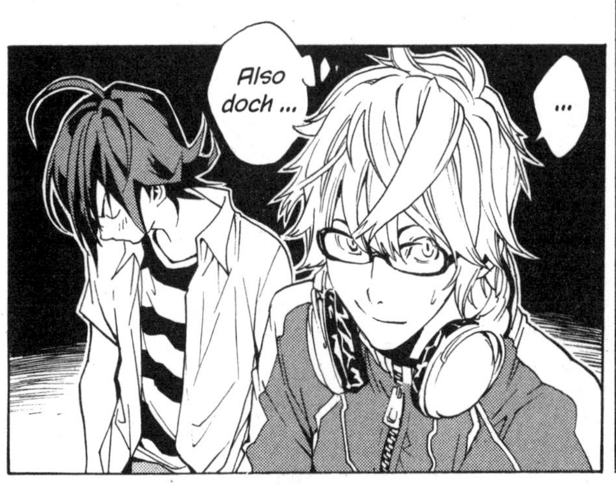
...
Also doch ...

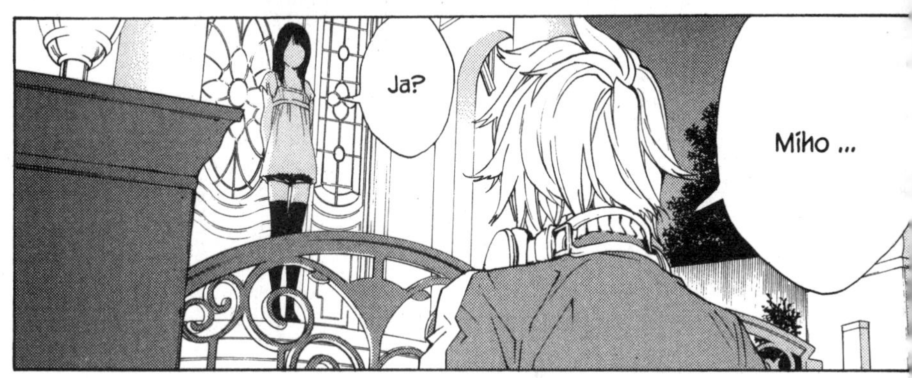
Miho ...
Ja?

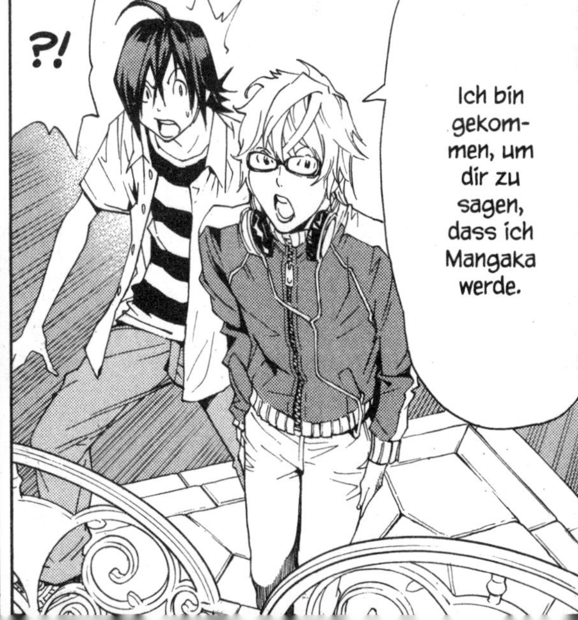
Ich bin gekommen, um dir zu sagen, dass ich Mangaka werde.
?!

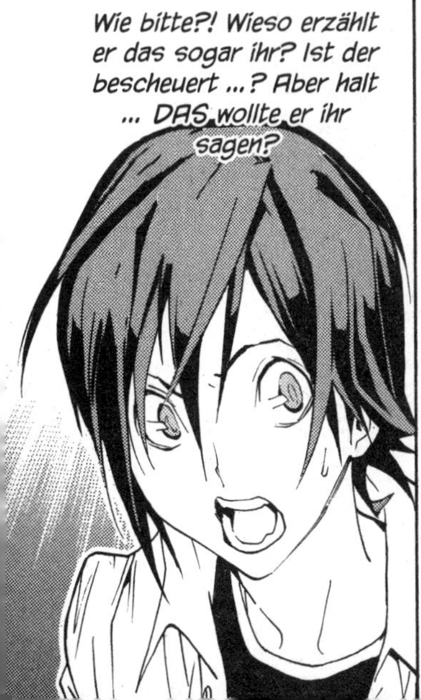
Wie bitte?! Wieso erzählt er das sogar ihr? Ist der bescheuert ...? Aber halt ... DAS wollte er ihr sagen?

Ich habe von deiner Freundin Kaya gehört ...
... dass du Synchronsprecherin werden willst. Stimmt das?

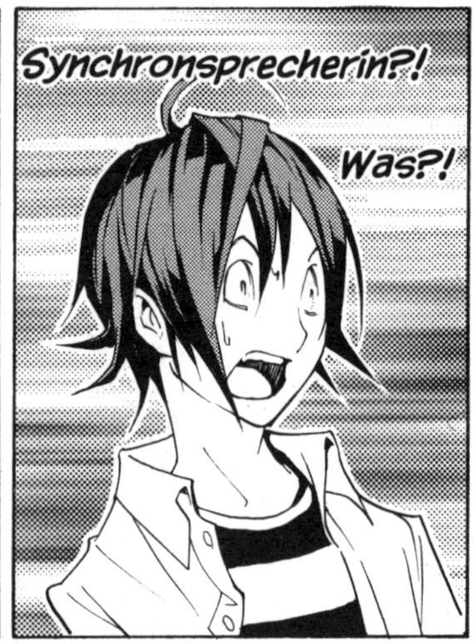
Synchronsprecherin?!
Was?!

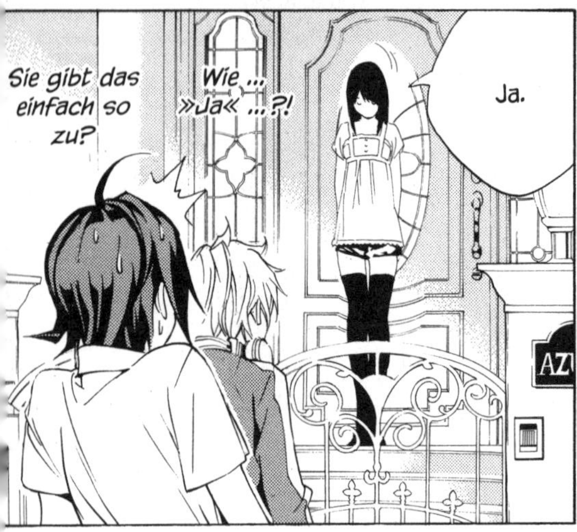
Ja.
Wie ... »Ja« ...?!
Sie gibt das einfach so zu?

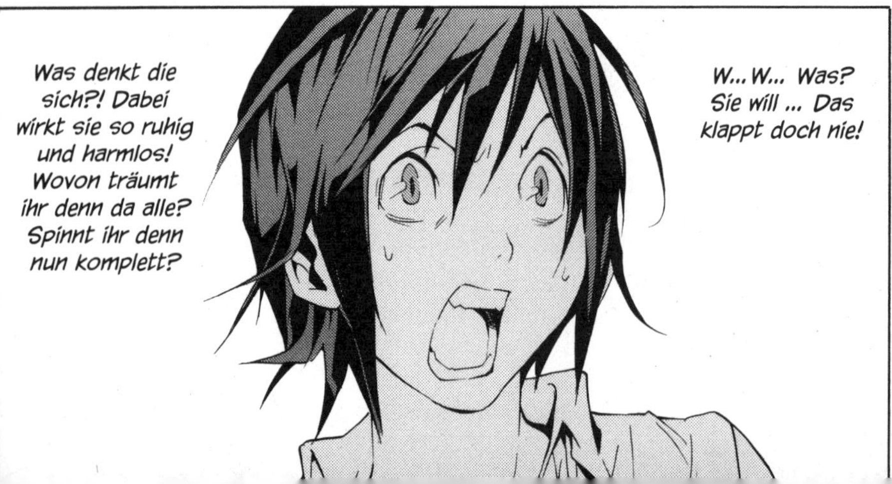
W... W... Was? Sie will ... Das klappt doch nie!
Was denkt die sich?! Dabei wirkt sie so ruhig und harmlos! Wovon träumt ihr denn da alle? Spinnt ihr denn nun komplett?

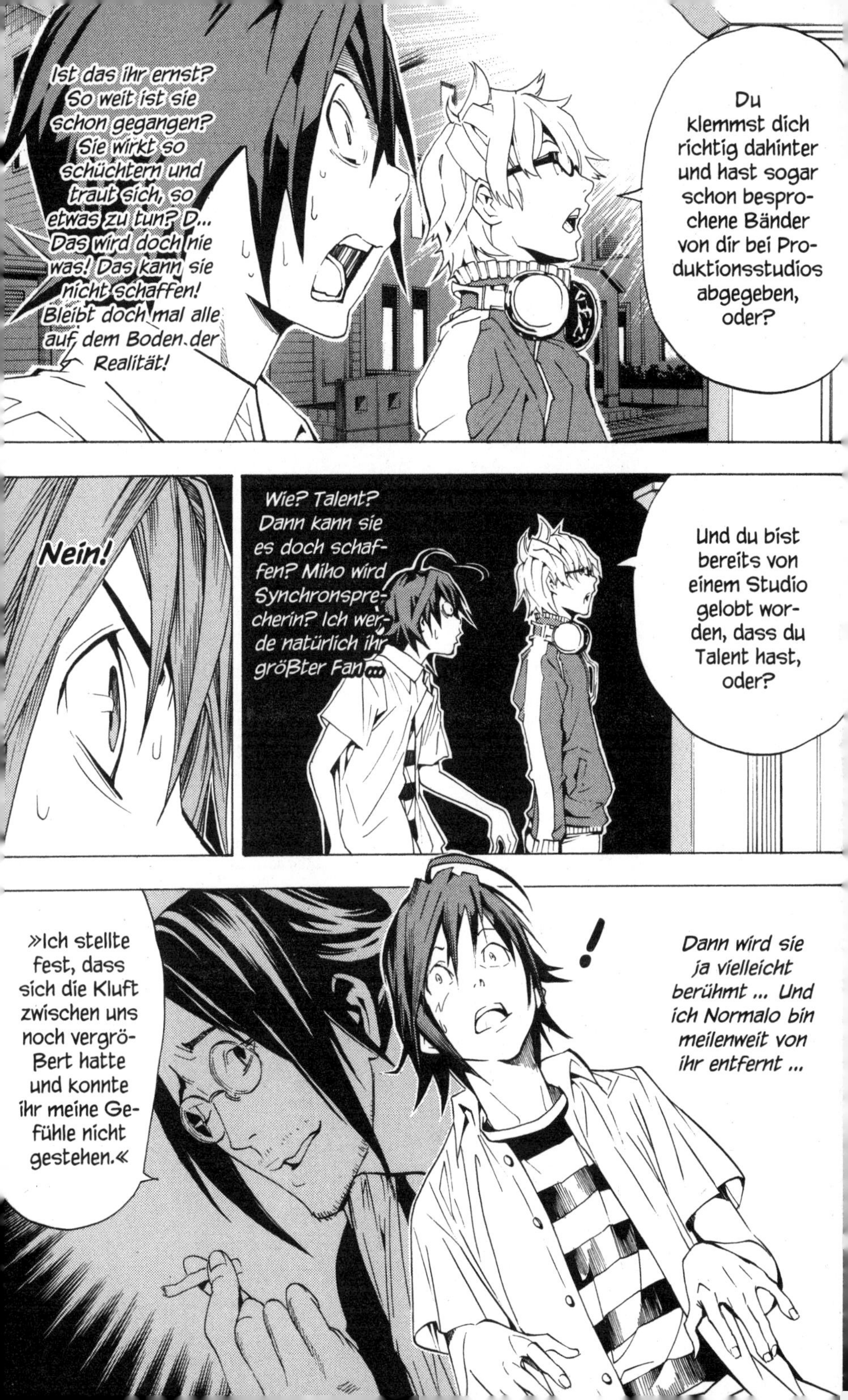

Du klemmst dich richtig dahinter und hast sogar schon besprochene Bänder von dir bei Produktionsstudios abgegeben, oder?

Ist das ihr ernst? So weit ist sie schon gegangen? Sie wirkt so schüchtern und traut sich, so etwas zu tun? D... Das wird doch nie was! Das kann sie nicht schaffen! Bleibt doch mal alle auf dem Boden der Realität!

Und du bist bereits von einem Studio gelobt worden, dass du Talent hast, oder?

Wie? Talent? Dann kann sie es doch schaffen? Miho wird Synchronsprecherin? Ich werde natürlich ihr größter Fan ...

Nein!

Dann wird sie ja vielleicht berühmt ... Und ich Normalo bin meilenweit von ihr entfernt ...

!

»Ich stellte fest, dass sich die Kluft zwischen uns noch vergrößert hatte und konnte ihr meine Gefühle nicht gestehen.«

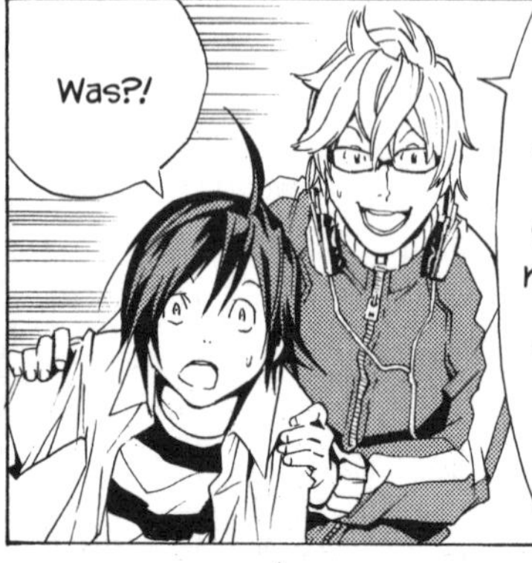
So, und zum Schluss noch eine Ansage von ihm hier ...
Was?!

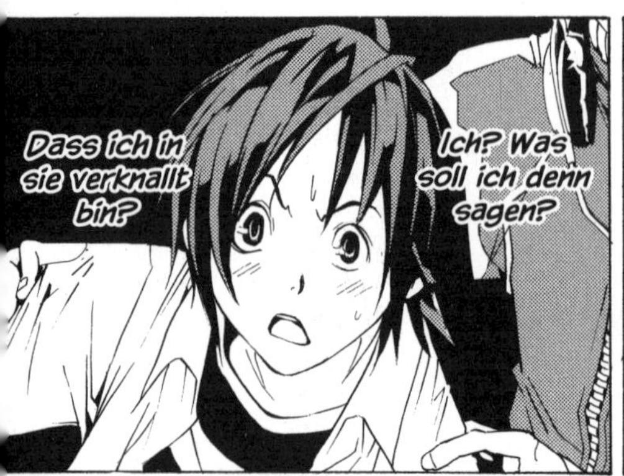
Ich? Was soll ich denn sagen?
Dass ich in sie verknallt bin?

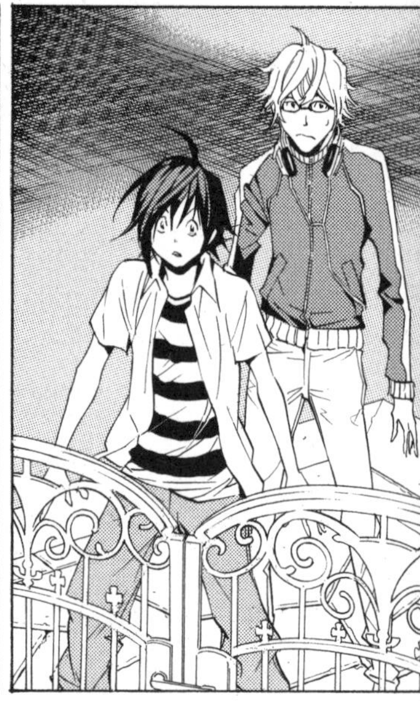

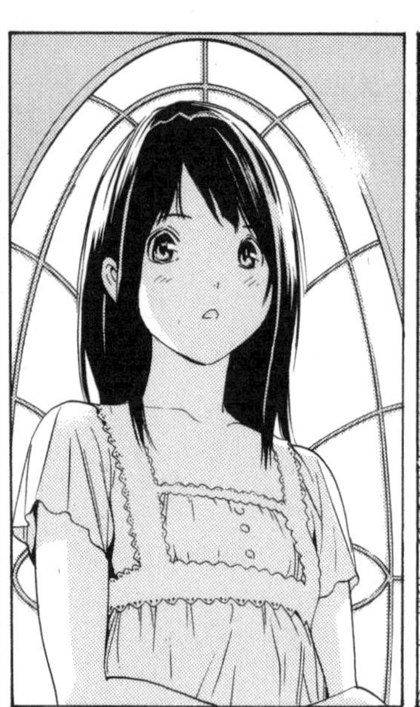

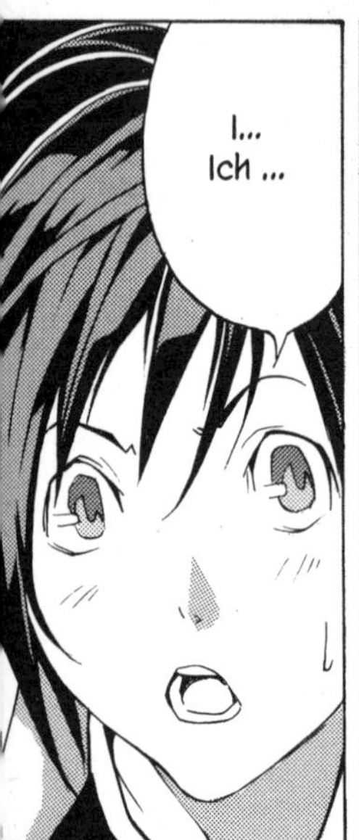
I... Ich ...

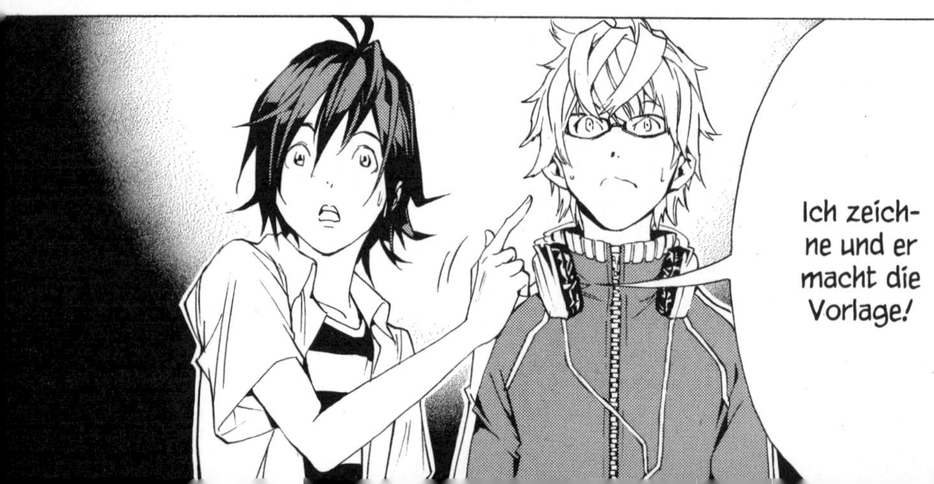
Ich zeich-ne und er macht die Vorlage!

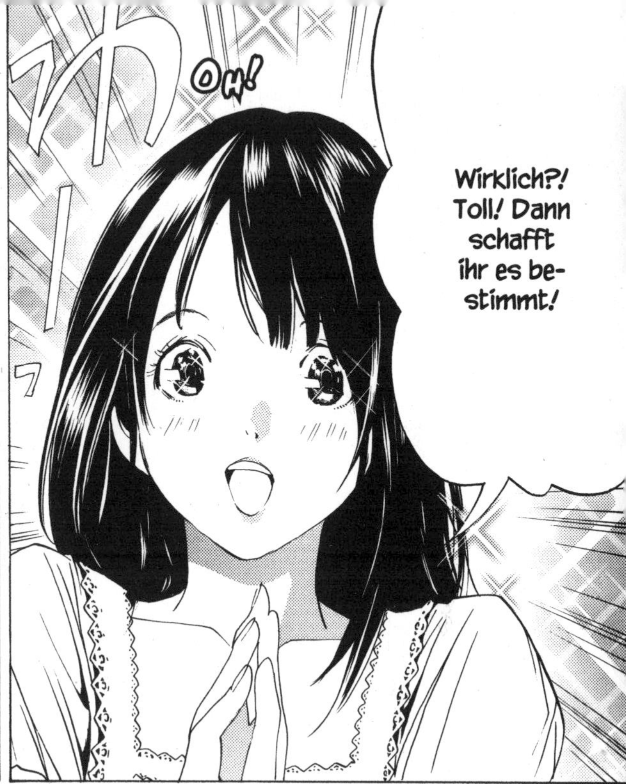
OH!
Wirklich?! Toll! Dann schafft ihr es bestimmt!

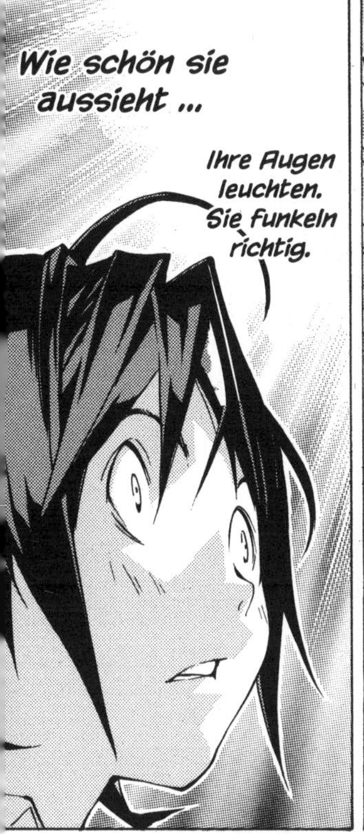
Wie schön sie aussieht ...
Ihre Augen leuchten. Sie funkeln richtig.

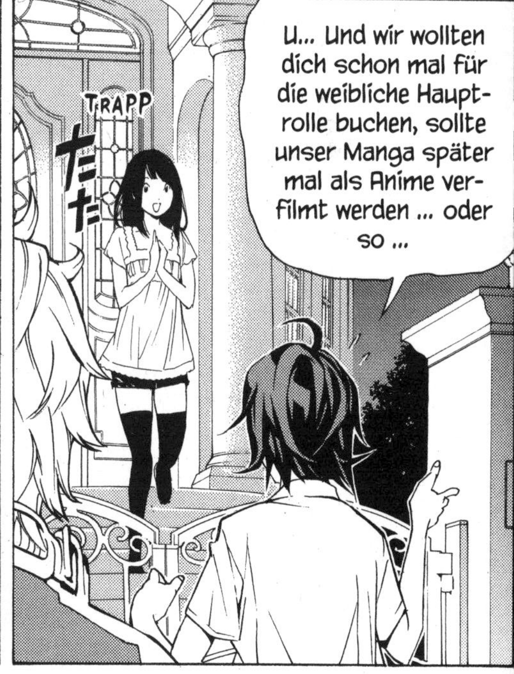
U... Und wir wollten dich schon mal für die weibliche Hauptrolle buchen, sollte unser Manga später mal als Anime verfilmt werden ... oder so ...
TRAPP

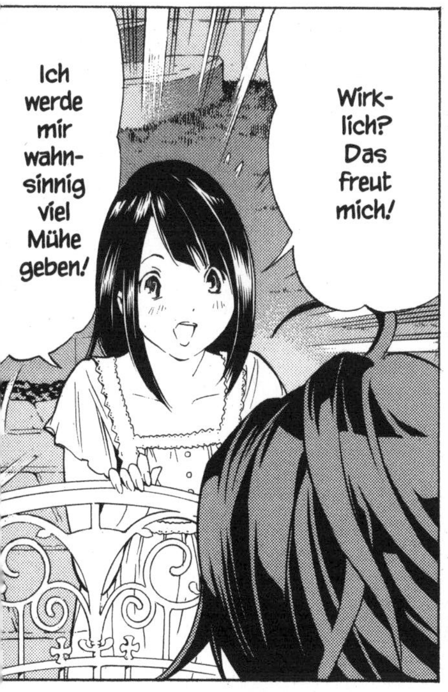
Wirklich? Das freut mich!
Ich werde mir wahnsinnig viel Mühe geben!

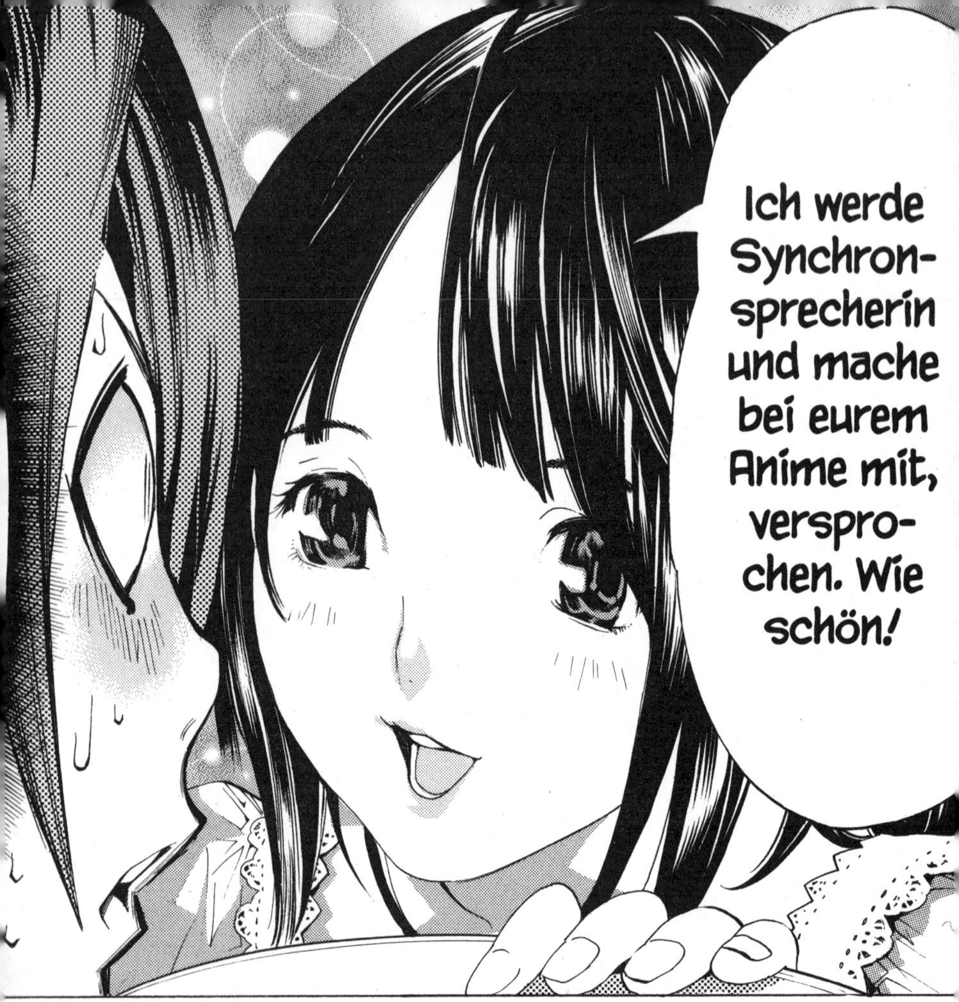

Ich werde Synchronsprecherin und mache bei eurem Anime mit, versprochen. Wie schön!

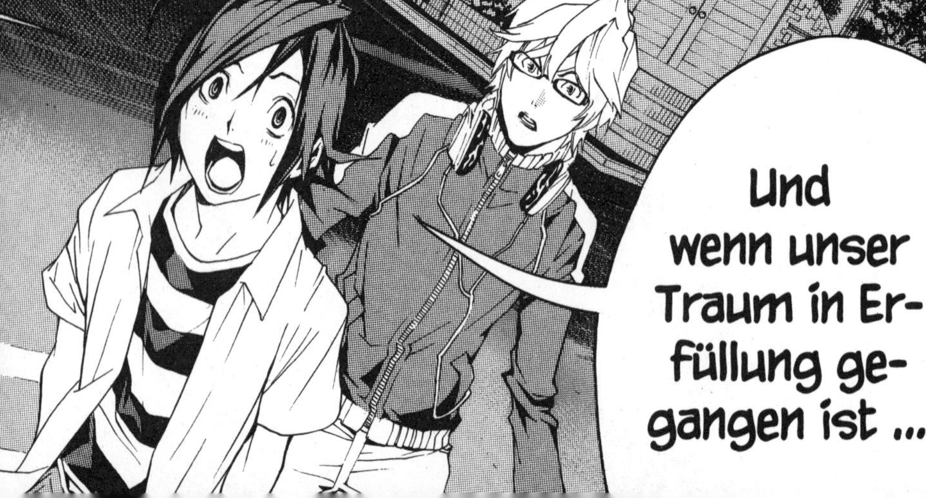

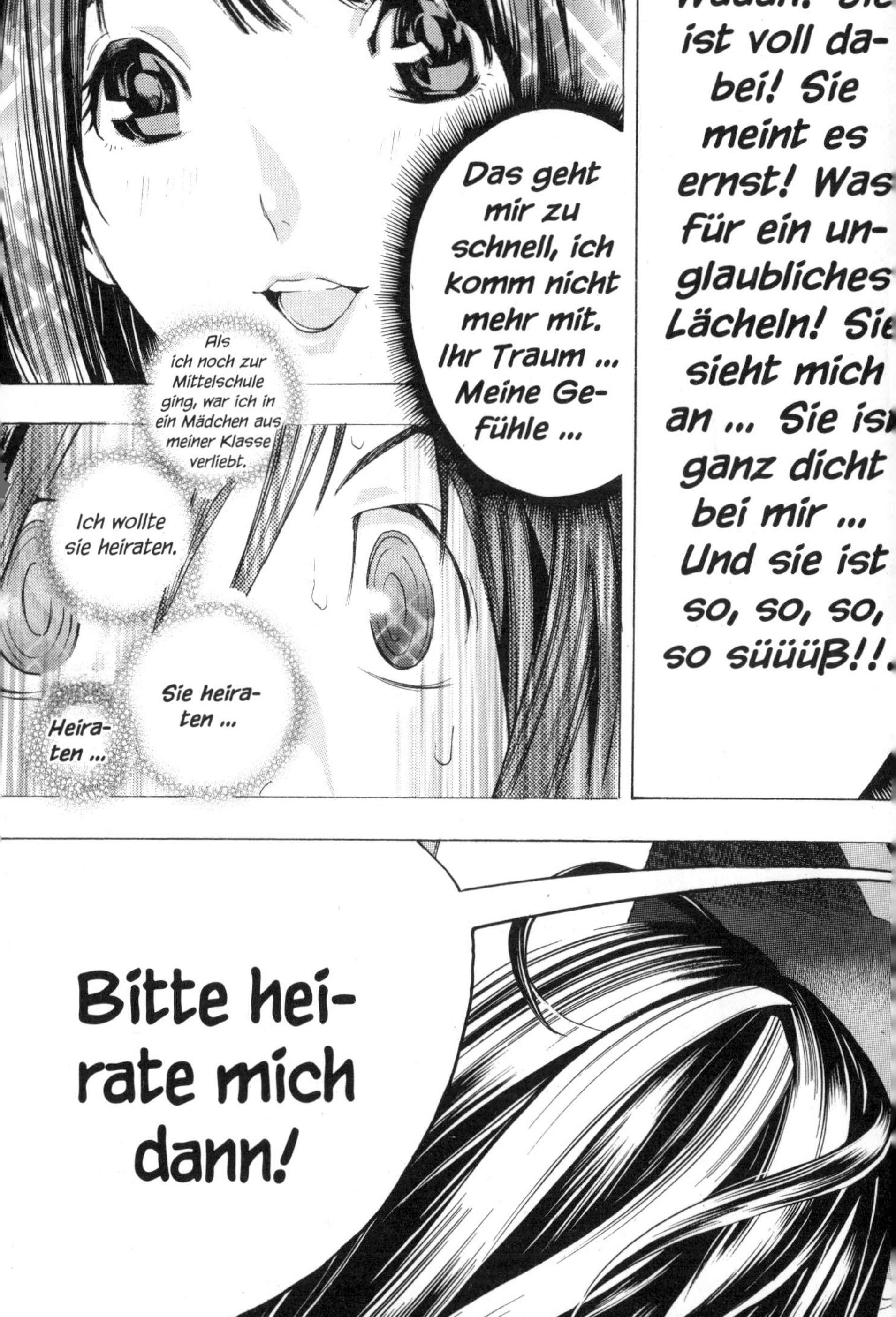
Waaah! Sie ist voll dabei! Sie meint es ernst! Was für ein unglaubliches Lächeln! Sie sieht mich an ... Sie ist ganz dicht bei mir ... Und sie ist so, so, so, so süüüß!!
Das geht mir zu schnell, ich komm nicht mehr mit. Ihr Traum ... Meine Gefühle ...
Als ich noch zur Mittelschule ging, war ich in ein Mädchen aus meiner Klasse verliebt.
Ich wollte sie heiraten.
Sie heiraten ...
Heiraten ...
Bitte heirate mich dann!

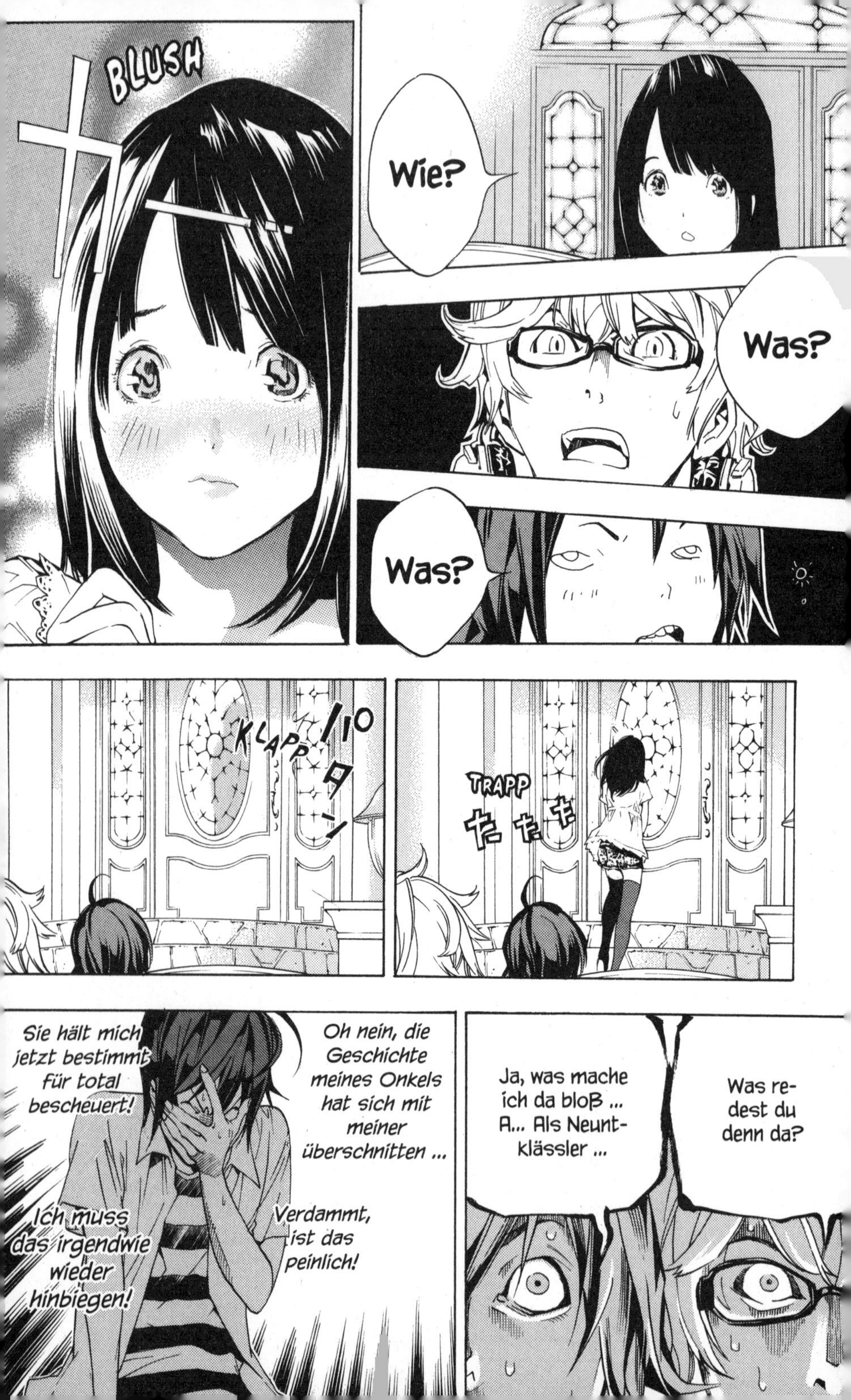

Wie?
Was?
Was?
BLUSH

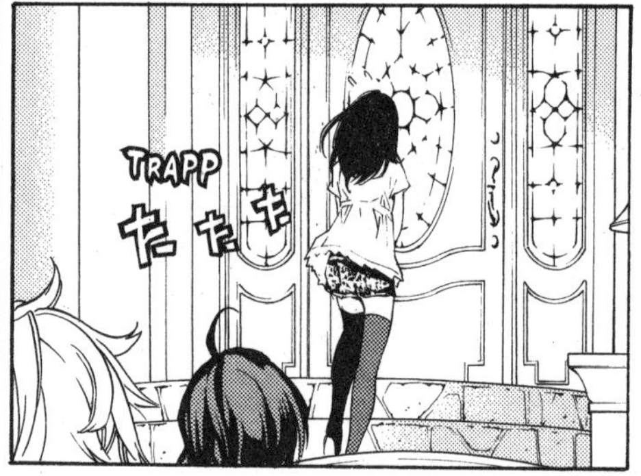
TRAPP

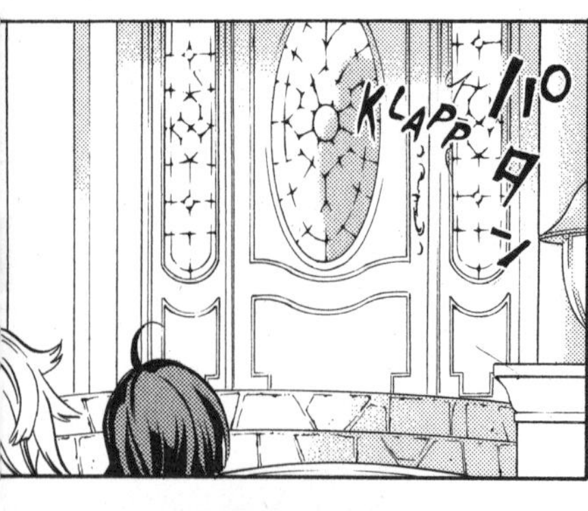
KLAPP

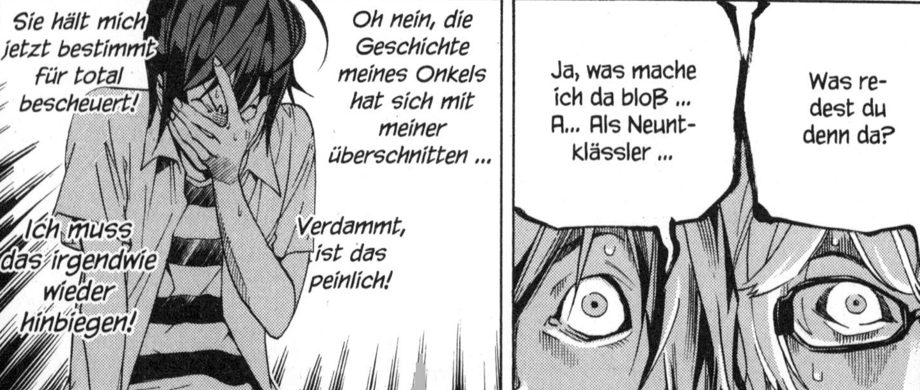
Was redest du denn da?
Ja, was mache ich da bloß ... A... Als Neuntklässler ...
Oh nein, die Geschichte meines Onkels hat sich mit meiner überschnitten ...
Sie hält mich jetzt bestimmt für total bescheuert!
Verdammt, ist das peinlich!
Ich muss das irgendwie wieder hinbiegen!

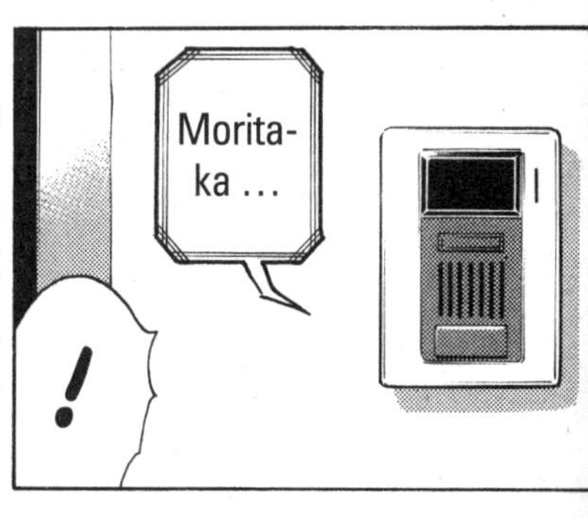
Morita-
ka …
!

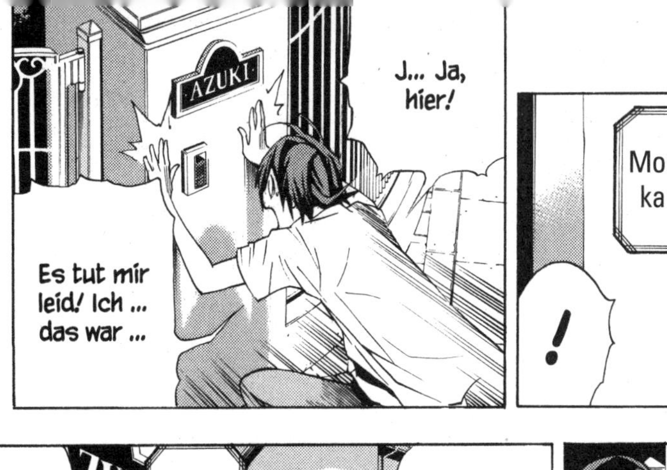
J… Ja,
hier!
AZUKI
Es tut mir
leid! Ich …
das war …

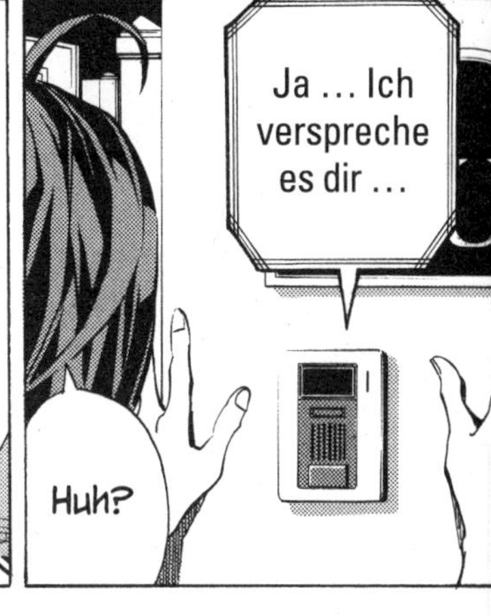
Ja … Ich
verspreche
es dir …
Huh?

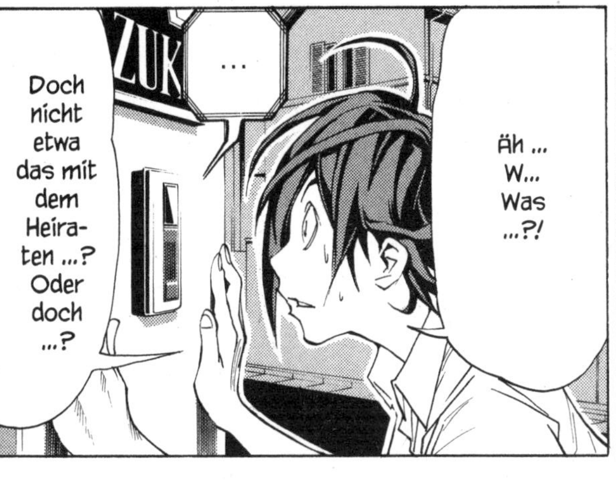
Äh …
W…
Was
…?!
…
Doch
nicht
etwa
das mit
dem
Heira-
ten …?
Oder
doch
…?

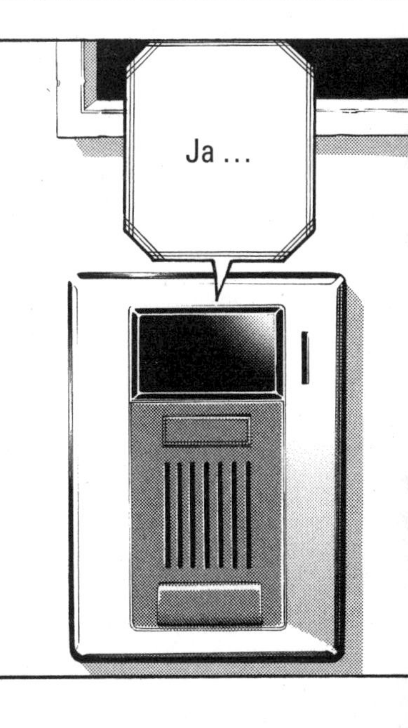
Ja …

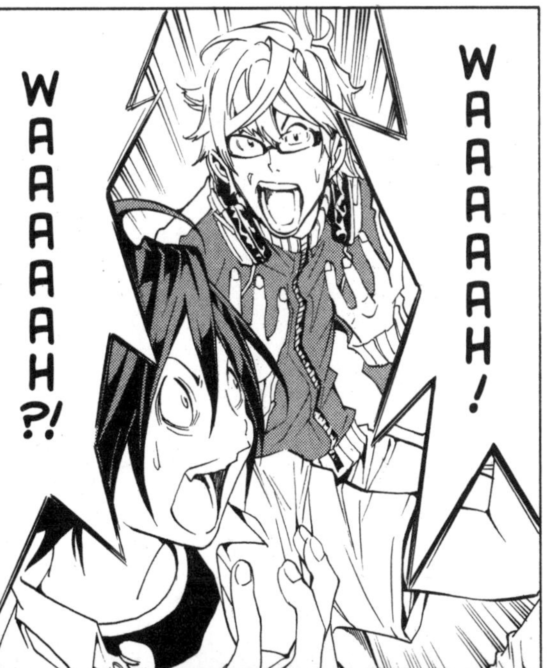
WAAAAAAH!
WAAAAAAAH?!

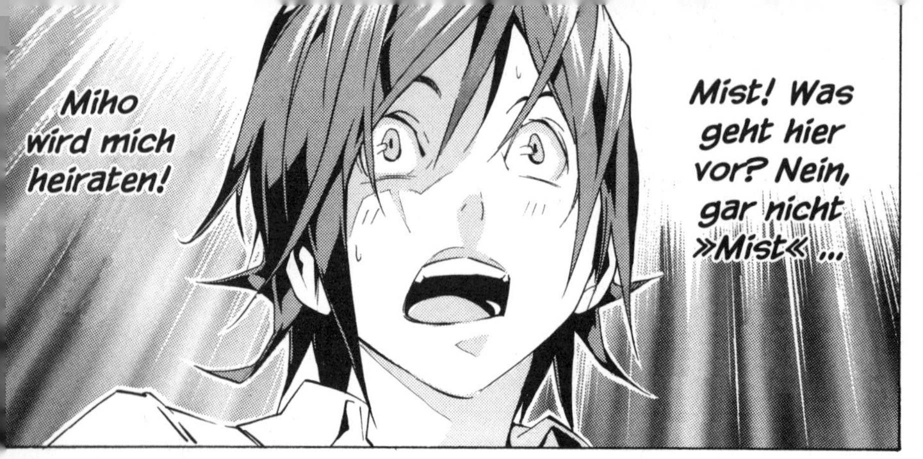

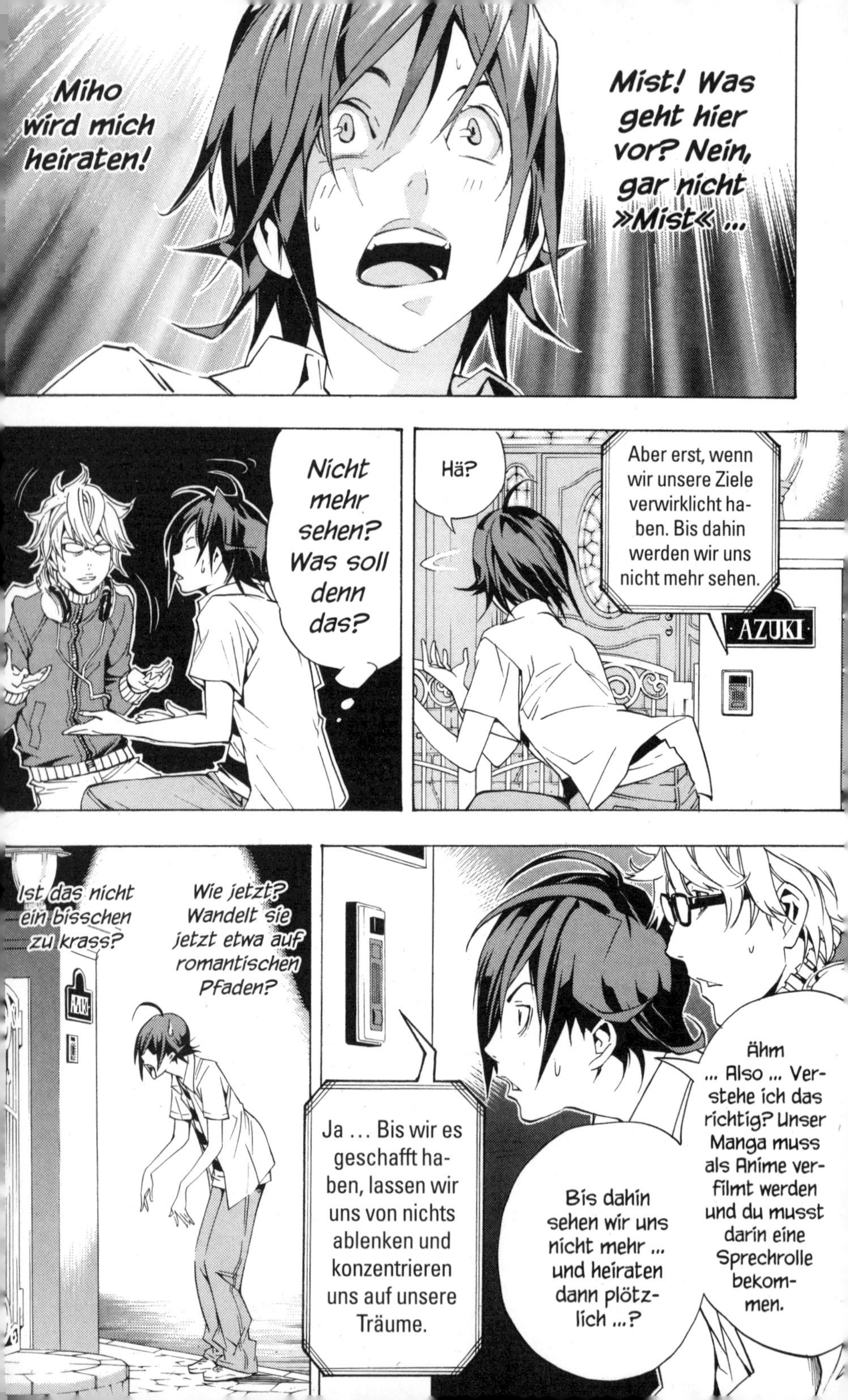

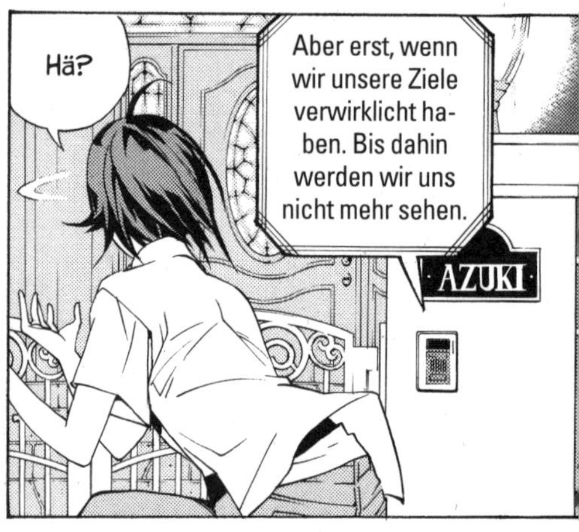

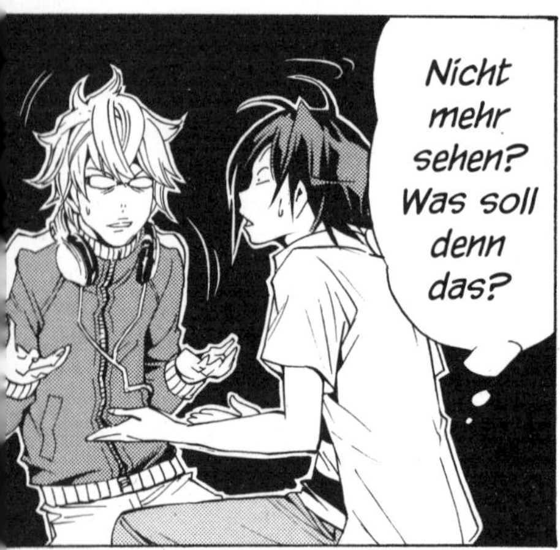

Ähm ... Also ... Verstehe ich das richtig? Unser Manga muss als Anime verfilmt werden und du musst darin eine Sprechrolle bekommen.

Bis dahin sehen wir uns nicht mehr ... und heiraten dann plötzlich ...?

Ja … Bis wir es geschafft haben, lassen wir uns von nichts ablenken und konzentrieren uns auf unsere Träume.

Wie jetzt? Wandelt sie jetzt etwa auf romantischen Pfaden?

Ist das nicht ein bisschen zu krass?

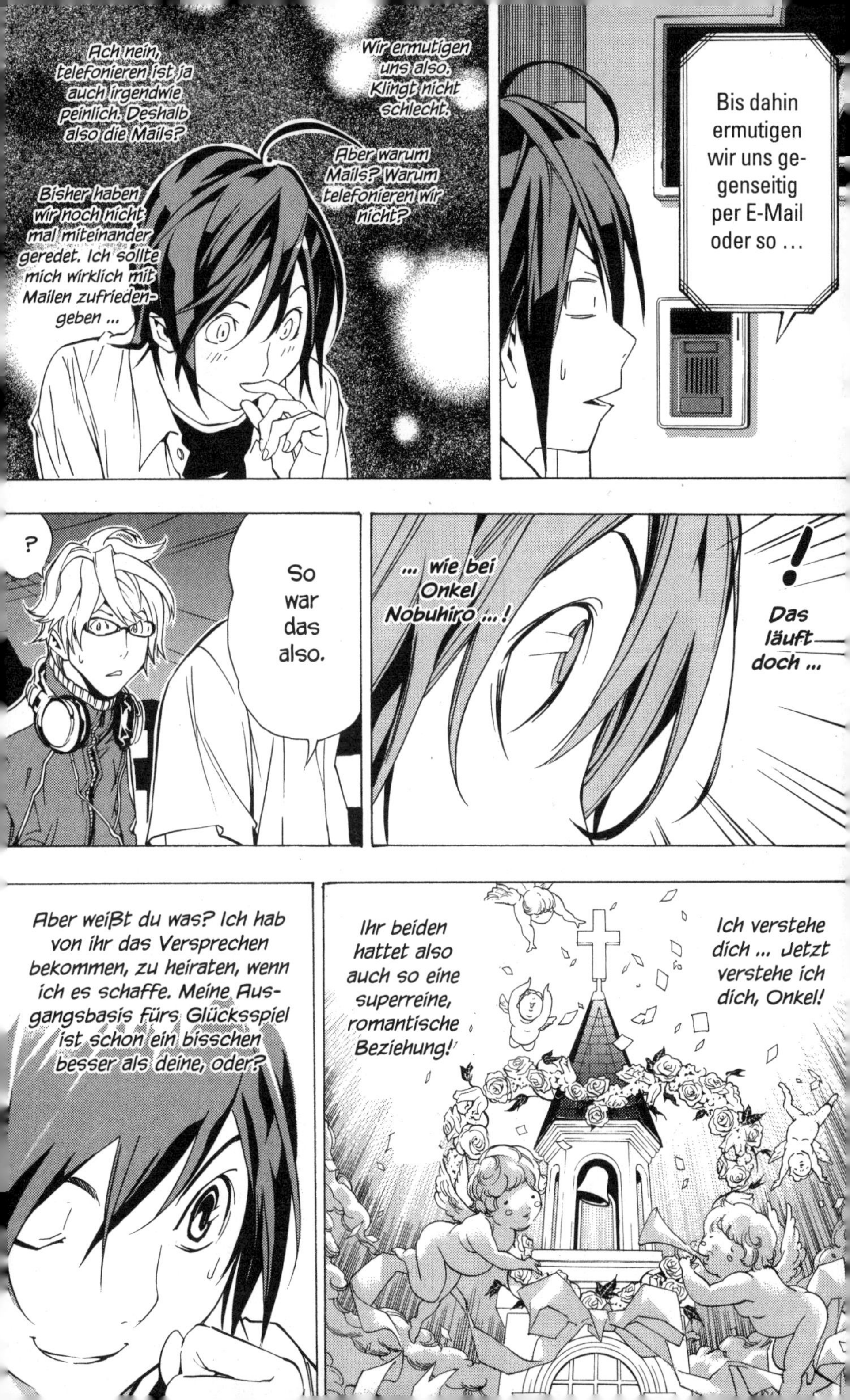

Bis dahin ermutigen wir uns gegenseitig per E-Mail oder so …

Wir ermutigen uns also. Klingt nicht schlecht.

Aber warum Mails? Warum telefonieren wir nicht?

Ach nein, telefonieren ist ja auch irgendwie peinlich. Deshalb also die Mails?

Bisher haben wir noch nicht mal miteinander geredet. Ich sollte mich wirklich mit Mailen zufriedengeben …

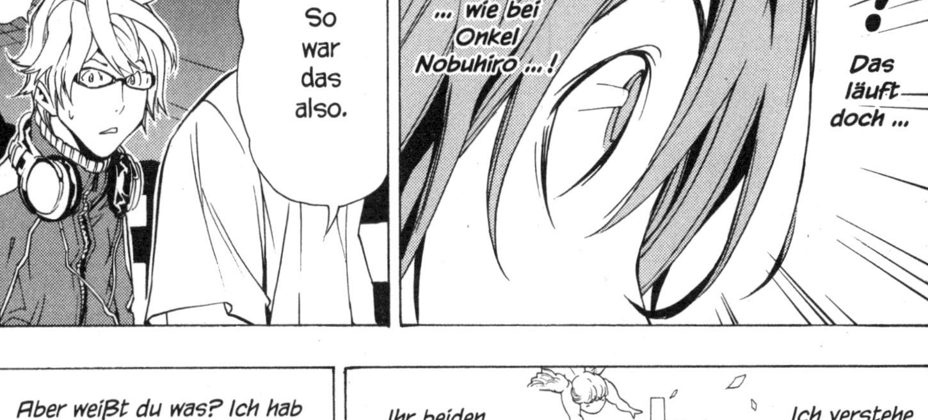

Ich verstehe dich … Jetzt verstehe ich dich, Onkel!

Ihr beiden hattet also auch so eine superreine, romantische Beziehung!

Aber weißt du was? Ich hab von ihr das Versprechen bekommen, zu heiraten, wenn ich es schaffe. Meine Ausgangsbasis fürs Glücksspiel ist schon ein bisschen besser als deine, oder?

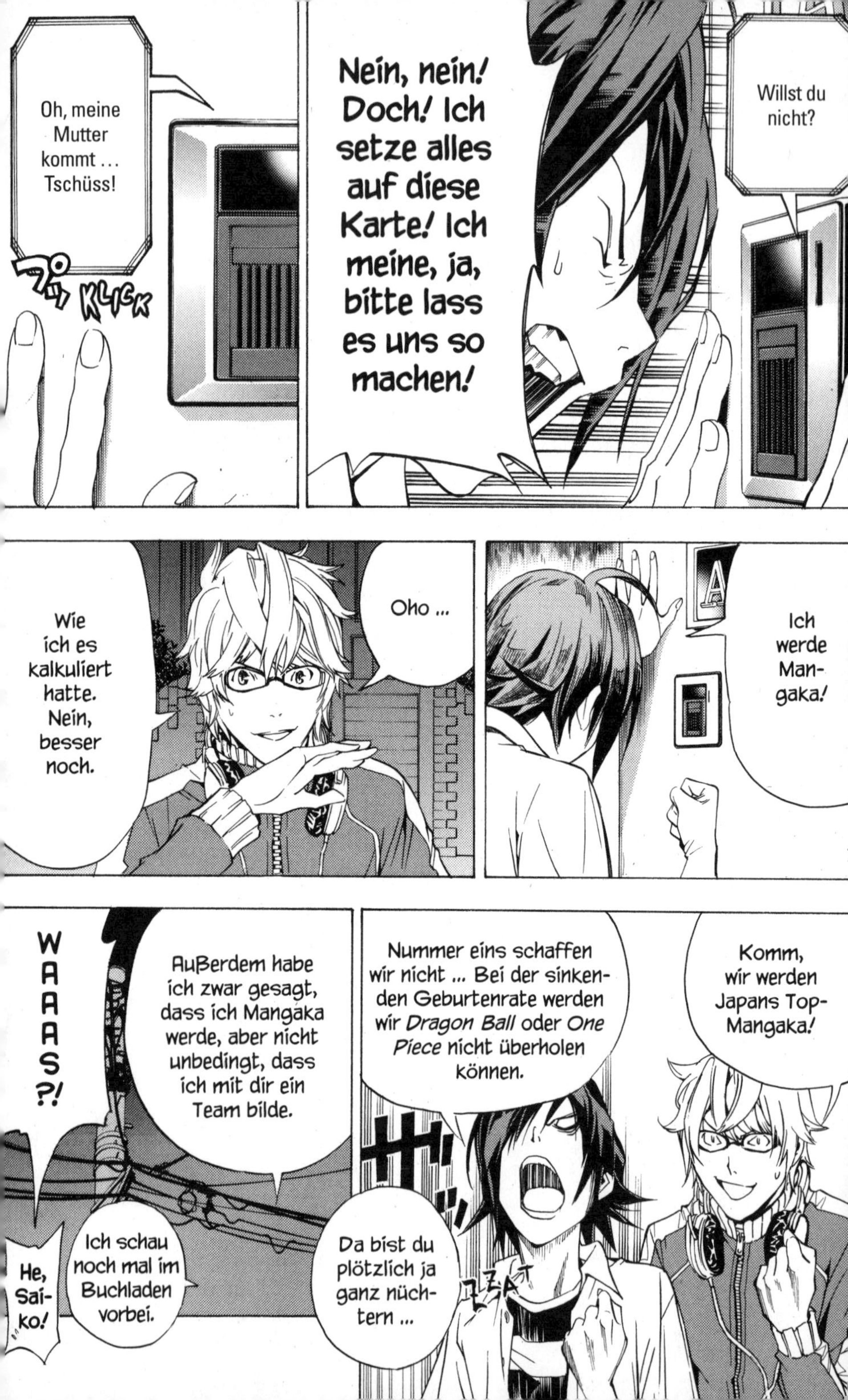
Willst du nicht?
Nein, nein! Doch! Ich setze alles auf diese Karte! Ich meine, ja, bitte lass es uns so machen!
Oh, meine Mutter kommt … Tschüss!
KLICK
Ich werde Mangaka!
Oho ...
Wie ich es kalkuliert hatte. Nein, besser noch.
Komm, wir werden Japans Top-Mangaka!
Nummer eins schaffen wir nicht ... Bei der sinkenden Geburtenrate werden wir *Dragon Ball* oder *One Piece* nicht überholen können.
Da bist du plötzlich ja ganz nüchtern ...
ZZAT
Außerdem habe ich zwar gesagt, dass ich Mangaka werde, aber nicht unbedingt, dass ich mit dir ein Team bilde.
WAAAAS?!
Ich schau noch mal im Buchladen vorbei.
He, Saiko!

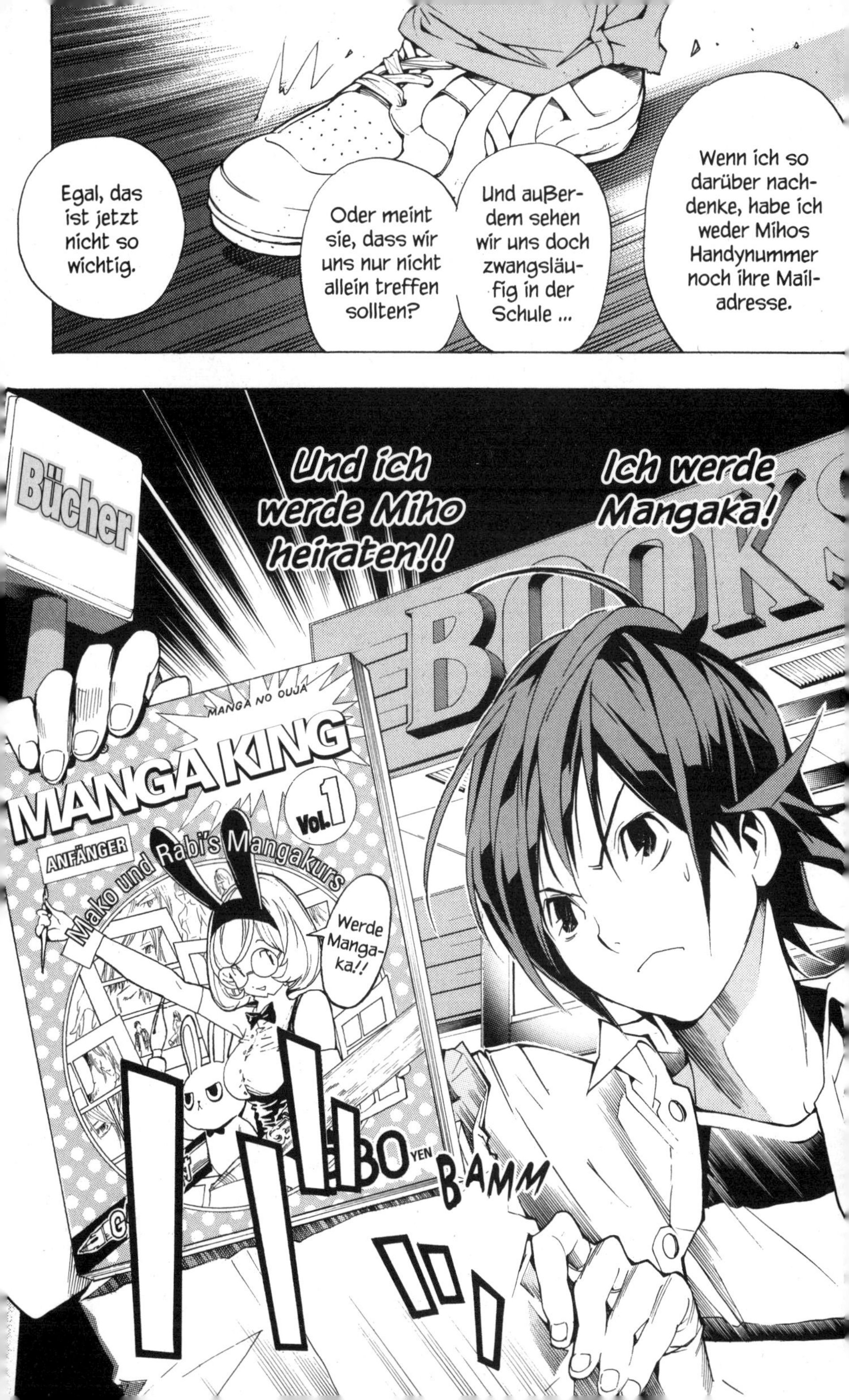

Wenn ich so darüber nachdenke, habe ich weder Mihos Handynummer noch ihre Mailadresse.

Und außerdem sehen wir uns doch zwangsläufig in der Schule ...

Oder meint sie, dass wir uns nur nicht allein treffen sollten?

Egal, das ist jetzt nicht so wichtig.

Ich werde Mangaka!

Und ich werde Miho heiraten!!

Bücher

MANGA NO OUJA

MANGA KING

Vol.1

ANFÄNGER

Mako und Rabi's Mangakurs

Werde Mangaka!!

BAMM

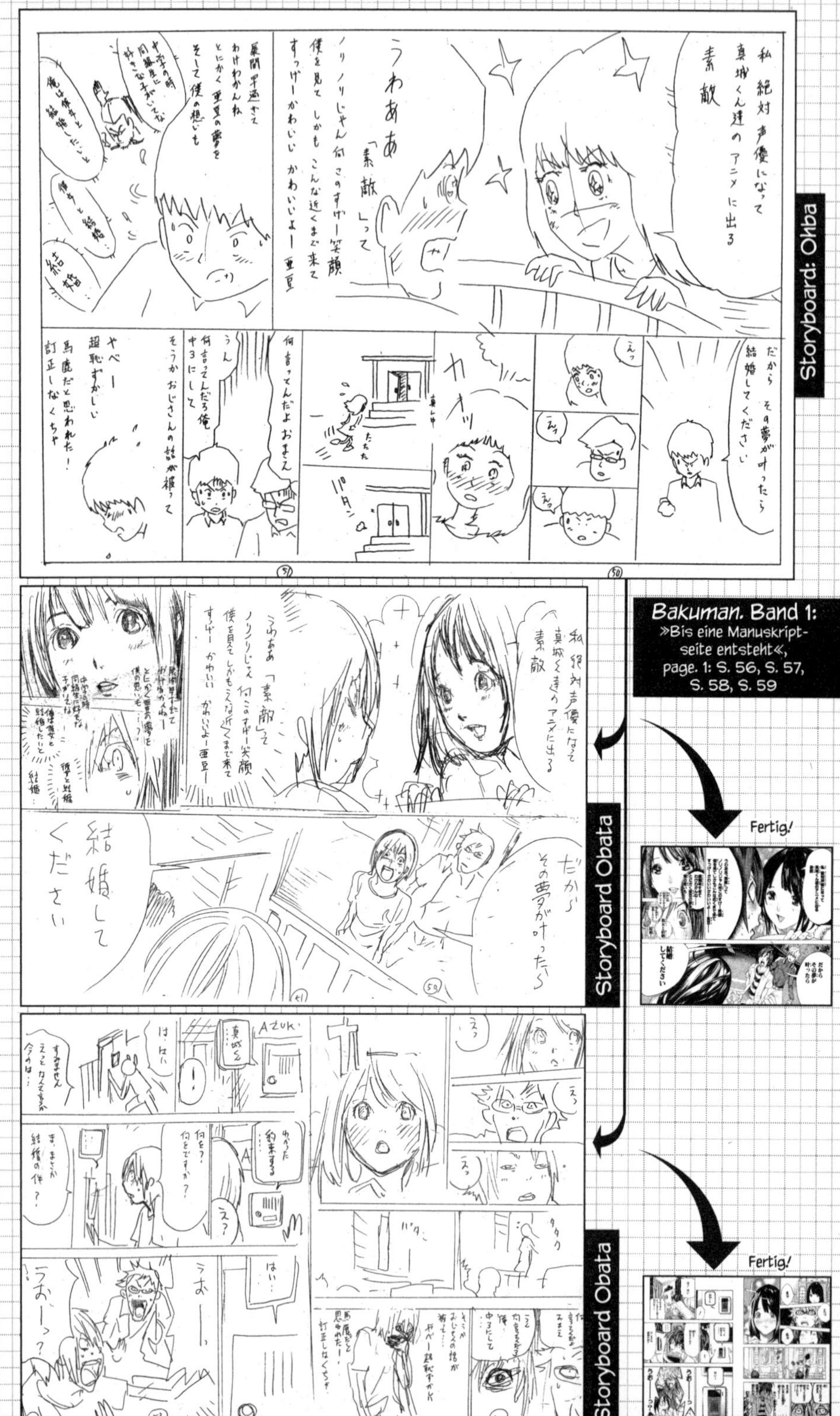
Storyboard: Ohba
私 絶対 声優になって 真城くん達の アニメに出る
素敵
うわああ 「素敵」って
ノリノリじゃん何 このすげー笑顔 僕を見て しかも こんな近くまで来て すっげーかわいい かわいいよー亜豆
展開早過ぎて わけわかんね とにかく亜豆の夢を そして僕の想いも
中学の時 同級生に 好きな子がいてな
俺は彼女と 結婚したいと
彼女と結婚
結婚
だから その夢が叶ったら 結婚してください
えっ
えっ
えっ
カァッ
バタン
何言ってんだよ おまえ
うん 何言ってんだろ俺 中3にして そうかおじさんの話が被って
ヤベー 超恥ずかしい 馬鹿だと思われた! 訂正しなくちゃ
Bakuman. Band 1:
»Bis eine Manuskript-
seite entsteht«,
page. 1: S. 56, S. 57,
S. 58, S. 59
Storyboard Obata
Fertig!
Storyboard Obata
Fertig!

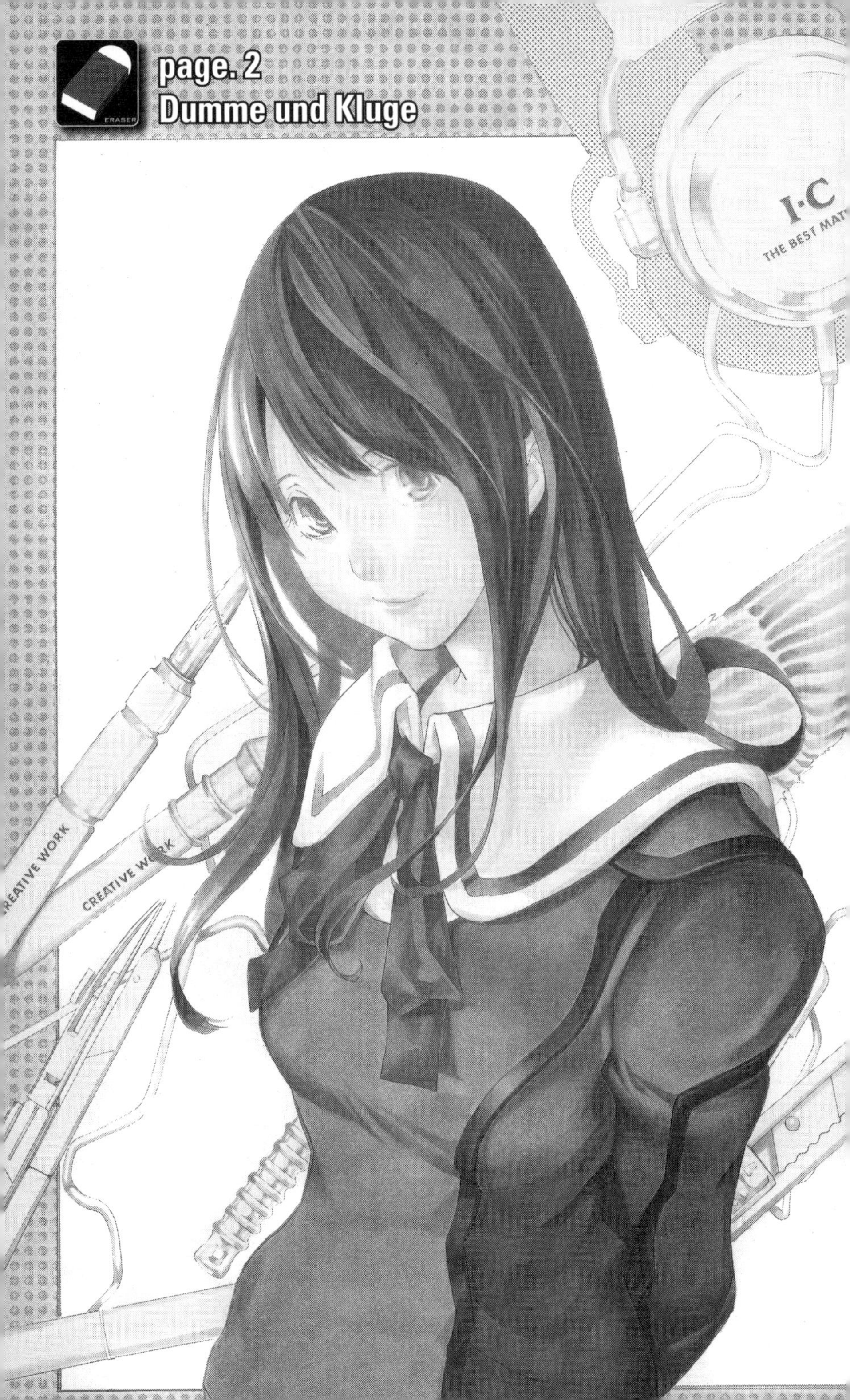
page. 2
Dumme und Kluge
ERASER
I·C
THE BEST MAT
CREATIVE WORK
CREATIVE WORK

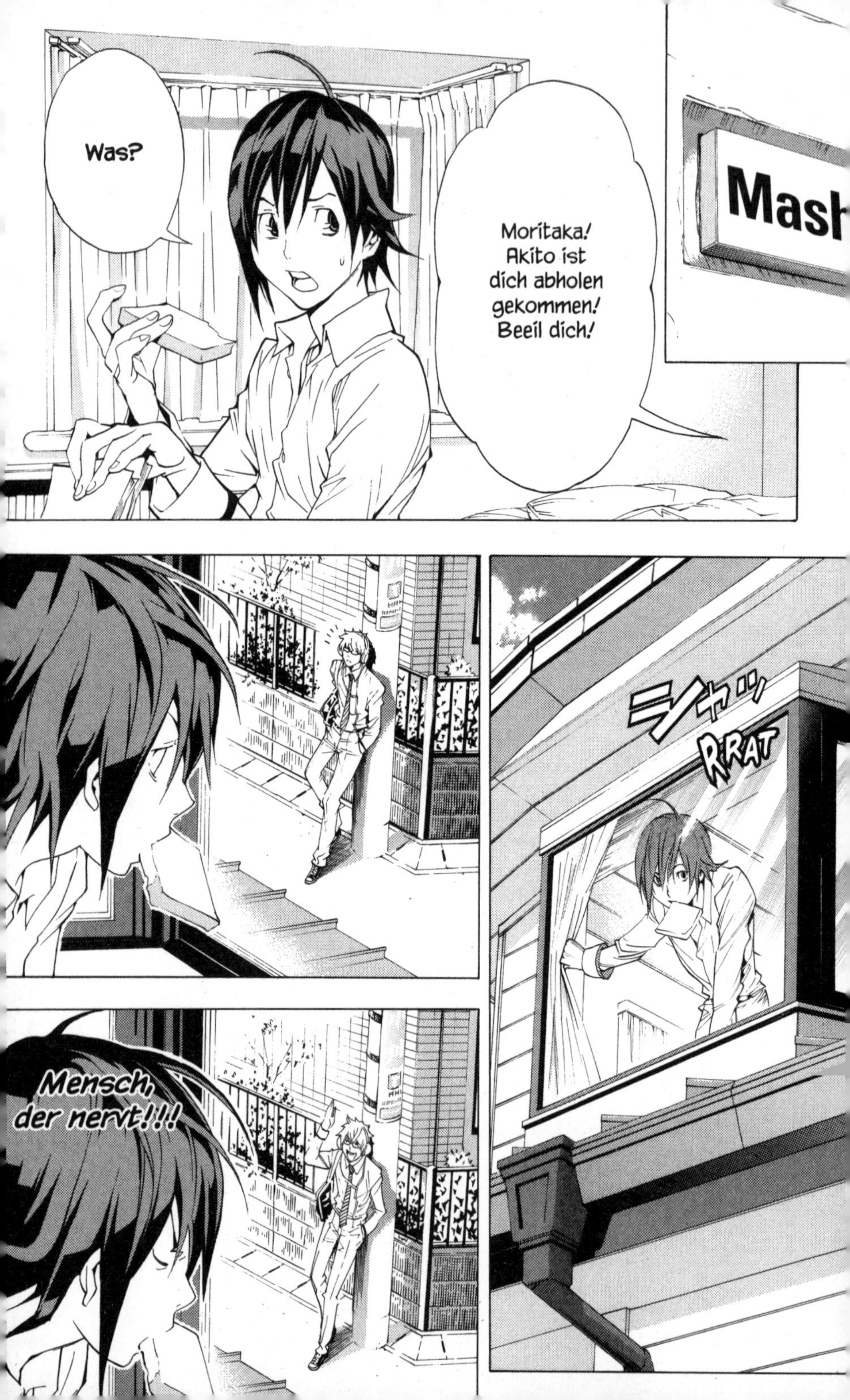

Mash

Moritaka! Akito ist dich abholen gekommen! Beeil dich!

Was?

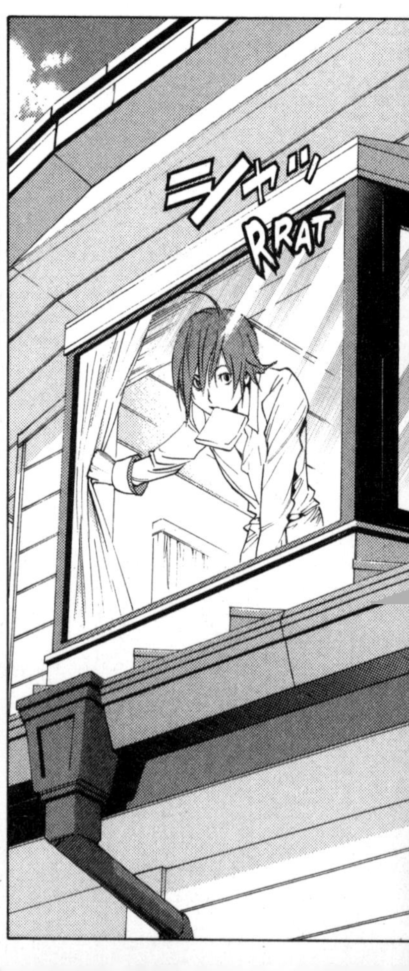

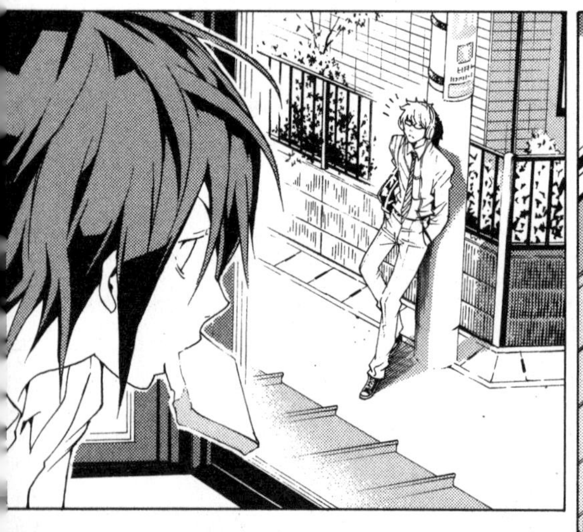

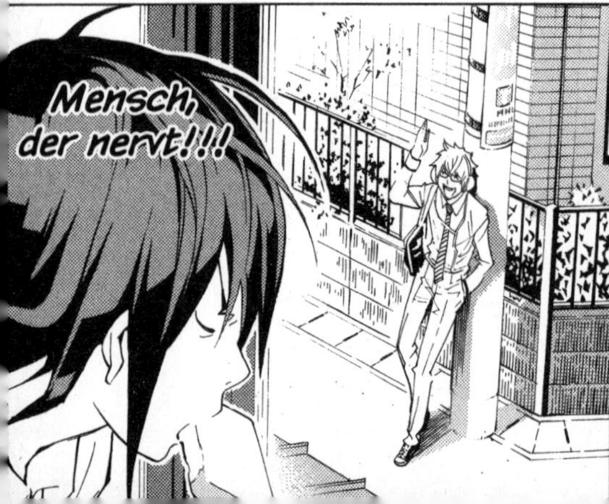

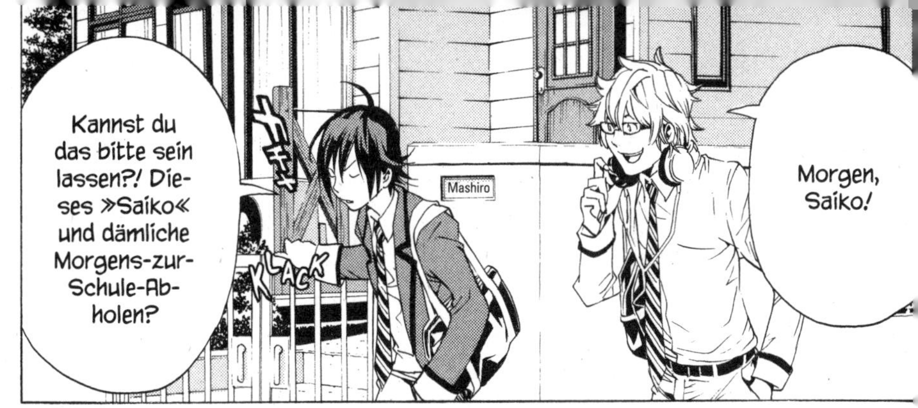
Morgen, Saiko!
Mashiro
KLACK
Kannst du das bitte sein lassen?! Dieses »Saiko« und dämliche Morgens-zur-Schule-Abholen?

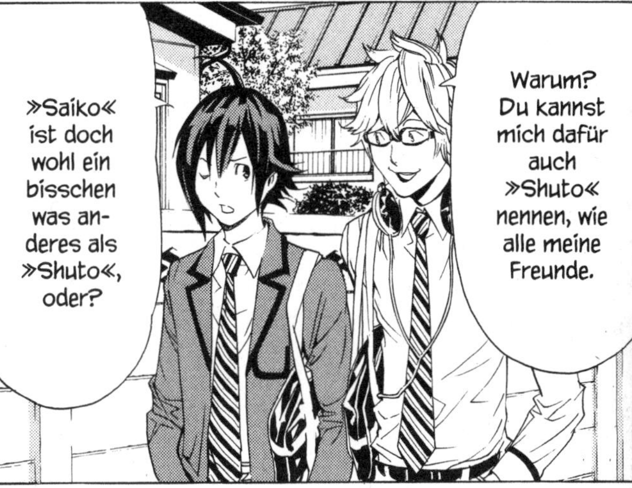
Warum? Du kannst mich dafür auch »Shuto« nennen, wie alle meine Freunde.
»Saiko« ist doch wohl ein bisschen was anderes als »Shuto«, oder?

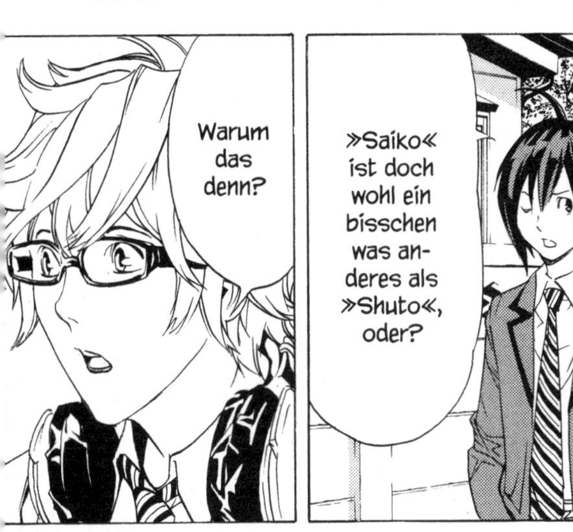
Warum das denn?

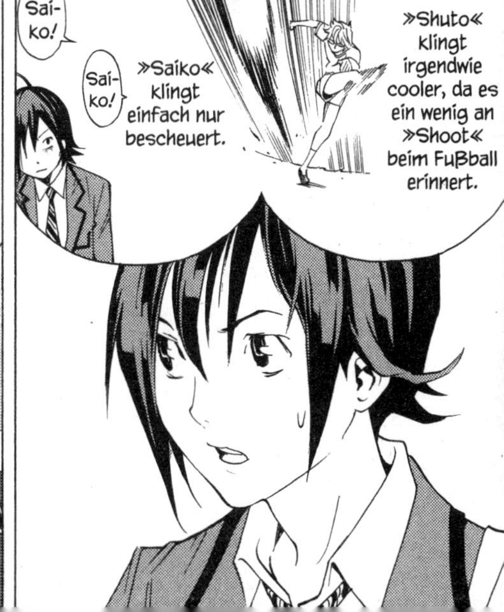
»Shuto« klingt irgendwie cooler, da es ein wenig an »Shoot« beim Fußball erinnert.
Sai-ko!
Sai-ko!
»Saiko« klingt einfach nur bescheuert.

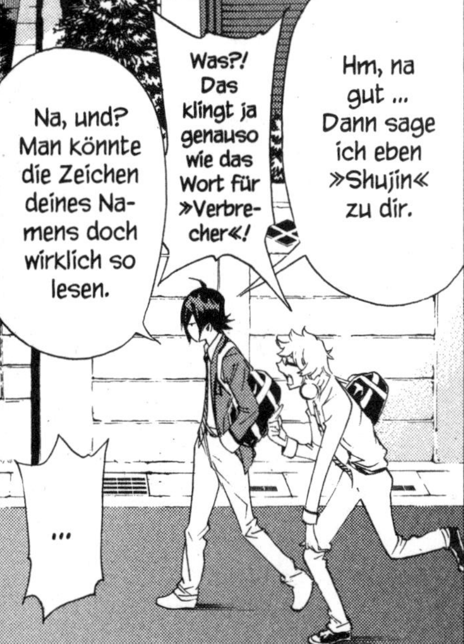
Hm, na gut ... Dann sage ich eben »Shujin« zu dir.
Was?! Das klingt ja genauso wie das Wort für »Verbrecher«!
Na, und? Man könnte die Zeichen deines Namens doch wirklich so lesen.
...

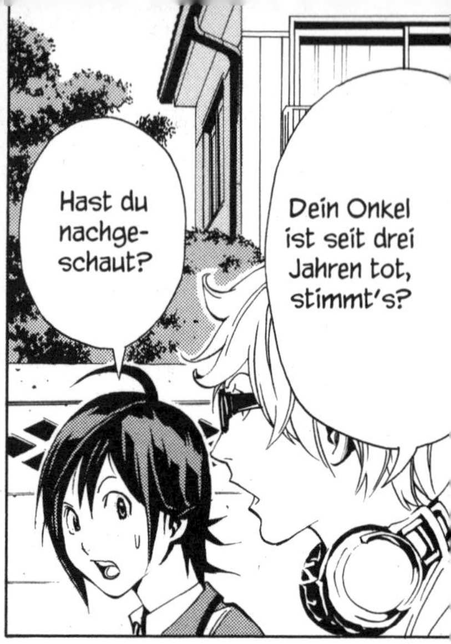

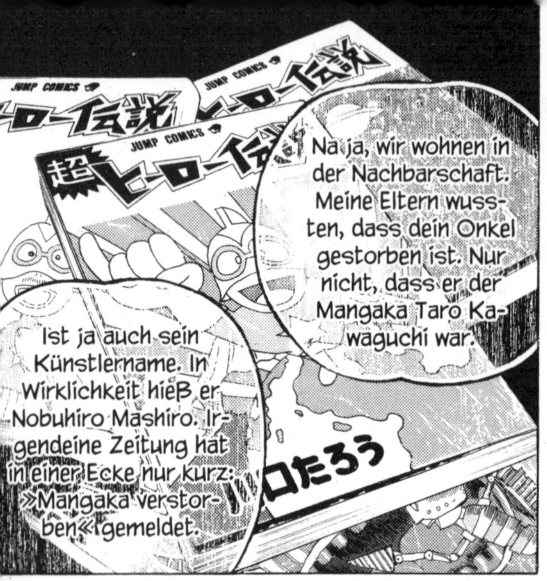

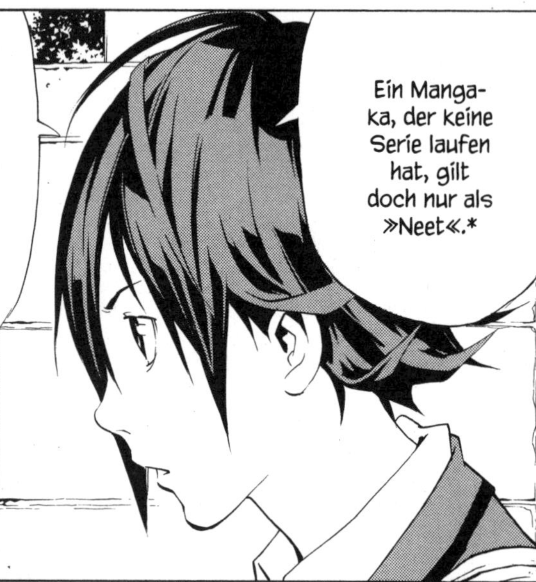

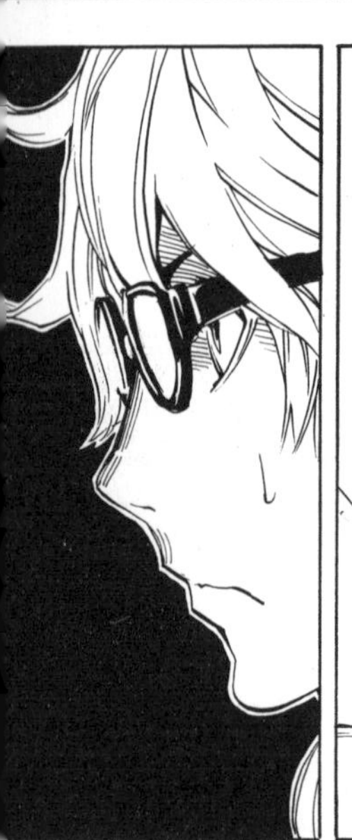

Akronym für: Not in education, employment or training. Gemeint ist jemand, der weder Arbeit hat noch in Ausbildung ist.

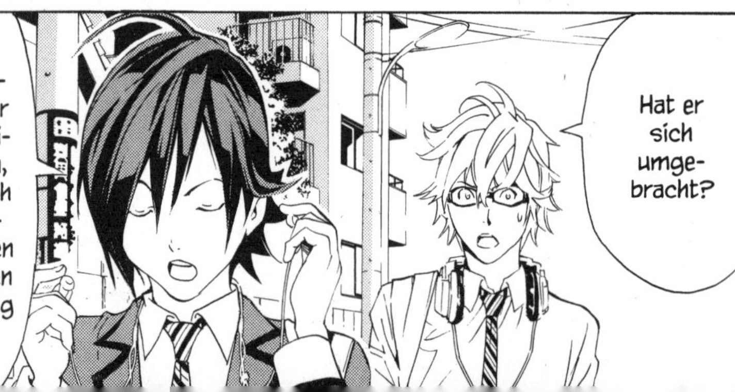

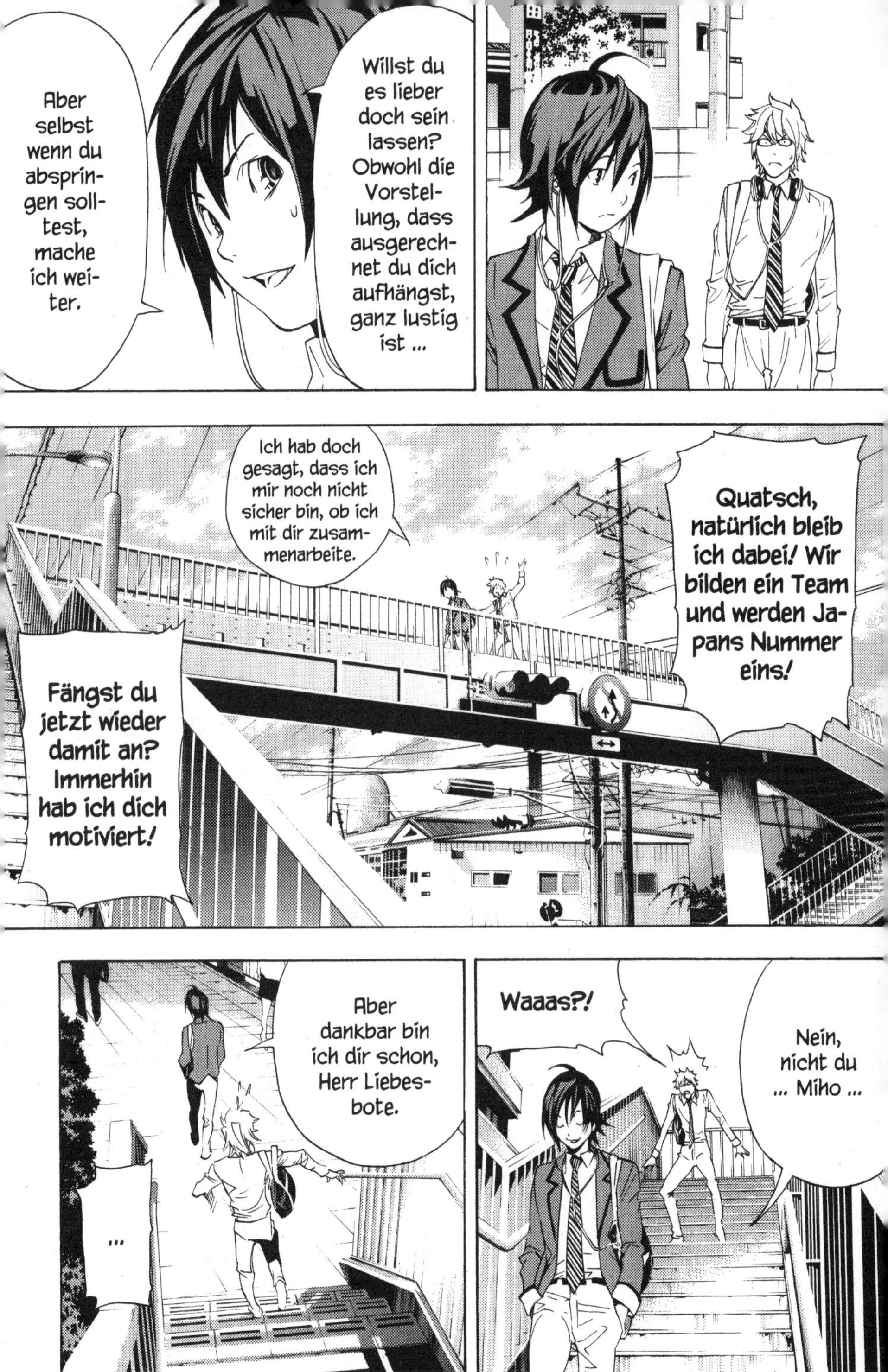

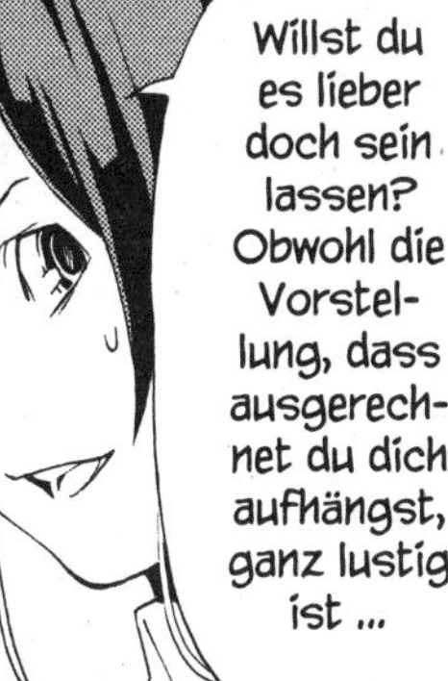

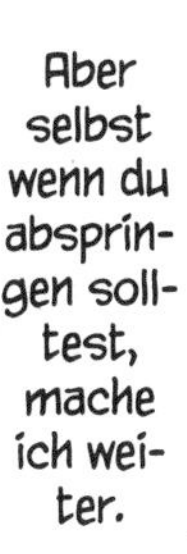

Quatsch, natürlich bleib ich dabei! Wir bilden ein Team und werden Japans Nummer eins!

Ich hab doch gesagt, dass ich mir noch nicht sicher bin, ob ich mit dir zusammenarbeite.

Fängst du jetzt wieder damit an? Immerhin hab ich dich motiviert!

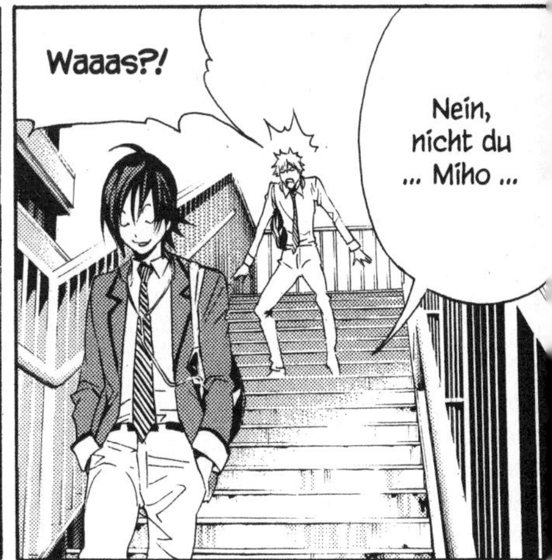

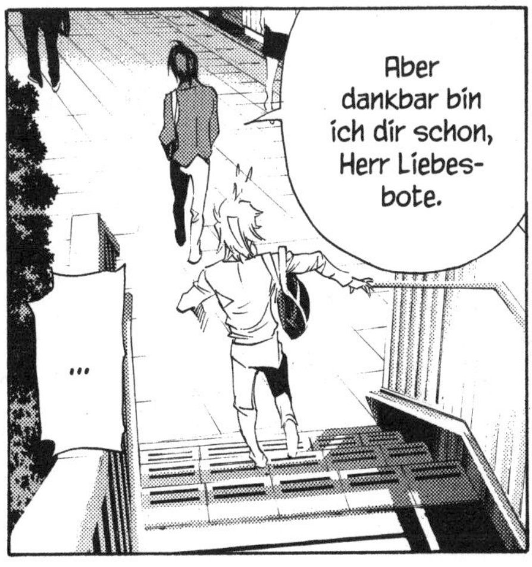

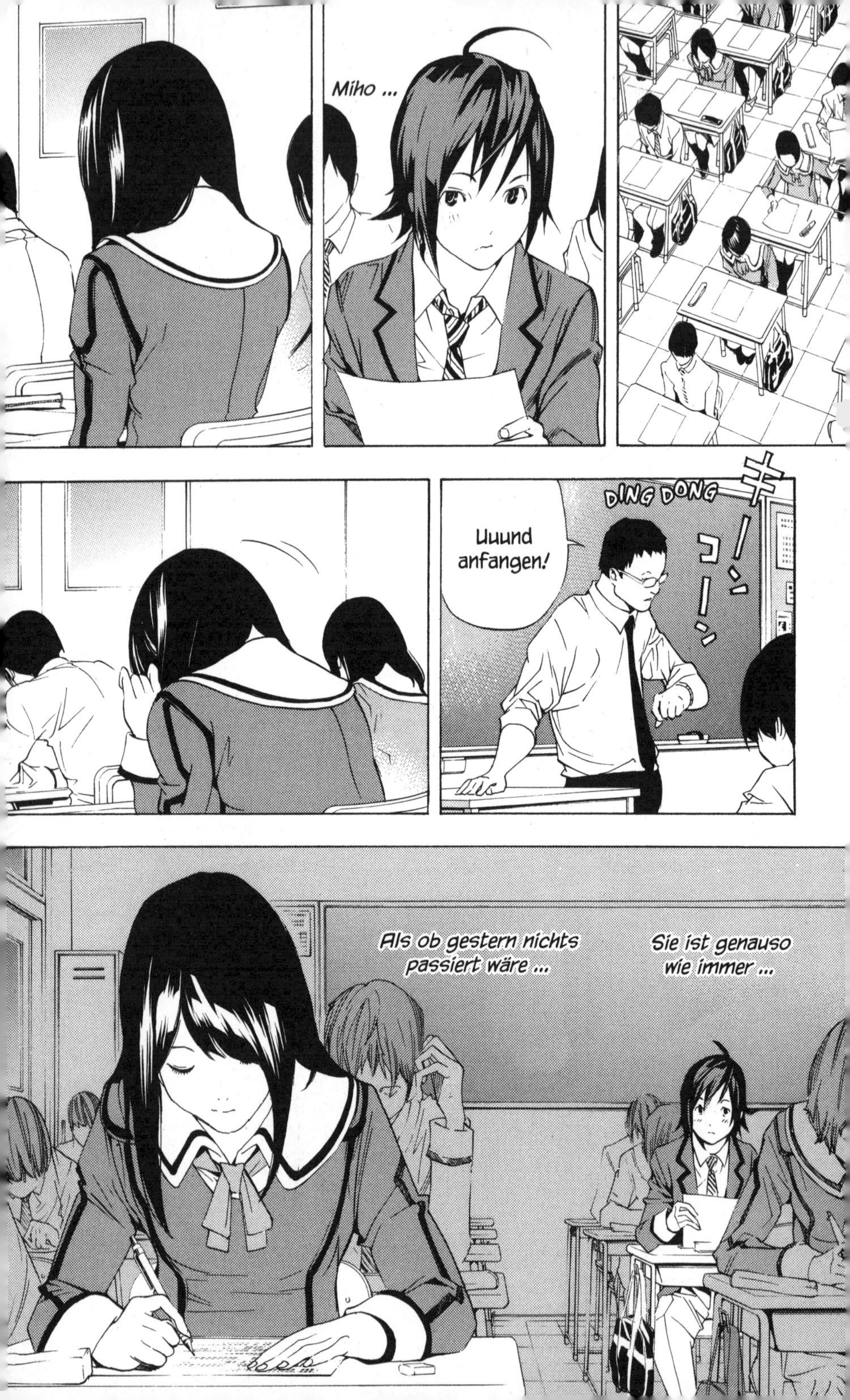

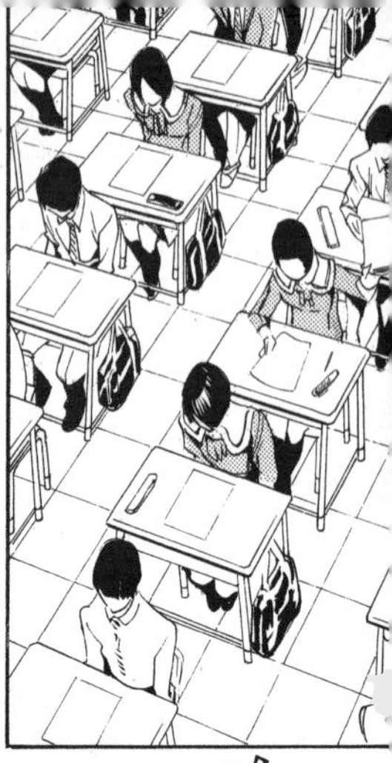

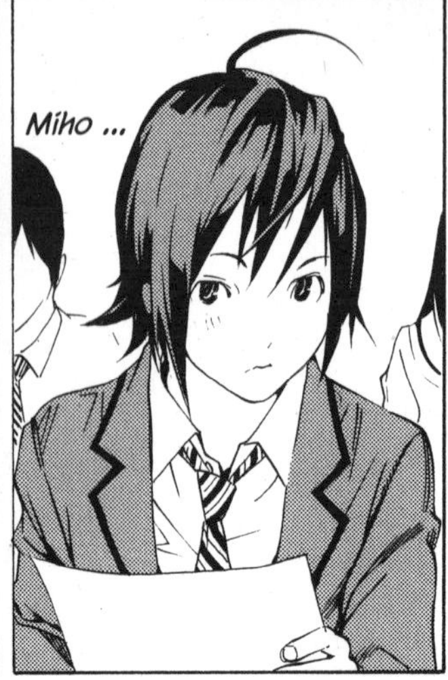

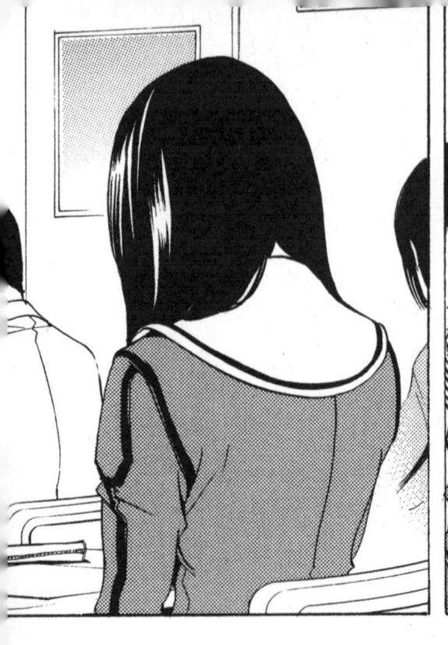

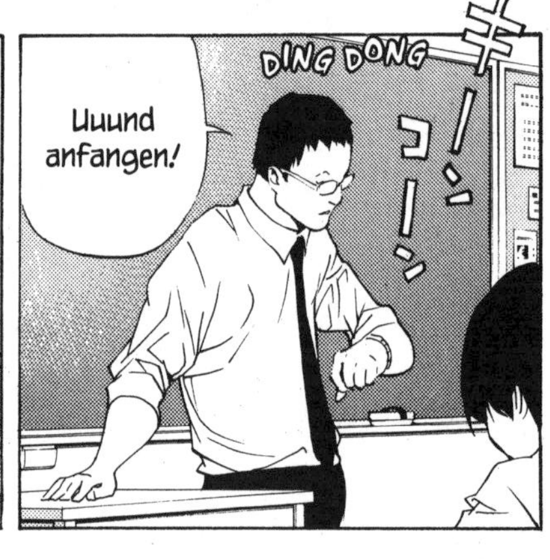

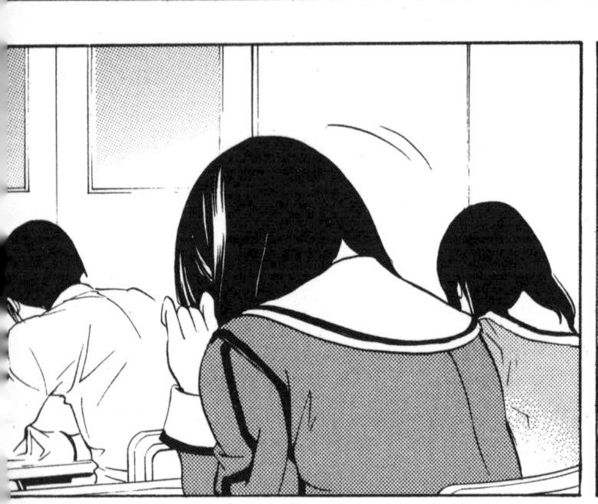

Sie ist genauso wie immer ...

Als ob gestern nichts passiert wäre ...

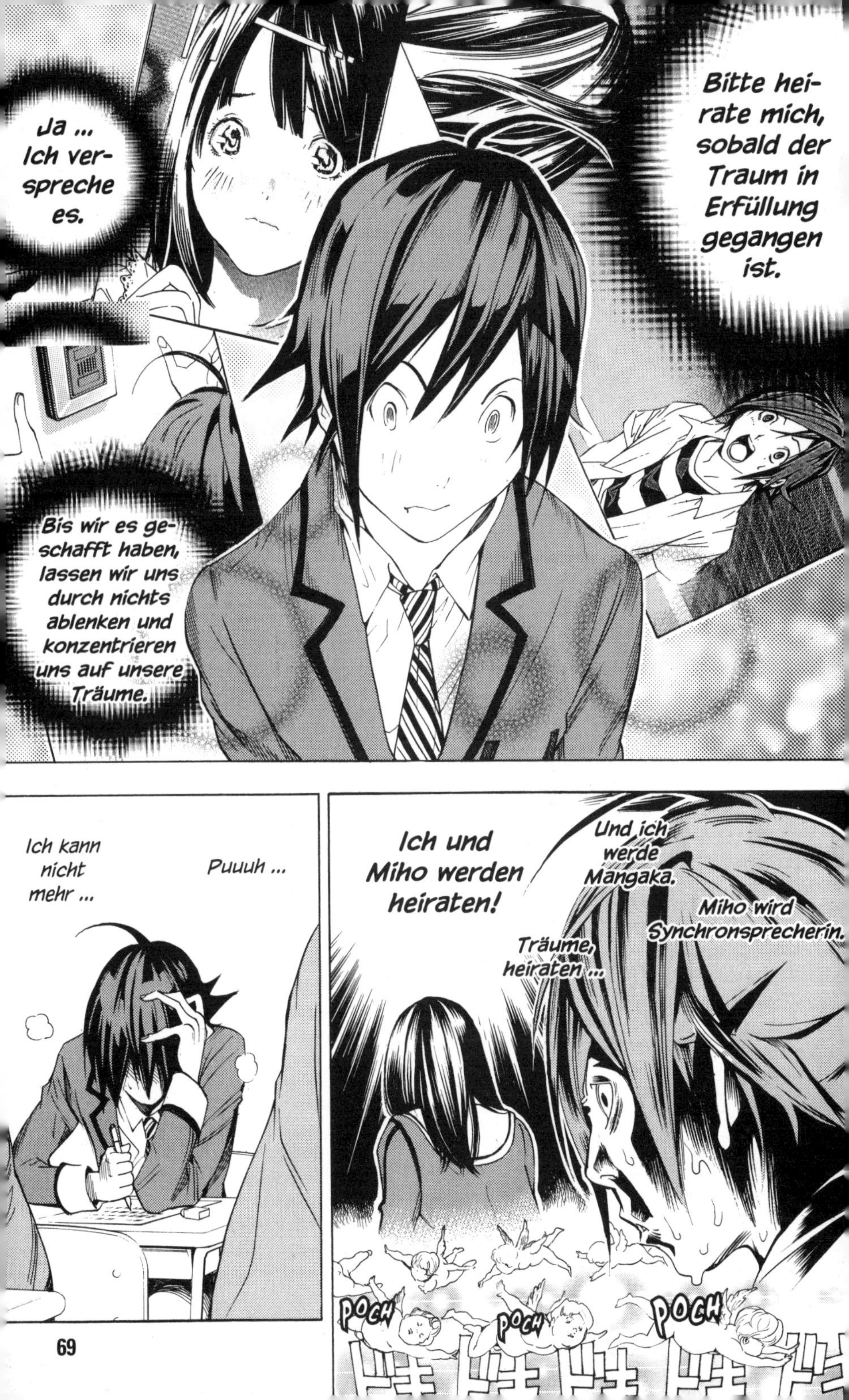

Bitte heirate mich, sobald der Traum in Erfüllung gegangen ist.

Ja ... Ich verspreche es.

Bis wir es geschafft haben, lassen wir uns durch nichts ablenken und konzentrieren uns auf unsere Träume.

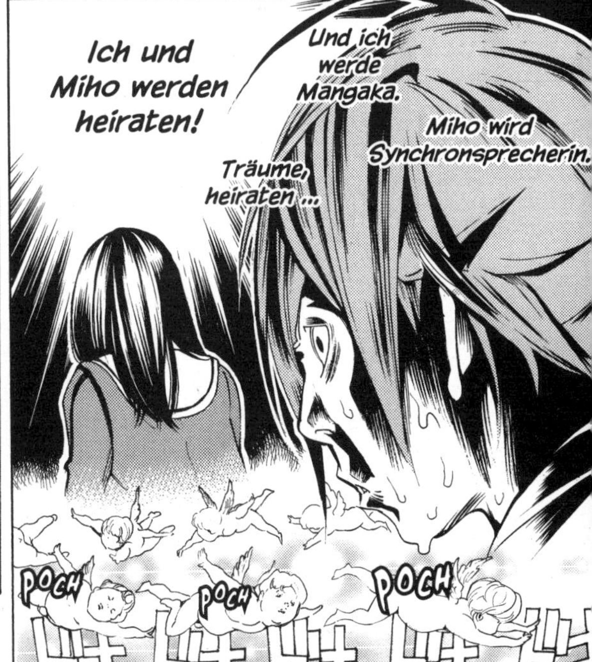

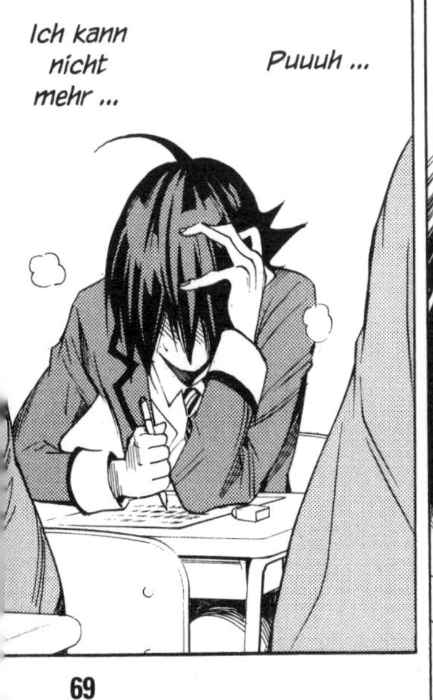

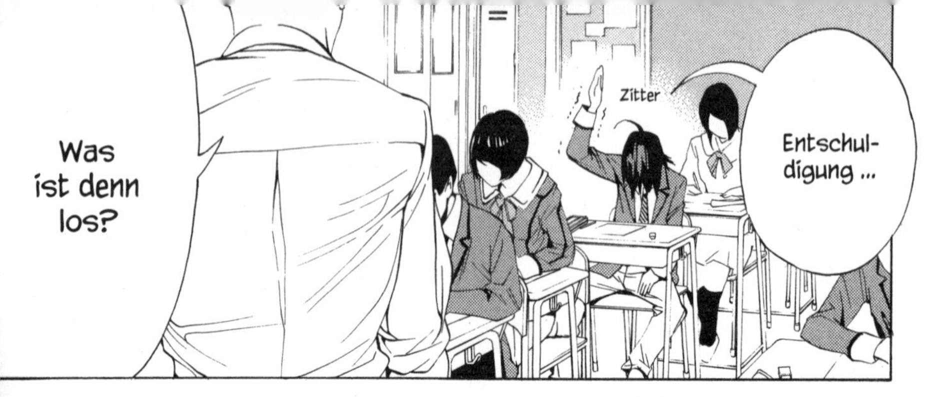
Entschuldigung ...
Zitter
Was ist denn los?

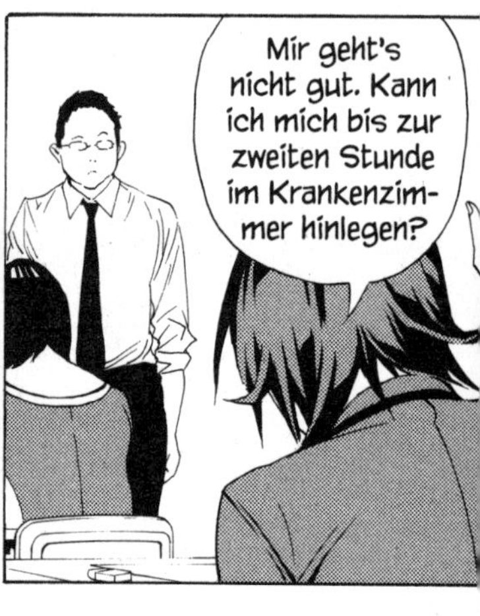
Mir geht's nicht gut. Kann ich mich bis zur zweiten Stunde im Krankenzimmer hinlegen?

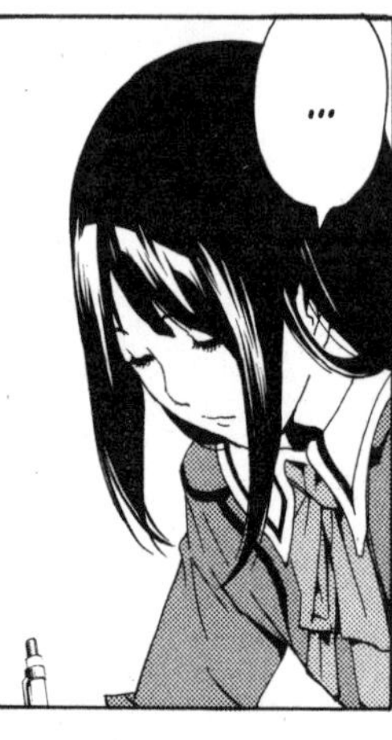
...

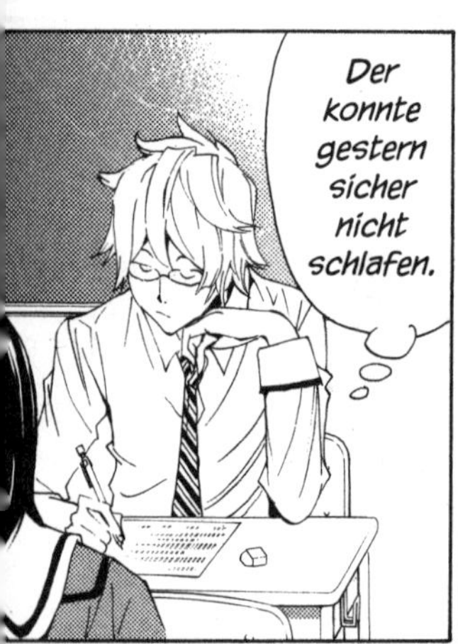
Der konnte gestern sicher nicht schlafen.

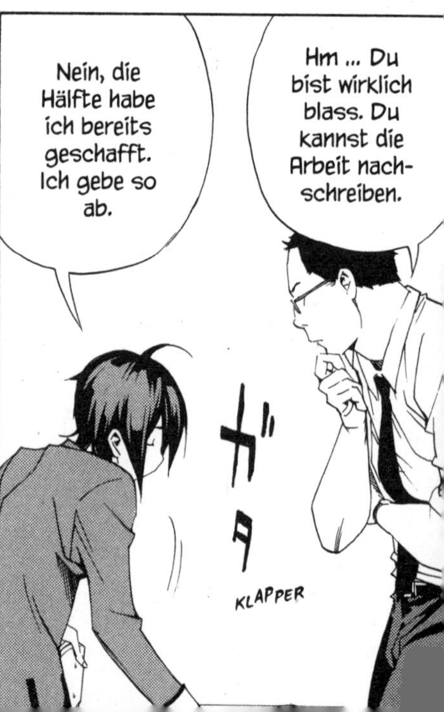
Hm ... Du bist wirklich blass. Du kannst die Arbeit nachschreiben.
Nein, die Hälfte habe ich bereits geschafft. Ich gebe so ab.
ガタ
KLAPPER

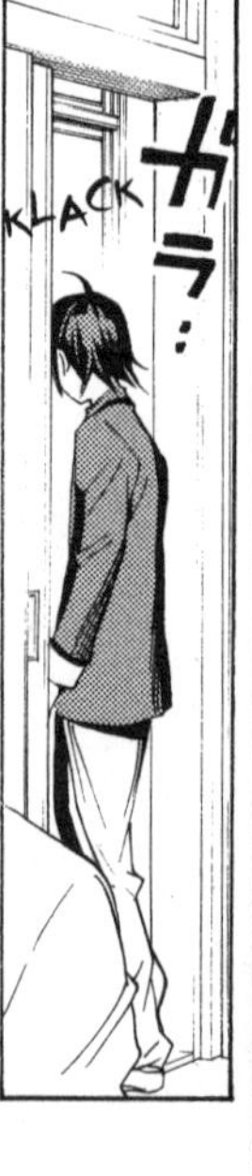
ガラ
KLACK

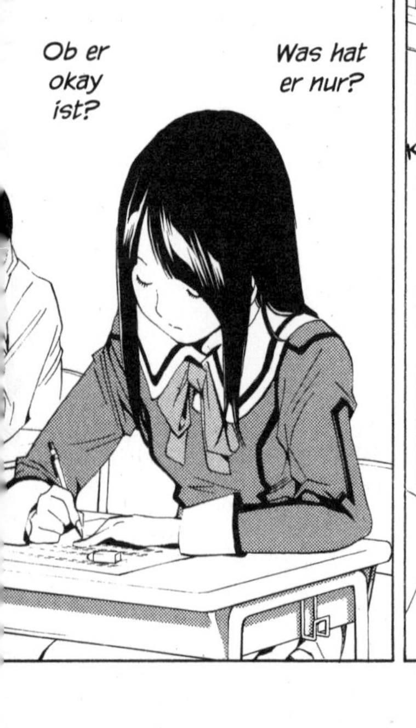
Was hat er nur?
Ob er okay ist?

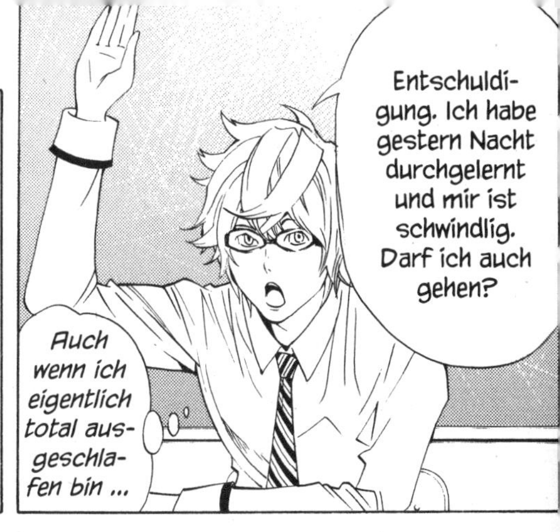
Entschuldigung. Ich habe gestern Nacht durchgelernt und mir ist schwindlig. Darf ich auch gehen?
Auch wenn ich eigentlich total ausgeschlafen bin ...

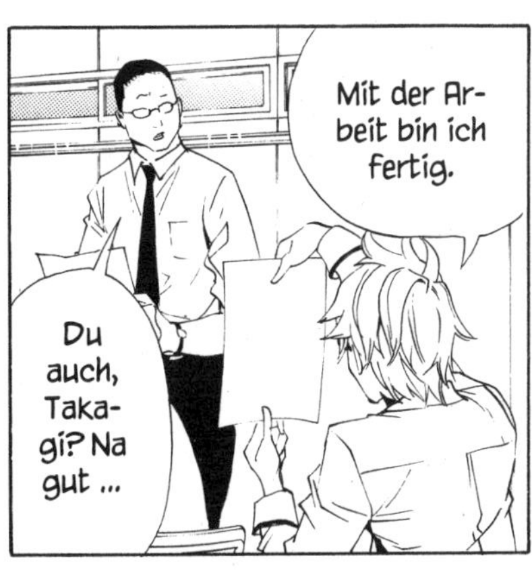
Mit der Arbeit bin ich fertig.
Du auch, Takagi? Na gut ...

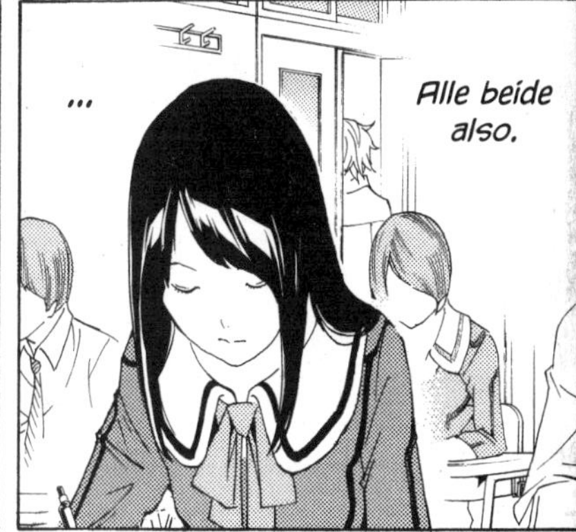
...
Alle beide also.

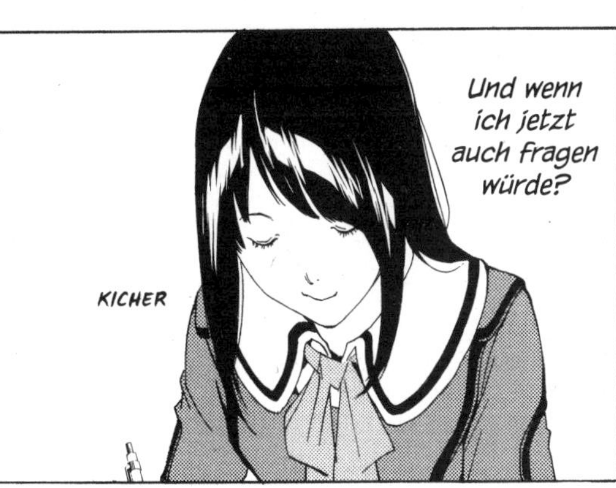
Und wenn ich jetzt auch fragen würde?
KICHER

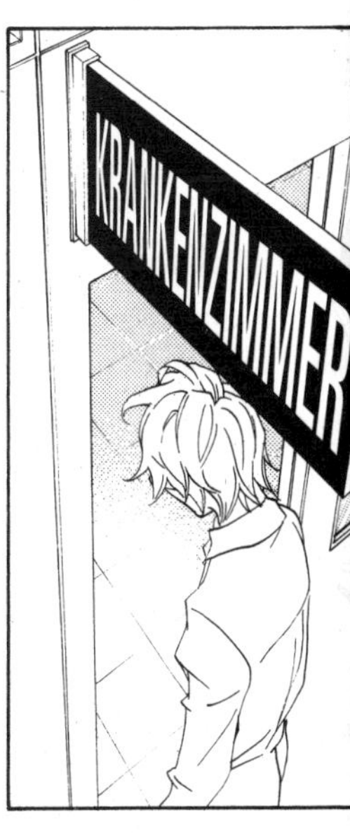
KRANKENZIMMER

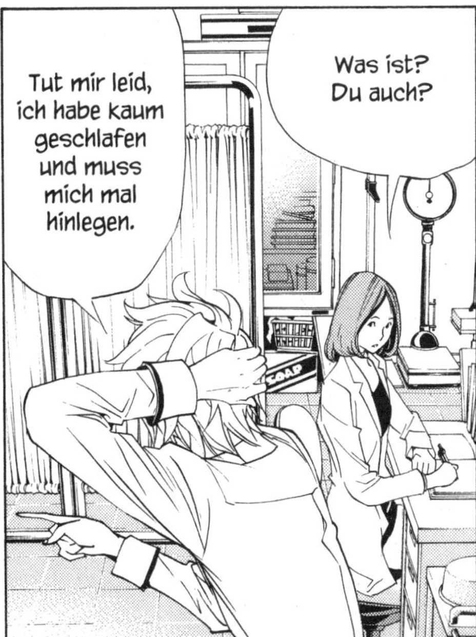
Was ist? Du auch?
Tut mir leid, ich habe kaum geschlafen und muss mich mal hinlegen.

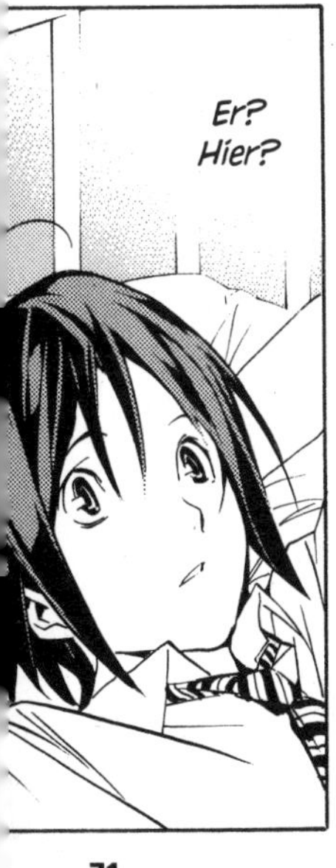
Er? Hier?

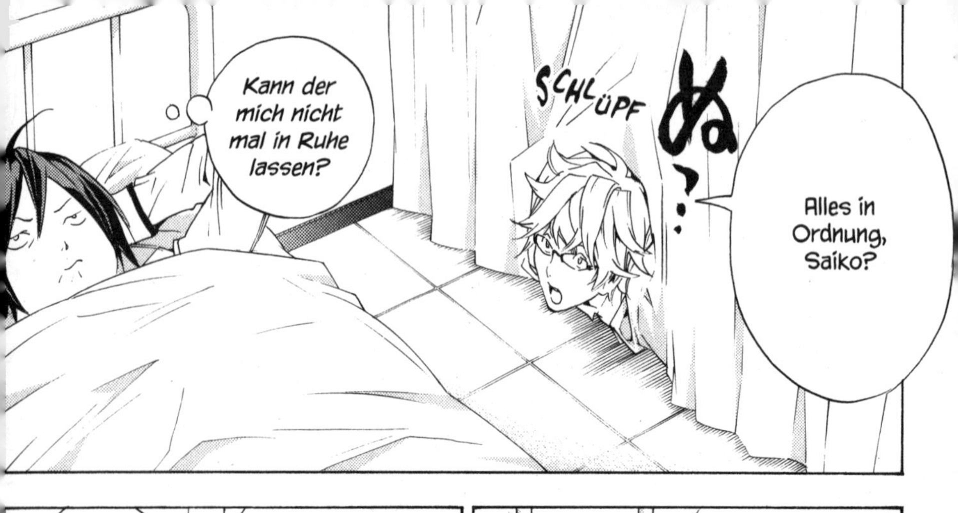
SCHLÜPF
ぬっ
Alles in Ordnung, Saiko?
Kann der mich nicht mal in Ruhe lassen?

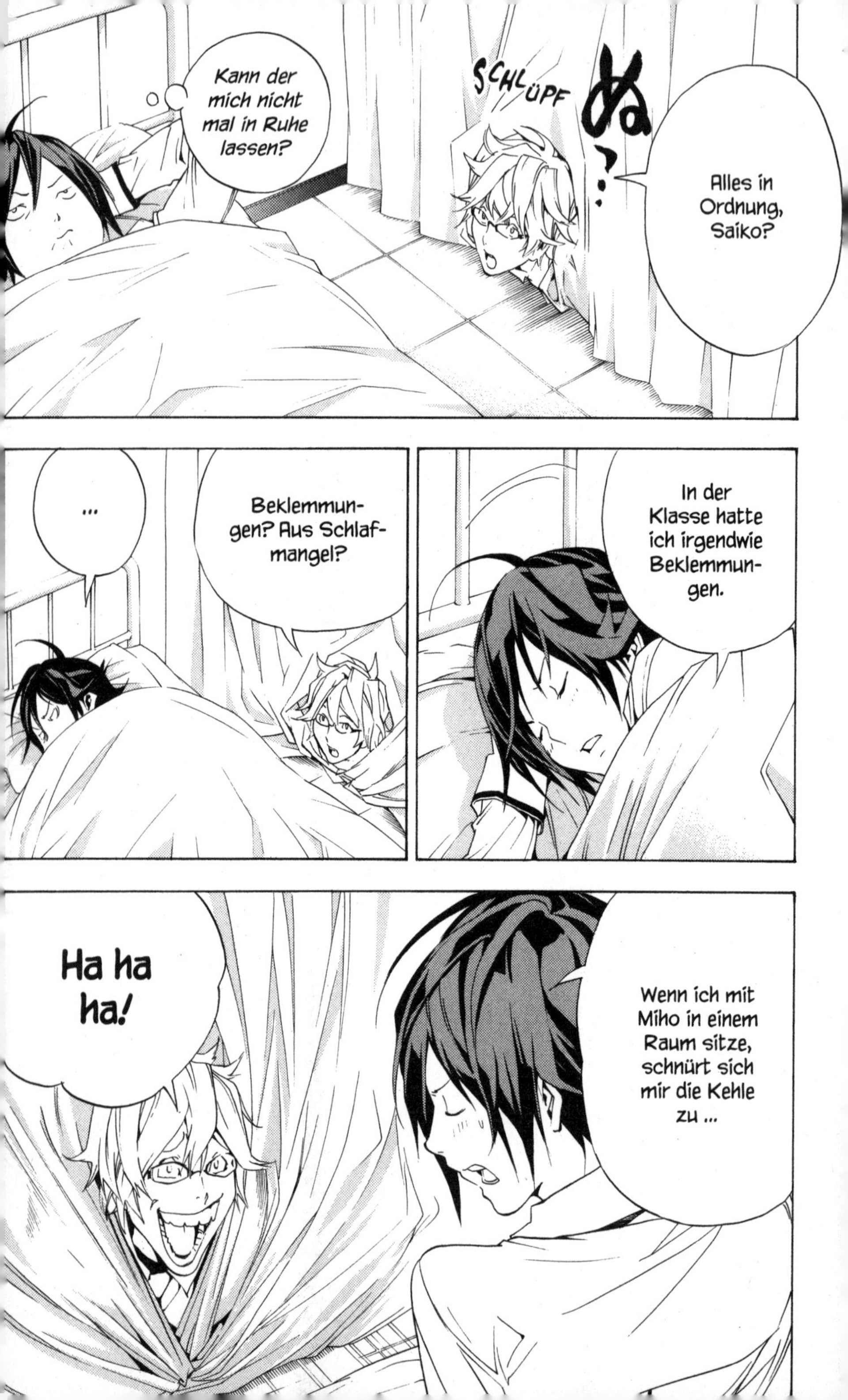

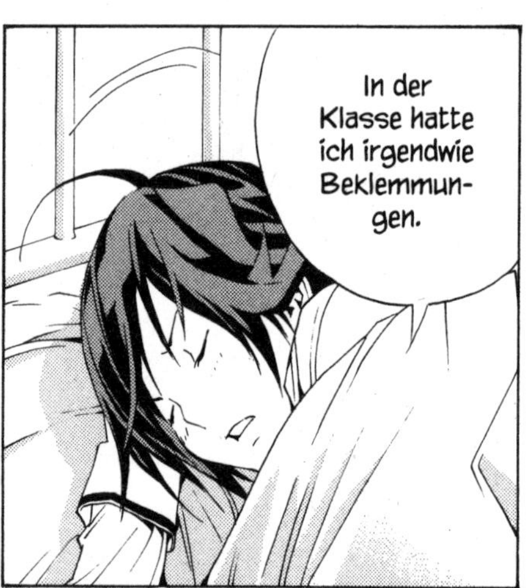
In der Klasse hatte ich irgendwie Beklemmungen.

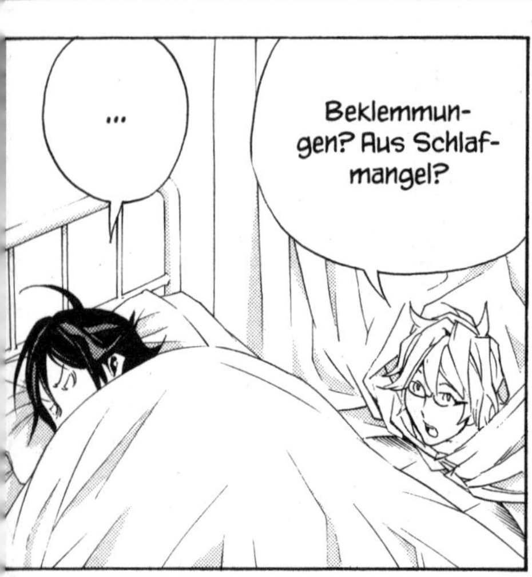
Beklemmungen? Aus Schlafmangel?
...

Wenn ich mit Miho in einem Raum sitze, schnürt sich mir die Kehle zu ...
Ha ha ha!

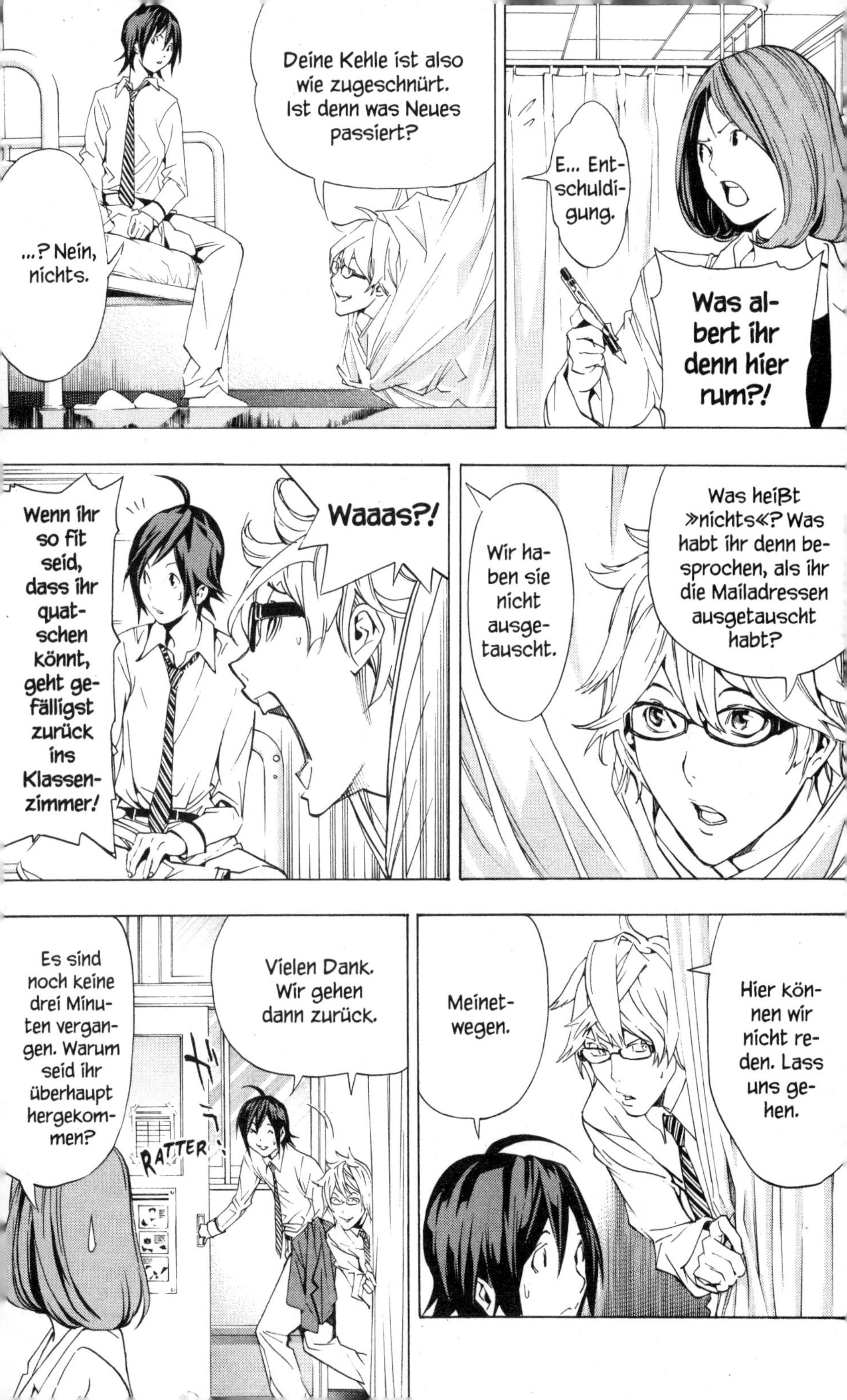

Was albert ihr denn hier rum?!

E... Entschuldigung.

Deine Kehle ist also wie zugeschnürt. Ist denn was Neues passiert?

...? Nein, nichts.

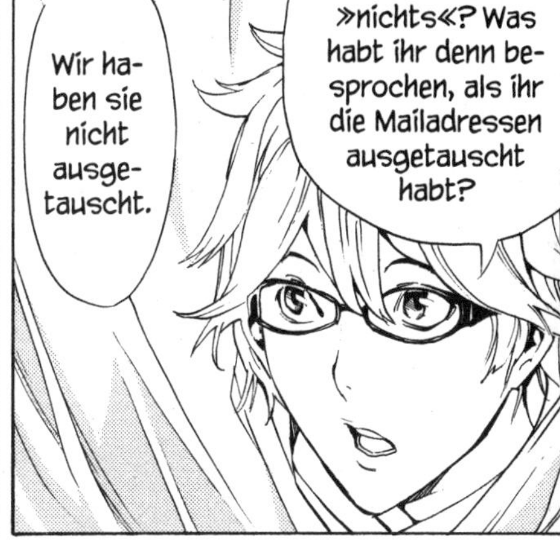

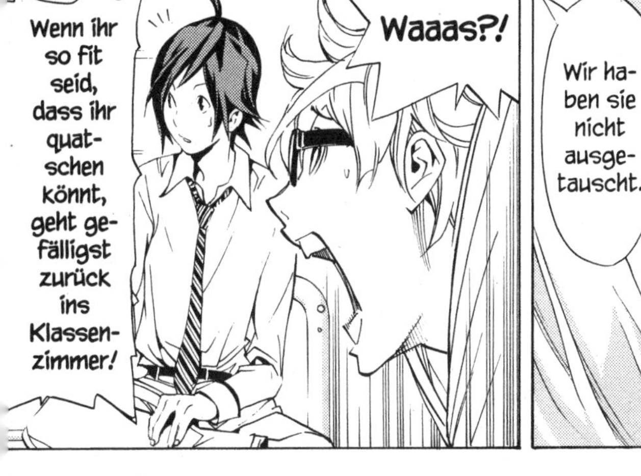

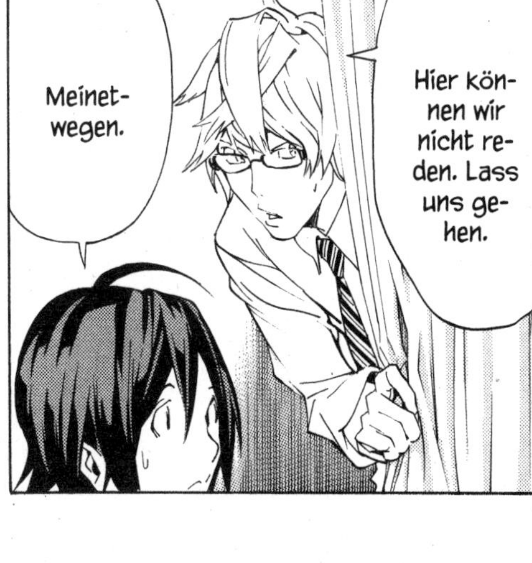

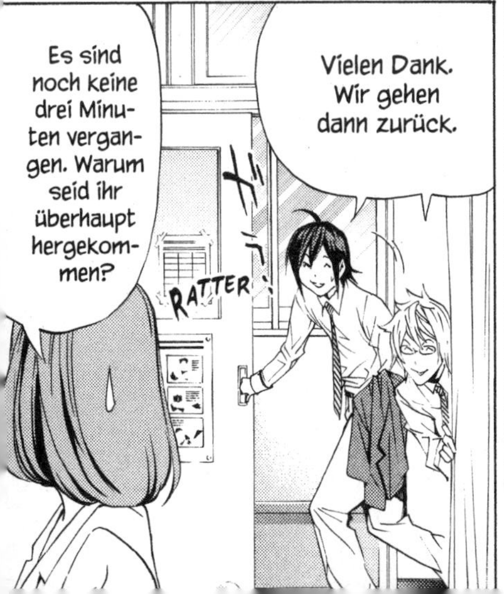

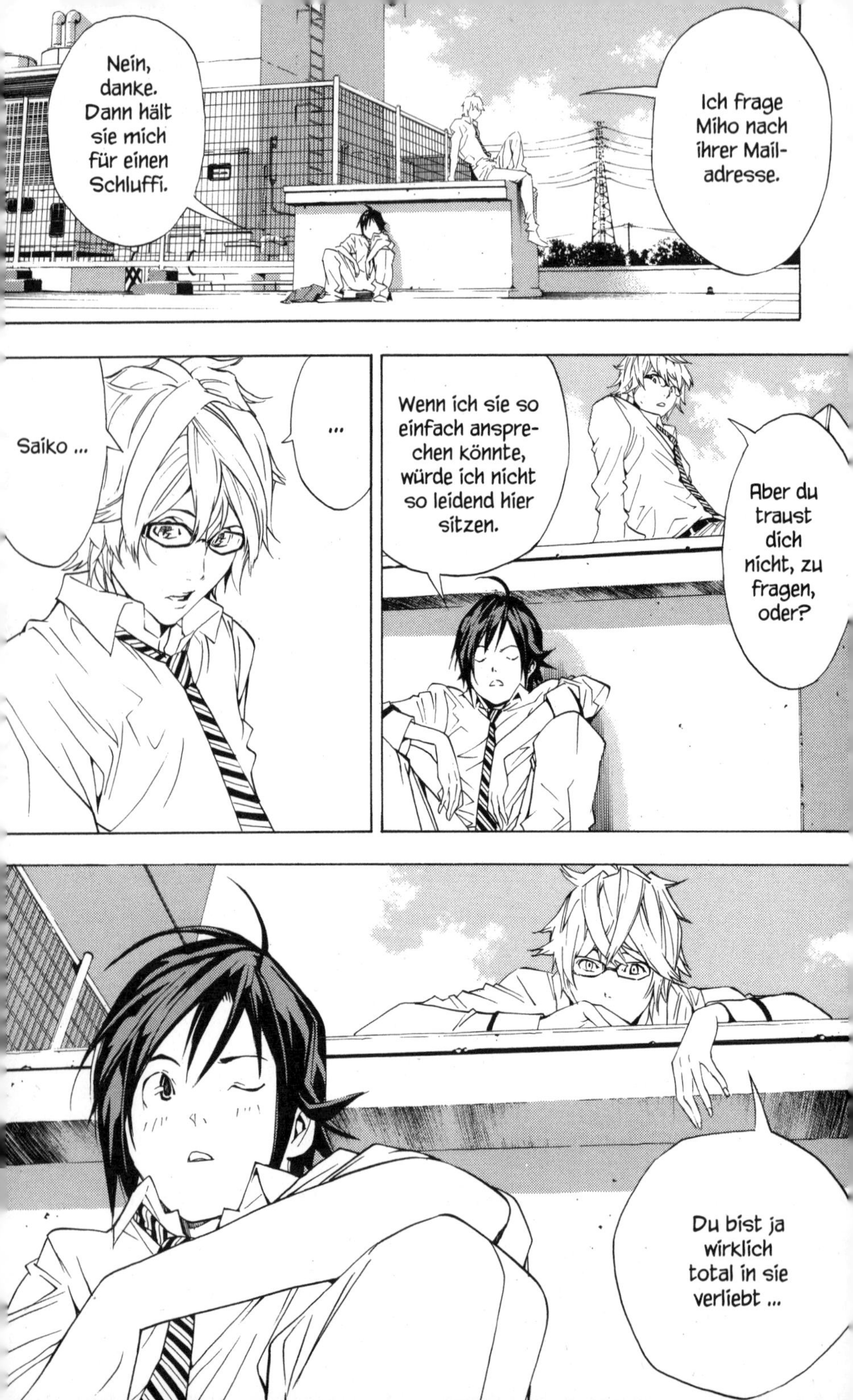
Ich frage Miho nach ihrer Mail-adresse.
Nein, danke. Dann hält sie mich für einen Schluffi.
Aber du traust dich nicht, zu fragen, oder?
Wenn ich sie so einfach anspre-chen könnte, würde ich nicht so leidend hier sitzen.
...
Saiko ...
Du bist ja wirklich total in sie verliebt ...

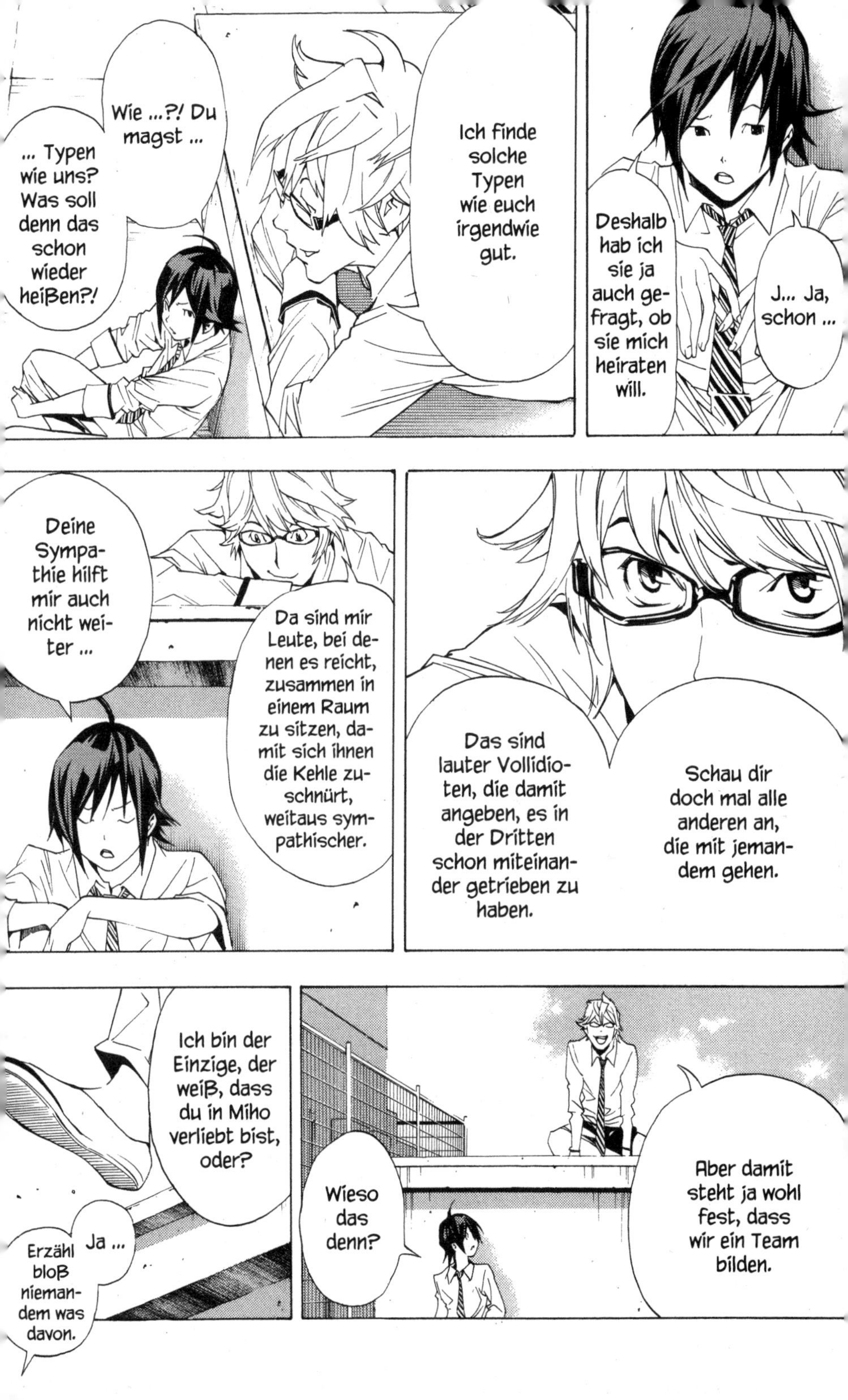

J... Ja, schon ...
Deshalb hab ich sie ja auch gefragt, ob sie mich heiraten will.
Ich finde solche Typen wie euch irgendwie gut.
Wie ...?! Du magst ...
... Typen wie uns? Was soll denn das schon wieder heißen?!

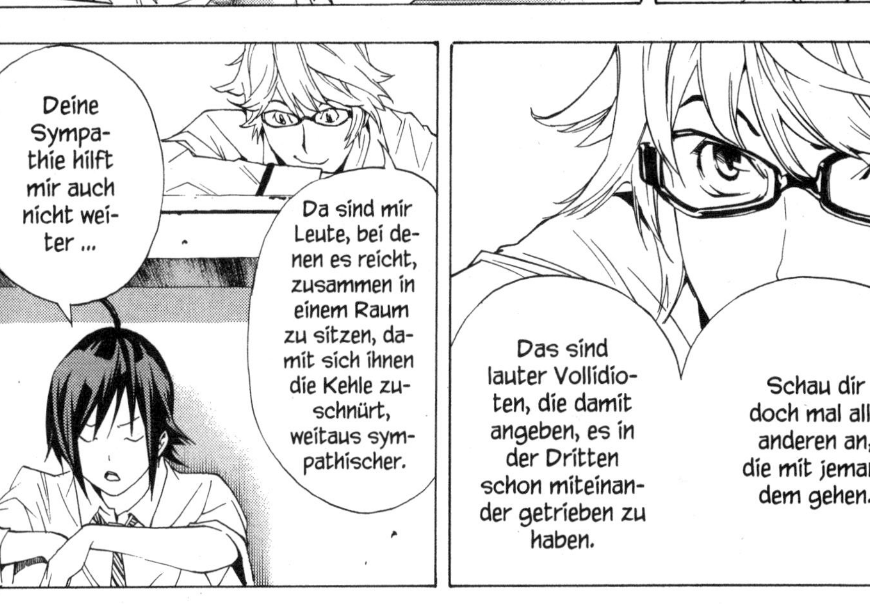
Schau dir doch mal alle anderen an, die mit jemandem gehen.
Das sind lauter Vollidioten, die damit angeben, es in der Dritten schon miteinander getrieben zu haben.
Da sind mir Leute, bei denen es reicht, zusammen in einem Raum zu sitzen, damit sich ihnen die Kehle zuschnürt, weitaus sympathischer.
Deine Sympathie hilft mir auch nicht weiter ...

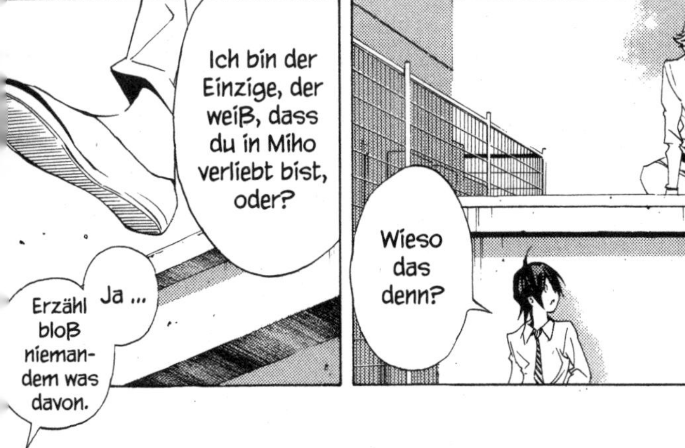
Aber damit steht ja wohl fest, dass wir ein Team bilden.
Wieso das denn?
Ich bin der Einzige, der weiß, dass du in Miho verliebt bist, oder?
Ja ...
Erzähl bloß niemandem was davon.

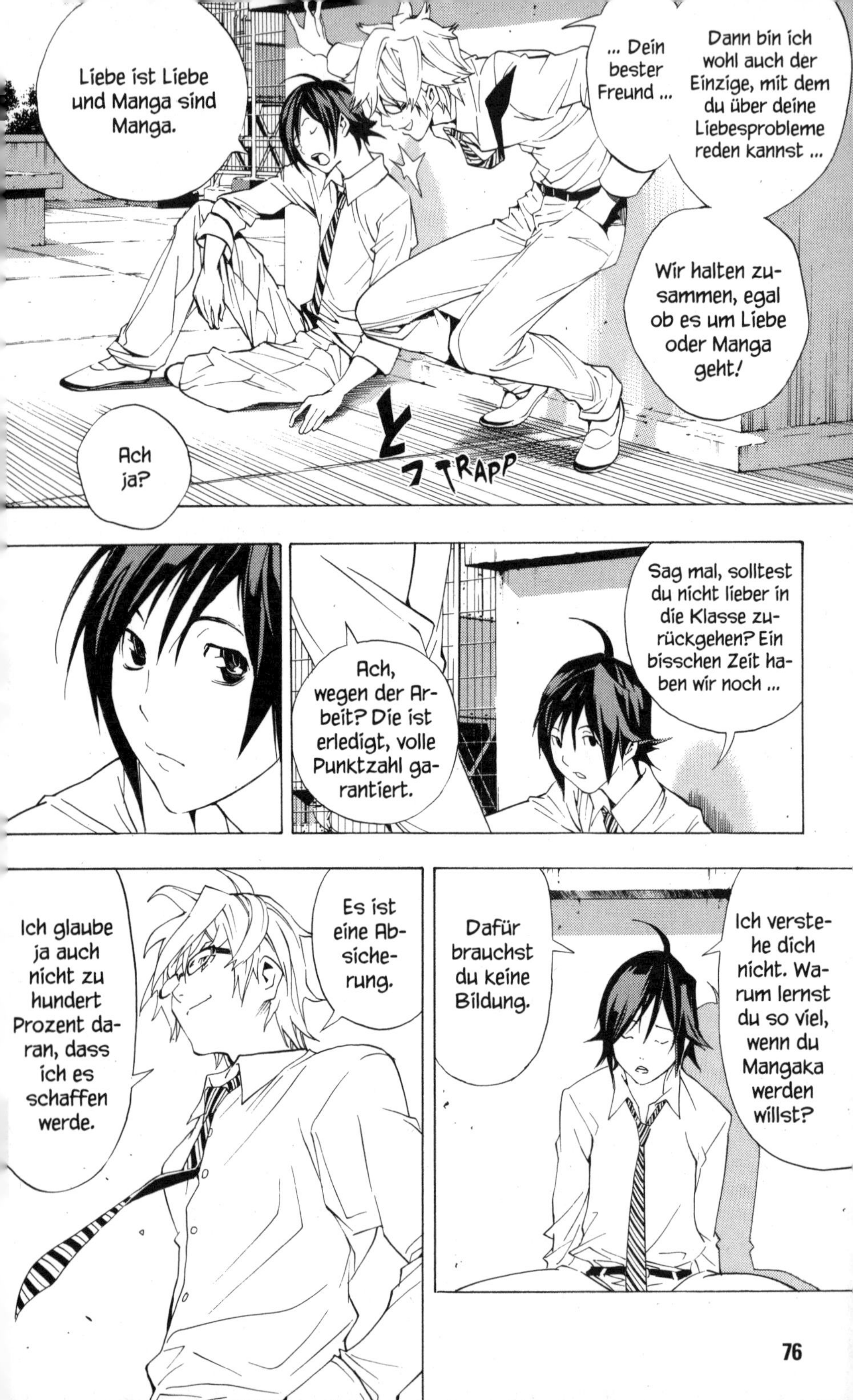
Dann bin ich wohl auch der Einzige, mit dem du über deine Liebesprobleme reden kannst ...
... Dein bester Freund ...
Liebe ist Liebe und Manga sind Manga.
Wir halten zusammen, egal ob es um Liebe oder Manga geht!
Ach ja?
TRAPP
Sag mal, solltest du nicht lieber in die Klasse zurückgehen? Ein bisschen Zeit haben wir noch ...
Ach, wegen der Arbeit? Die ist erledigt, volle Punktzahl garantiert.
Ich verstehe dich nicht. Warum lernst du so viel, wenn du Mangaka werden willst?
Dafür brauchst du keine Bildung.
Es ist eine Absicherung.
Ich glaube ja auch nicht zu hundert Prozent daran, dass ich es schaffen werde.

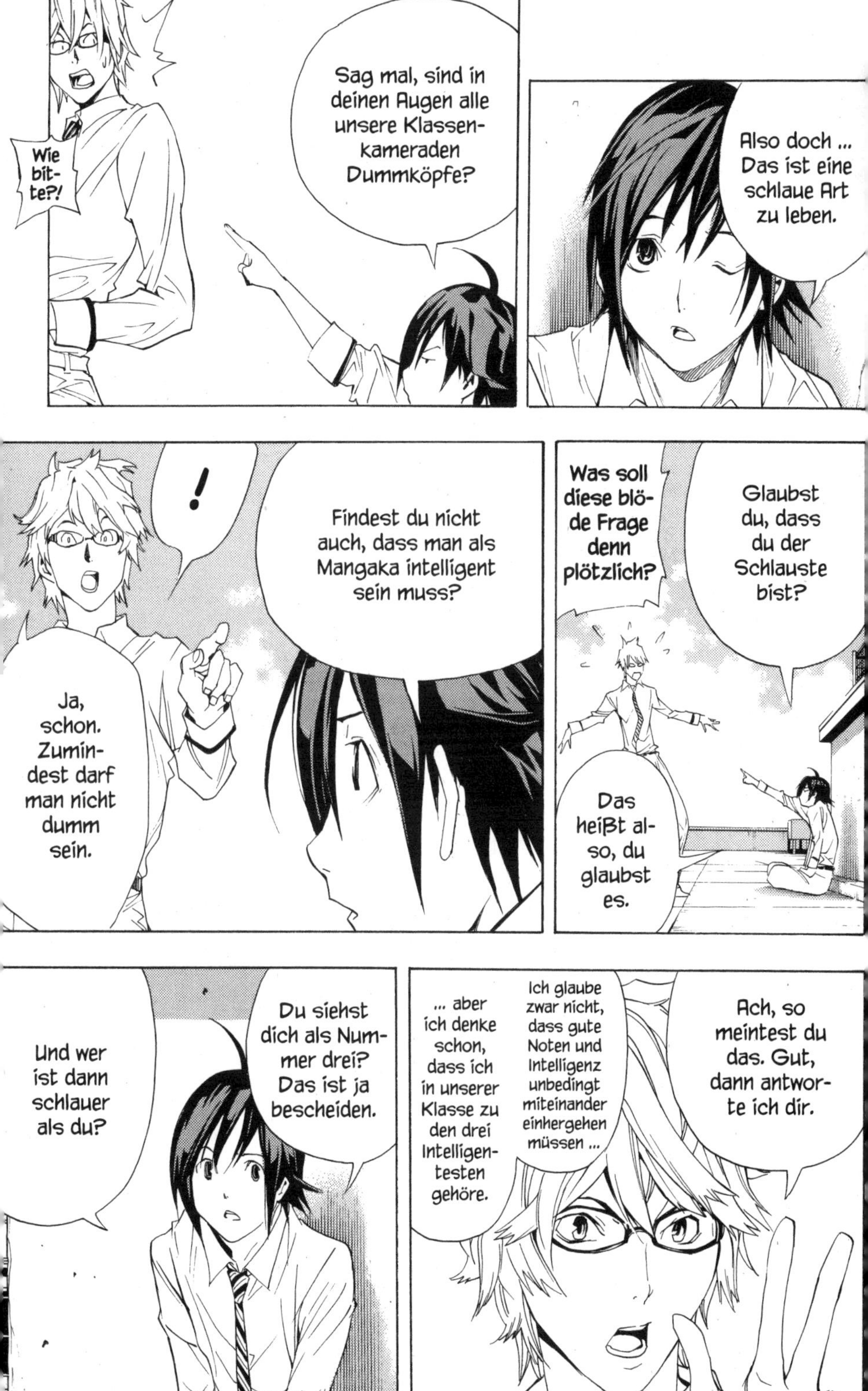
Also doch ... Das ist eine schlaue Art zu leben.
Sag mal, sind in deinen Augen alle unsere Klassenkameraden Dummköpfe?
Wie bitte?!
Glaubst du, dass du der Schlauste bist?
Was soll diese blöde Frage denn plötzlich?
Das heißt also, du glaubst es.
Findest du nicht auch, dass man als Mangaka intelligent sein muss?
!
Ja, schon. Zumindest darf man nicht dumm sein.
Ach, so meintest du das. Gut, dann antworte ich dir.
Ich glaube zwar nicht, dass gute Noten und Intelligenz unbedingt miteinander einhergehen müssen ...
... aber ich denke schon, dass ich in unserer Klasse zu den drei Intelligentesten gehöre.
Du siehst dich als Nummer drei? Das ist ja bescheiden.
Und wer ist dann schlauer als du?

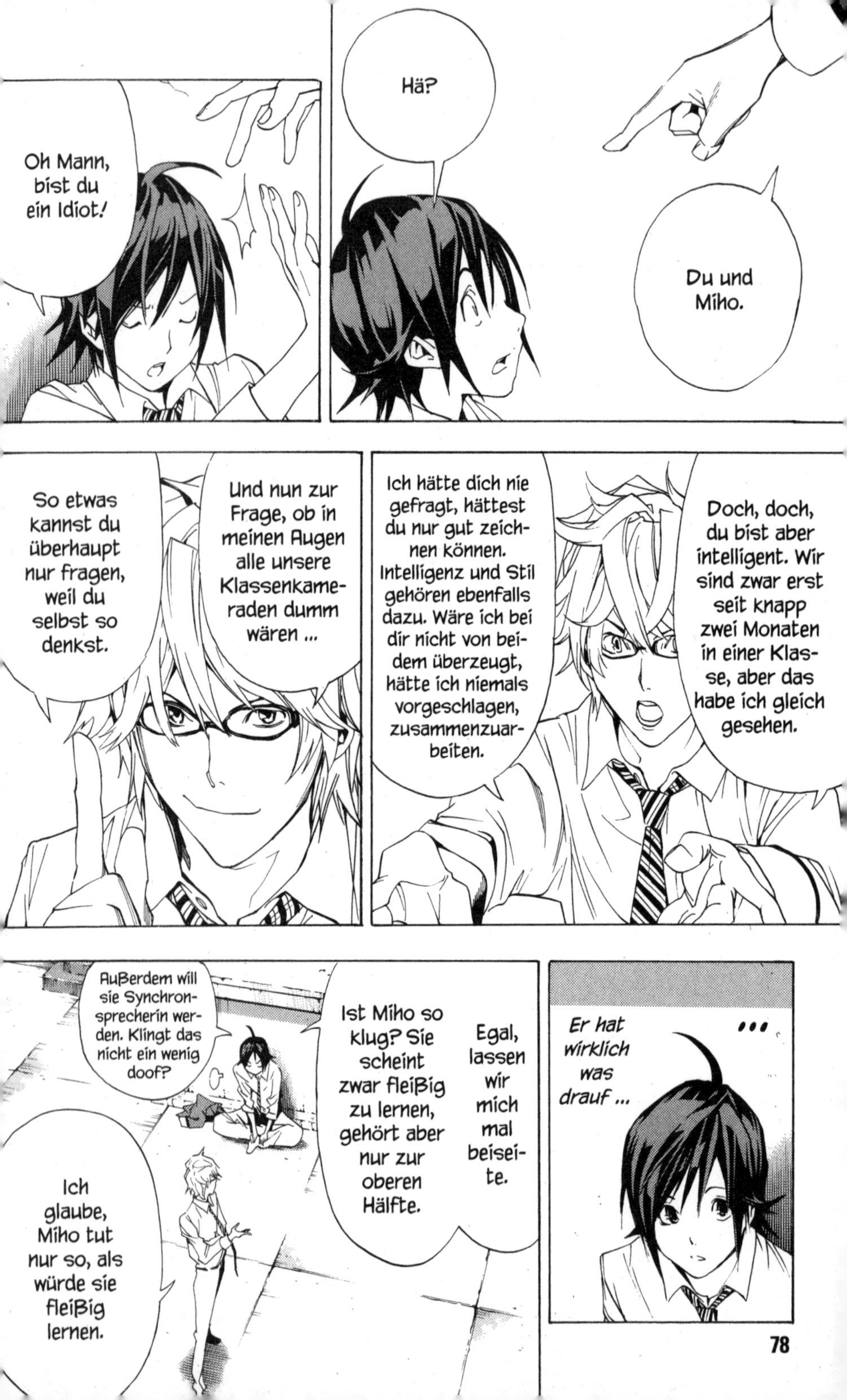

Du und Miho.

Hä?

Oh Mann, bist du ein Idiot!

Doch, doch, du bist aber intelligent. Wir sind zwar erst seit knapp zwei Monaten in einer Klasse, aber das habe ich gleich gesehen.

Ich hätte dich nie gefragt, hättest du nur gut zeichnen können. Intelligenz und Stil gehören ebenfalls dazu. Wäre ich bei dir nicht von beidem überzeugt, hätte ich niemals vorgeschlagen, zusammenzuarbeiten.

Und nun zur Frage, ob in meinen Augen alle unsere Klassenkameraden dumm wären ...

So etwas kannst du überhaupt nur fragen, weil du selbst so denkst.

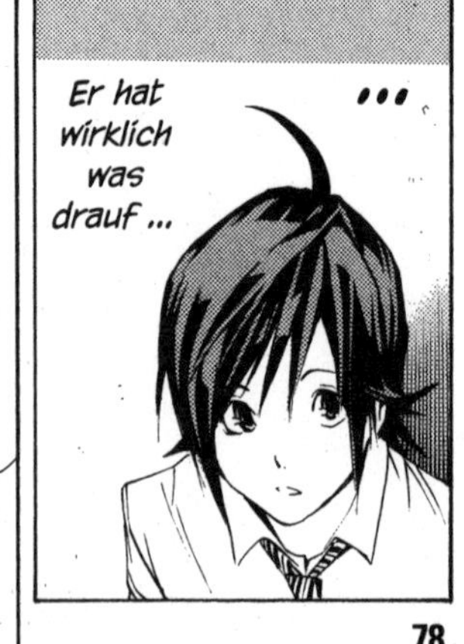

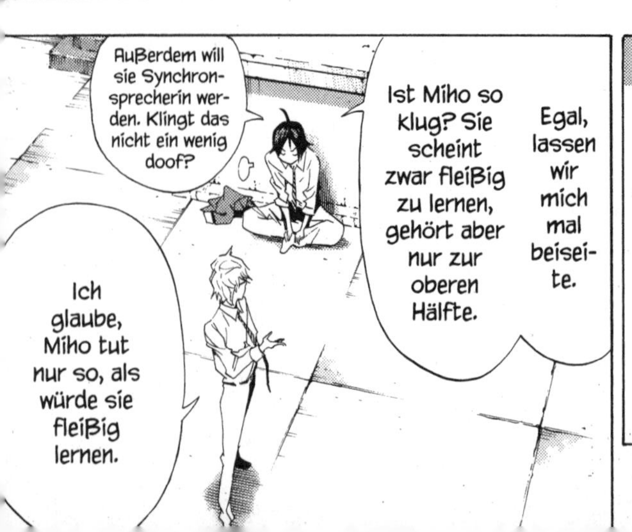

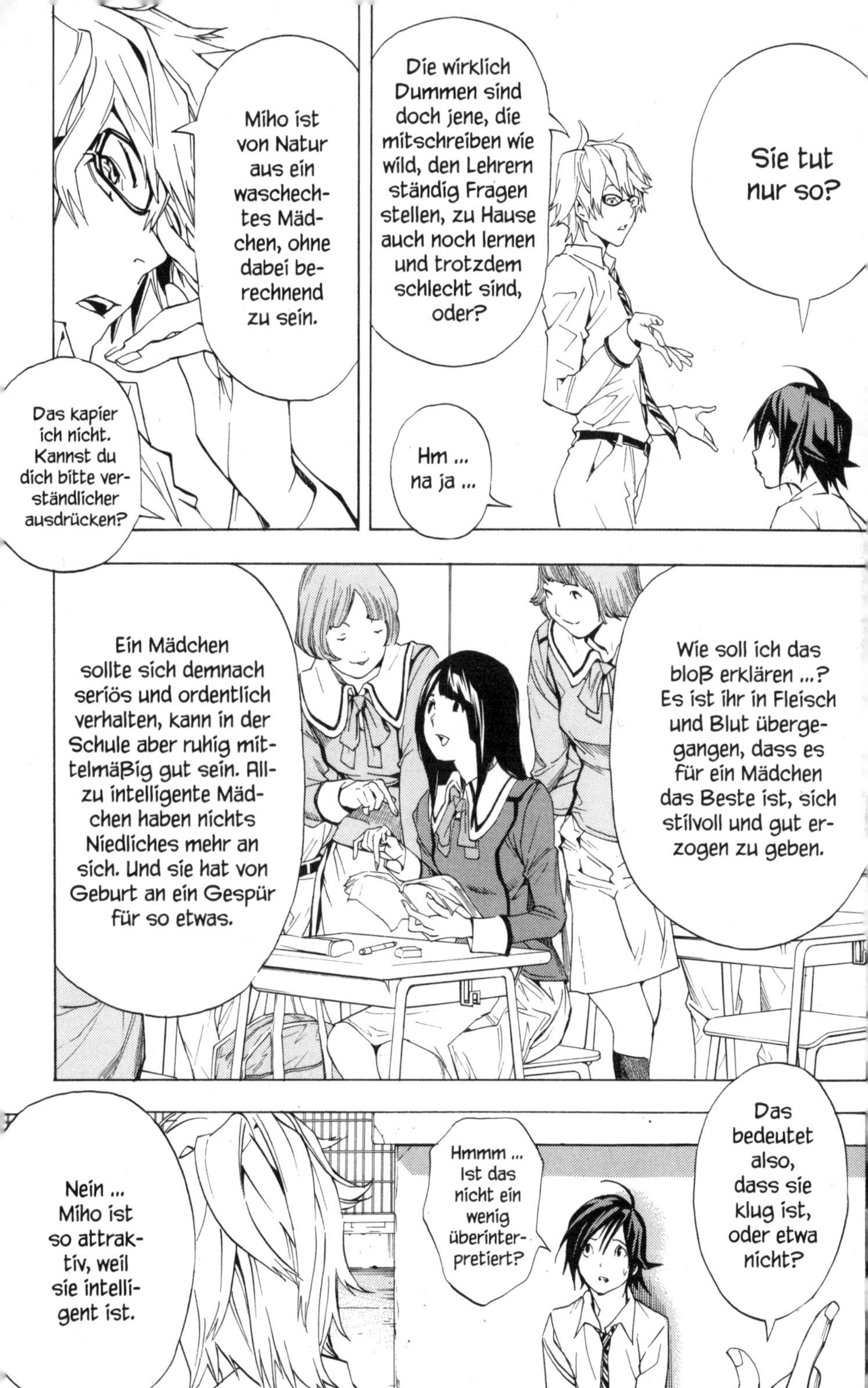
Sie tut nur so?
Die wirklich Dummen sind doch jene, die mitschreiben wie wild, den Lehrern ständig Fragen stellen, zu Hause auch noch lernen und trotzdem schlecht sind, oder?
Hm ... na ja ...
Miho ist von Natur aus ein waschechtes Mädchen, ohne dabei berechnend zu sein.
Das kapier ich nicht. Kannst du dich bitte verständlicher ausdrücken?
Wie soll ich das bloß erklären ...? Es ist ihr in Fleisch und Blut übergegangen, dass es für ein Mädchen das Beste ist, sich stilvoll und gut erzogen zu geben.
Ein Mädchen sollte sich demnach seriös und ordentlich verhalten, kann in der Schule aber ruhig mittelmäßig gut sein. Allzu intelligente Mädchen haben nichts Niedliches mehr an sich. Und sie hat von Geburt an ein Gespür für so etwas.
Das bedeutet also, dass sie klug ist, oder etwa nicht?
Hmmm ... Ist das nicht ein wenig überinterpretiert?
Nein ... Miho ist so attraktiv, weil sie intelligent ist.

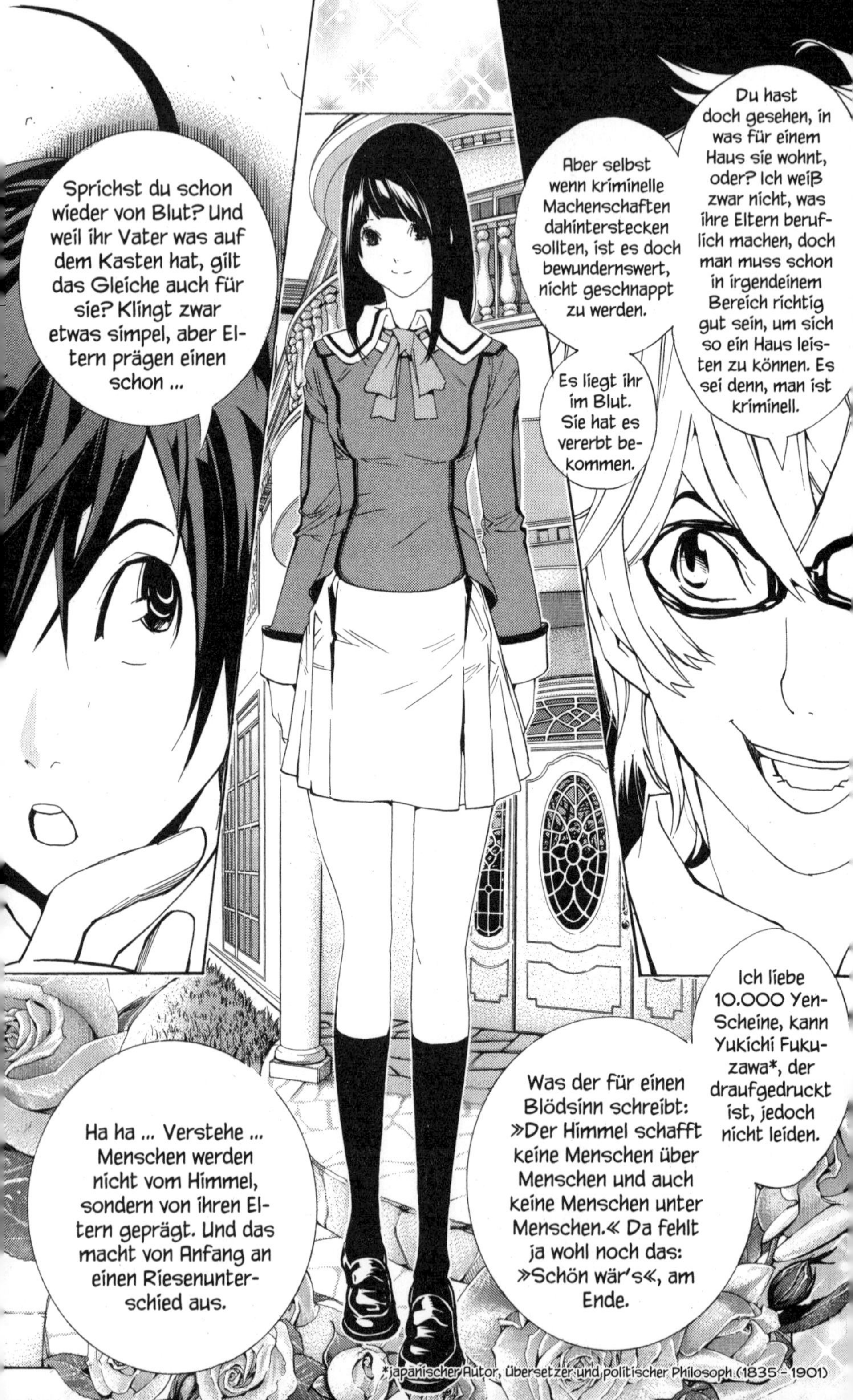

*japanischer Autor, Übersetzer und politischer Philosoph (1835 - 1901)

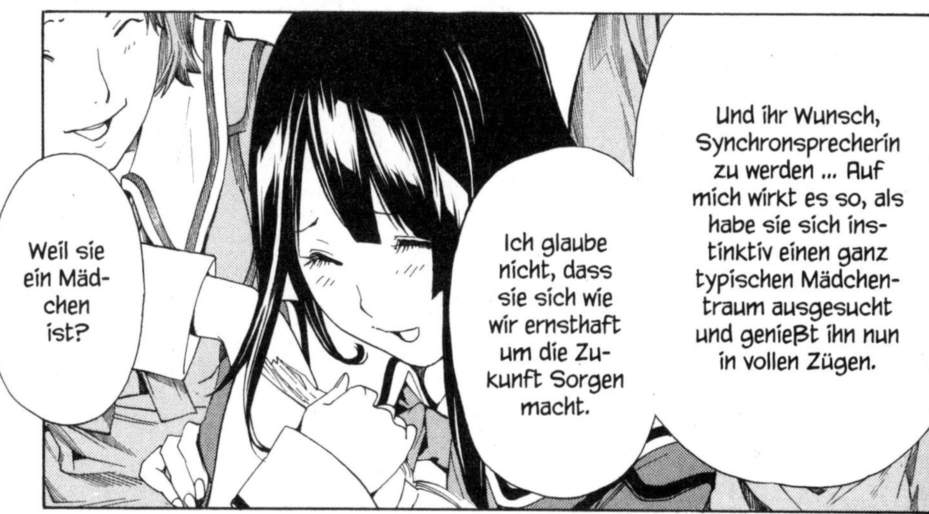
Und ihr Wunsch, Synchronsprecherin zu werden ... Auf mich wirkt es so, als habe sie sich instinktiv einen ganz typischen Mädchentraum ausgesucht und genießt ihn nun in vollen Zügen.
Ich glaube nicht, dass sie sich wie wir ernsthaft um die Zukunft Sorgen macht.
Weil sie ein Mädchen ist?

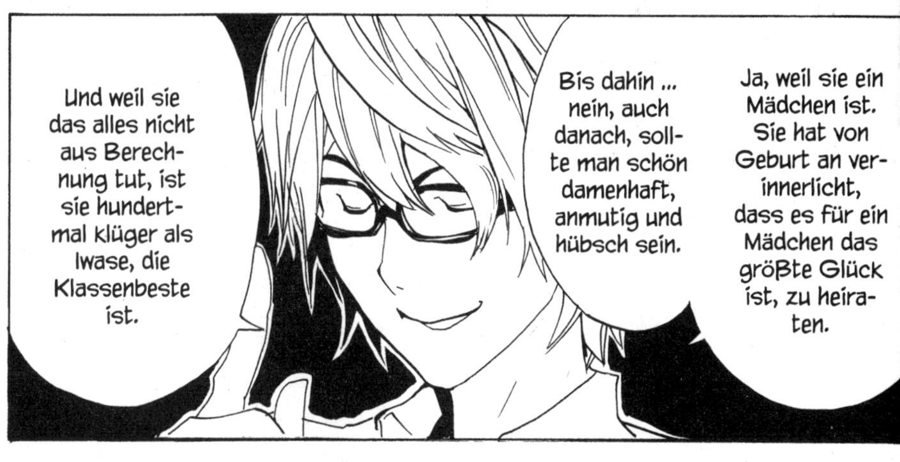
Ja, weil sie ein Mädchen ist. Sie hat von Geburt an verinnerlicht, dass es für ein Mädchen das größte Glück ist, zu heiraten.
Bis dahin ... nein, auch danach, sollte man schön damenhaft, anmutig und hübsch sein.
Und weil sie das alles nicht aus Berechnung tut, ist sie hundertmal klüger als Iwase, die Klassenbeste ist.

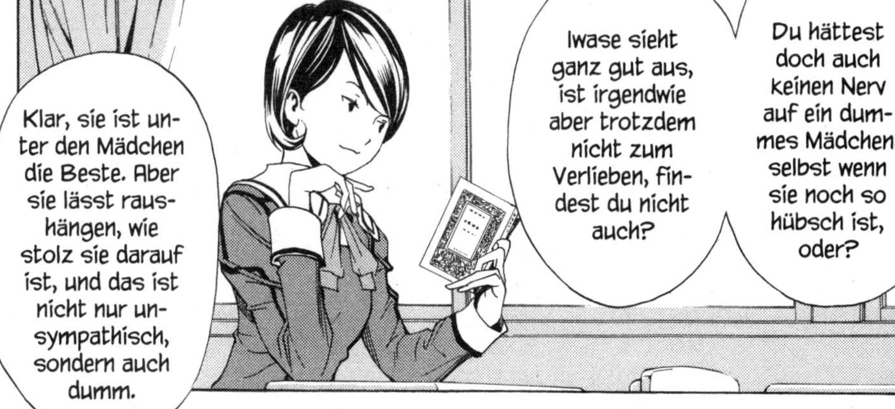
Du hättest doch auch keinen Nerv auf ein dummes Mädchen, selbst wenn sie noch so hübsch ist, oder?
Iwase sieht ganz gut aus, ist irgendwie aber trotzdem nicht zum Verlieben, findest du nicht auch?
Klar, sie ist unter den Mädchen die Beste. Aber sie lässt raushängen, wie stolz sie darauf ist, und das ist nicht nur unsympathisch, sondern auch dumm.

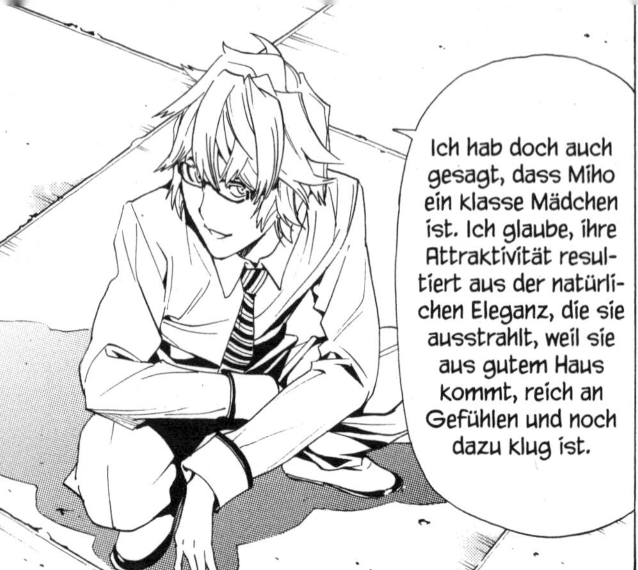
Ich hab doch auch gesagt, dass Miho ein klasse Mädchen ist. Ich glaube, ihre Attraktivität resultiert aus der natürlichen Eleganz, die sie ausstrahlt, weil sie aus gutem Haus kommt, reich an Gefühlen und noch dazu klug ist.

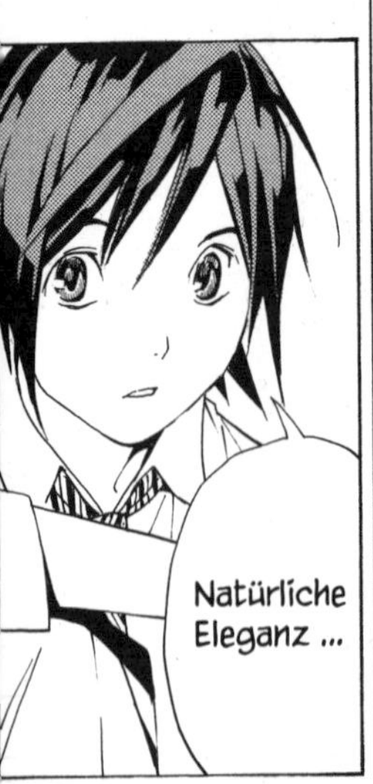
Natürliche Eleganz ...

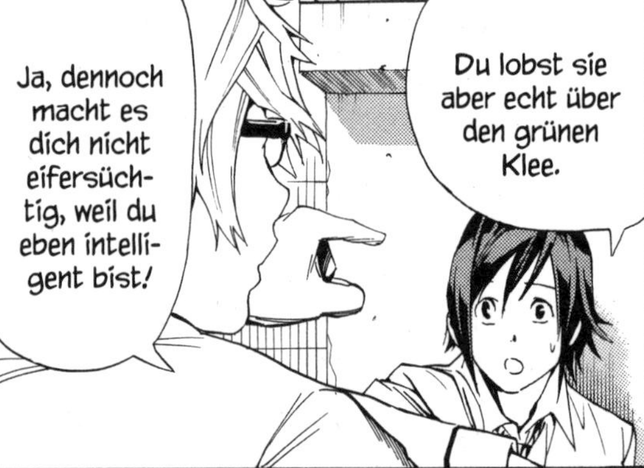
Du lobst sie aber echt über den grünen Klee.
Ja, dennoch macht es dich nicht eifersüchtig, weil du eben intelligent bist!

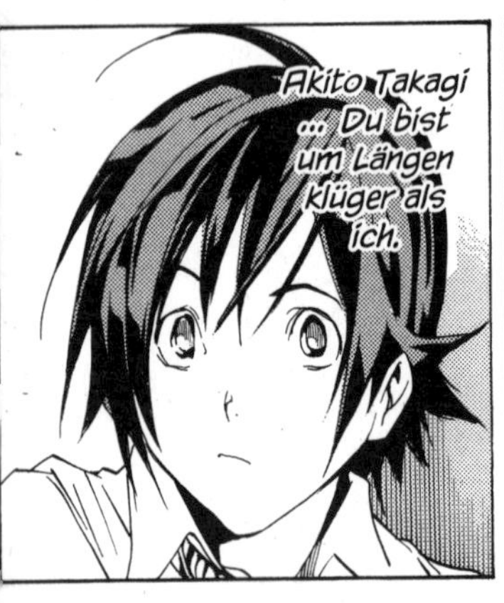
Akito Takagi ... Du bist um Längen klüger als ich.

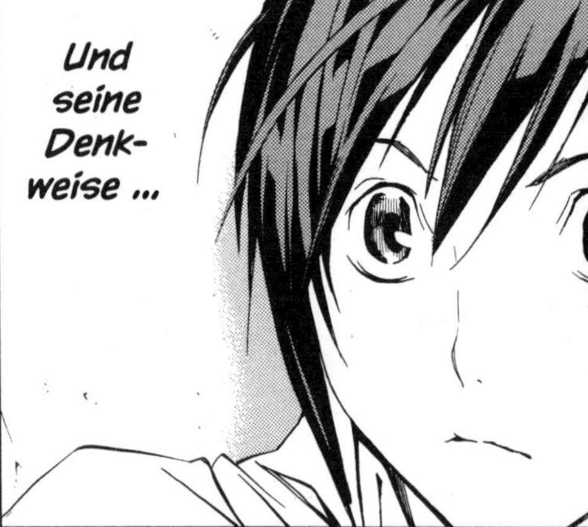
Und seine Denkweise ...

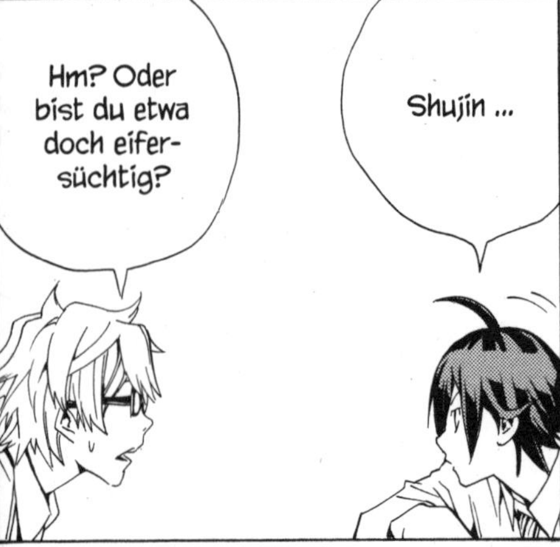
Shujin ...
Hm? Oder bist du etwa doch eifersüchtig?

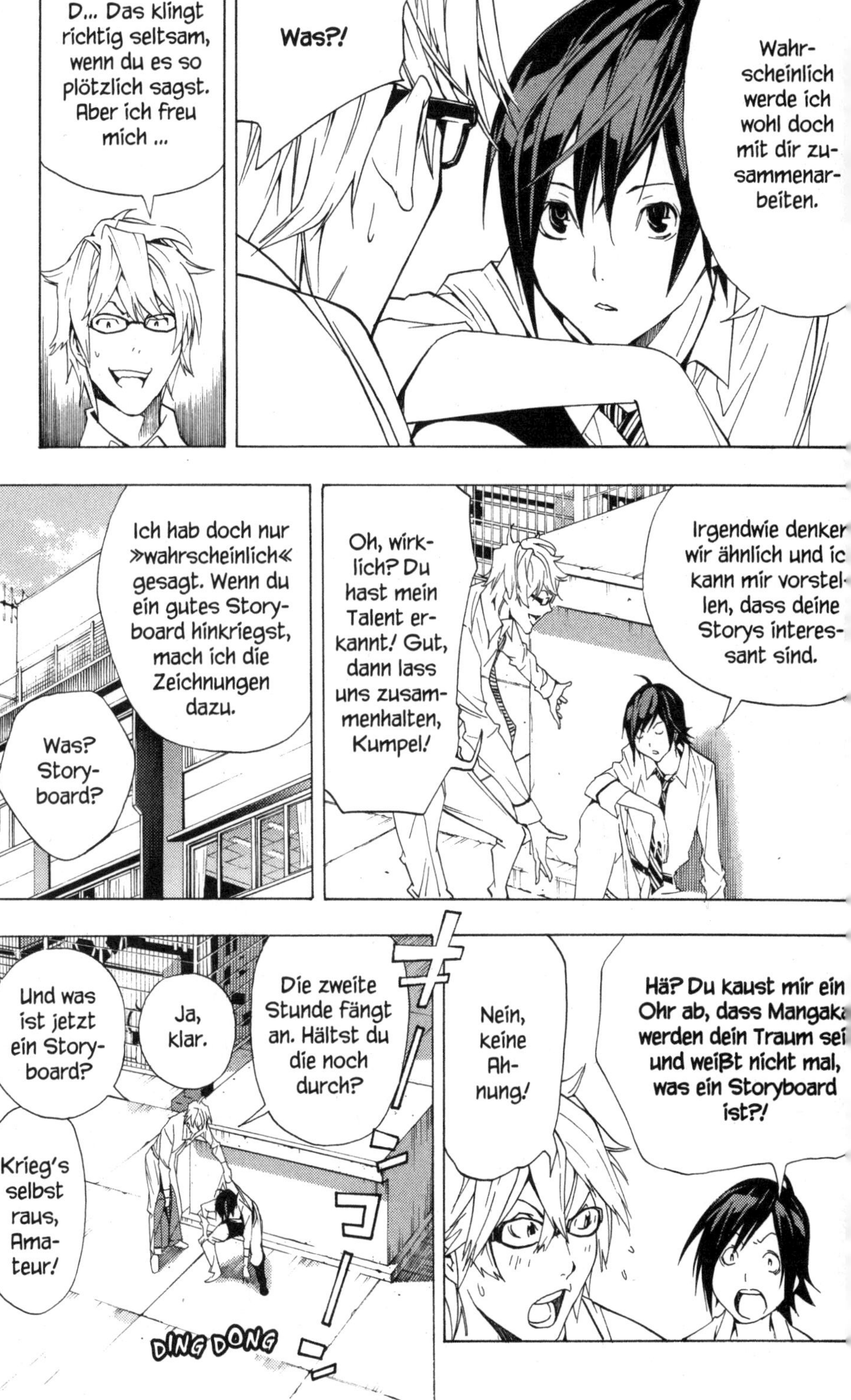
Wahrscheinlich werde ich wohl doch mit dir zusammenarbeiten.
Was?!
D... Das klingt richtig seltsam, wenn du es so plötzlich sagst. Aber ich freu mich ...
Irgendwie denker wir ähnlich und ic kann mir vorstellen, dass deine Storys interessant sind.
Oh, wirklich? Du hast mein Talent erkannt! Gut, dann lass uns zusammenhalten, Kumpel!
Ich hab doch nur »wahrscheinlich« gesagt. Wenn du ein gutes Storyboard hinkriegst, mach ich die Zeichnungen dazu.
Was? Storyboard?
Hä? Du kaust mir ein Ohr ab, dass Mangaka werden dein Traum sei und weißt nicht mal, was ein Storyboard ist?!
Nein, keine Ahnung!
Die zweite Stunde fängt an. Hältst du die noch durch?
Ja, klar.
Und was ist jetzt ein Storyboard?
Krieg's selbst raus, Amateur!
DING DONG

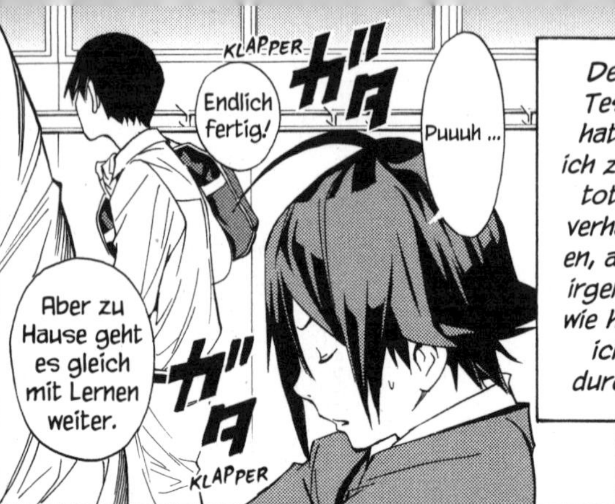
Den Test hatte ich zwar total verhauen, aber irgendwie hielt ich durch.
Puuuh ...
KLAPPER
Endlich fertig!
KLAPPER
Aber zu Hause geht es gleich mit Lernen weiter.
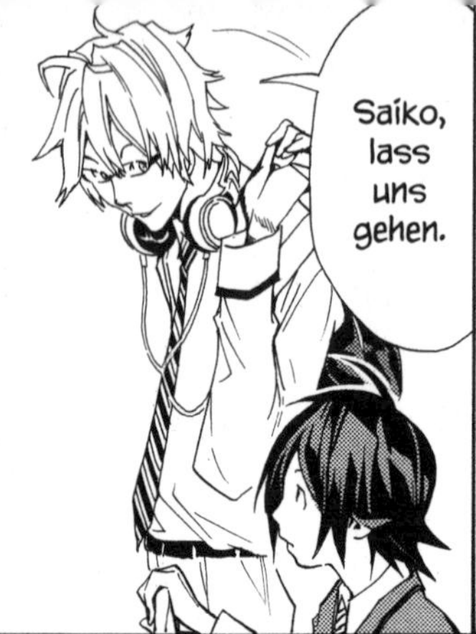
Saiko, lass uns gehen.
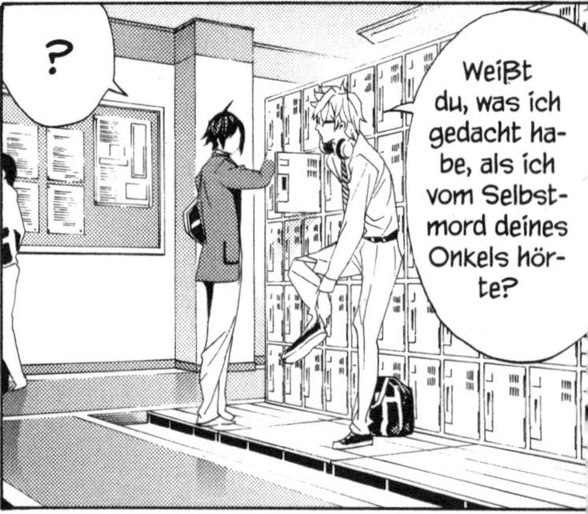
Weißt du, was ich gedacht habe, als ich vom Selbstmord deines Onkels hörte?
?
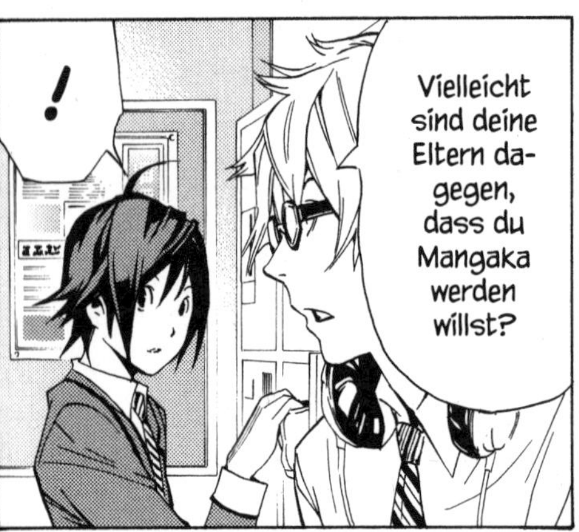
Vielleicht sind deine Eltern dagegen, dass du Mangaka werden willst?
!
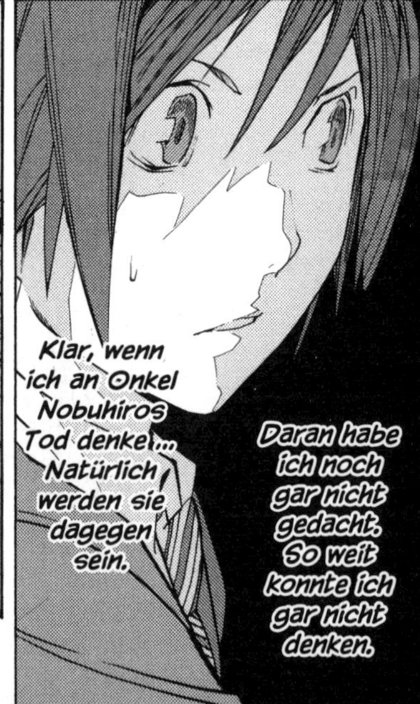
Klar, wenn ich an Onkel Nobuhiros Tod denke ... Natürlich werden sie dagegen sein.
Daran habe ich noch gar nicht gedacht. So weit konnte ich gar nicht denken.
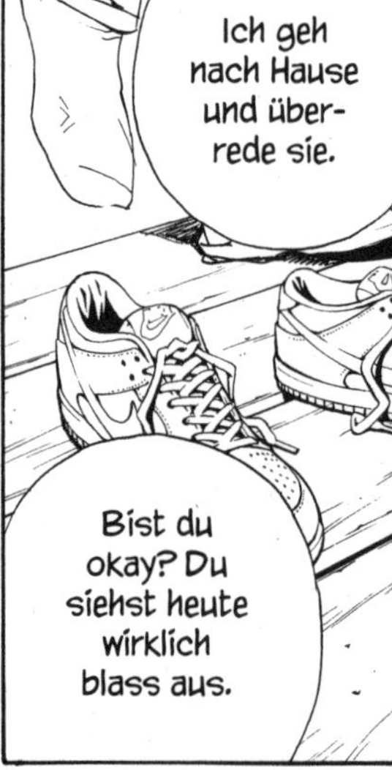
Ich geh nach Hause und überrede sie.
Bist du okay? Du siehst heute wirklich blass aus.
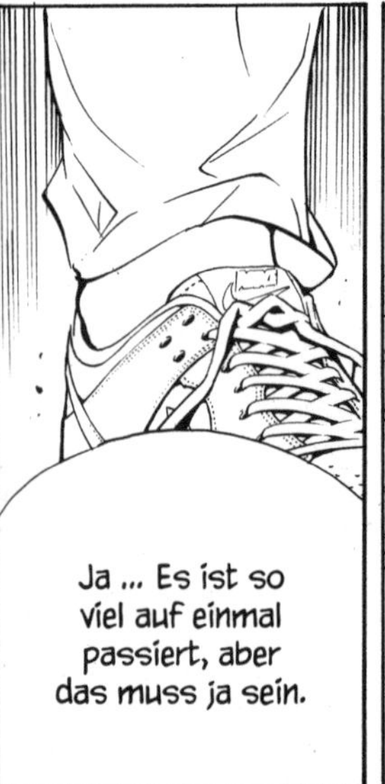
Ja ... Es ist so viel auf einmal passiert, aber das muss ja sein.

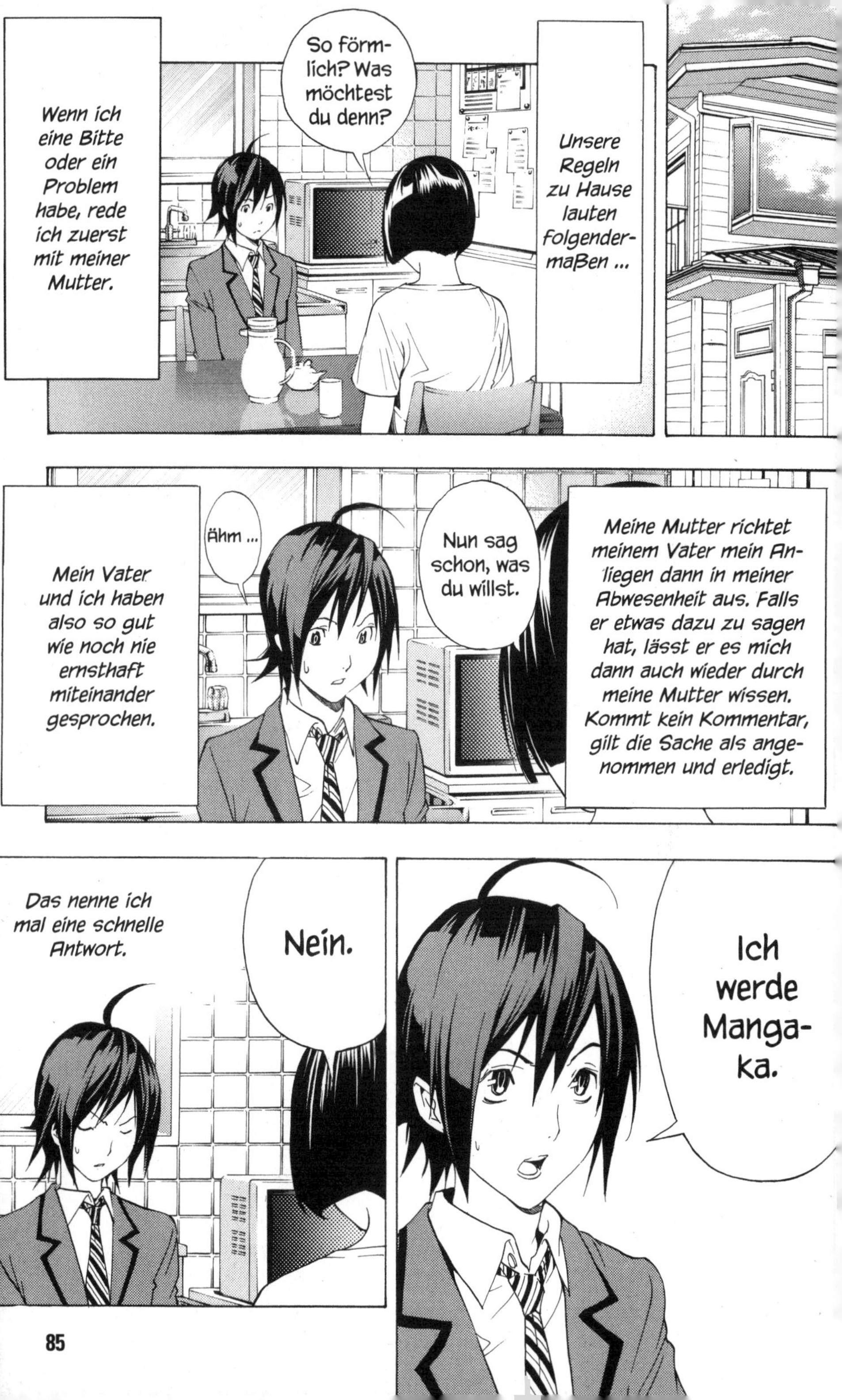

Unsere Regeln zu Hause lauten folgendermaßen ...

So förmlich? Was möchtest du denn?

Wenn ich eine Bitte oder ein Problem habe, rede ich zuerst mit meiner Mutter.

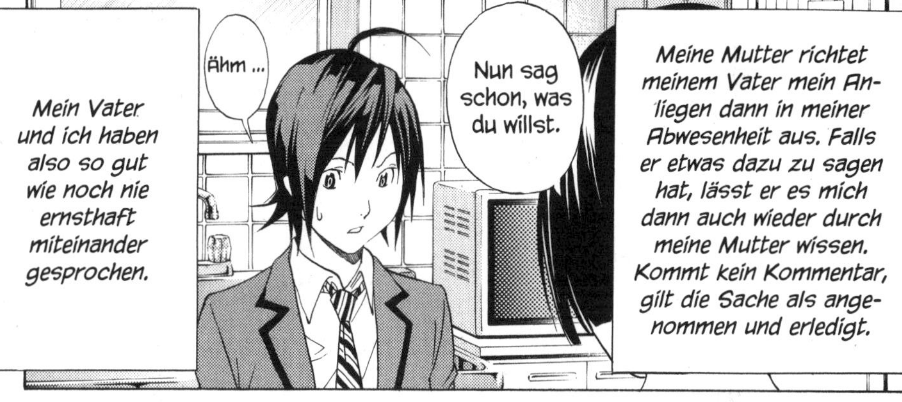

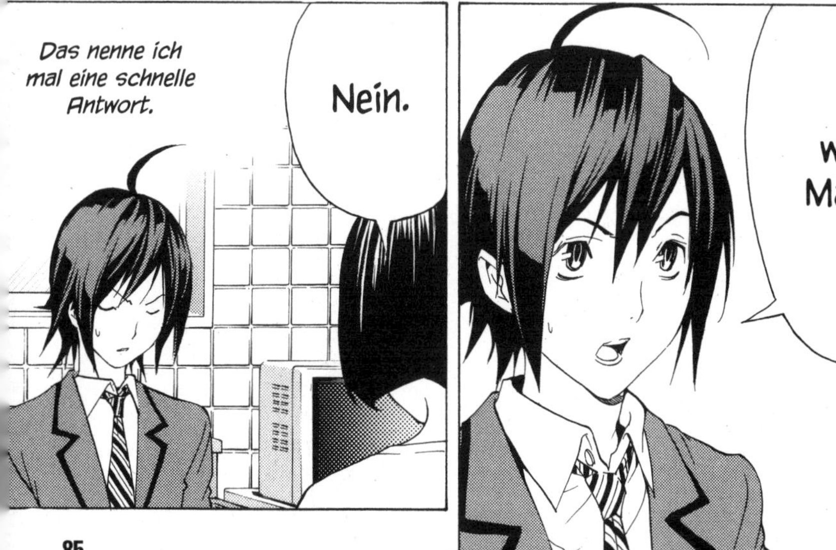

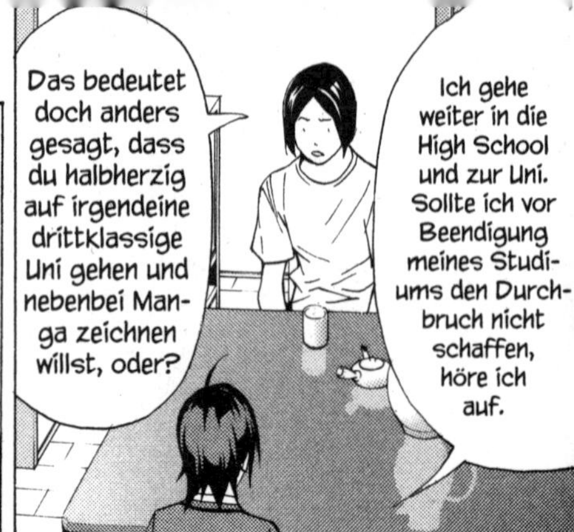
Ich gehe weiter in die High School und zur Uni. Sollte ich vor Beendigung meines Studiums den Durchbruch nicht schaffen, höre ich auf.
Das bedeutet doch anders gesagt, dass du halbherzig auf irgendeine drittklassige Uni gehen und nebenbei Manga zeichnen willst, oder?

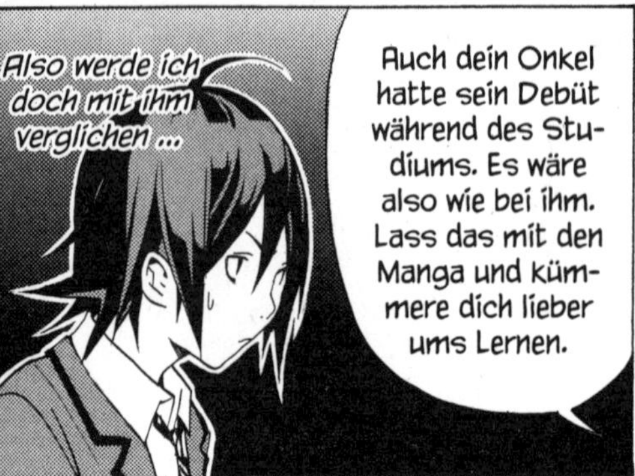
Auch dein Onkel hatte sein Debüt während des Studiums. Es wäre also wie bei ihm. Lass das mit den Manga und kümmere dich lieber ums Lernen.
Also werde ich doch mit ihm verglichen ...

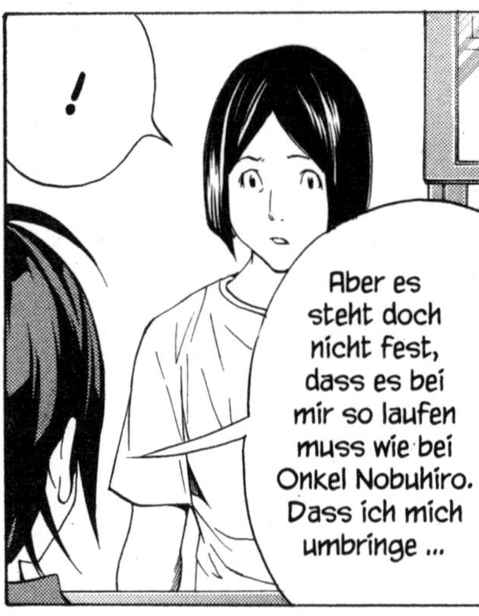
!
Aber es steht doch nicht fest, dass es bei mir so laufen muss wie bei Onkel Nobuhiro. Dass ich mich umbringe ...

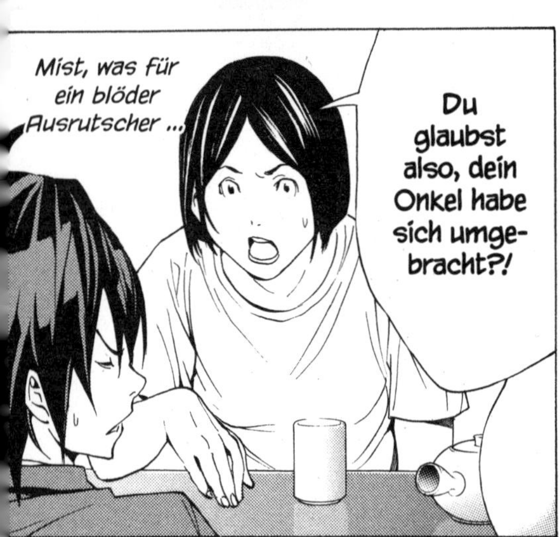
Du glaubst also, dein Onkel habe sich umgebracht?!
Mist, was für ein blöder Ausrutscher ...

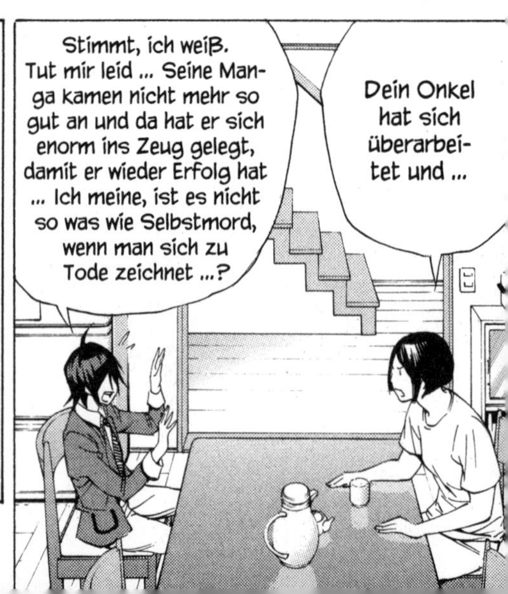
Dein Onkel hat sich überarbeitet und ...
Stimmt, ich weiß. Tut mir leid ... Seine Manga kamen nicht mehr so gut an und da hat er sich enorm ins Zeug gelegt, damit er wieder Erfolg hat ... Ich meine, ist es nicht so was wie Selbstmord, wenn man sich zu Tode zeichnet ...?

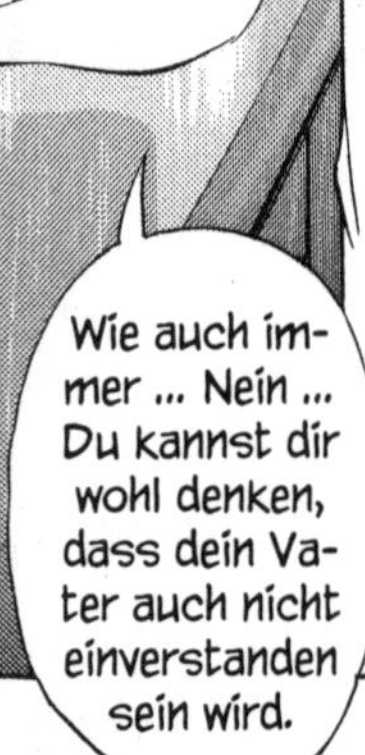
PAFF
Wie auch immer ... Nein ... Du kannst dir wohl denken, dass dein Vater auch nicht einverstanden sein wird.

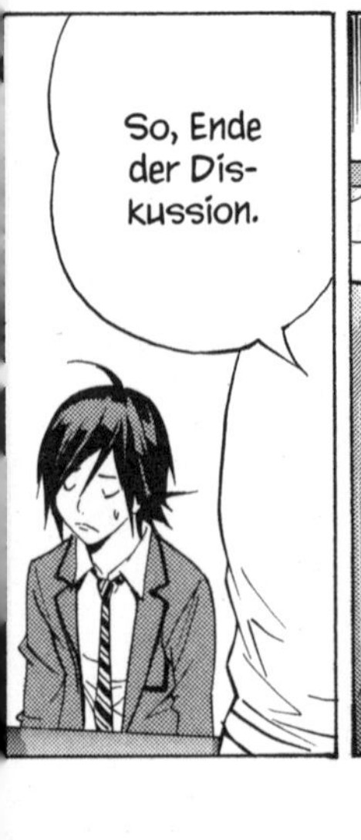
So, Ende der Diskussion.

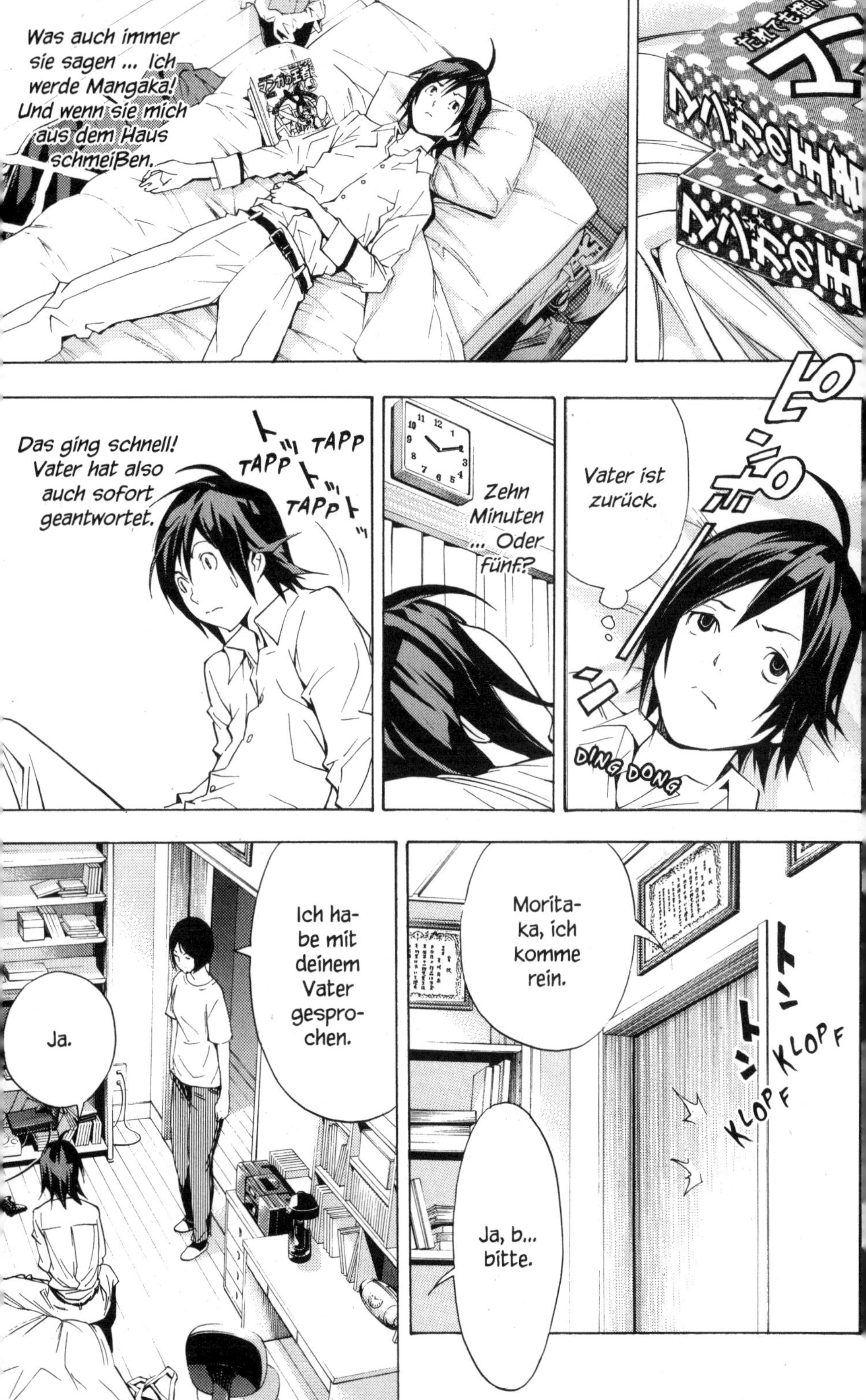
Was auch immer sie sagen ... Ich werde Mangaka! Und wenn sie mich aus dem Haus schmeißen.
DING DONG
Vater ist zurück.
Zehn Minuten ... Oder fünf?
TAPP TAPP TAPP
Das ging schnell! Vater hat also auch sofort geantwortet.
KLOPF KLOPF
Morita-ka, ich komme rein.
Ja, b... bitte.
Ich habe mit deinem Vater gesprochen.
Ja.

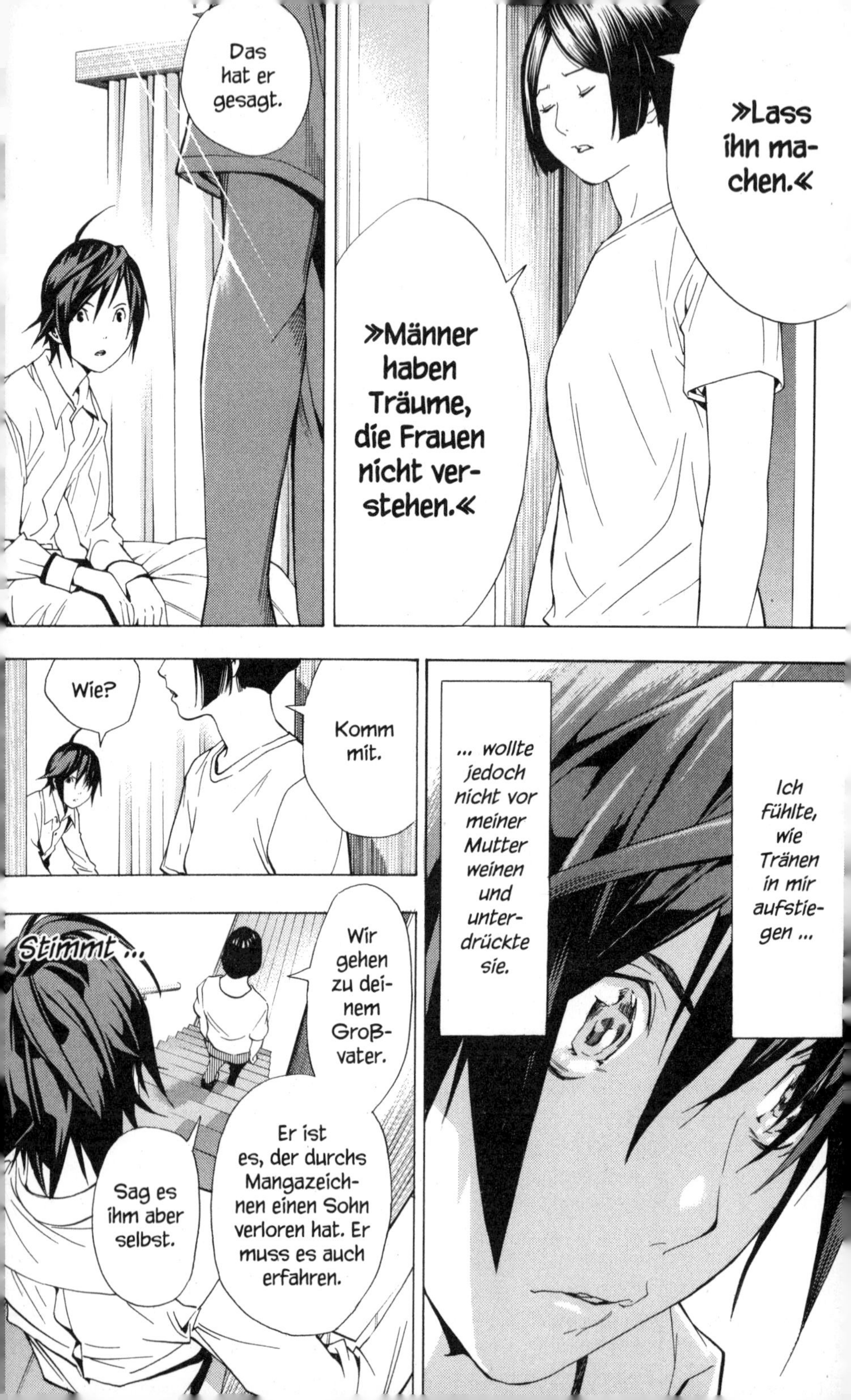

»Lass ihn machen.«
»Männer haben Träume, die Frauen nicht verstehen.«
Das hat er gesagt.
Ich fühlte, wie Tränen in mir aufstiegen ...
... wollte jedoch nicht vor meiner Mutter weinen und unterdrückte sie.
Komm mit.
Wie?
Wir gehen zu deinem Großvater.
Er ist es, der durchs Mangazeichnen einen Sohn verloren hat. Er muss es auch erfahren.
Sag es ihm aber selbst.
Stimmt ...

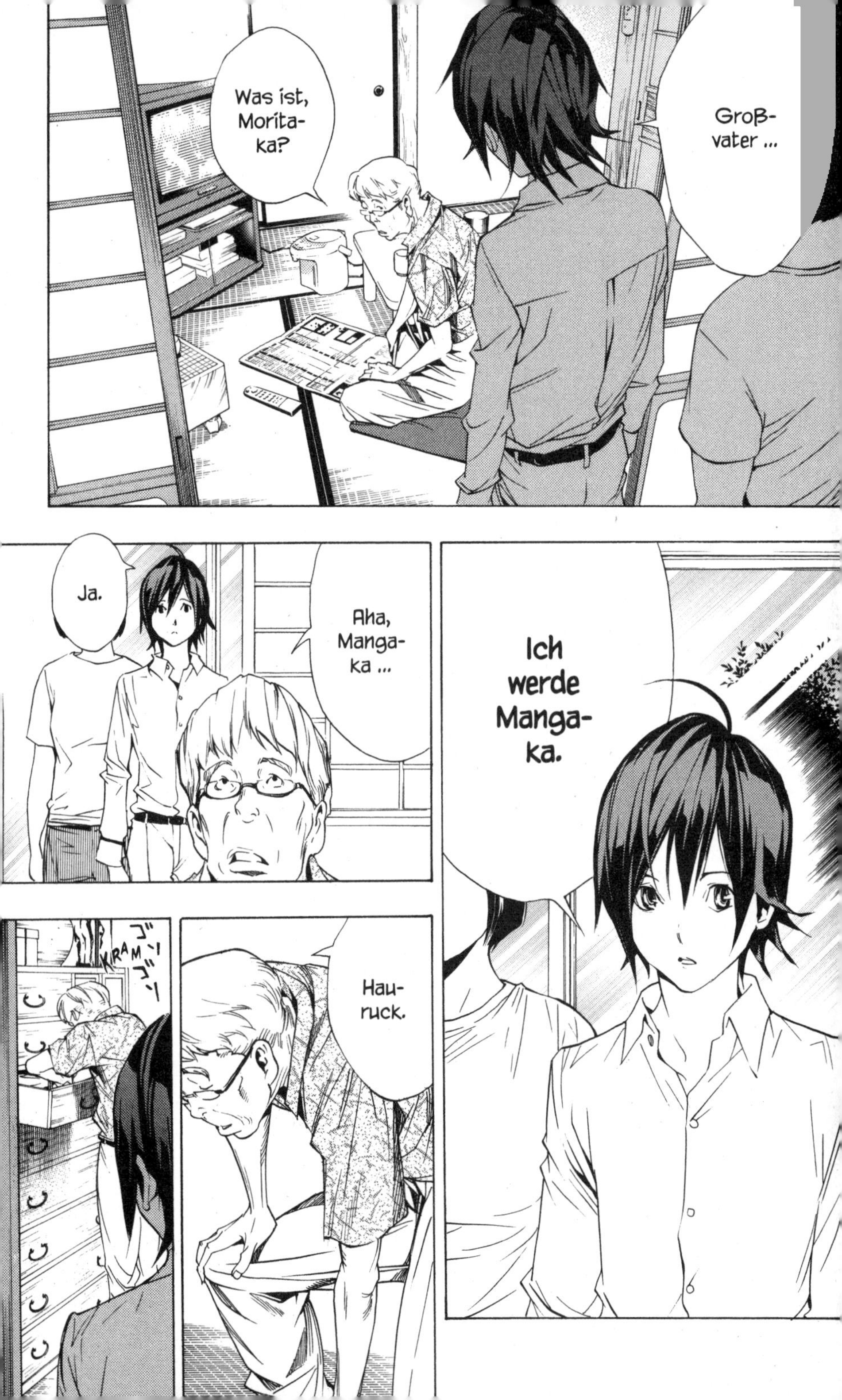

Großvater ...

Was ist, Moritaka?

Ich werde Mangaka.

Aha, Mangaka ...

Ja.

Hauruck.

KRAM

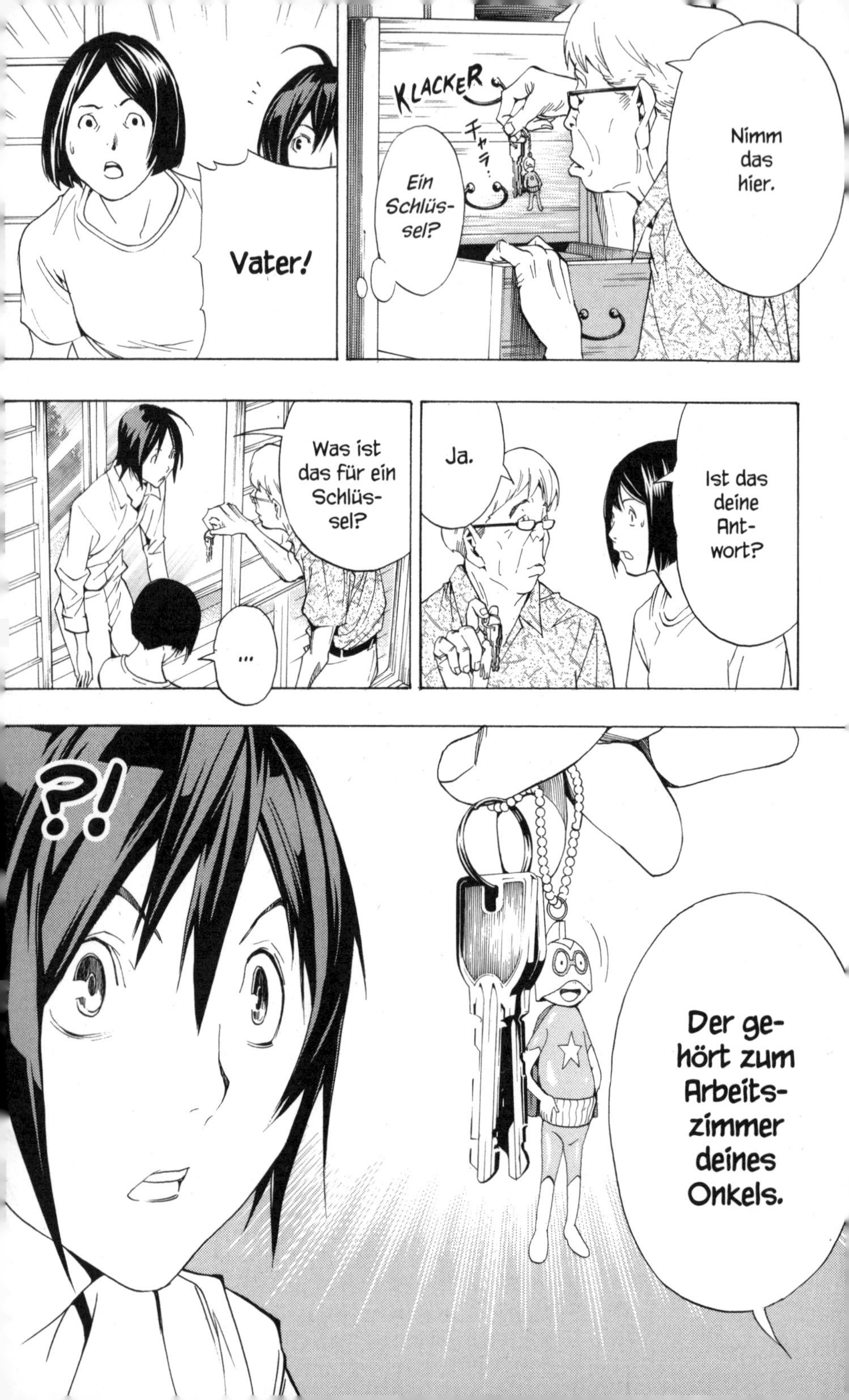

Nimm das hier.

KLACKER

チャラ…

Ein Schlüssel?

Vater!

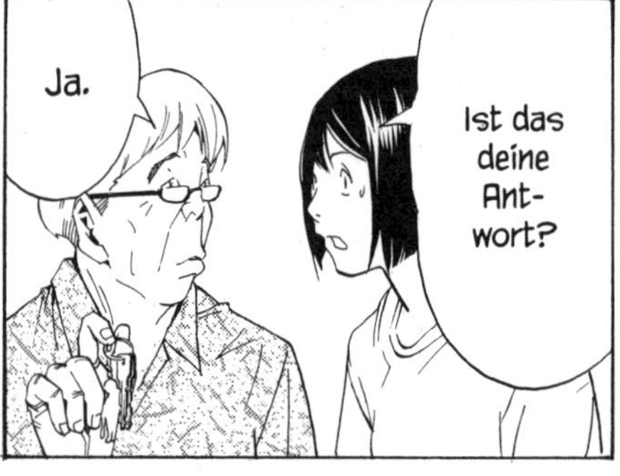

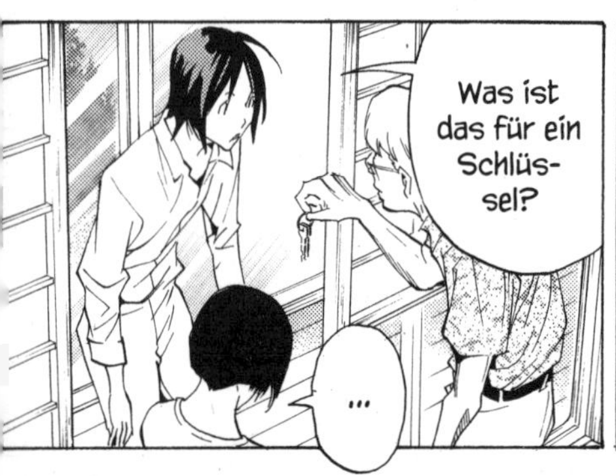

?!

Der gehört zum Arbeitszimmer deines Onkels.

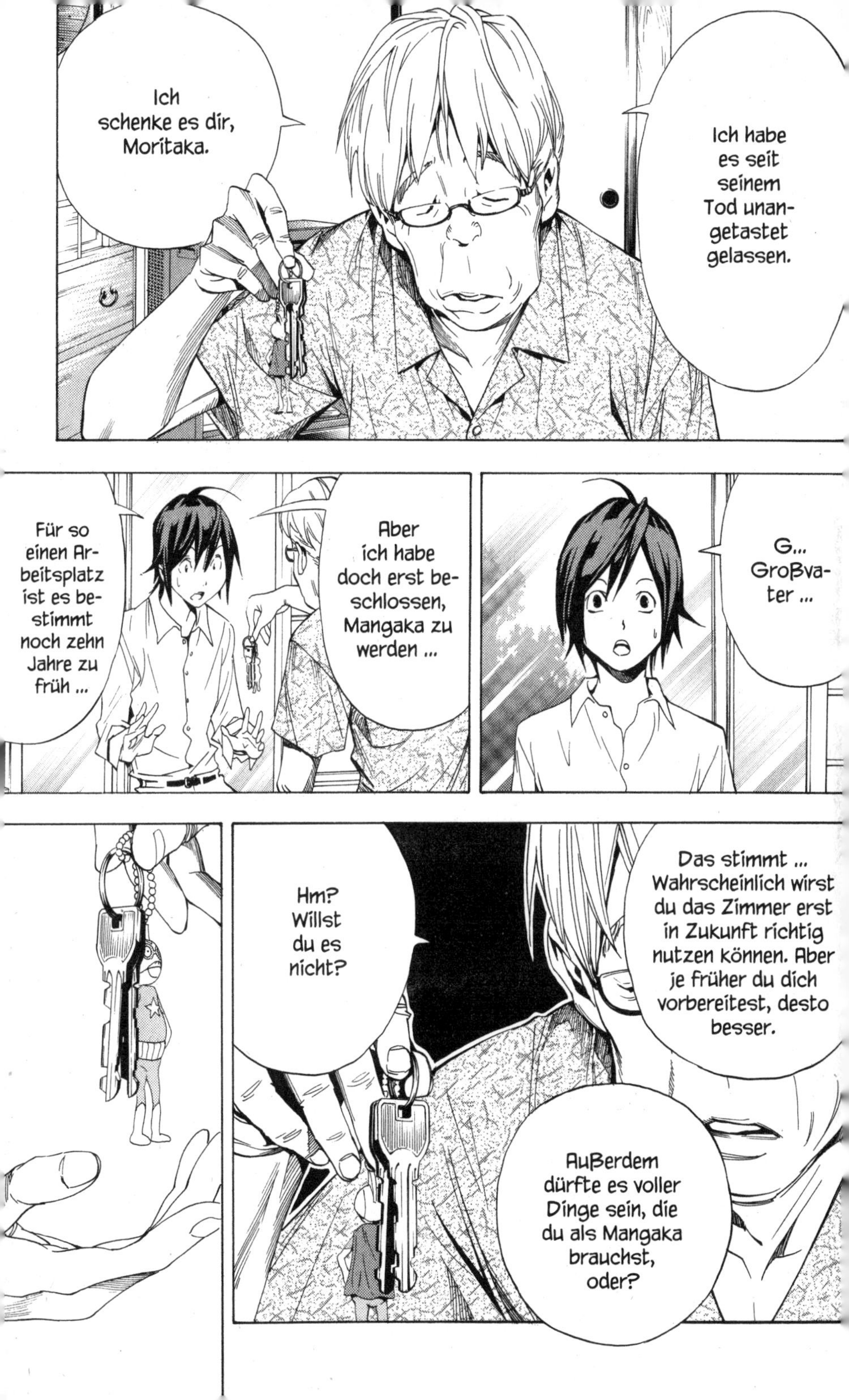

Ich habe es seit seinem Tod unangetastet gelassen.

Ich schenke es dir, Moritaka.

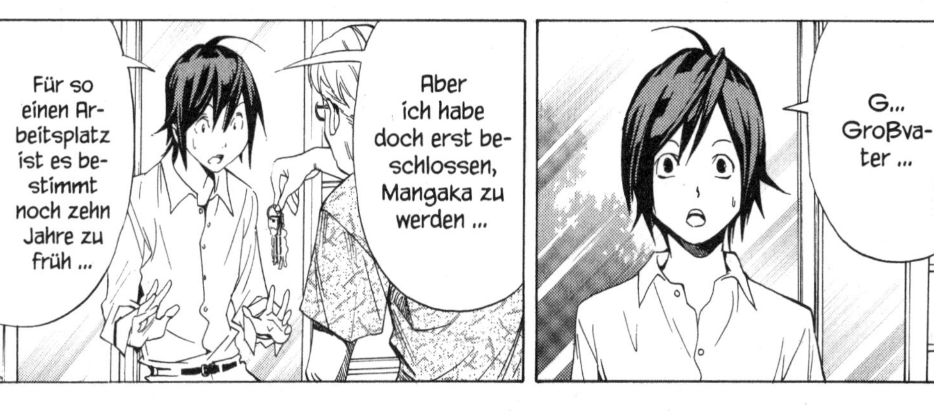

Das stimmt ... Wahrscheinlich wirst du das Zimmer erst in Zukunft richtig nutzen können. Aber je früher du dich vorbereitest, desto besser.

Hm? Willst du es nicht?

Außerdem dürfte es voller Dinge sein, die du als Mangaka brauchst, oder?

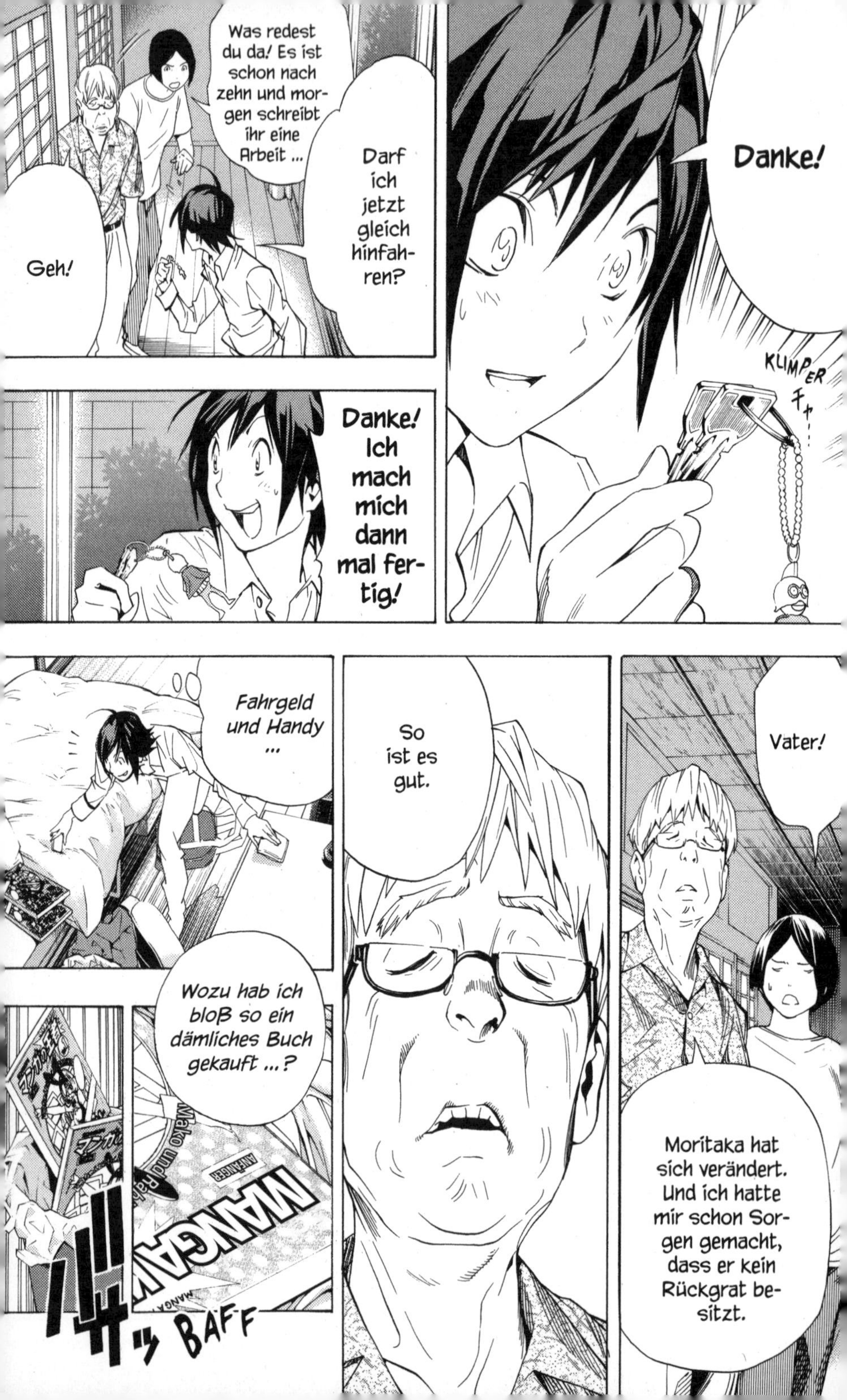

Danke!

KLIMPER

Darf ich jetzt gleich hinfahren?

Was redest du da! Es ist schon nach zehn und morgen schreibt ihr eine Arbeit ...

Geh!

Danke! Ich mach mich dann mal fertig!

Vater!

Moritaka hat sich verändert. Und ich hatte mir schon Sorgen gemacht, dass er kein Rückgrat besitzt.

So ist es gut.

Fahrgeld und Handy ...

Wozu hab ich bloß so ein dämliches Buch gekauft ...?

MANGA ANFÄNGER

BAFF

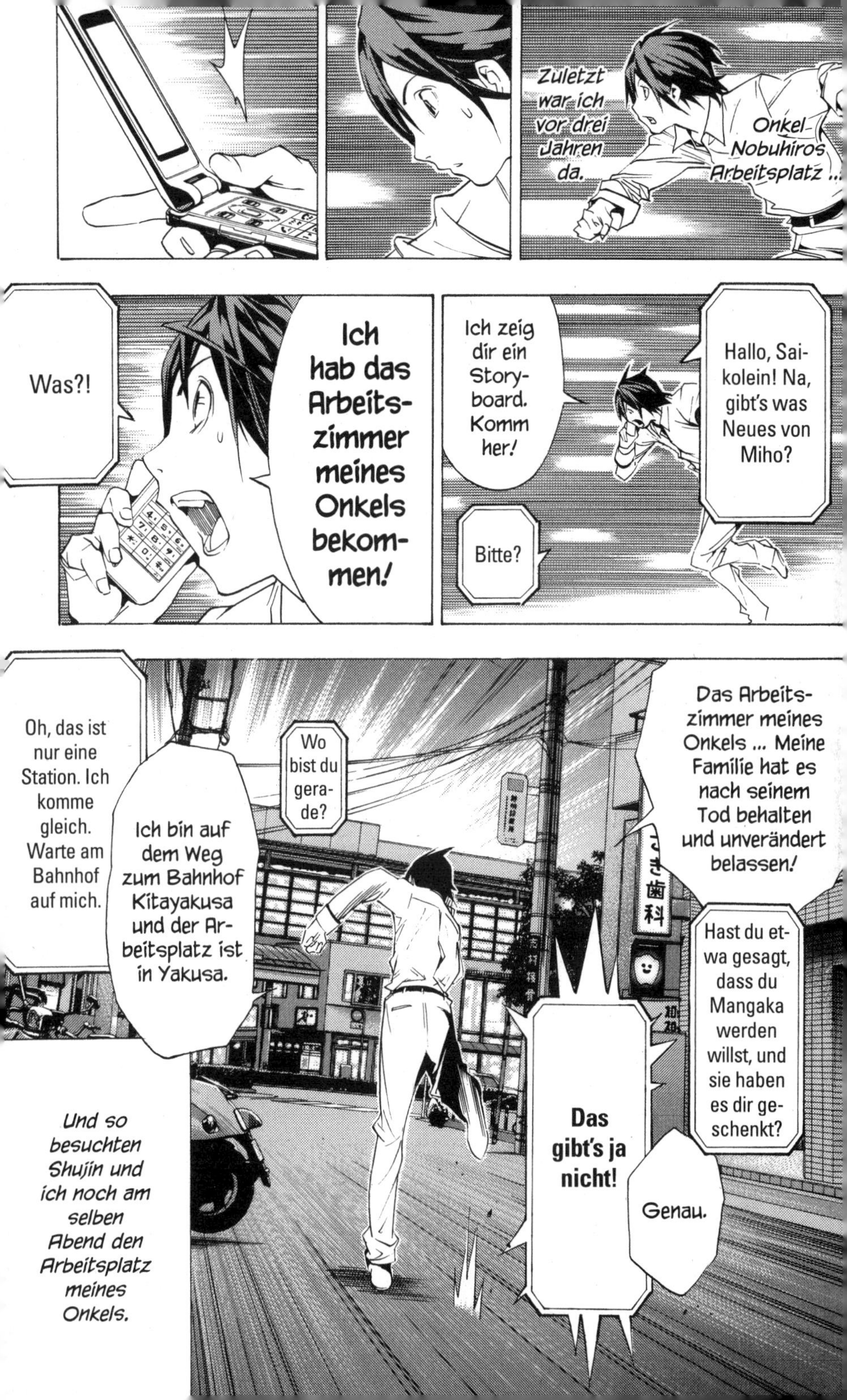

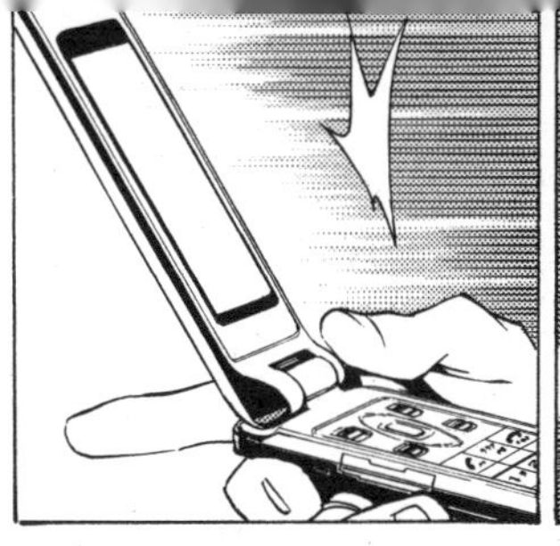

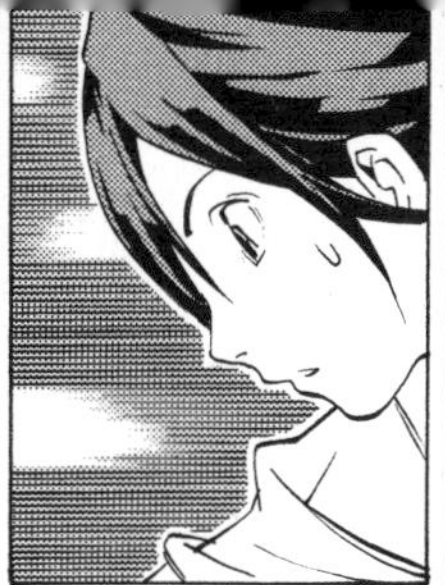

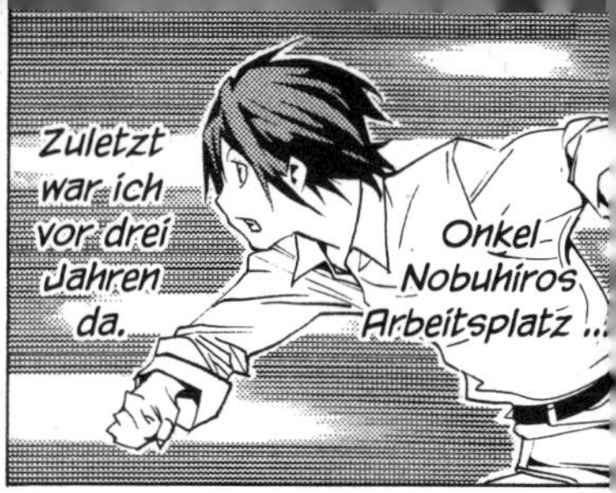

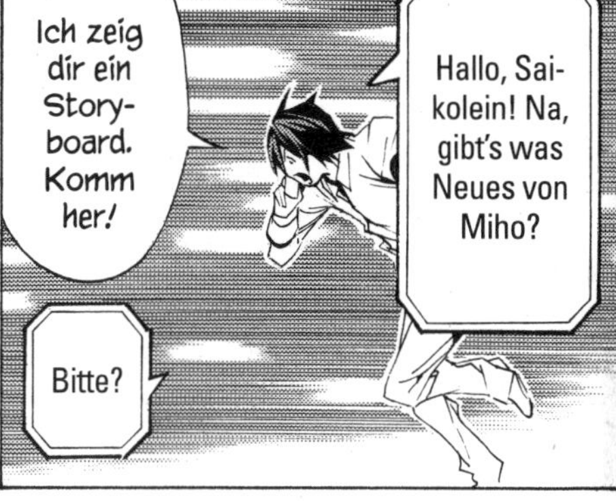

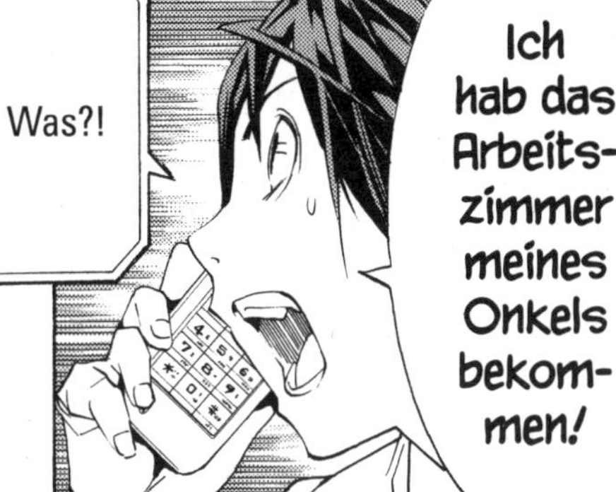

Das Arbeitszimmer meines Onkels ... Meine Familie hat es nach seinem Tod behalten und unverändert belassen!

Hast du etwa gesagt, dass du Mangaka werden willst, und sie haben es dir geschenkt?

Genau.

Das gibt's ja nicht!

Wo bist du gerade?

Ich bin auf dem Weg zum Bahnhof Kitayakusa und der Arbeitsplatz ist in Yakusa.

Oh, das ist nur eine Station. Ich komme gleich. Warte am Bahnhof auf mich.

Und so besuchten Shujin und ich noch am selben Abend den Arbeitsplatz meines Onkels.

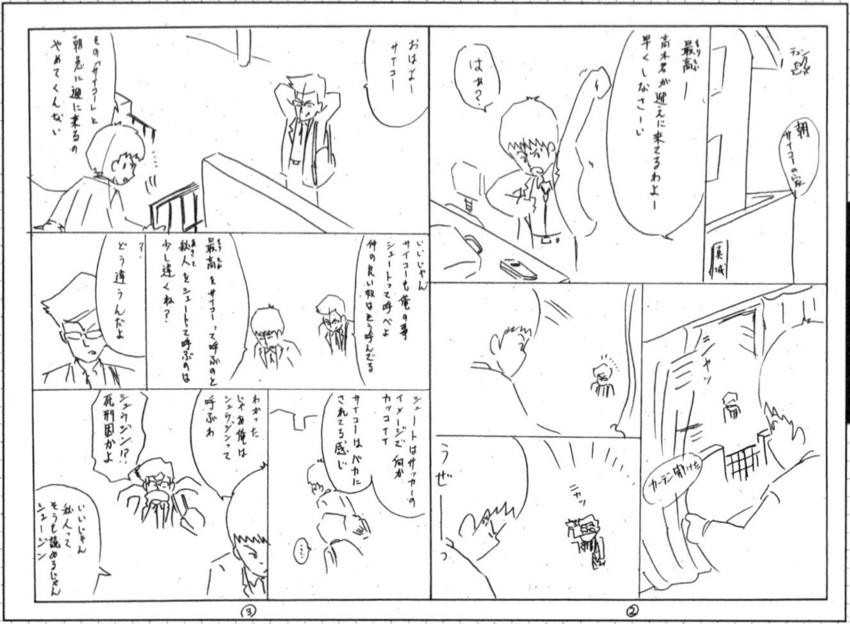

Storyboard Ohba

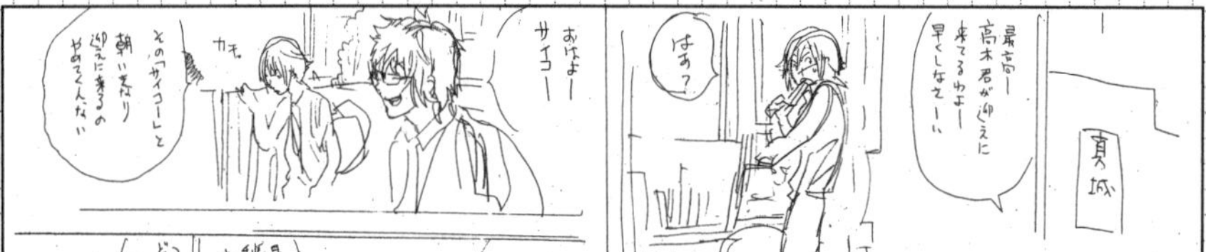

Storyboard Obata

Fertig!

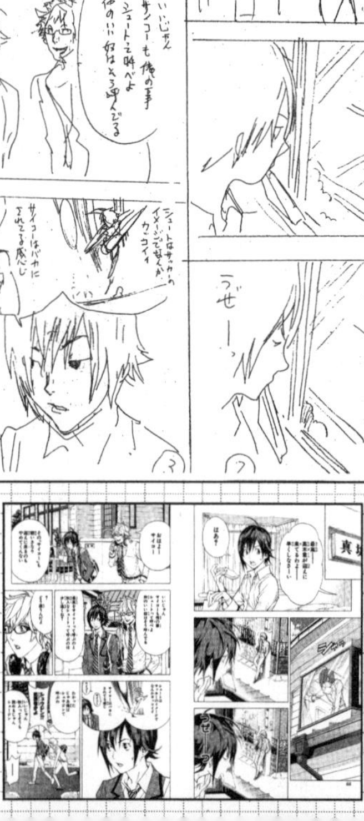

Bakuman. Band 1
»Bis eine Manuskriptseite entsteht«
page. 2: S. 66, S. 67

page. 3 Feder und Storyboard

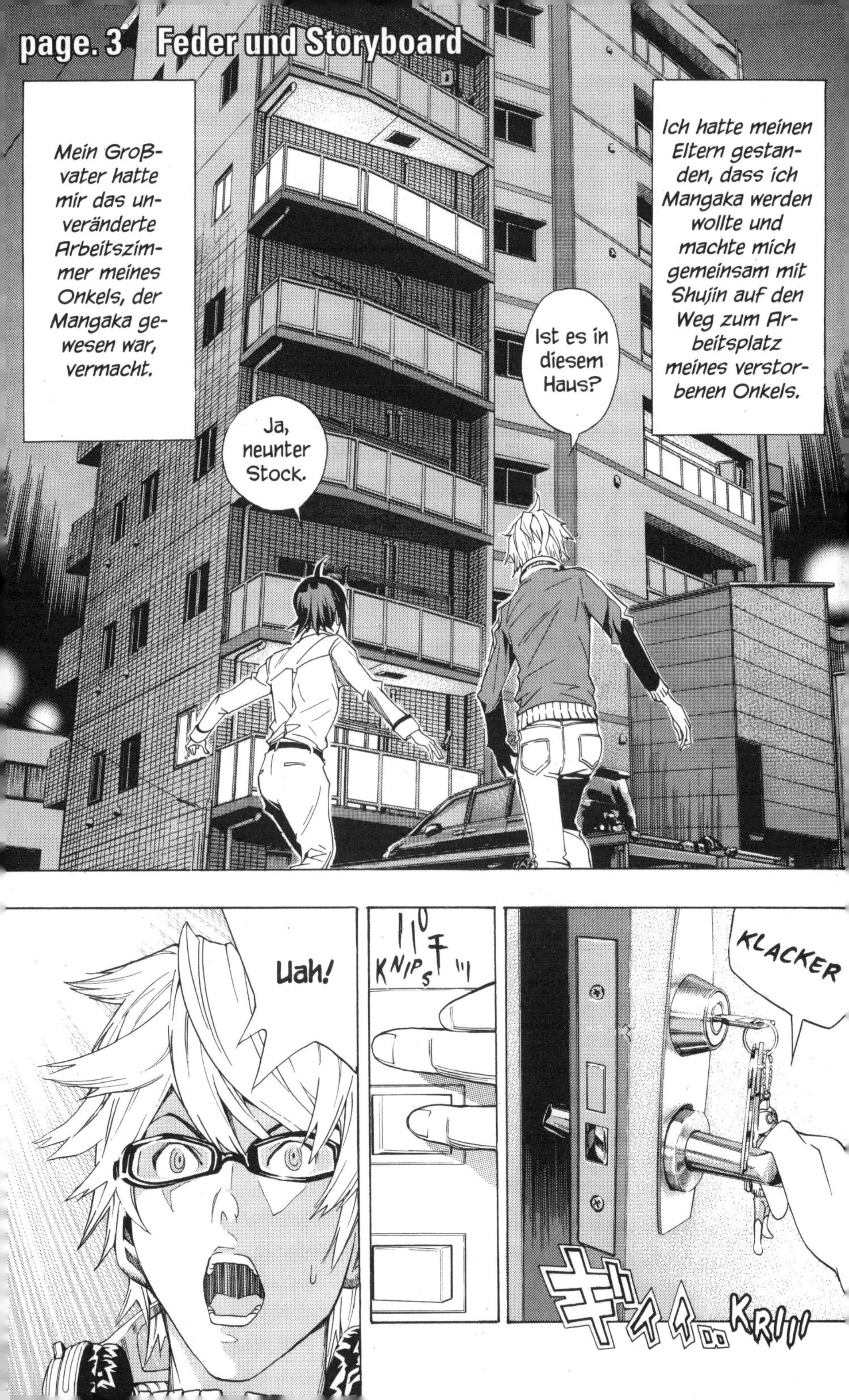

Ich hatte meinen Eltern gestanden, dass ich Mangaka werden wollte und machte mich gemeinsam mit Shujin auf den Weg zum Arbeitsplatz meines verstorbenen Onkels.

Ist es in diesem Haus?

Ja, neunter Stock.

Mein Großvater hatte mir das unveränderte Arbeitszimmer meines Onkels, der Mangaka gewesen war, vermacht.

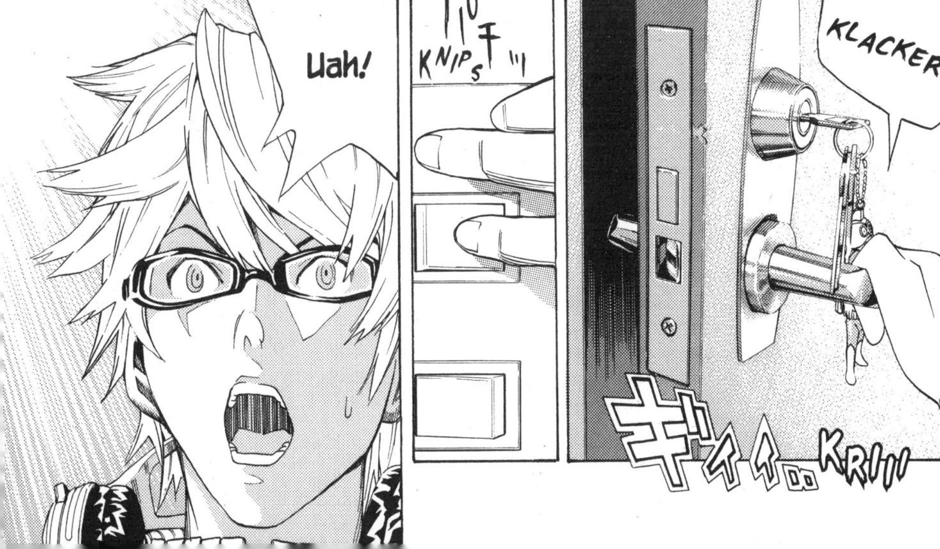

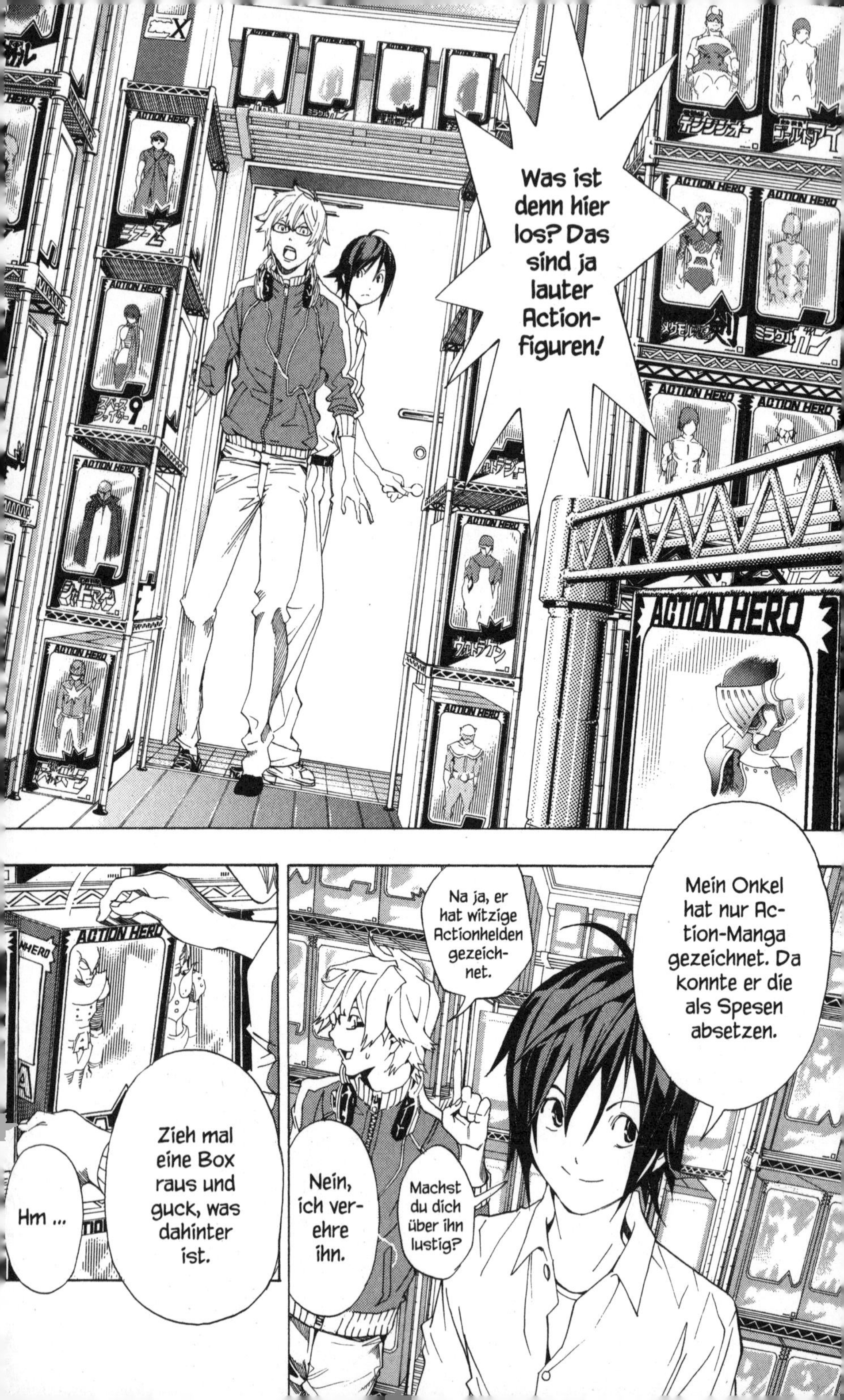
Was ist denn hier los? Das sind ja lauter Action-figuren!
Mein Onkel hat nur Ac-tion-Manga gezeichnet. Da konnte er die als Spesen absetzen.
Na ja, er hat witzige Actionhelden gezeich-net.
Machst du dich über ihn lustig?
Nein, ich ver-ehre ihn.
Zieh mal eine Box raus und guck, was dahinter ist.
Hm ...
ACTION HERO

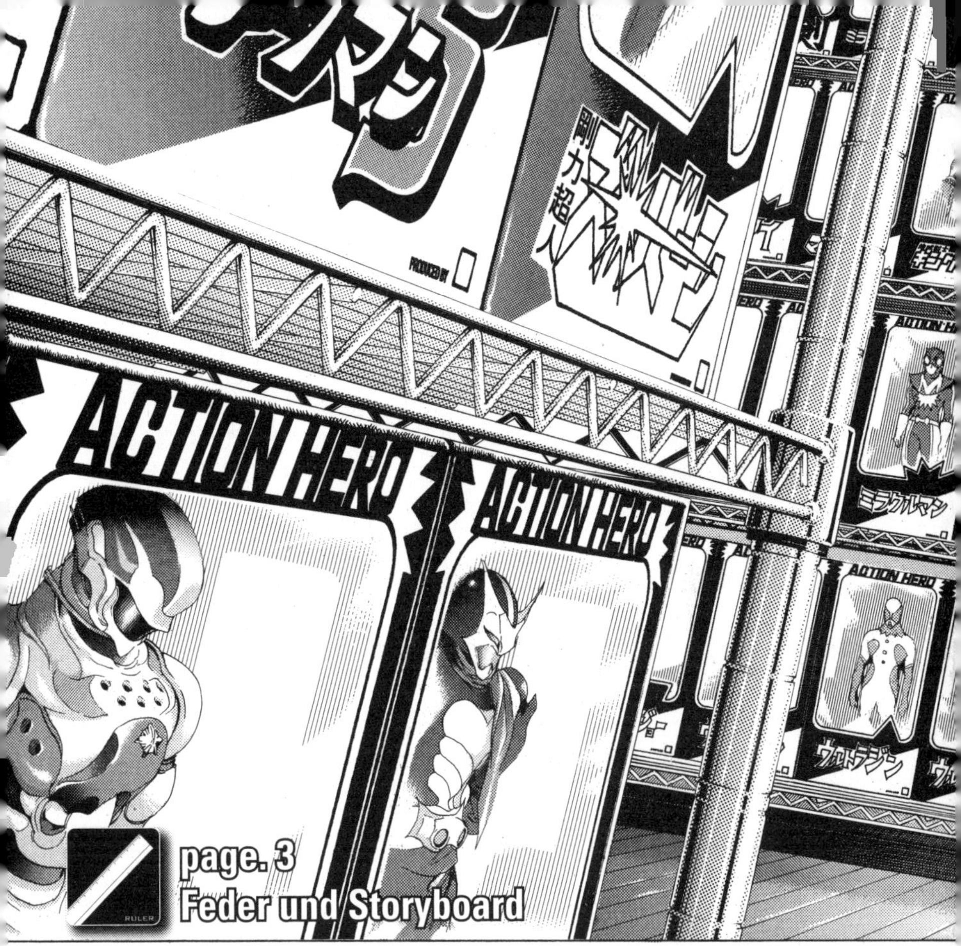

ACTION HERO

ACTION HERO

page. 3
Feder und Storyboard

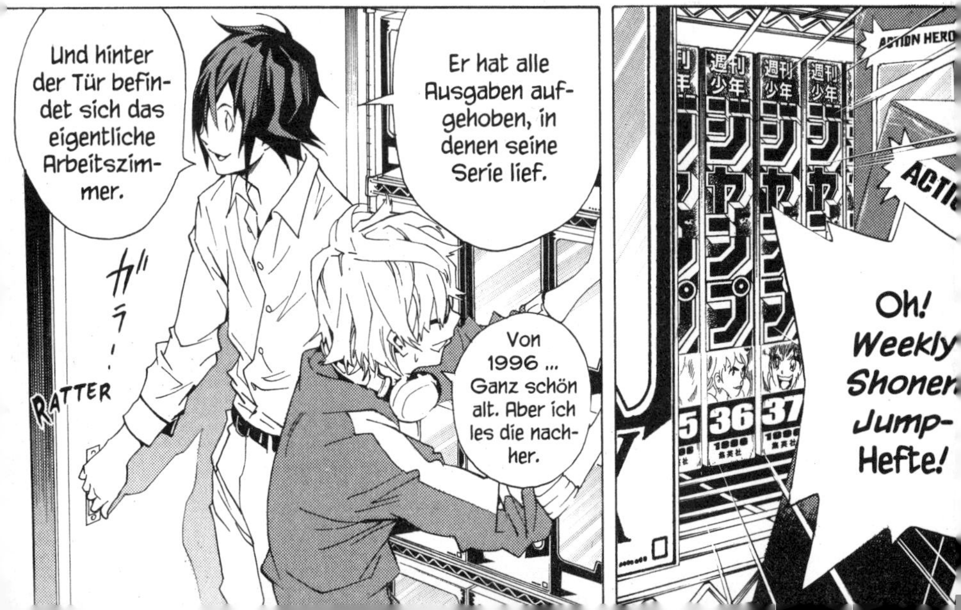

Oh! Weekly Shonen Jump-Hefte!

Er hat alle Ausgaben aufgehoben, in denen seine Serie lief.

Von 1996 ... Ganz schön alt. Aber ich les die nachher.

Und hinter der Tür befindet sich das eigentliche Arbeitszimmer.

RATTER

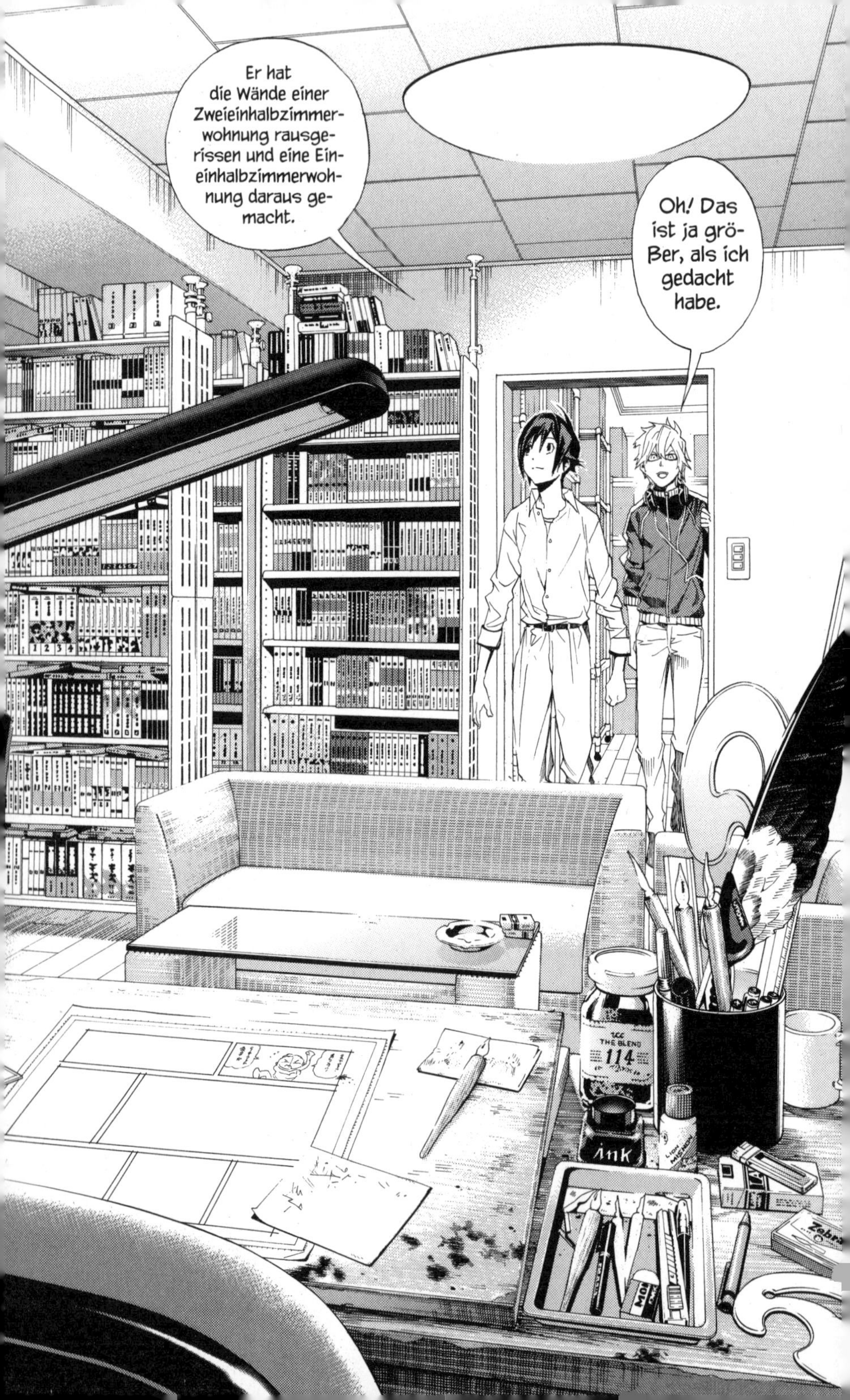
Oh! Das ist ja größer, als ich gedacht habe.
Er hat die Wände einer Zweieinhalbzimmerwohnung rausgerissen und eine Eineinhalbzimmerwohnung daraus gemacht.
THE BLEND
114
ink
Zebra

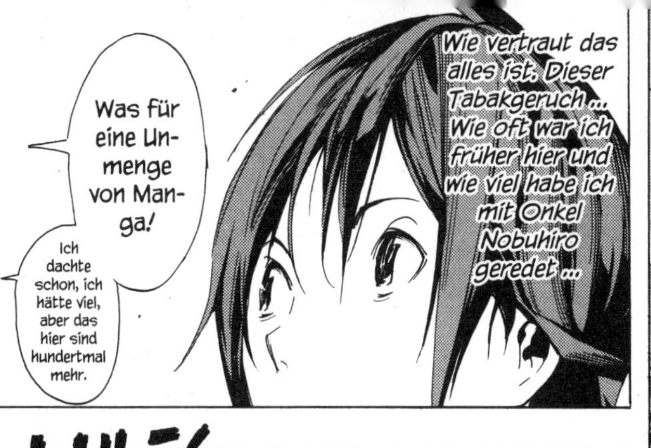
Wie vertraut das alles ist. Dieser Tabakgeruch ... Wie oft war ich früher hier und wie viel habe ich mit Onkel Nobuhiro geredet ...
Was für eine Unmenge von Manga!
Ich dachte schon, ich hätte viel, aber das hier sind hundertmal mehr.

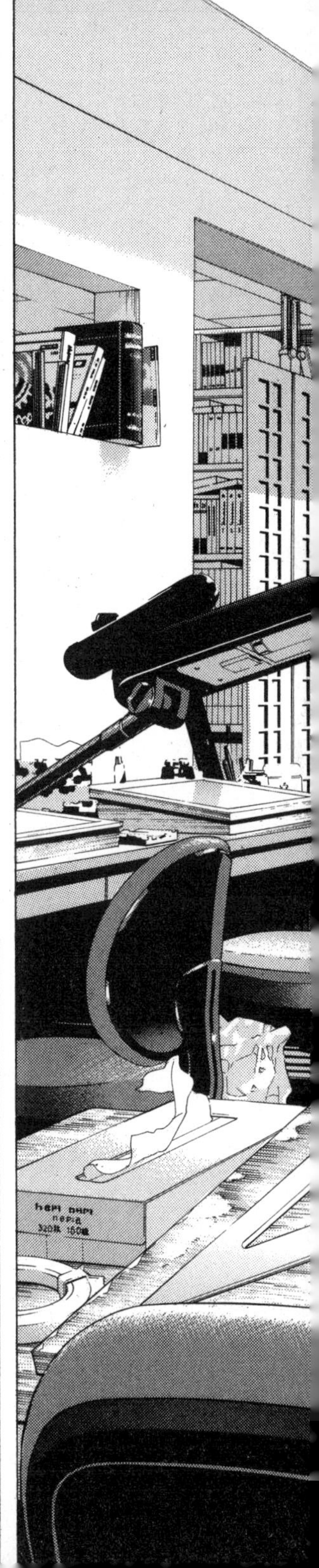

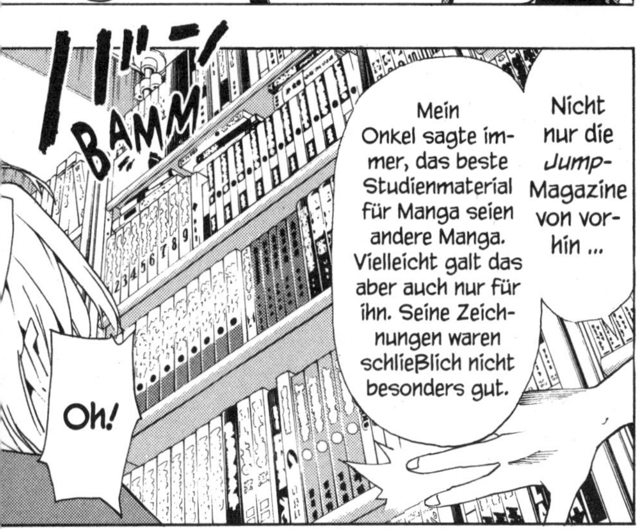
Nicht nur die *Jump*-Magazine von vorhin ...
Mein Onkel sagte immer, das beste Studienmaterial für Manga seien andere Manga. Vielleicht galt das aber auch nur für ihn. Seine Zeichnungen waren schließlich nicht besonders gut.
BAMM
Oh!

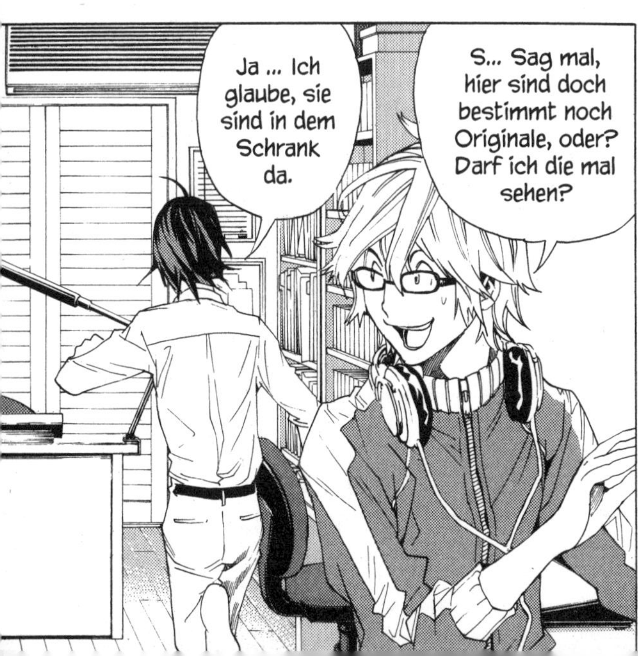
S... Sag mal, hier sind doch bestimmt noch Originale, oder? Darf ich die mal sehen?
Ja ... Ich glaube, sie sind in dem Schrank da.

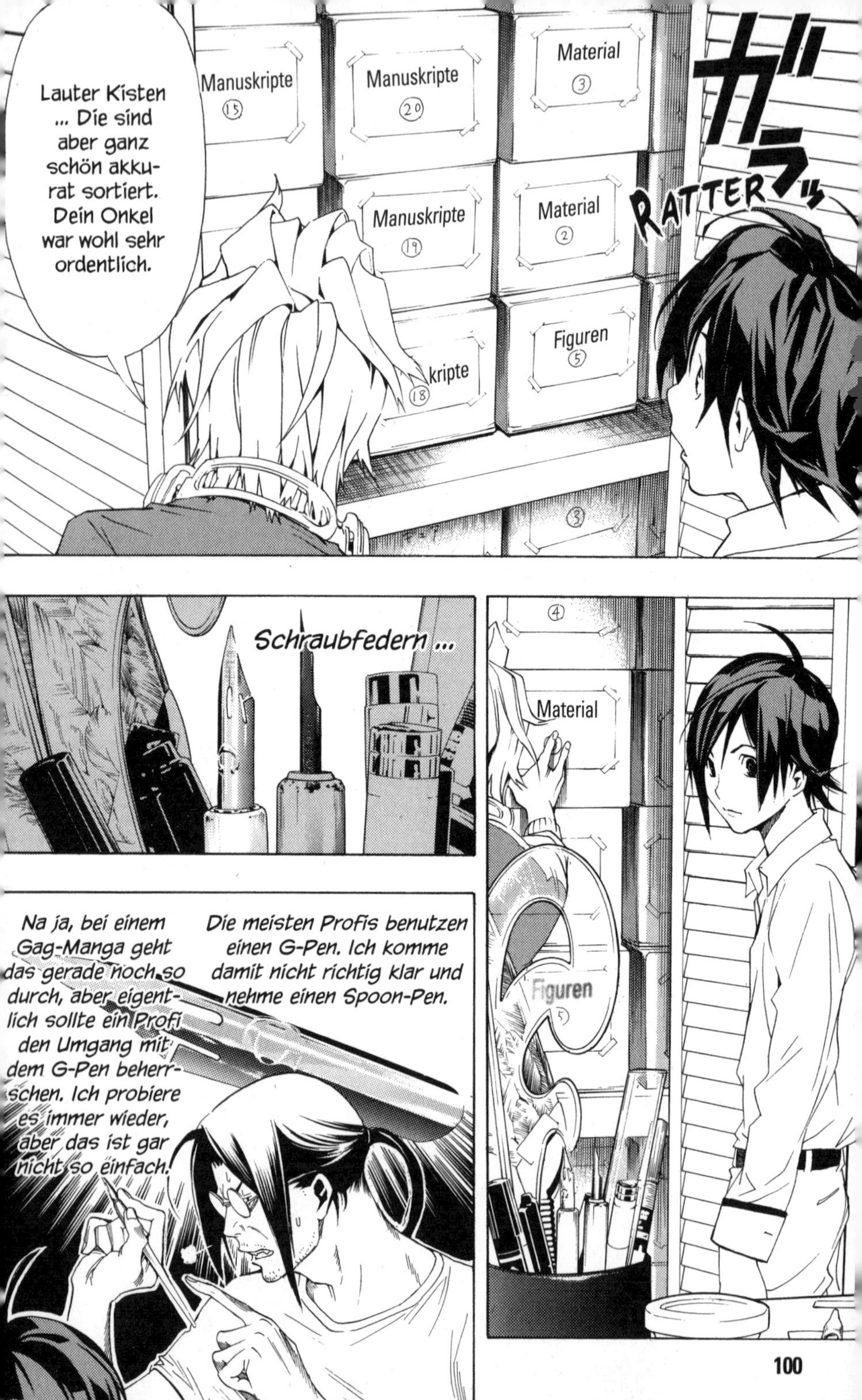

ガラッ
RATTER
Lauter Kisten ... Die sind aber ganz schön akkurat sortiert. Dein Onkel war wohl sehr ordentlich.
Manuskripte 15
Manuskripte 20
Material 3
Manuskripte 19
Material 2
Figuren 5
kripte 18

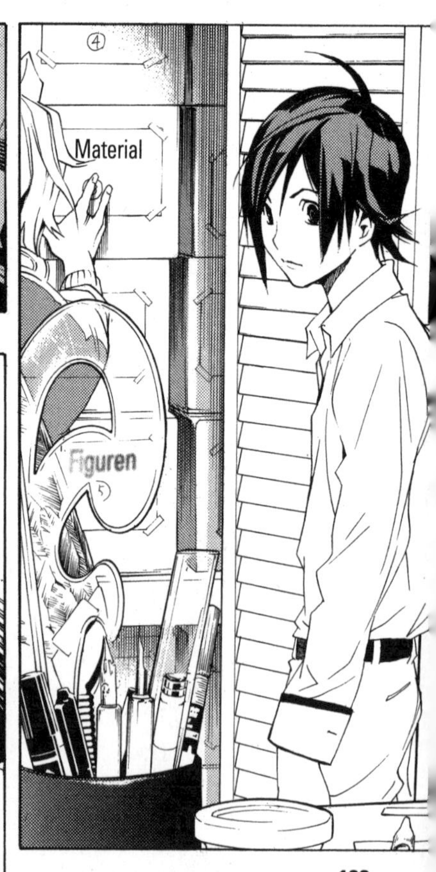

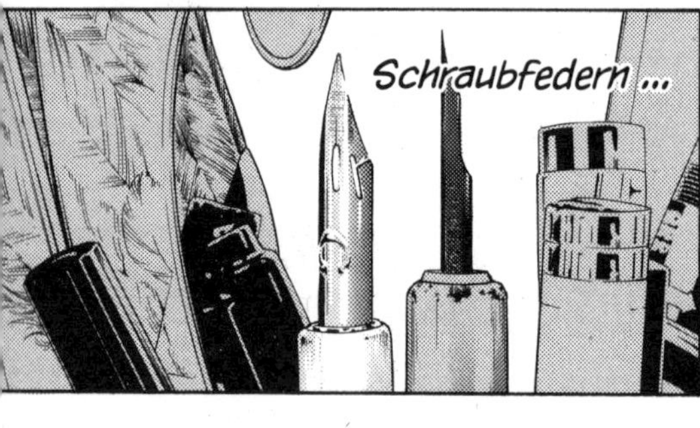

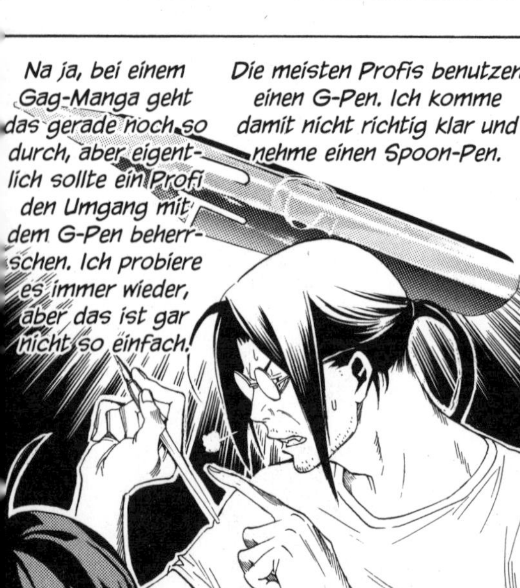

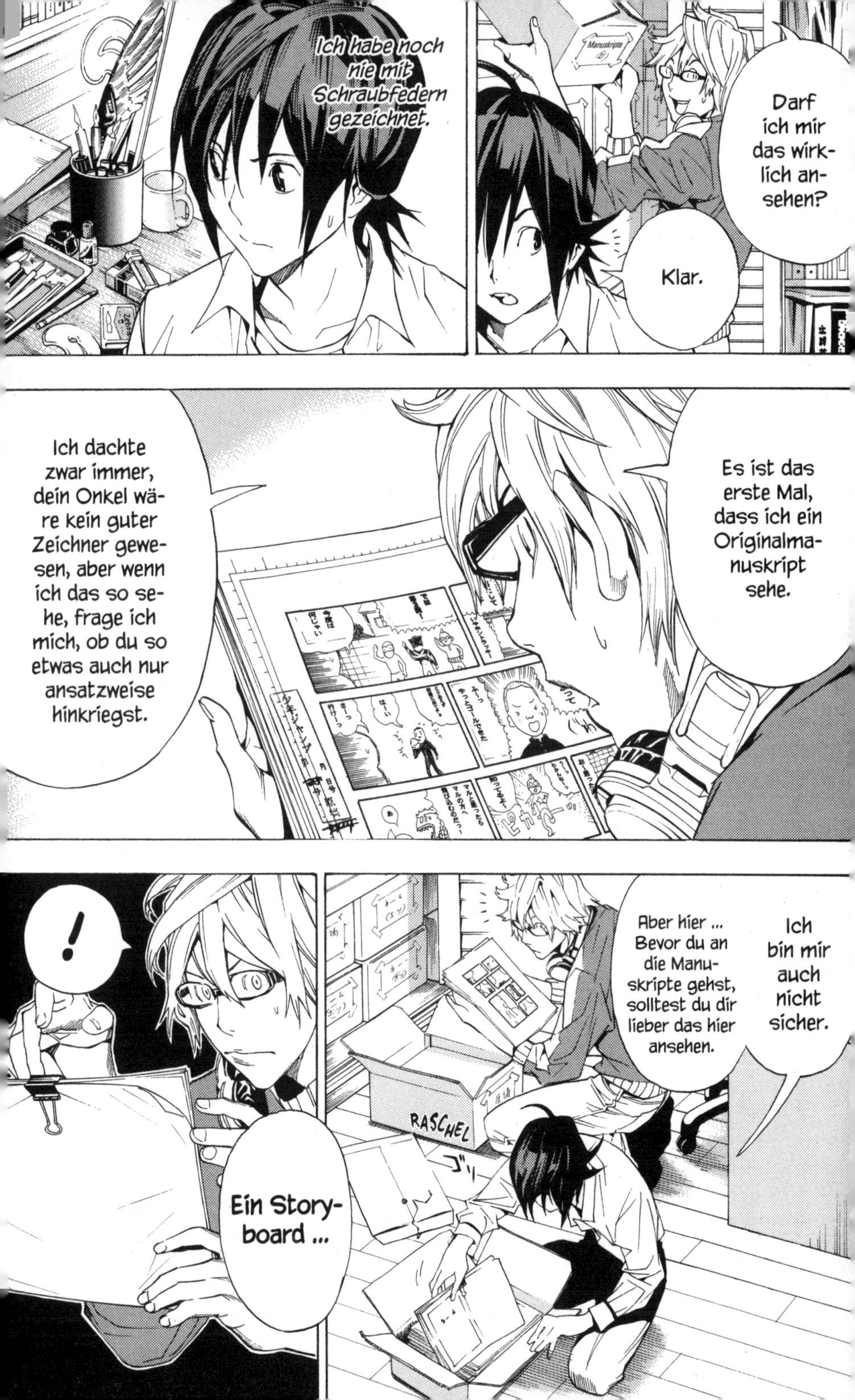
Manuskripte
Darf ich mir das wirklich ansehen?
Klar.
Ich habe noch nie mit Schraubfedern gezeichnet.
Es ist das erste Mal, dass ich ein Originalmanuskript sehe.
Ich dachte zwar immer, dein Onkel wäre kein guter Zeichner gewesen, aber wenn ich das so sehe, frage ich mich, ob du so etwas auch nur ansatzweise hinkriegst.
Ich bin mir auch nicht sicher.
Aber hier ... Bevor du an die Manuskripte gehst, solltest du dir lieber das hier ansehen.
RASCHEL
!
Ein Storyboard ...

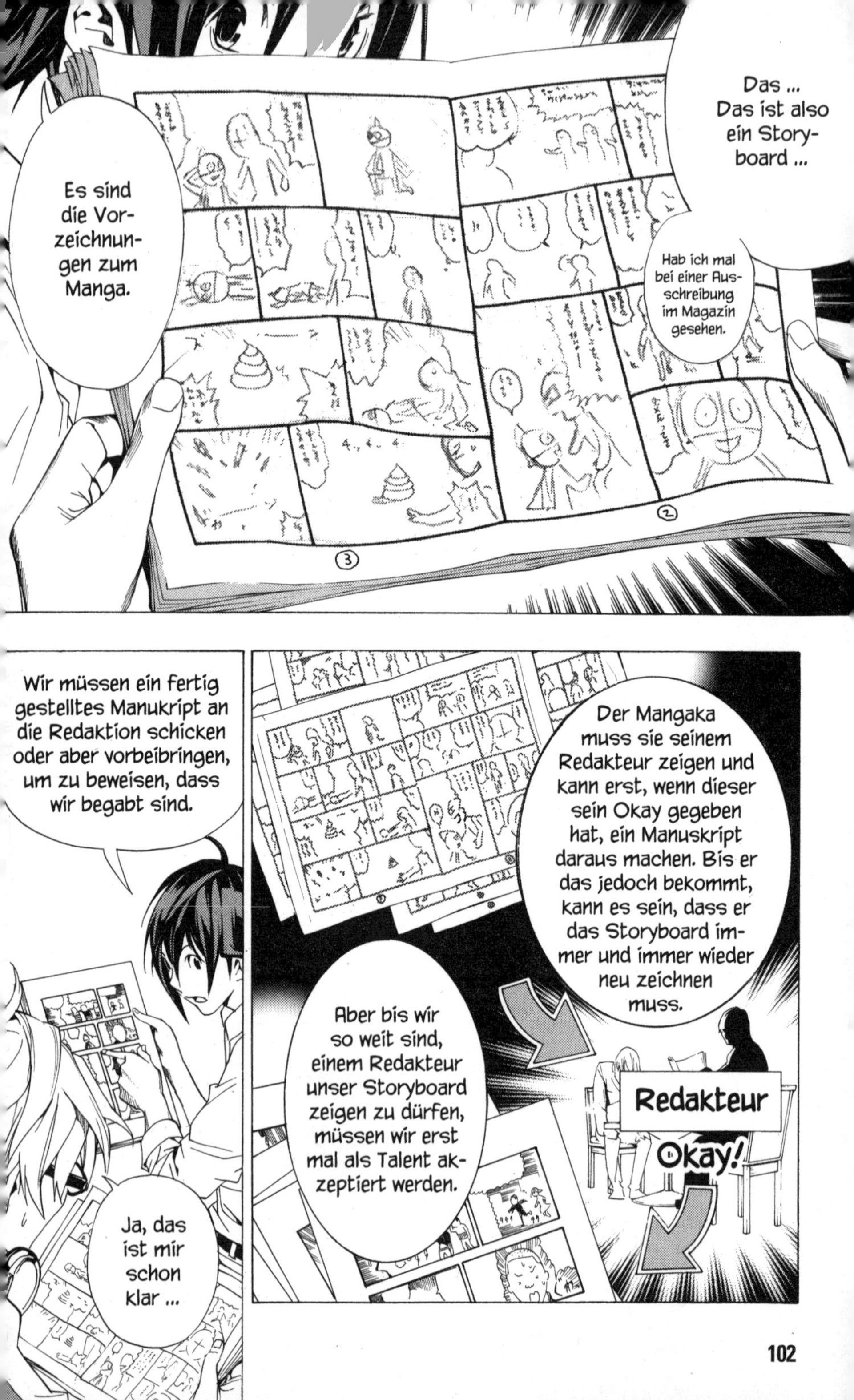

Das ... Das ist also ein Storyboard ...

Hab ich mal bei einer Ausschreibung im Magazin gesehen.

Es sind die Vorzeichnungen zum Manga.

Der Mangaka muss sie seinem Redakteur zeigen und kann erst, wenn dieser sein Okay gegeben hat, ein Manuskript daraus machen. Bis er das jedoch bekommt, kann es sein, dass er das Storyboard immer und immer wieder neu zeichnen muss.

Redakteur

Okay!

Aber bis wir so weit sind, einem Redakteur unser Storyboard zeigen zu dürfen, müssen wir erst mal als Talent akzeptiert werden.

Wir müssen ein fertig gestelltes Manukript an die Redaktion schicken oder aber vorbeibringen, um zu beweisen, dass wir begabt sind.

Ja, das ist mir schon klar ...

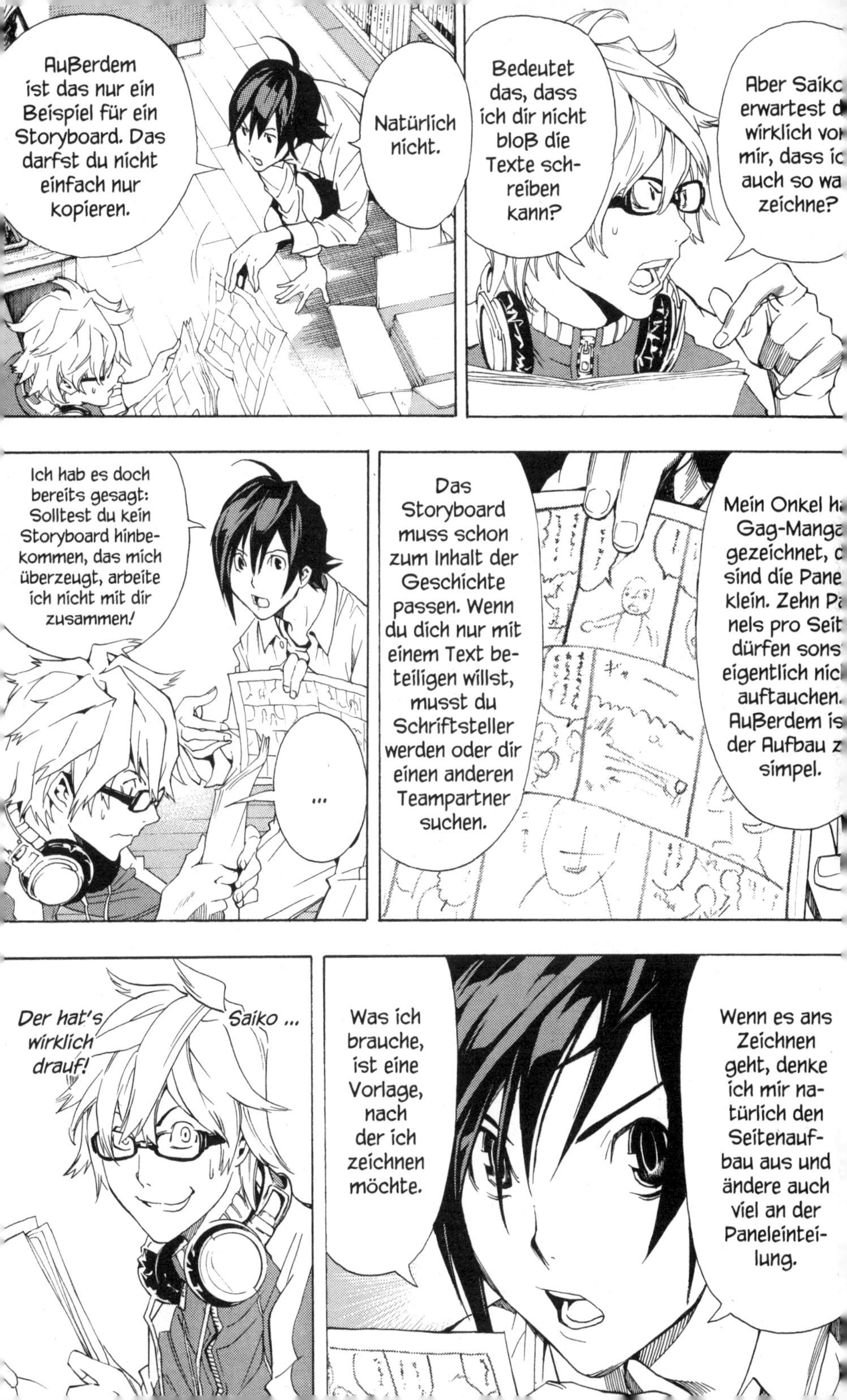

Aber Saikc erwartest d wirklich vor mir, dass ic auch so wa zeichne?

Bedeutet das, dass ich dir nicht bloß die Texte schreiben kann?

Natürlich nicht.

Außerdem ist das nur ein Beispiel für ein Storyboard. Das darfst du nicht einfach nur kopieren.

Mein Onkel ha Gag-Manga gezeichnet, d sind die Pane klein. Zehn Pa nels pro Seit dürfen sons eigentlich nic auftauchen. Außerdem is der Aufbau z simpel.

Das Storyboard muss schon zum Inhalt der Geschichte passen. Wenn du dich nur mit einem Text beteiligen willst, musst du Schriftsteller werden oder dir einen anderen Teampartner suchen.

...

Ich hab es doch bereits gesagt: Solltest du kein Storyboard hinbekommen, das mich überzeugt, arbeite ich nicht mit dir zusammen!

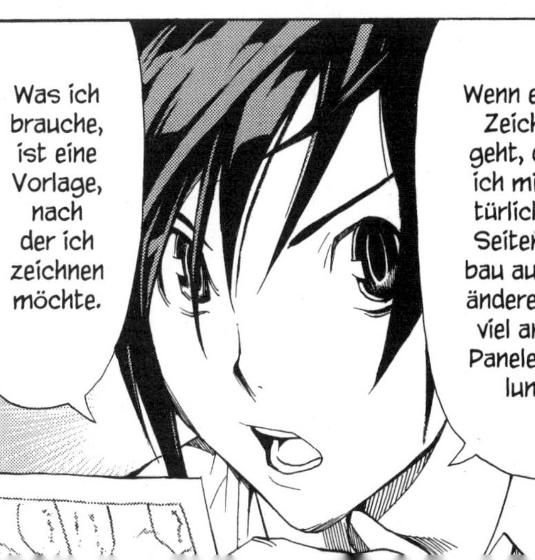

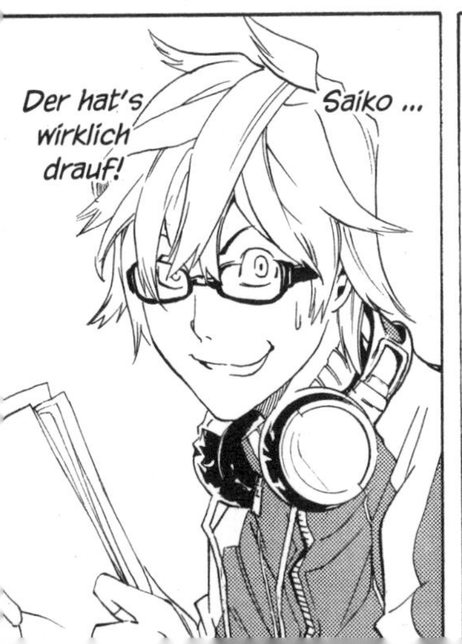

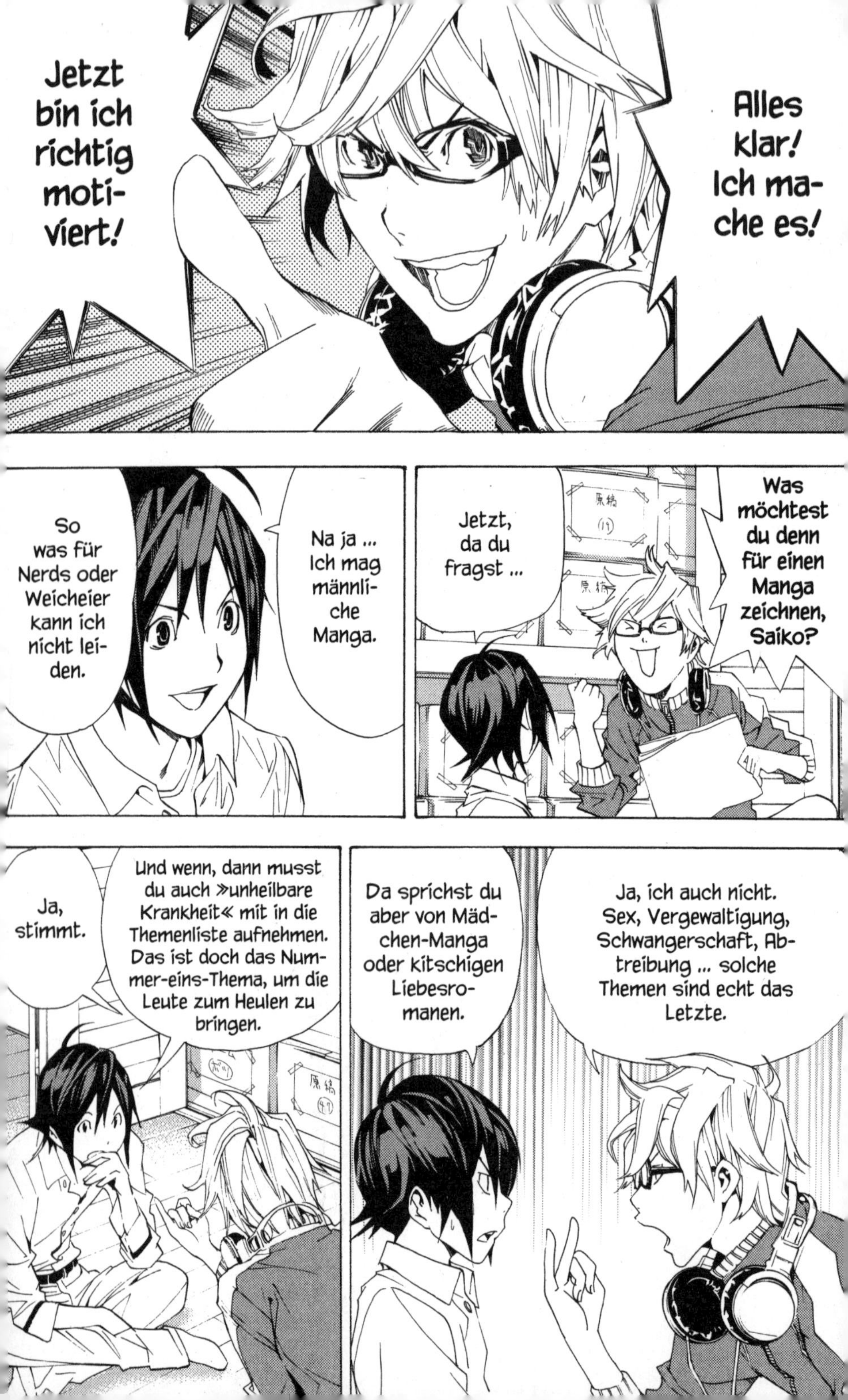

Alles klar! Ich mache es!

Jetzt bin ich richtig motiviert!

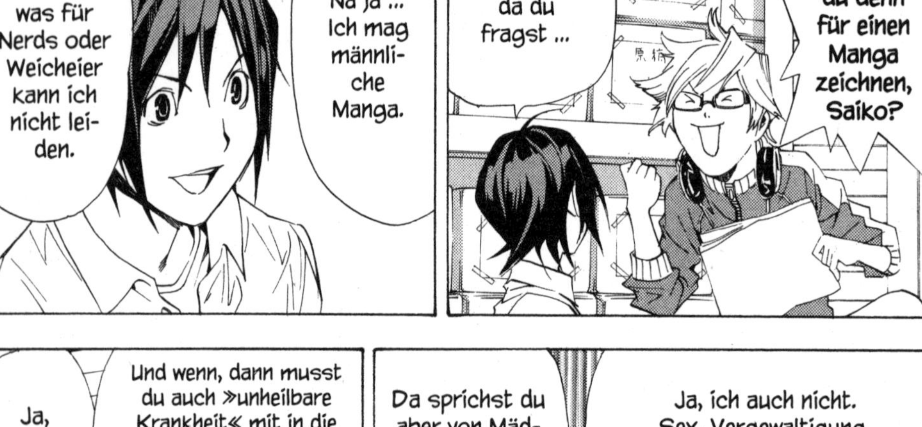

Ja, ich auch nicht. Sex, Vergewaltigung, Schwangerschaft, Abtreibung ... solche Themen sind echt das Letzte.

Da sprichst du aber von Mädchen-Manga oder kitschigen Liebesromanen.

Und wenn, dann musst du auch »unheilbare Krankheit« mit in die Themenliste aufnehmen. Das ist doch das Nummer-eins-Thema, um die Leute zum Heulen zu bringen.

Ja, stimmt.

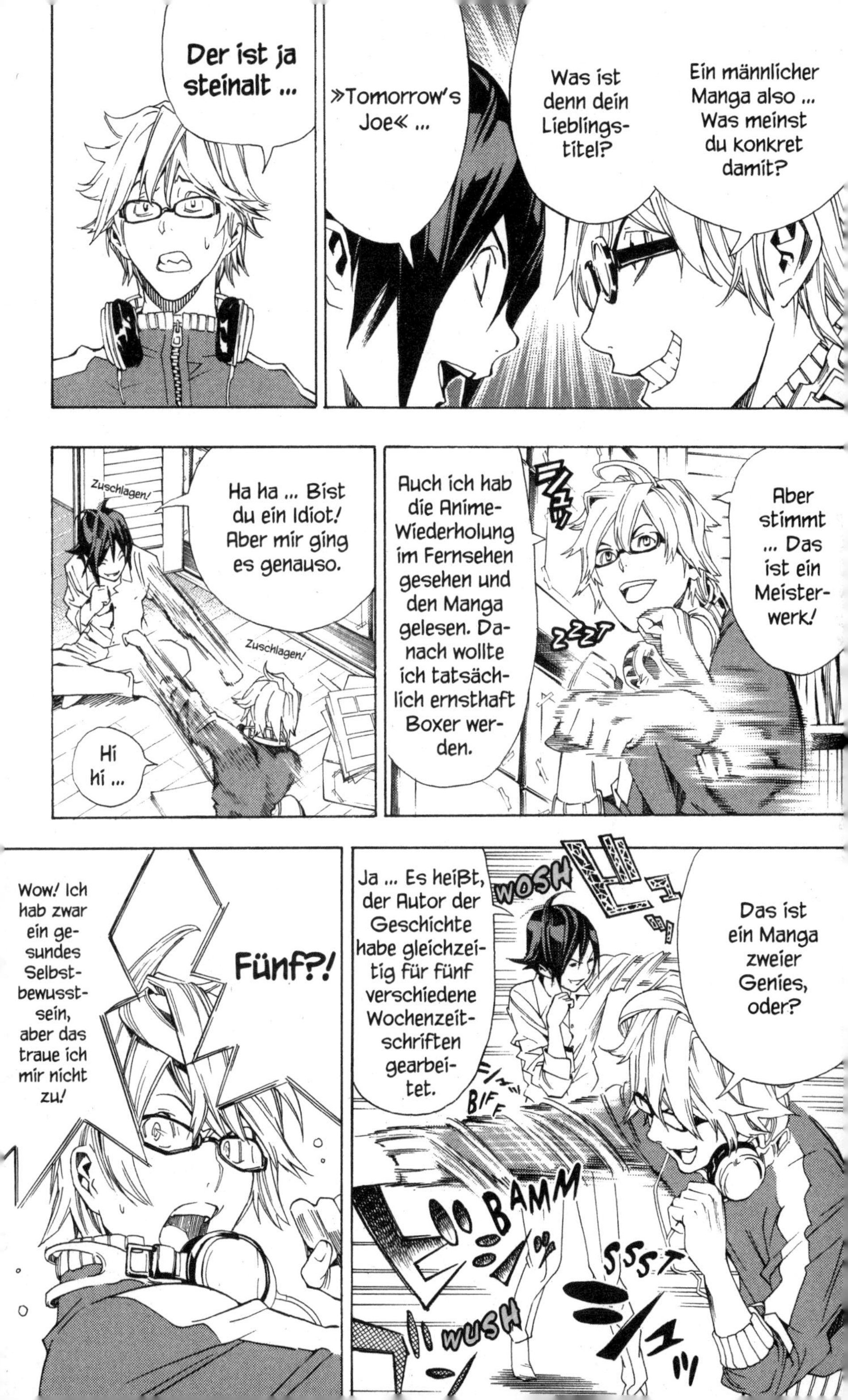

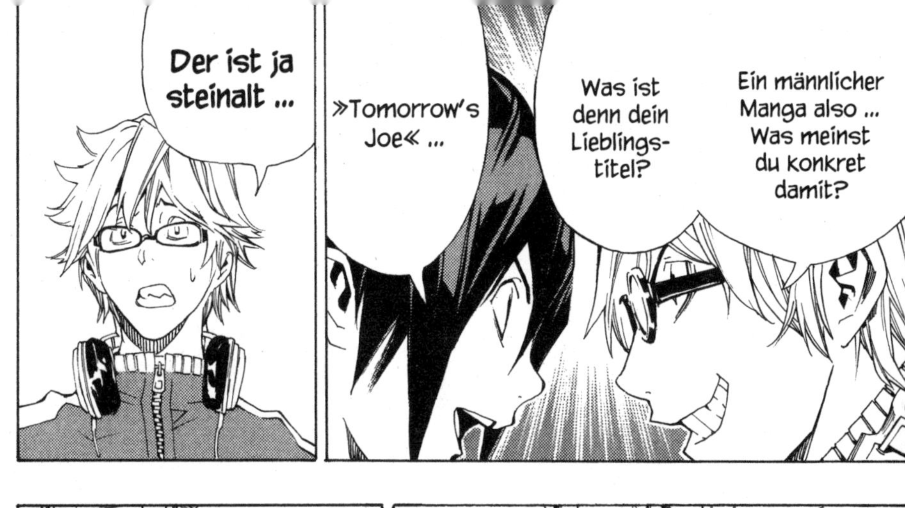

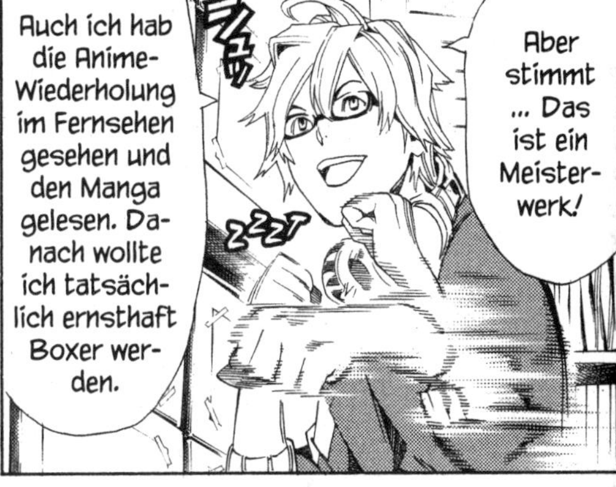

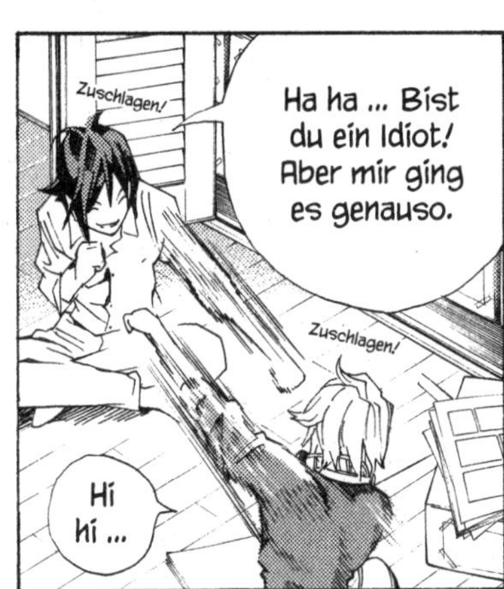

Das ist ein Manga zweier Genies, oder?

Ja ... Es heißt, der Autor der Geschichte habe gleichzeitig für fünf verschiedene Wochenzeitschriften gearbeitet.

WOSH

BIFF

BAMM

SSST

WUSH

Fünf?!

Wow! Ich hab zwar ein gesundes Selbstbewusstsein, aber das traue ich mir nicht zu!

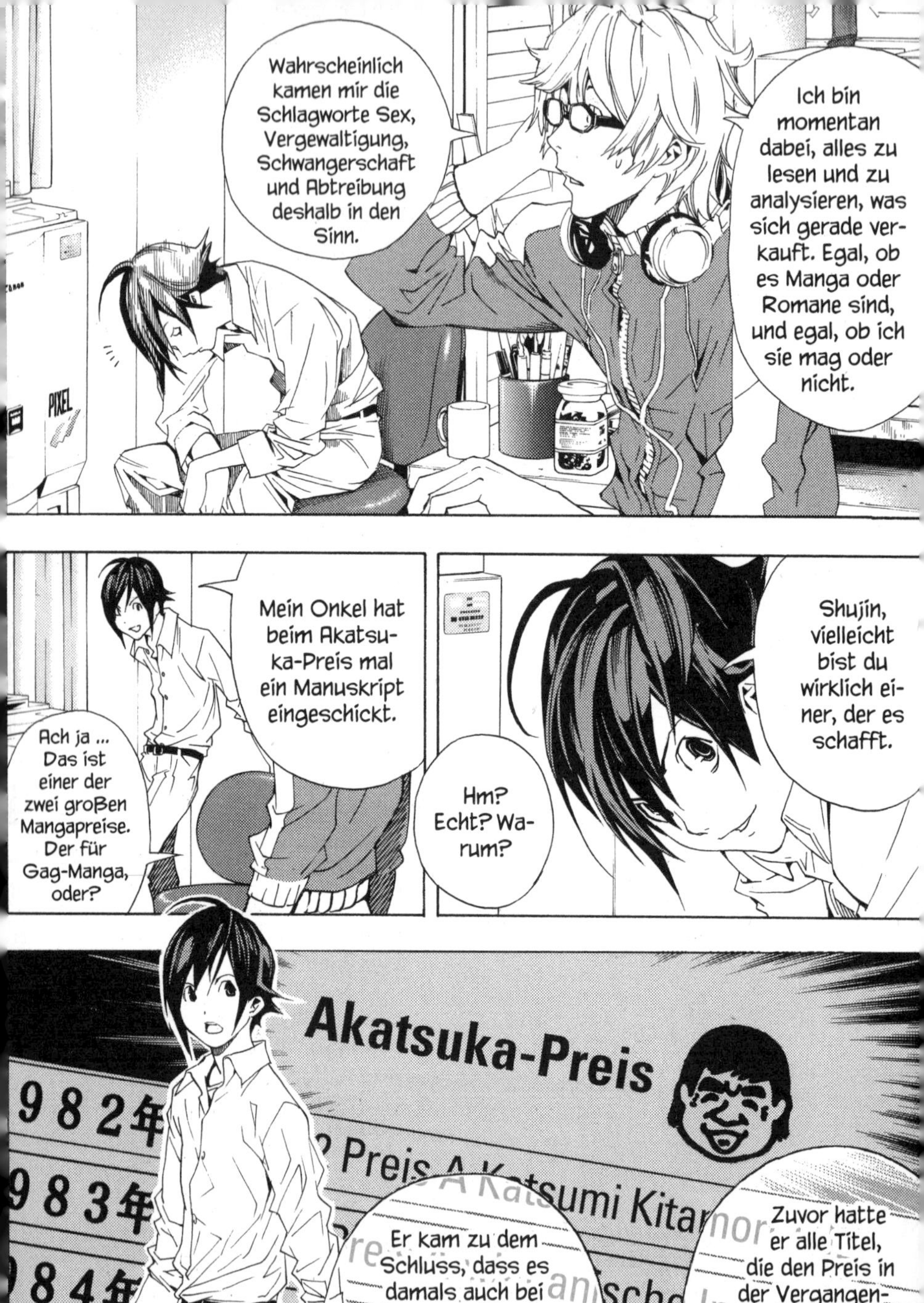

Ich bin momentan dabei, alles zu lesen und zu analysieren, was sich gerade verkauft. Egal, ob es Manga oder Romane sind, und egal, ob ich sie mag oder nicht.
Wahrscheinlich kamen mir die Schlagworte Sex, Vergewaltigung, Schwangerschaft und Abtreibung deshalb in den Sinn.
Shujin, vielleicht bist du wirklich einer, der es schafft.
Hm? Echt? Warum?
Mein Onkel hat beim Akatsuka-Preis mal ein Manuskript eingeschickt.
Ach ja ... Das ist einer der zwei großen Mangapreise. Der für Gag-Manga, oder?
Akatsuka-Preis
Zuvor hatte er alle Titel, die den Preis in der Vergangenheit gewonnen hatten, gesammelt und gelesen, um herauszufinden, was gut ankommt.
Er kam zu dem Schluss, dass es damals auch bei Gag-Manga gut ankam, Gesellschaftskritik einzubauen, und hat sich selbst dann auch darauf konzentriert.

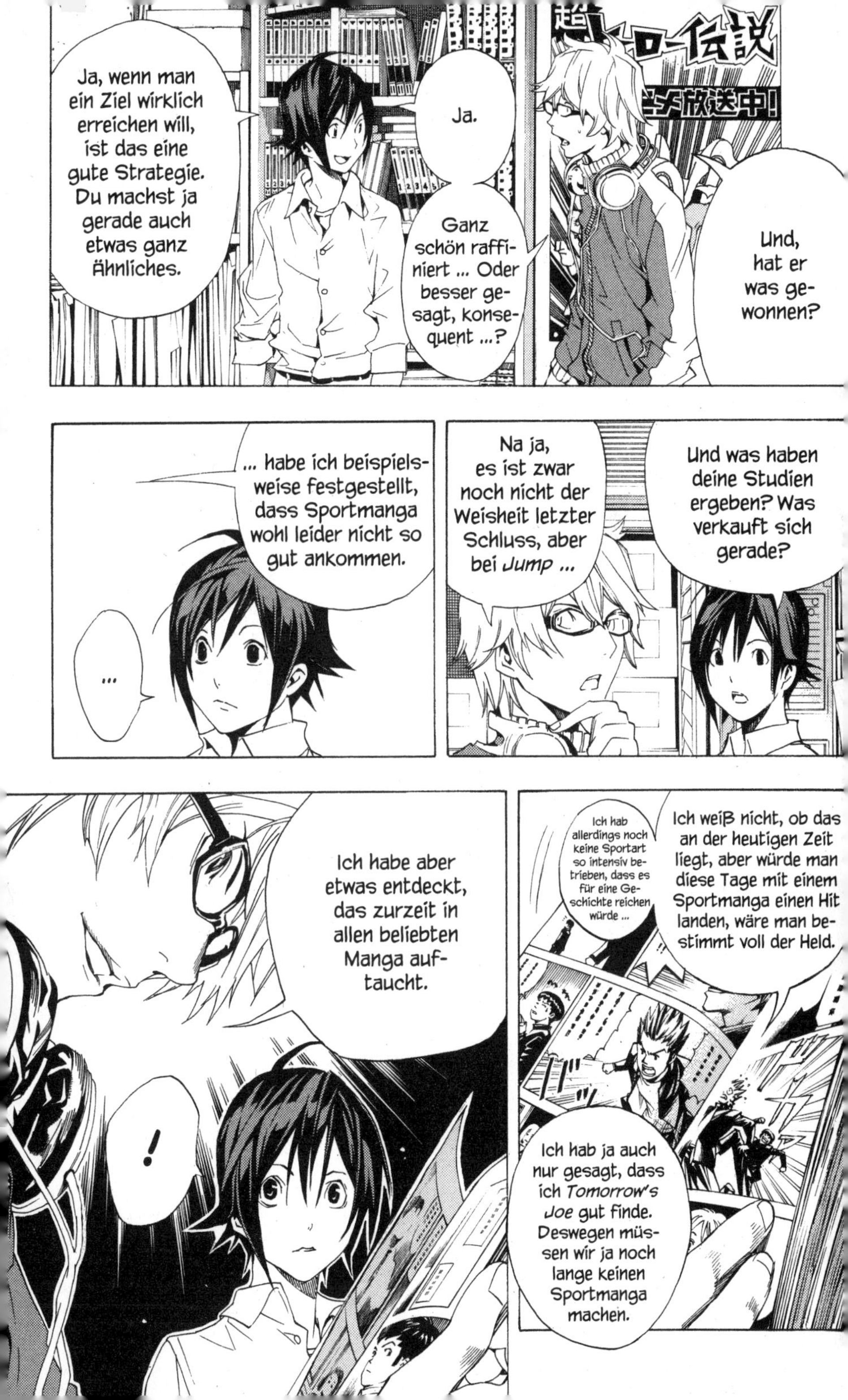

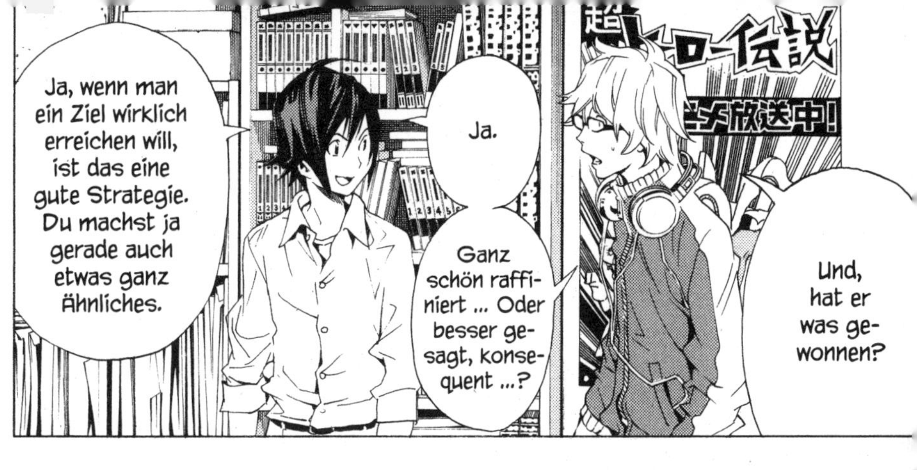

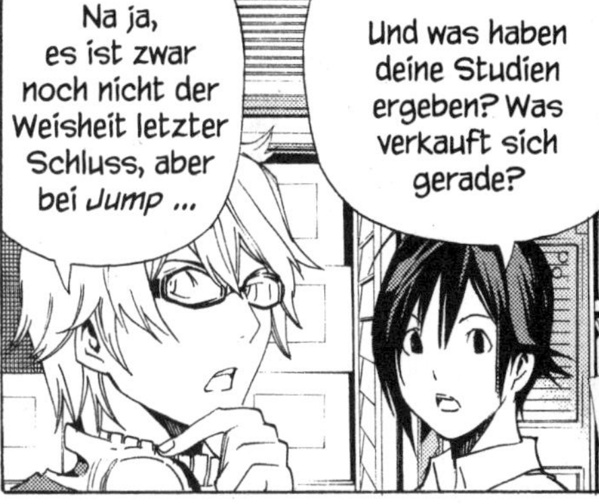

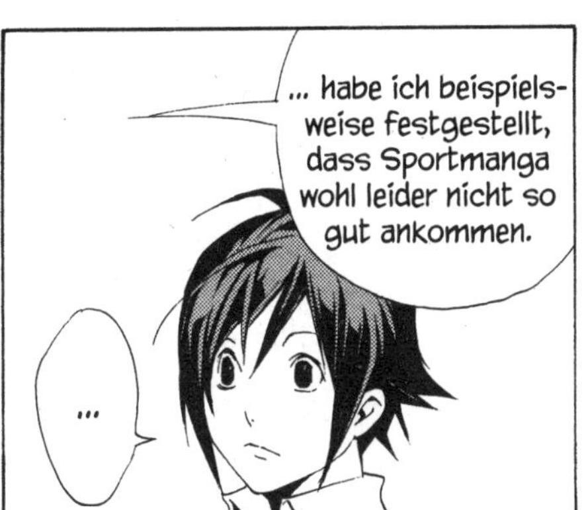

Ich weiß nicht, ob das an der heutigen Zeit liegt, aber würde man diese Tage mit einem Sportmanga einen Hit landen, wäre man bestimmt voll der Held.

Ich hab allerdings noch keine Sportart so intensiv betrieben, dass es für eine Geschichte reichen würde ...

Ich hab ja auch nur gesagt, dass ich *Tomorrow's Joe* gut finde. Deswegen müssen wir ja noch lange keinen Sportmanga machen.

Ich habe aber etwas entdeckt, das zurzeit in allen beliebten Manga auftaucht.

!

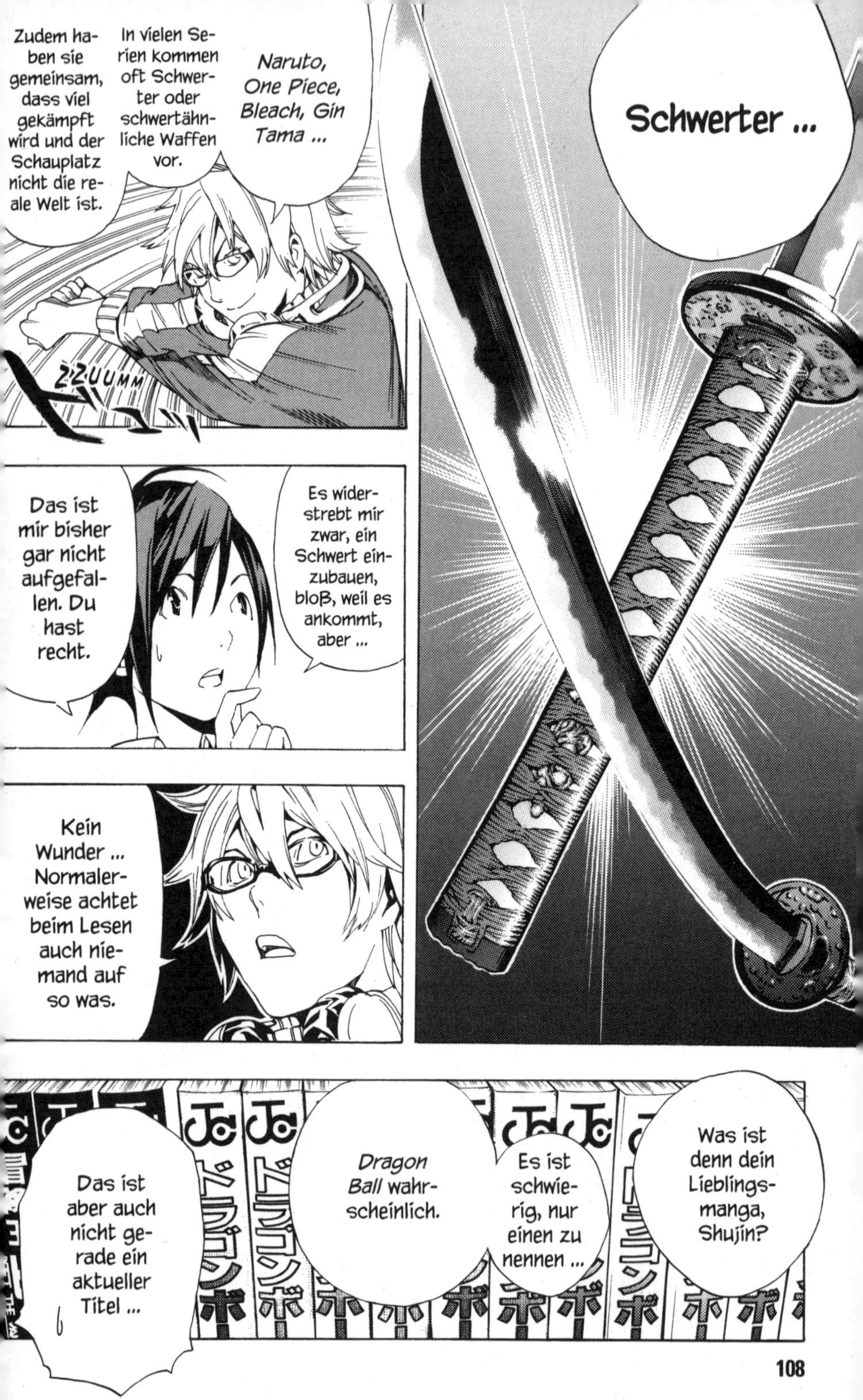

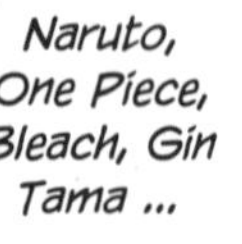
Schwerter ...
Naruto, One Piece, Bleach, Gin Tama ...
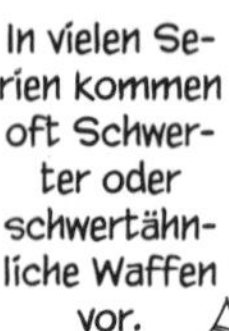
In vielen Serien kommen oft Schwerter oder schwertähnliche Waffen vor.
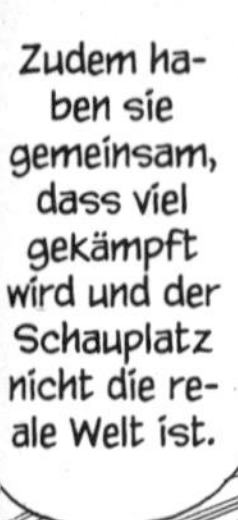
Zudem haben sie gemeinsam, dass viel gekämpft wird und der Schauplatz nicht die reale Welt ist.
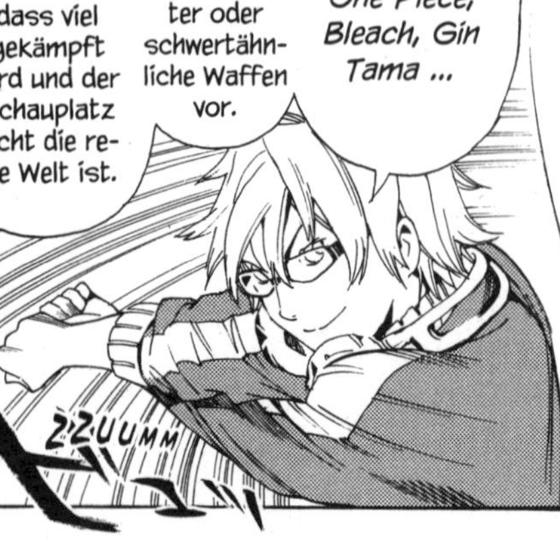
ZZUUMM
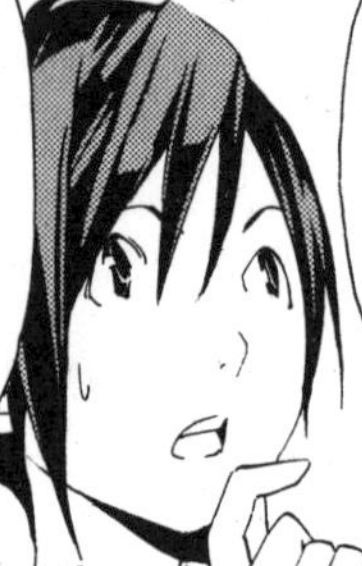
Es widerstrebt mir zwar, ein Schwert einzubauen, bloß, weil es ankommt, aber ...
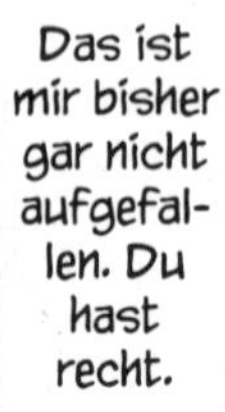
Das ist mir bisher gar nicht aufgefallen. Du hast recht.
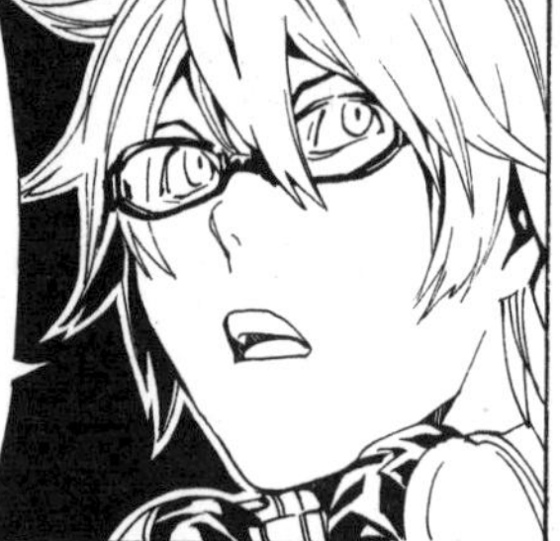
Kein Wunder ... Normalerweise achtet beim Lesen auch niemand auf so was.
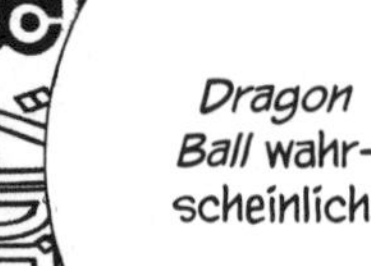
Was ist denn dein Lieblingsmanga, Shujin?
Es ist schwierig, nur einen zu nennen ...
Dragon Ball wahrscheinlich.
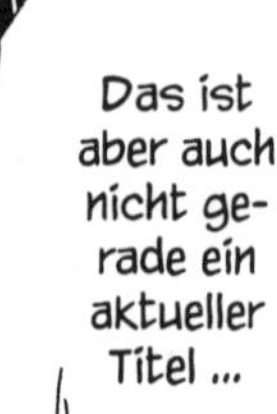
Das ist aber auch nicht gerade ein aktueller Titel ...

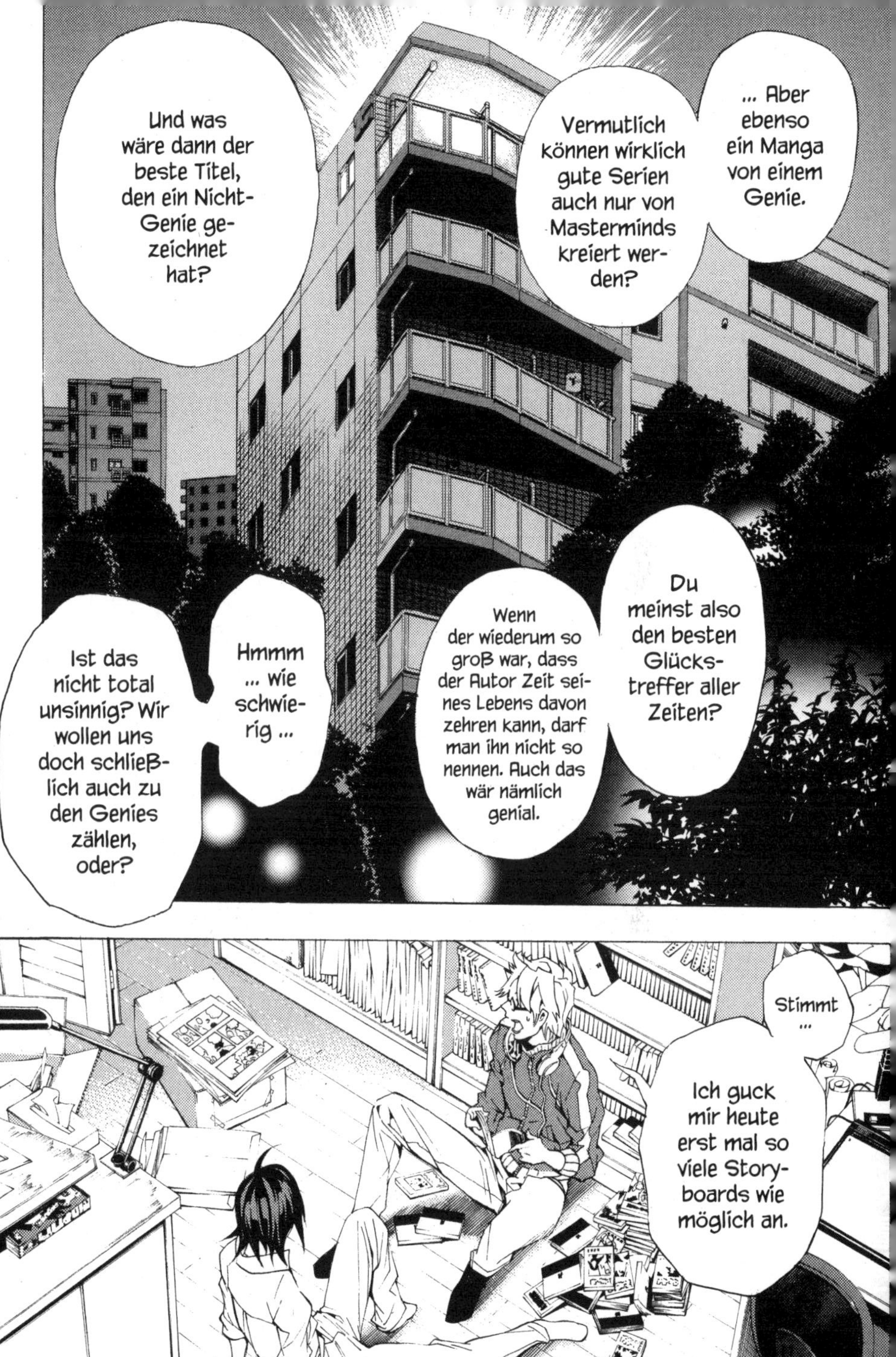
... Aber ebenso ein Manga von einem Genie.
Vermutlich können wirklich gute Serien auch nur von Masterminds kreiert werden?
Und was wäre dann der beste Titel, den ein Nicht-Genie gezeichnet hat?
Du meinst also den besten Glückstreffer aller Zeiten?
Wenn der wiederum so groß war, dass der Autor Zeit seines Lebens davon zehren kann, darf man ihn nicht so nennen. Auch das wär nämlich genial.
Hmmm ... wie schwierig ...
Ist das nicht total unsinnig? Wir wollen uns doch schließlich auch zu den Genies zählen, oder?
Stimmt ...
Ich guck mir heute erst mal so viele Storyboards wie möglich an.

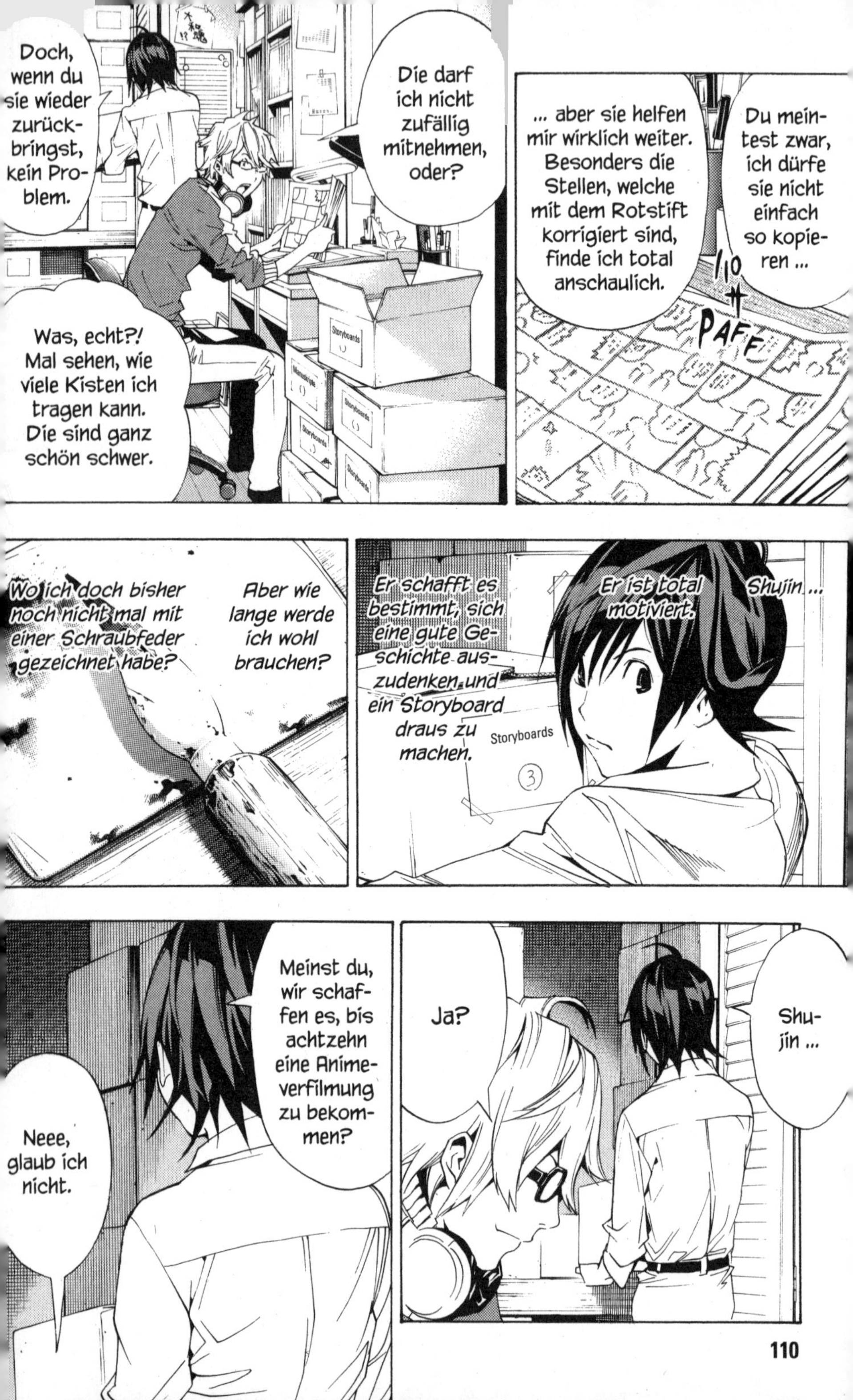

Du meintest zwar, ich dürfe sie nicht einfach so kopieren ...
... aber sie helfen mir wirklich weiter. Besonders die Stellen, welche mit dem Rotstift korrigiert sind, finde ich total anschaulich.
PAFF
Die darf ich nicht zufällig mitnehmen, oder?
Doch, wenn du sie wieder zurückbringst, kein Problem.
Was, echt?! Mal sehen, wie viele Kisten ich tragen kann. Die sind ganz schön schwer.
Storyboards

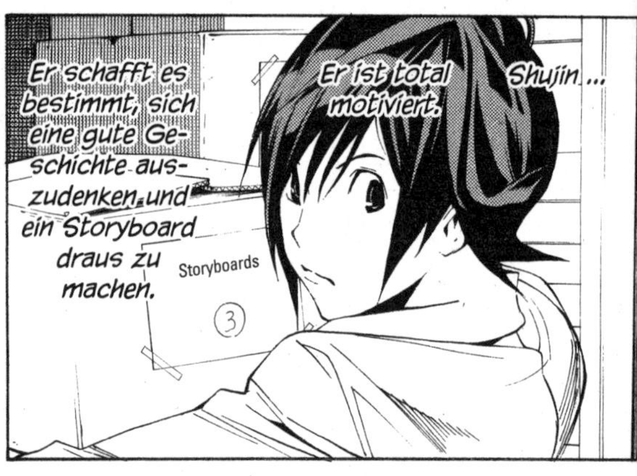

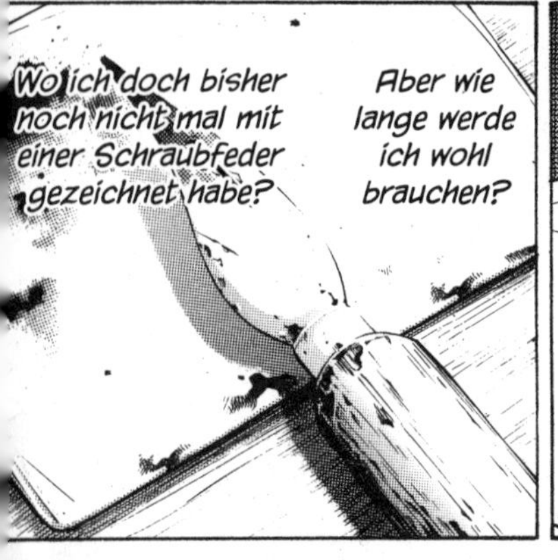

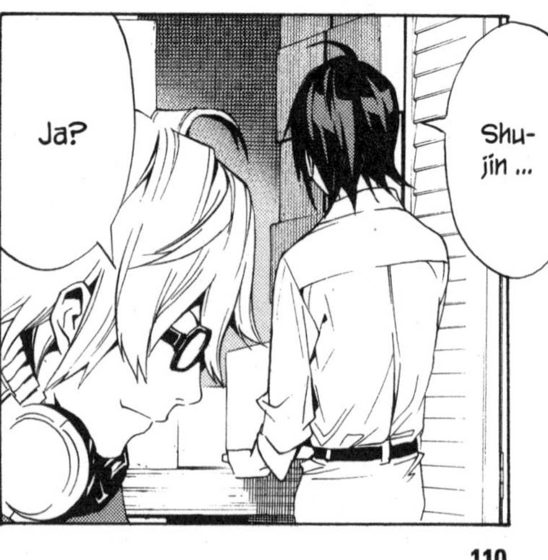

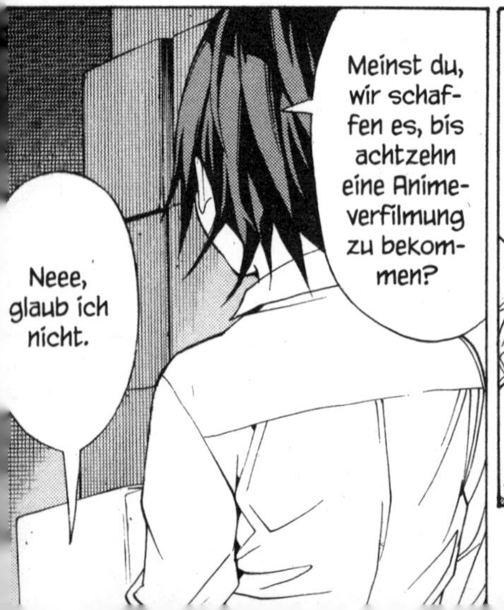

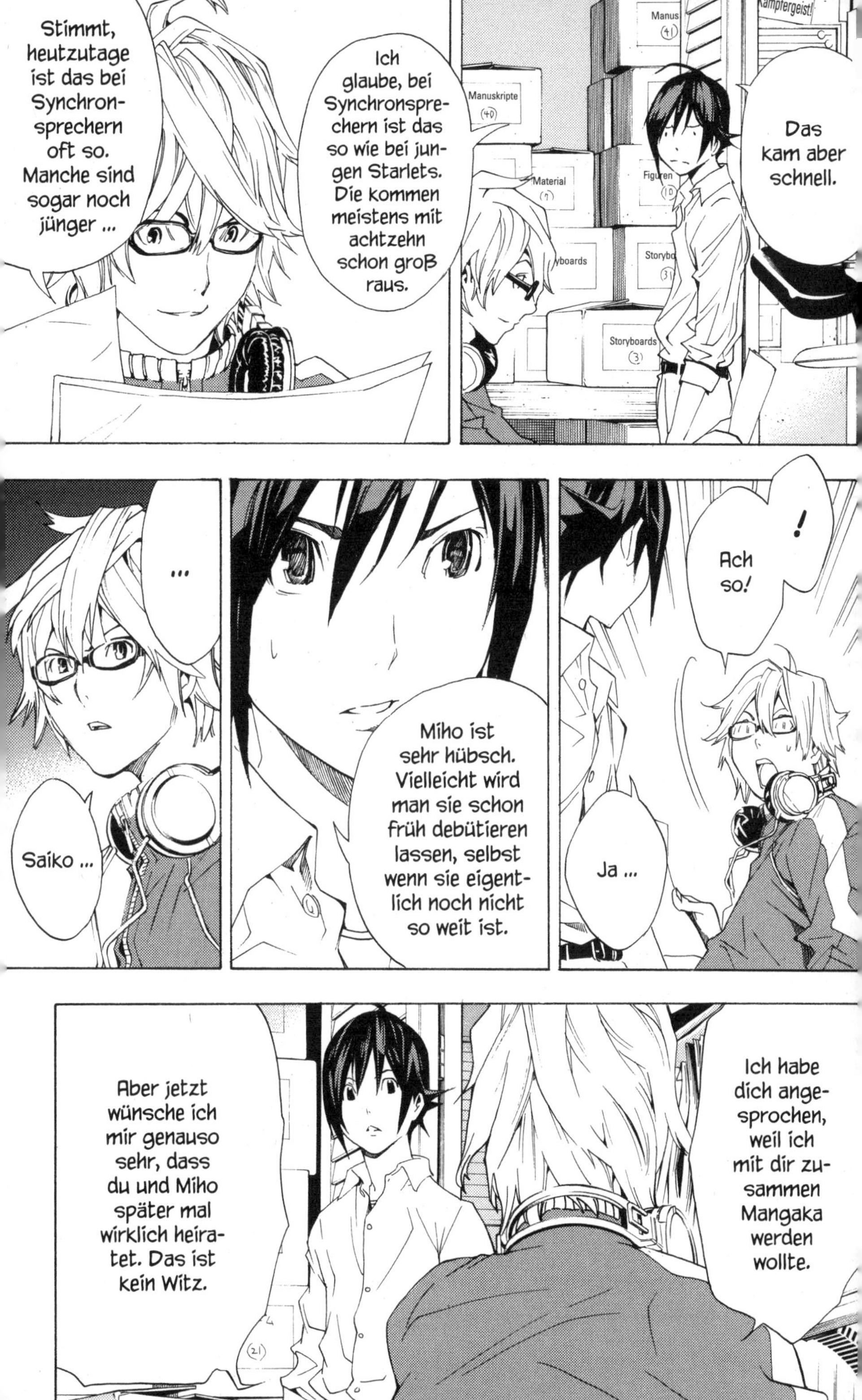
Kämpfergeist!
Manus
Manuskripte
Material
Figuren
Storyboards
Das kam aber schnell.
Ich glaube, bei Synchronsprechern ist das so wie bei jungen Starlets. Die kommen meistens mit achtzehn schon groß raus.
Stimmt, heutzutage ist das bei Synchronsprechern oft so. Manche sind sogar noch jünger ...
!
Ach so!
Ja ...
Miho ist sehr hübsch. Vielleicht wird man sie schon früh debütieren lassen, selbst wenn sie eigentlich noch nicht so weit ist.
...
Saiko ...
Ich habe dich angesprochen, weil ich mit dir zusammen Mangaka werden wollte.
Aber jetzt wünsche ich mir genauso sehr, dass du und Miho später mal wirklich heiratet. Das ist kein Witz.

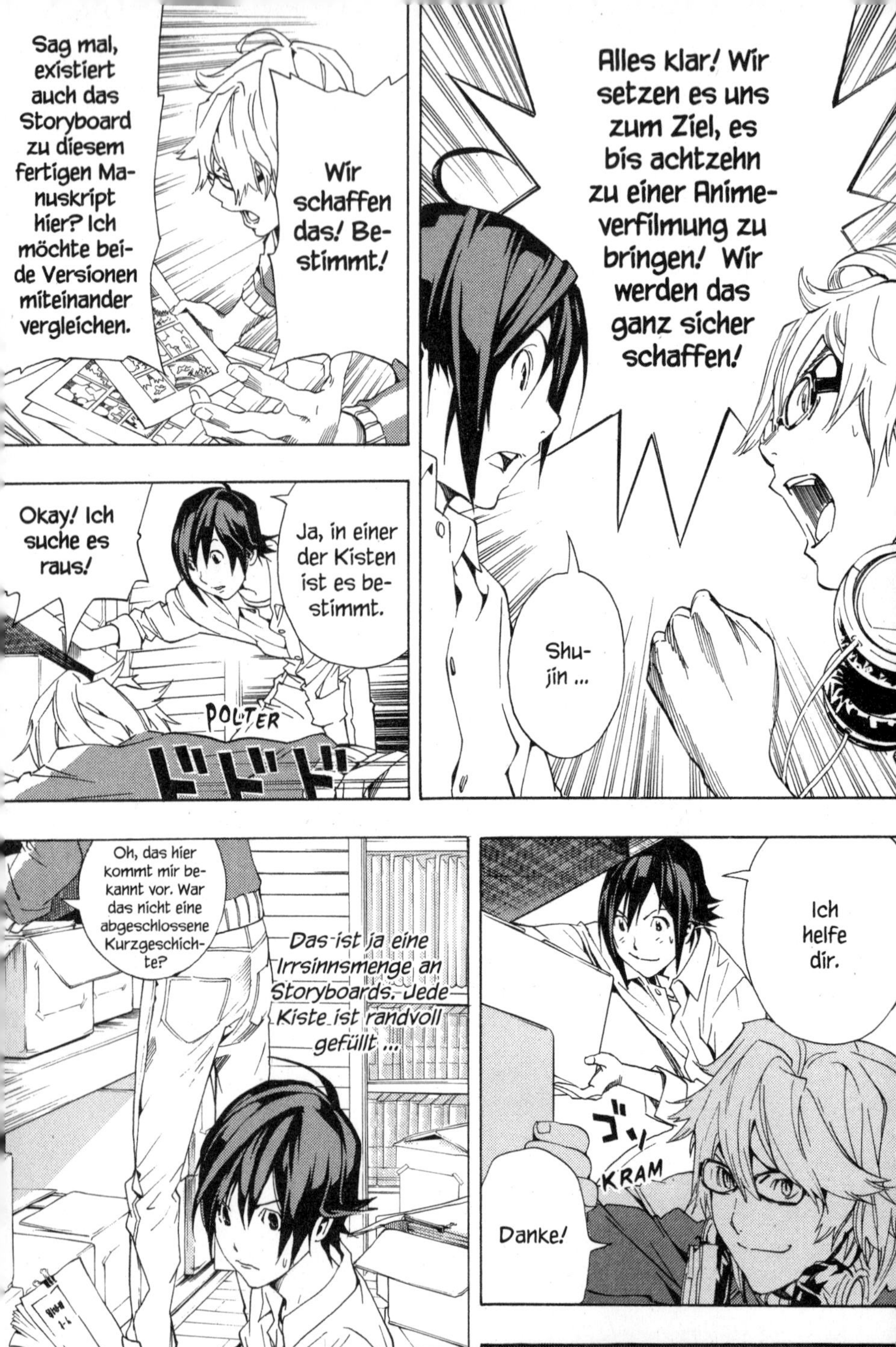
Wir schaffen das! Bestimmt!
Sag mal, existiert auch das Storyboard zu diesem fertigen Manuskript hier? Ich möchte beide Versionen miteinander vergleichen.
Alles klar! Wir setzen es uns zum Ziel, es bis achtzehn zu einer Animeverfilmung zu bringen! Wir werden das ganz sicher schaffen!
Shujin ...
Ja, in einer der Kisten ist es bestimmt.
Okay! Ich suche es raus!
POLTER
ドドドド
Ich helfe dir.
ゴソ
KRAM
Danke!
Oh, das hier kommt mir bekannt vor. War das nicht eine abgeschlossene Kurzgeschichte?
Das ist ja eine Irrsinnsmenge an Storyboards. Jede Kiste ist randvoll gefüllt ...

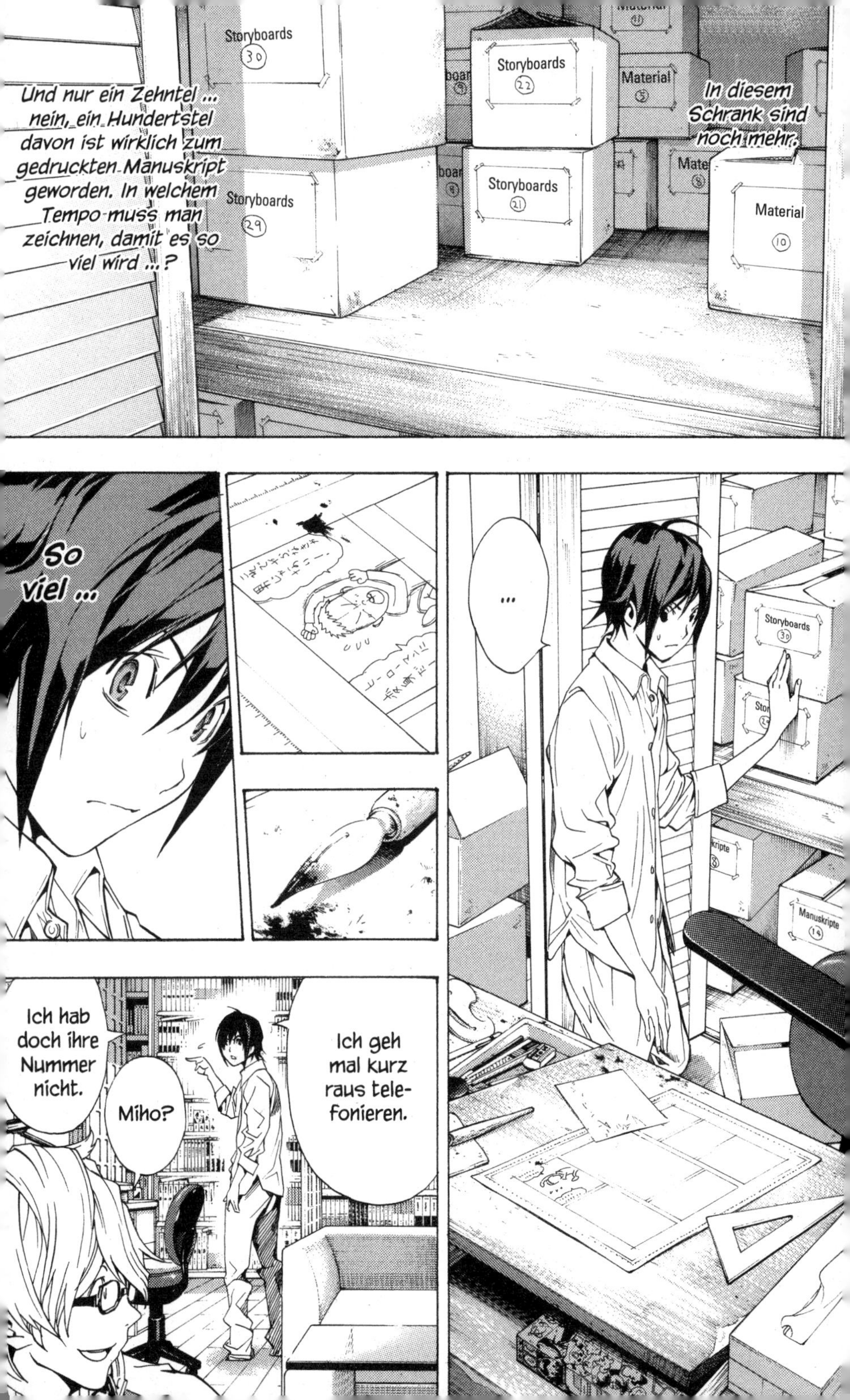

In diesem Schrank sind noch mehr.

Und nur ein Zehntel ... nein, ein Hundertstel davon ist wirklich zum gedruckten Manuskript geworden. In welchem Tempo muss man zeichnen, damit es so viel wird ...?

...

So viel ...

Ich geh mal kurz raus telefonieren.

Miho?

Ich hab doch ihre Nummer nicht.

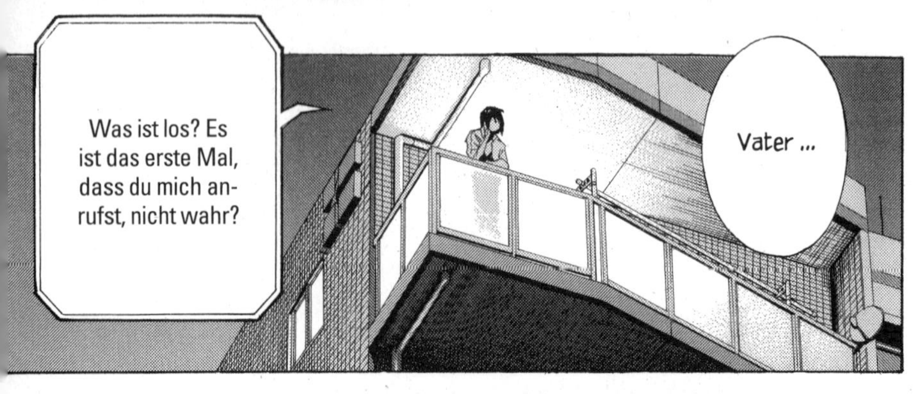
Vater ...
Was ist los? Es ist das erste Mal, dass du mich anrufst, nicht wahr?

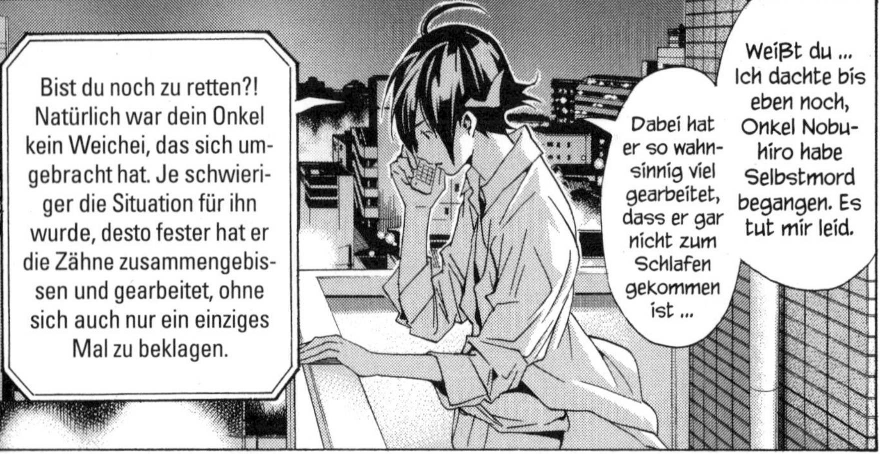
Weißt du ... Ich dachte bis eben noch, Onkel Nobuhiro habe Selbstmord begangen. Es tut mir leid.
Dabei hat er so wahnsinnig viel gearbeitet, dass er gar nicht zum Schlafen gekommen ist ...
Bist du noch zu retten?! Natürlich war dein Onkel kein Weichei, das sich umgebracht hat. Je schwieriger die Situation für ihn wurde, desto fester hat er die Zähne zusammengebissen und gearbeitet, ohne sich auch nur ein einziges Mal zu beklagen.

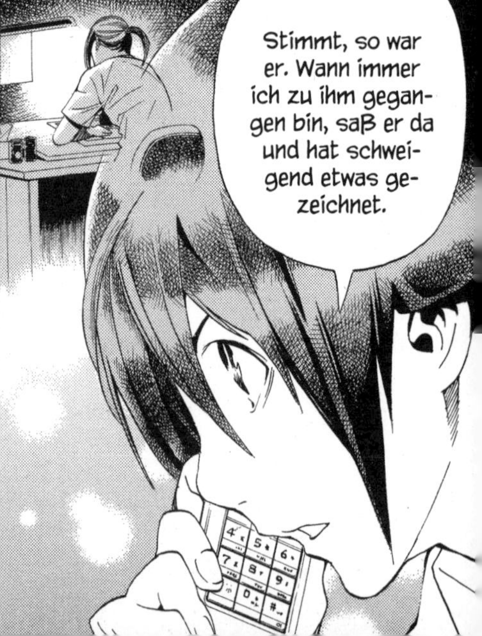
Stimmt, so war er. Wann immer ich zu ihm gegangen bin, saß er da und hat schweigend etwas gezeichnet.

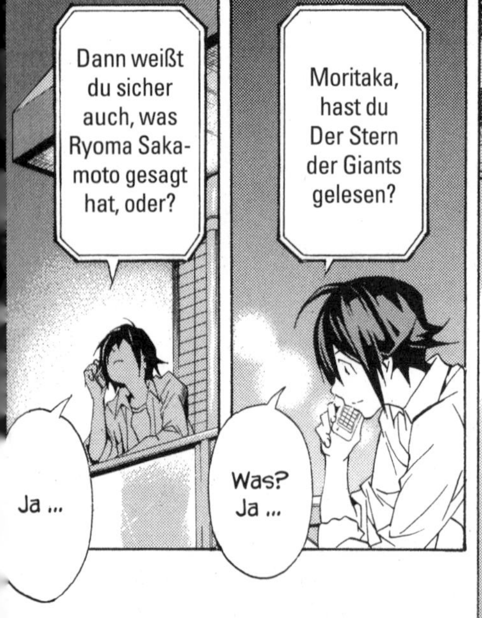
Moritaka, hast du Der Stern der Giants gelesen?
Was? Ja ...
Dann weißt du sicher auch, was Ryoma Sakamoto gesagt hat, oder?
Ja ...

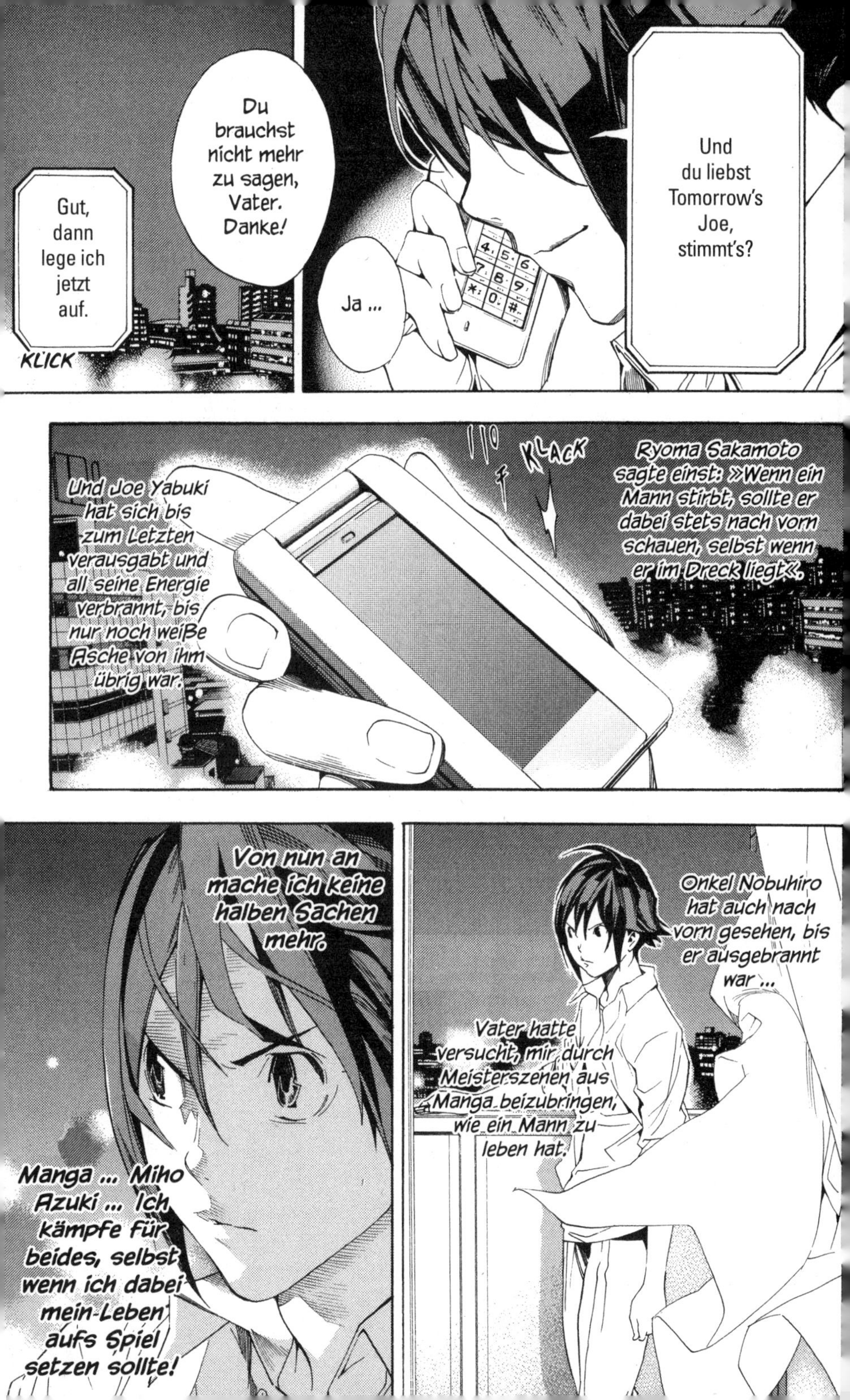

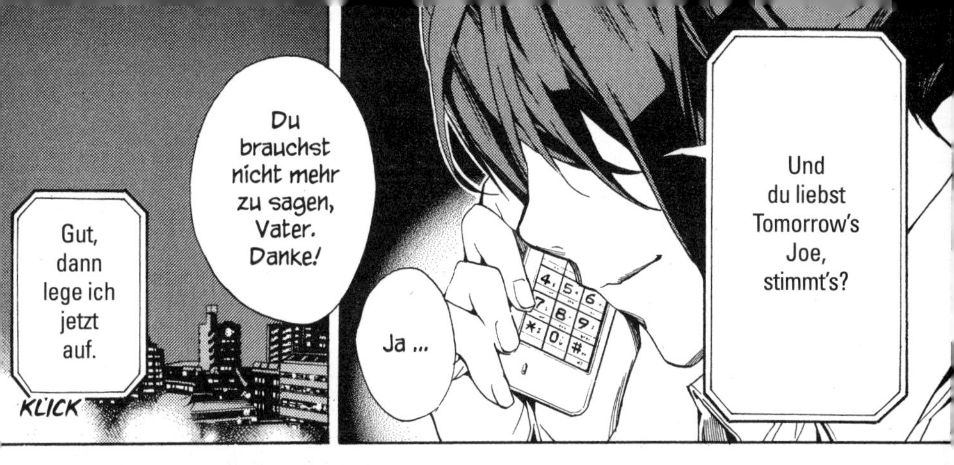

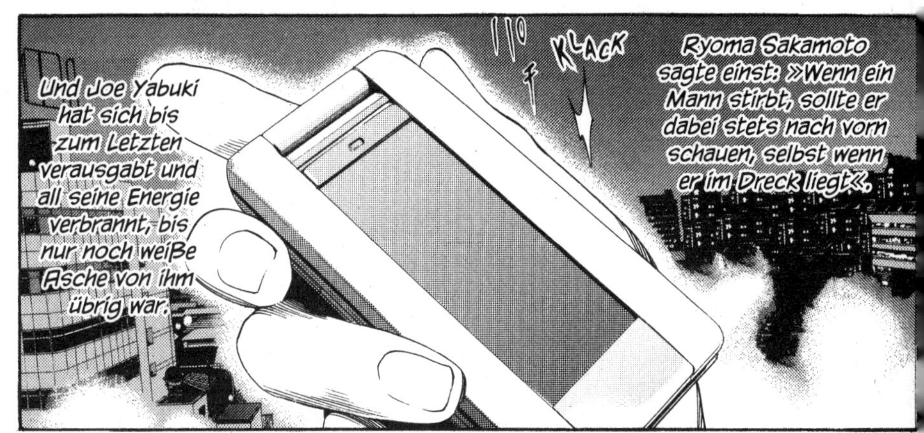

Onkel Nobuhiro hat auch nach vorn gesehen, bis er ausgebrannt war ...

Vater hatte versucht, mir durch Meisterszenen aus Manga beizubringen, wie ein Mann zu leben hat.

Von nun an mache ich keine halben Sachen mehr.

Manga ... Miho Azuki ... Ich kämpfe für beides, selbst wenn ich dabei mein Leben aufs Spiel setzen sollte!

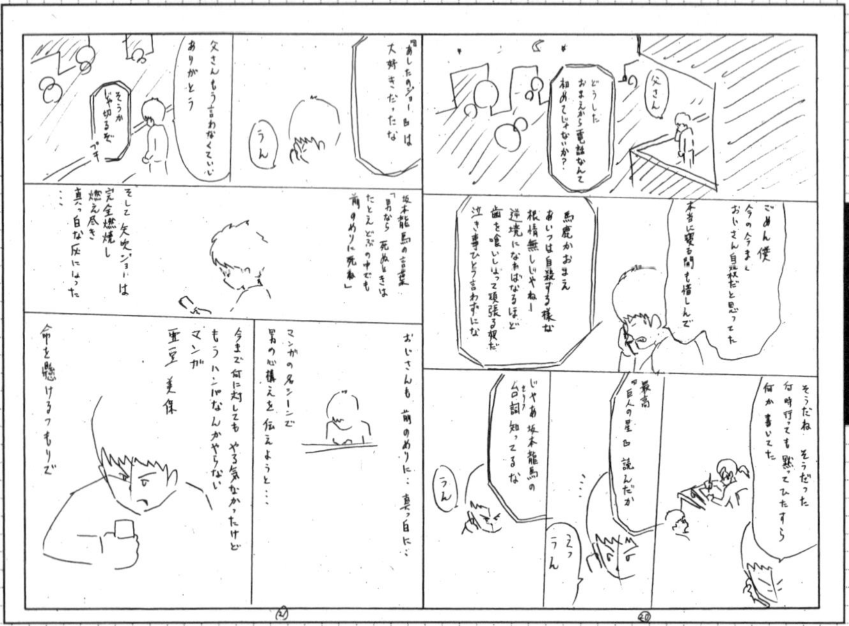

Storyboard Ohba

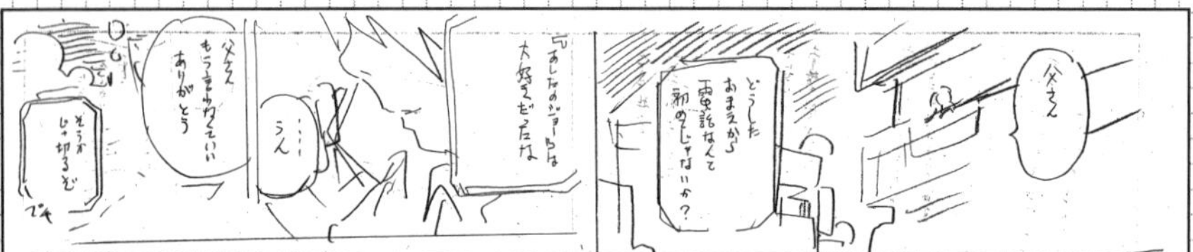

父さん
どうした おまえから電話なんて初めてじゃないか？
ごめん僕 今の今までおじさん自殺だと思ってた
本当に寝る間も惜しんで
馬鹿かおまえ あいつは自殺する様な根性無しじゃねー 逆境になればなるほど歯を喰いしばって頑張る奴だ 泣き事ひとつ言わずにな
そうだね そうだった 何時行っても黙ってひたすら何か書いてた
最高『巨人の星』読んだか
……
えっ うん
じゃあ坂本龍馬のあの台詞知ってるな
うん
20

『あしたのジョー』は大好きだったな
うん
父さんもう言わなくていい ありがとう
そうか じゃ切るぞ
プチ
坂本龍馬の言葉「男なら死ぬときはたとえドブの中でも前のめりに死ね」
そして矢吹ジョーは完全燃焼し燃え尽き真っ白な灰になった……
おじさんも前のめりに… 真っ白に…
マンガの名シーンで男の心構えを伝えようと…
今まで何に対してもやる気なかったけど もうハンパなんかやらない
マンガ 亜豆美保 命を懸けるつもりで
21

Storyboard Obata

父さん
どうした おまえから電話なんて初めてじゃないか？
ごめん僕 今の今までおじさん自殺だと思ってた
本当に寝る間も惜しんで ……
馬鹿かおまえ あいつは自殺する様な根性無しじゃねー 逆境になればなるほど歯を喰いしばって頑張る奴だ 泣き事ひとつ言わずにな
そうだね そうだった 何時行っても黙ってひたすら何か描いてた
最高『巨人の星』読んだか
えっ うん
じゃあ坂本龍馬の台詞知ってるな
うん
20

『あしたのジョー』は大好きだったな
…… うん
父さん もう言わなくていい ありがとう
そうか じゃ切るぞ
プチ
坂本龍馬の言葉「男なら死ぬときはたとえドブの中でも前のめりに死ね」
パチ
そして矢吹ジョーは完全燃焼し燃え尽き真っ白な灰になった……
おじさんも前のめりに 真っ白に…
マンガの名シーンで父さんは僕に男としての心構えを伝えようと…
もうハンパなんかやらない
マンガ
亜豆美保
命を懸けるつもりで
21

Fertig!

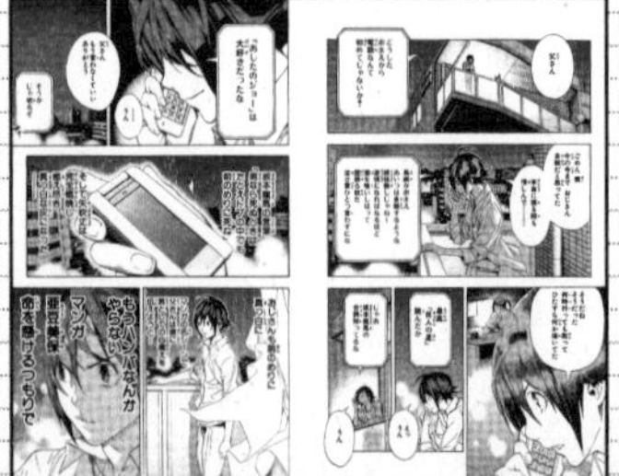

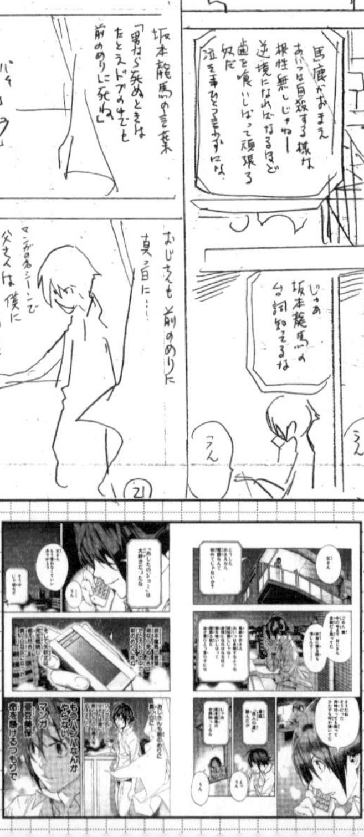

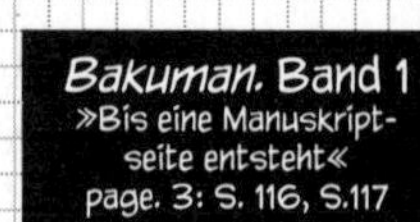

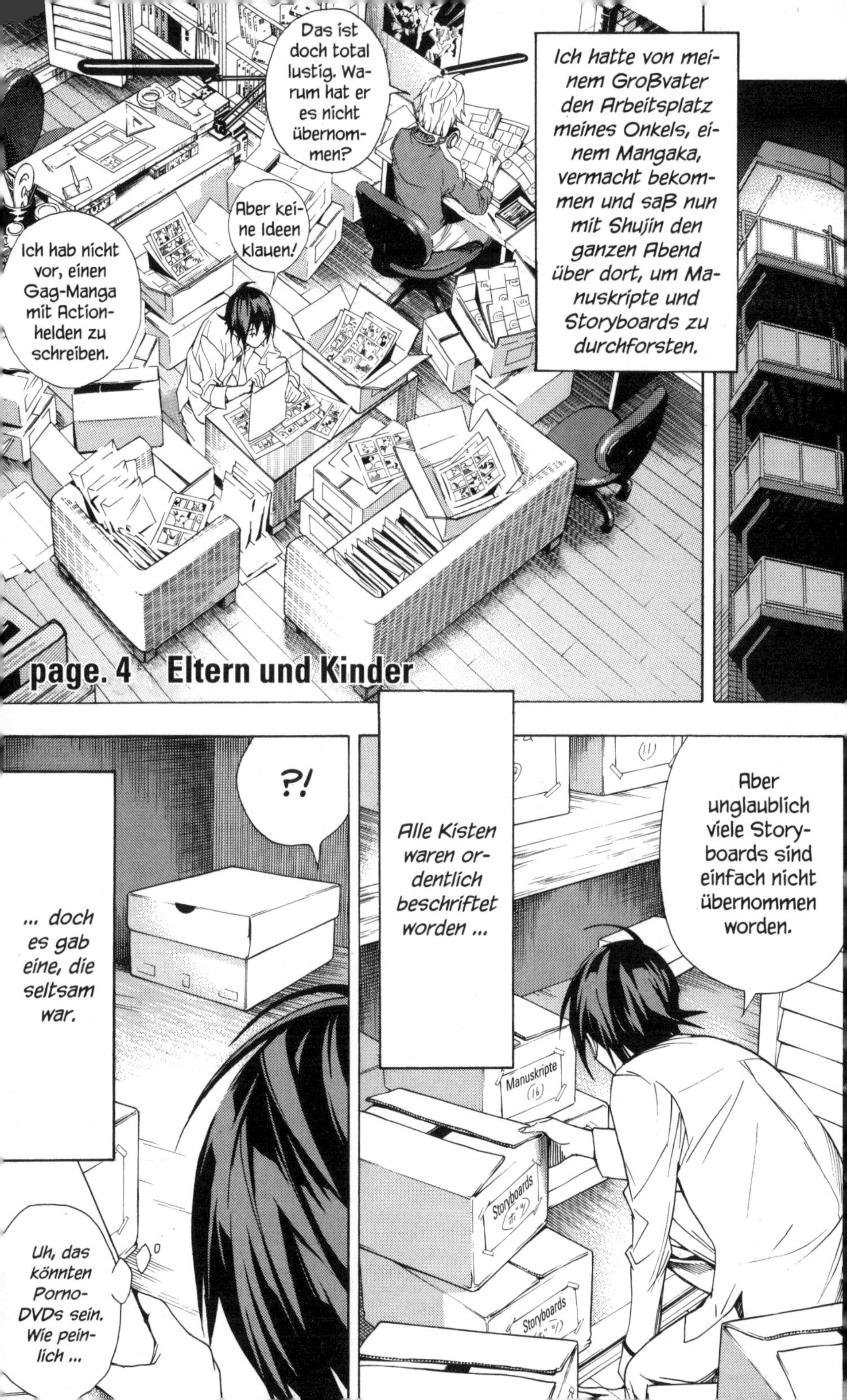
Ich hatte von meinem Großvater den Arbeitsplatz meines Onkels, einem Mangaka, vermacht bekommen und saß nun mit Shujin den ganzen Abend über dort, um Manuskripte und Storyboards zu durchforsten.
Das ist doch total lustig. Warum hat er es nicht übernommen?
Aber keine Ideen klauen!
Ich hab nicht vor, einen Gag-Manga mit Actionhelden zu schreiben.
page. 4 Eltern und Kinder
Aber unglaublich viele Storyboards sind einfach nicht übernommen worden.
Alle Kisten waren ordentlich beschriftet worden ...
Manuskripte
Storyboards
Storyboards
?!
... doch es gab eine, die seltsam war.
Uh, das könnten Porno-DVDs sein. Wie peinlich ...

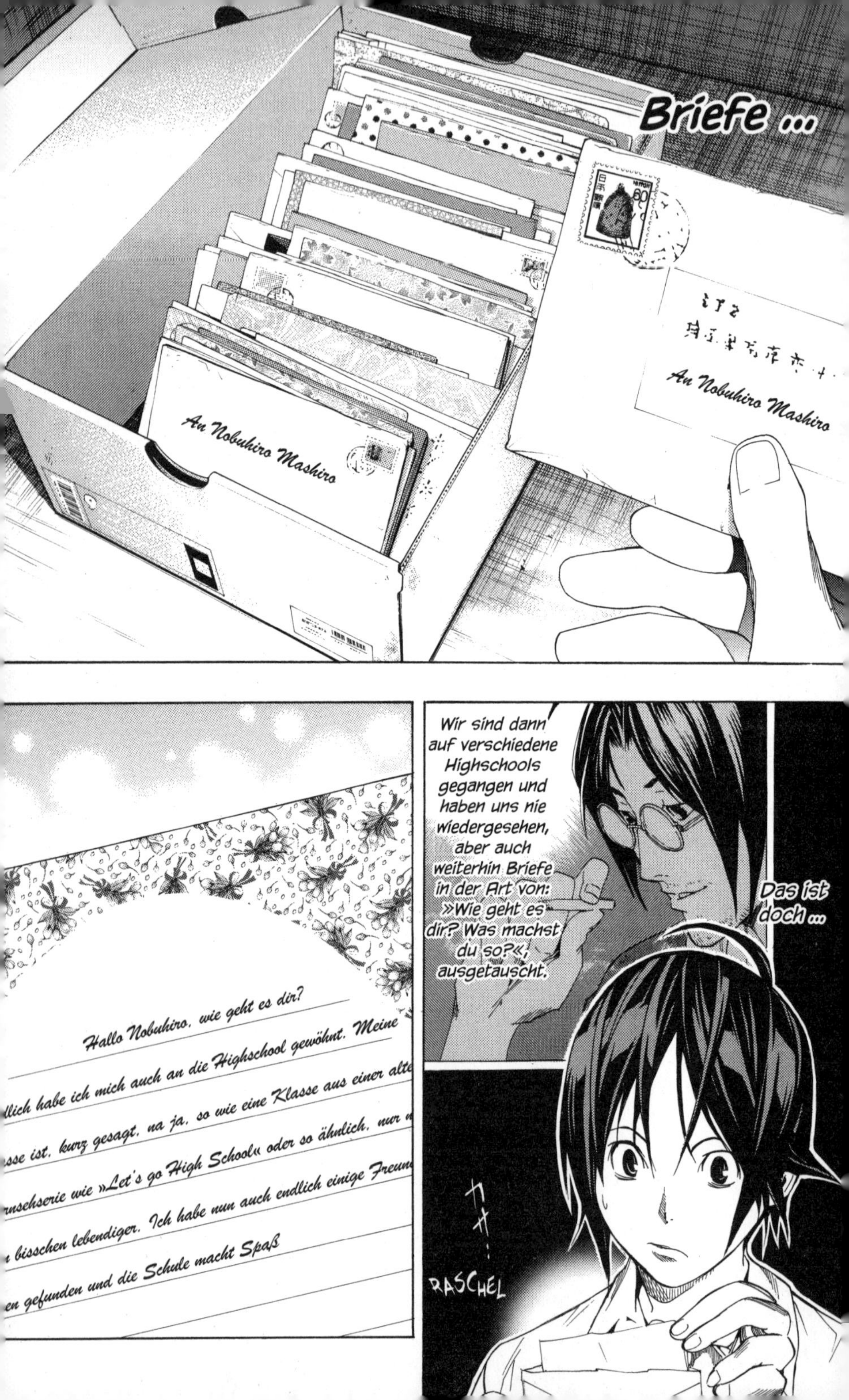

Briefe ...

An Nobuhiro Mashiro

An Nobuhiro Mashiro

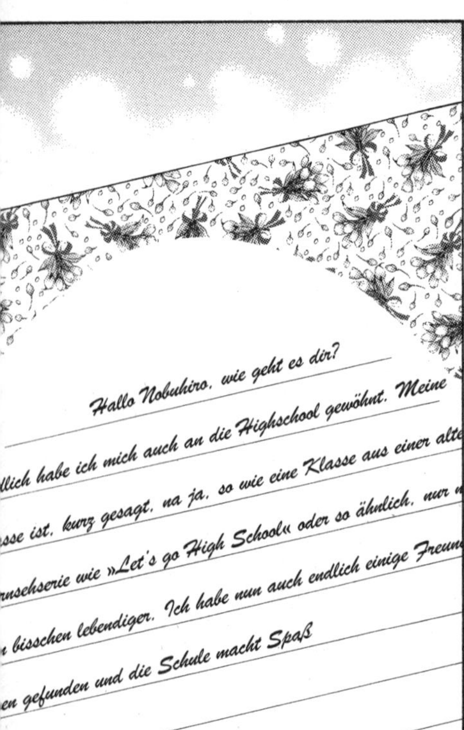

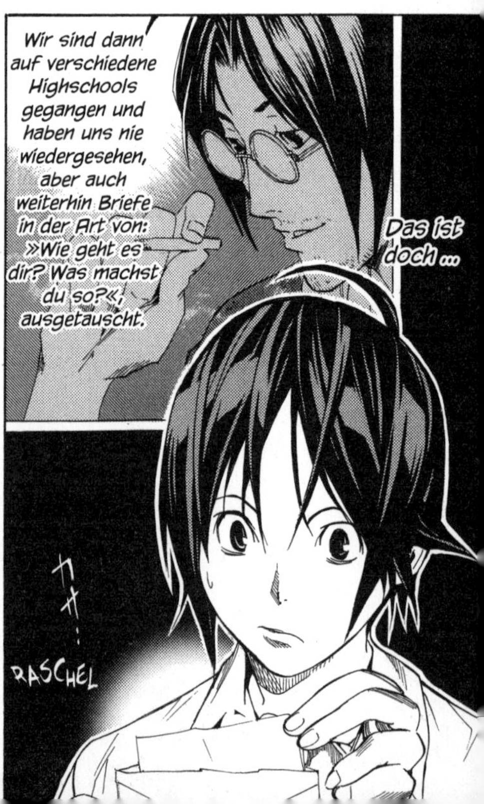

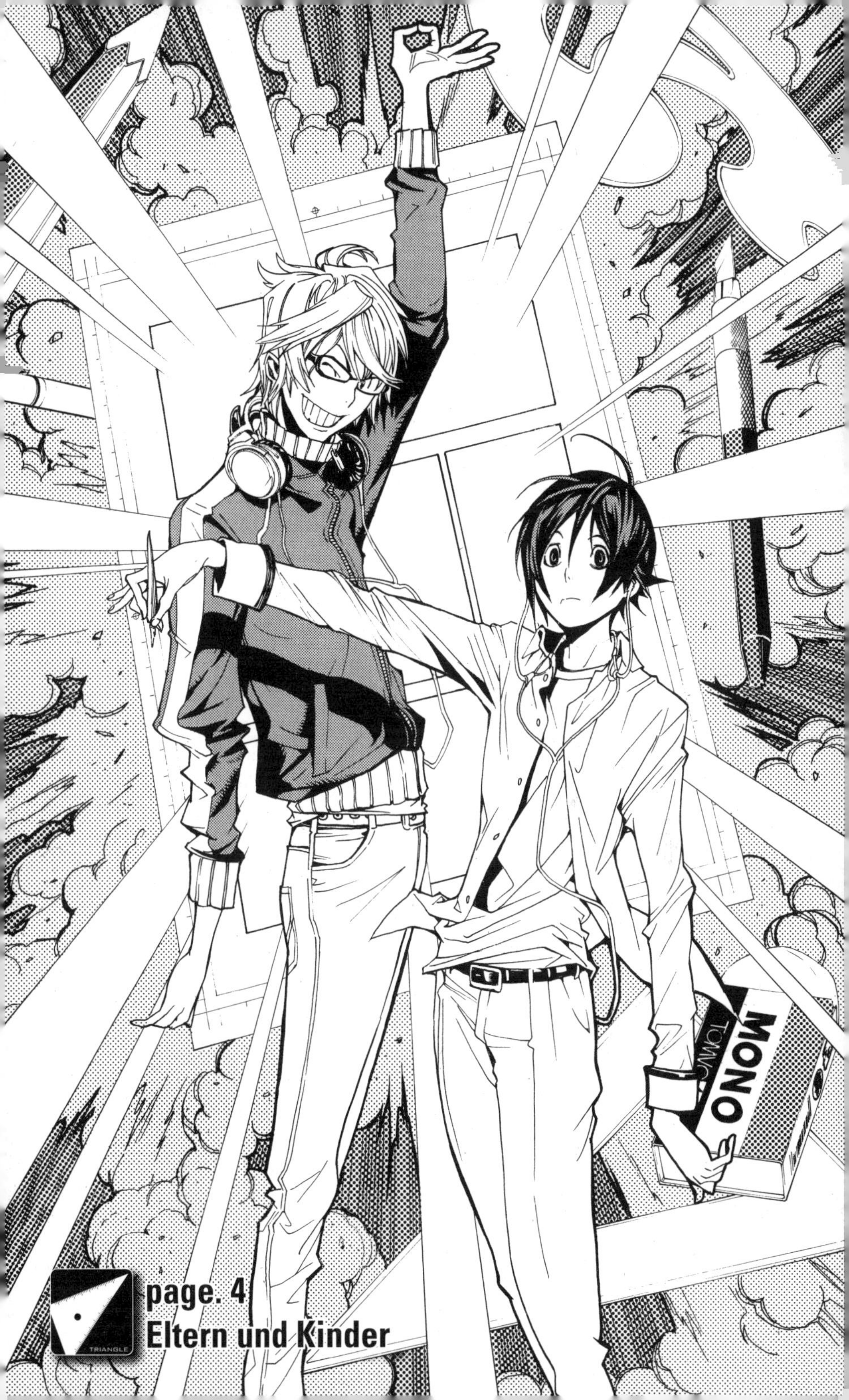
page. 4
Eltern und Kinder
TRIANGLE
MONO

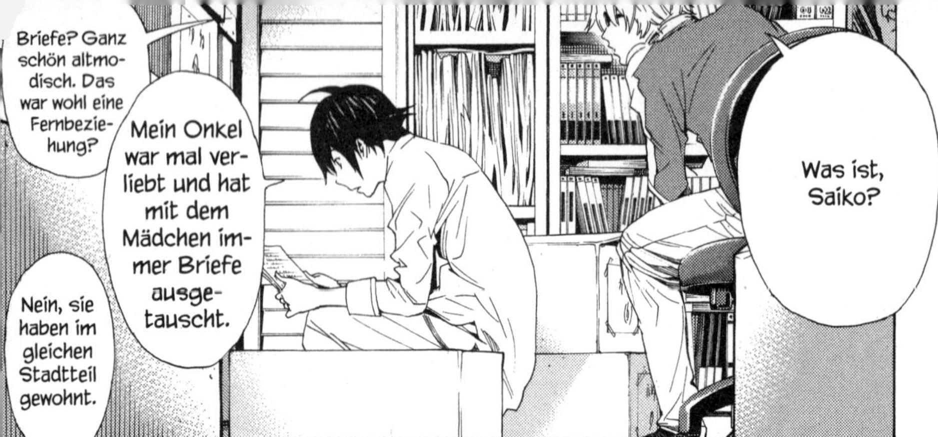
Was ist, Saiko?
Mein Onkel war mal verliebt und hat mit dem Mädchen immer Briefe ausgetauscht.
Briefe? Ganz schön altmodisch. Das war wohl eine Fernbeziehung?
Nein, sie haben im gleichen Stadtteil gewohnt.

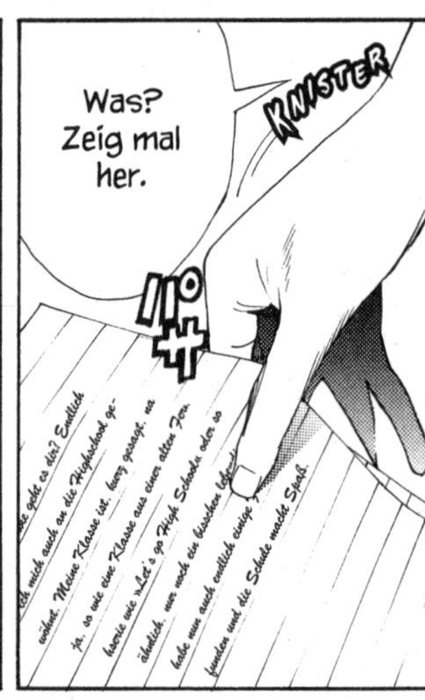
Was? Zeig mal her.
KNISTER

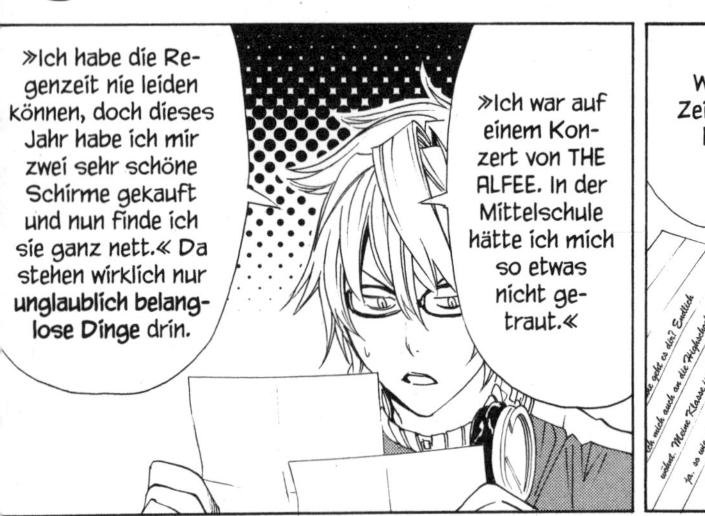
»Ich war auf einem Konzert von THE ALFEE. In der Mittelschule hätte ich mich so etwas nicht getraut.«
»Ich habe die Regenzeit nie leiden können, doch dieses Jahr habe ich mir zwei sehr schöne Schirme gekauft und nun finde ich sie ganz nett.« Da stehen wirklich nur **unglaublich belanglose Dinge** drin.

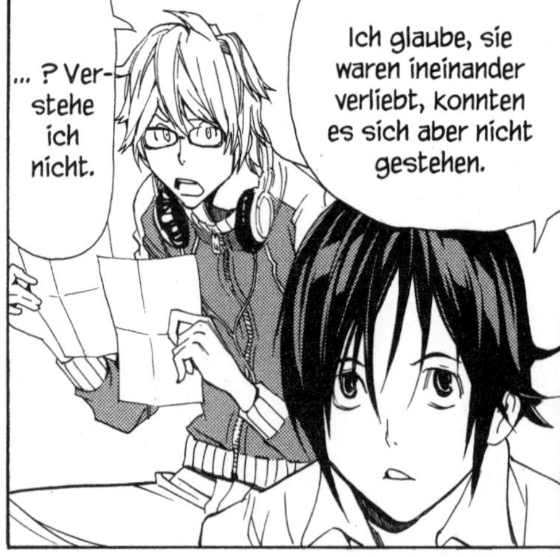
Ich glaube, sie waren ineinander verliebt, konnten es sich aber nicht gestehen.
... ? Verstehe ich nicht.

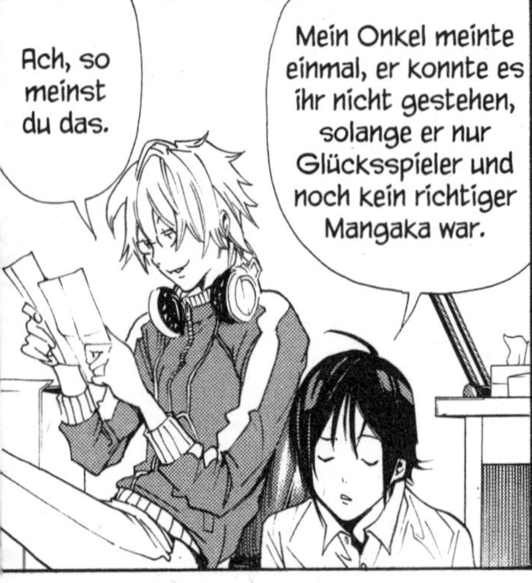
Mein Onkel meinte einmal, er konnte es ihr nicht gestehen, solange er nur Glücksspieler und noch kein richtiger Mangaka war.
Ach, so meinst du das.

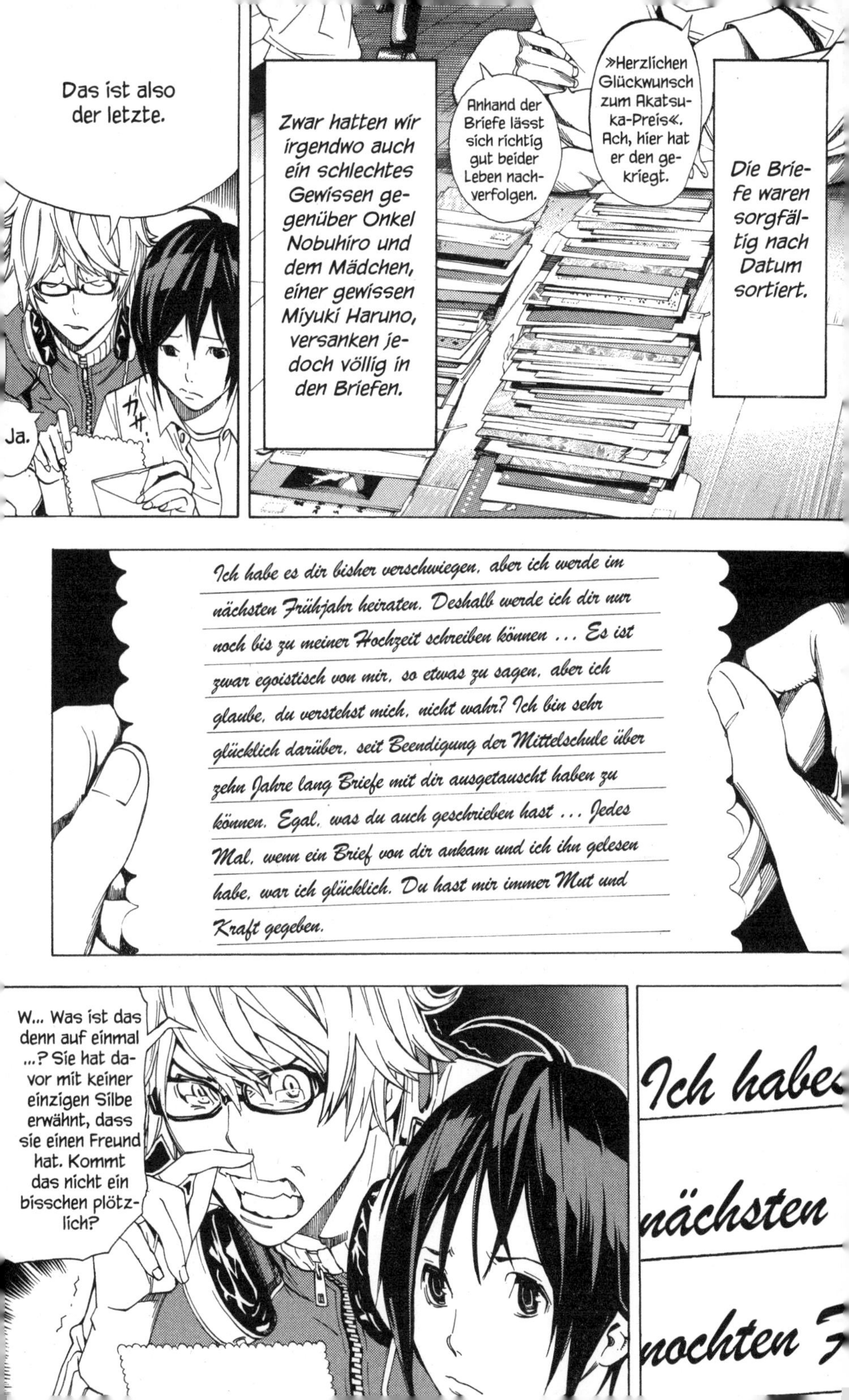

Die Briefe waren sorgfältig nach Datum sortiert.

»Herzlichen Glückwunsch zum Akatsuka-Preis«. Ach, hier hat er den gekriegt.

Anhand der Briefe lässt sich richtig gut beider Leben nachverfolgen.

Zwar hatten wir irgendwo auch ein schlechtes Gewissen gegenüber Onkel Nobuhiro und dem Mädchen, einer gewissen Miyuki Haruno, versanken jedoch völlig in den Briefen.

Das ist also der letzte.

Ja.

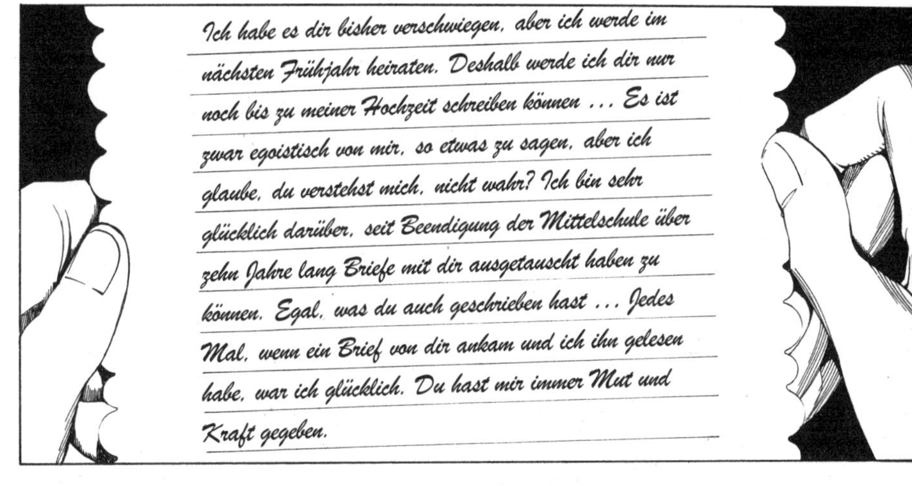

Ich habe es dir bisher verschwiegen, aber ich werde im nächsten Frühjahr heiraten. Deshalb werde ich dir nur noch bis zu meiner Hochzeit schreiben können ... Es ist zwar egoistisch von mir, so etwas zu sagen, aber ich glaube, du verstehst mich, nicht wahr? Ich bin sehr glücklich darüber, seit Beendigung der Mittelschule über zehn Jahre lang Briefe mit dir ausgetauscht haben zu können. Egal, was du auch geschrieben hast ... Jedes Mal, wenn ein Brief von dir ankam und ich ihn gelesen habe, war ich glücklich. Du hast mir immer Mut und Kraft gegeben.

Ich habe

nächsten

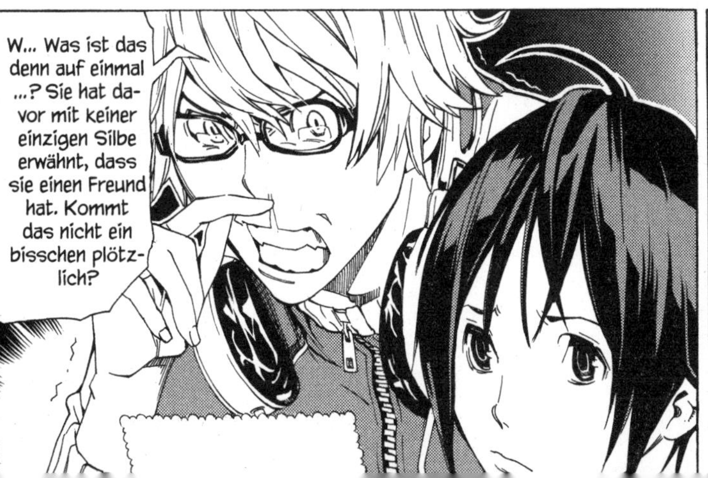

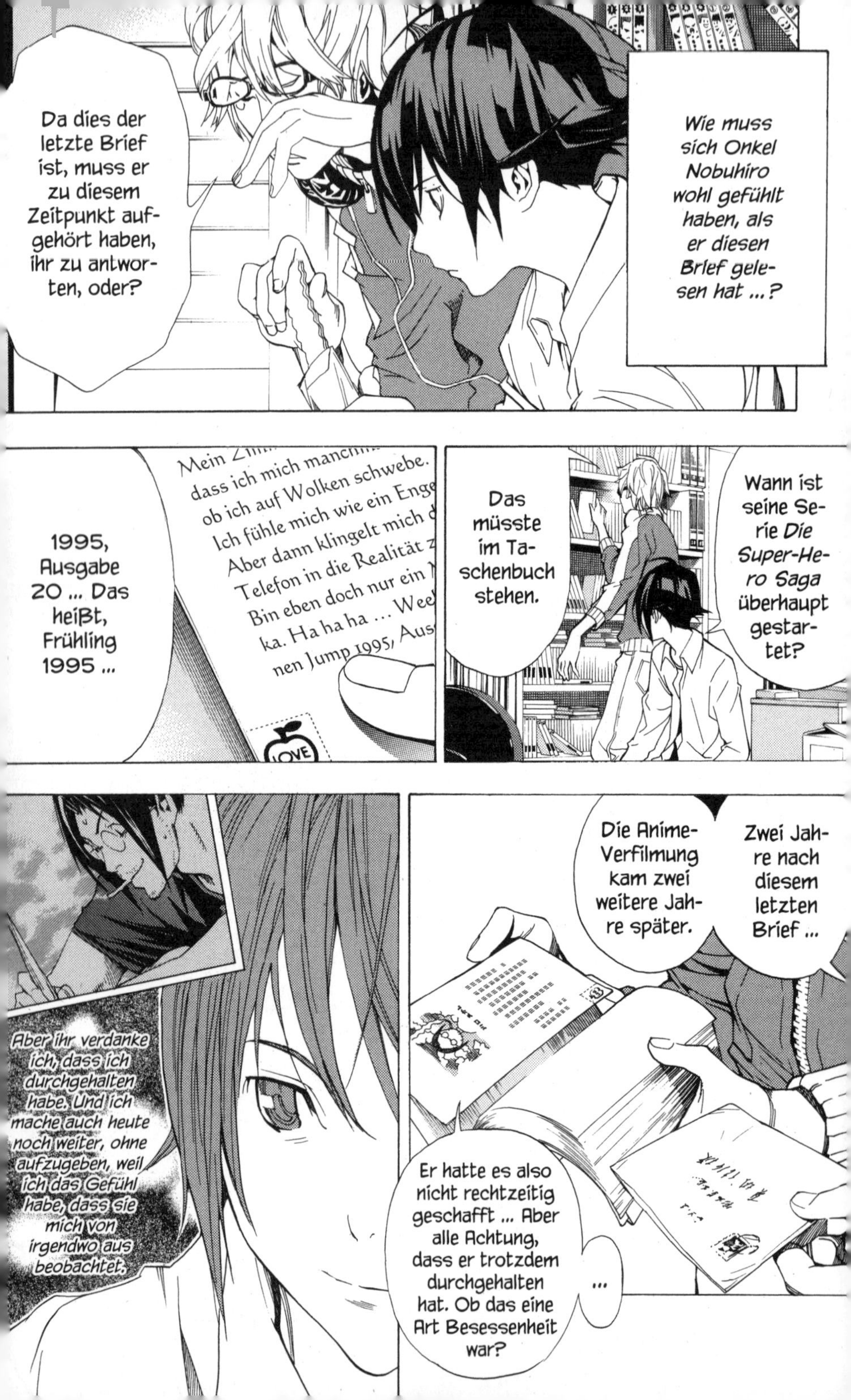

Wie muss sich Onkel Nobuhiro wohl gefühlt haben, als er diesen Brief gelesen hat ...?

Da dies der letzte Brief ist, muss er zu diesem Zeitpunkt aufgehört haben, ihr zu antworten, oder?

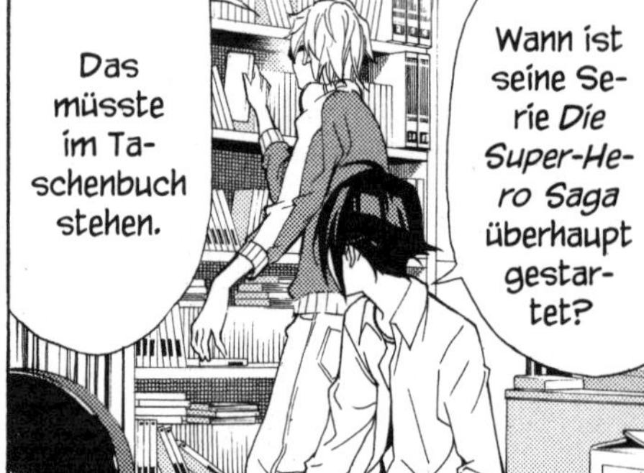

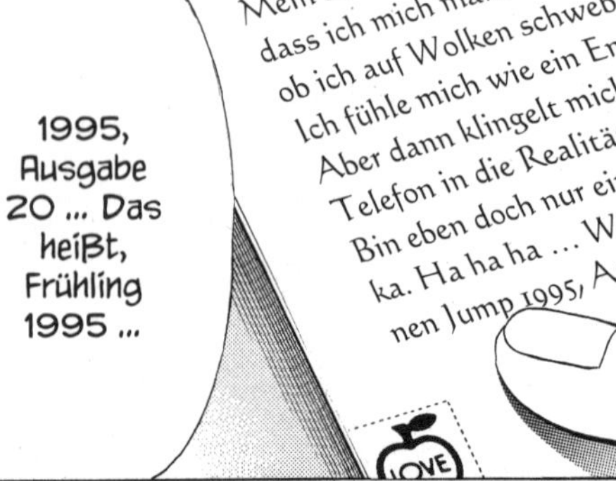

Zwei Jahre nach diesem letzten Brief ...

Die Anime-Verfilmung kam zwei weitere Jahre später.

Er hatte es also nicht rechtzeitig geschafft ... Aber alle Achtung, dass er trotzdem durchgehalten hat. Ob das eine Art Besessenheit war?

...

Aber ihr verdanke ich, dass ich durchgehalten habe. Und ich mache auch heute noch weiter, ohne aufzugeben, weil ich das Gefühl habe, dass sie mich von irgendwo aus beobachtet.

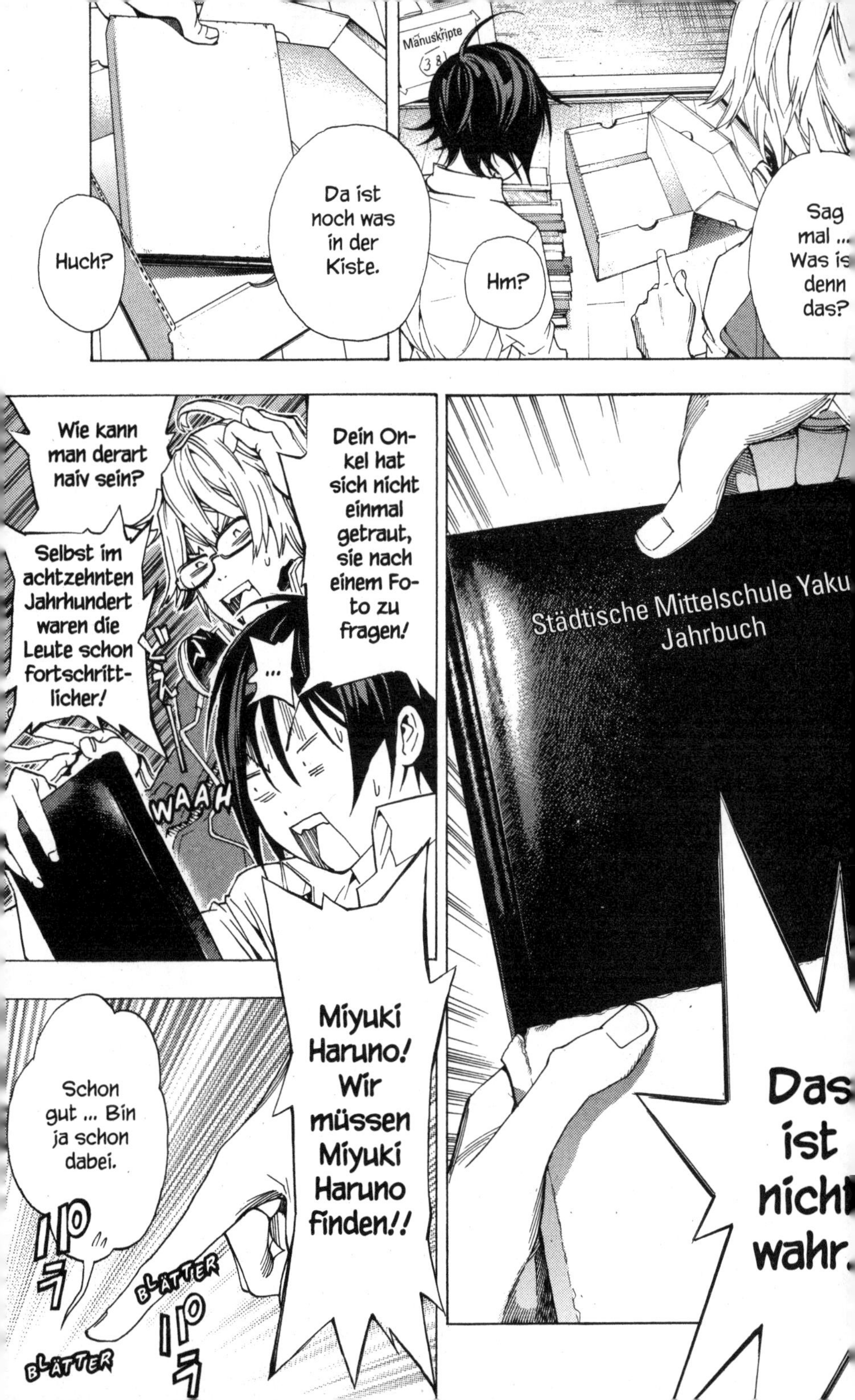
Manuskripte (38)
Sag mal ... Was is denn das?
Hm?
Da ist noch was in der Kiste.
Huch?
Städtische Mittelschule Yaku Jahrbuch
Das ist nich wahr.
Dein Onkel hat sich nicht einmal getraut, sie nach einem Foto zu fragen!
Wie kann man derart naiv sein?
Selbst im achtzehnten Jahrhundert waren die Leute schon fortschrittlicher!
...
WAAH
Miyuki Haruno! Wir müssen Miyuki Haruno finden!!
Schon gut ... Bin ja schon dabei.
BLÄTTER
BLÄTTER

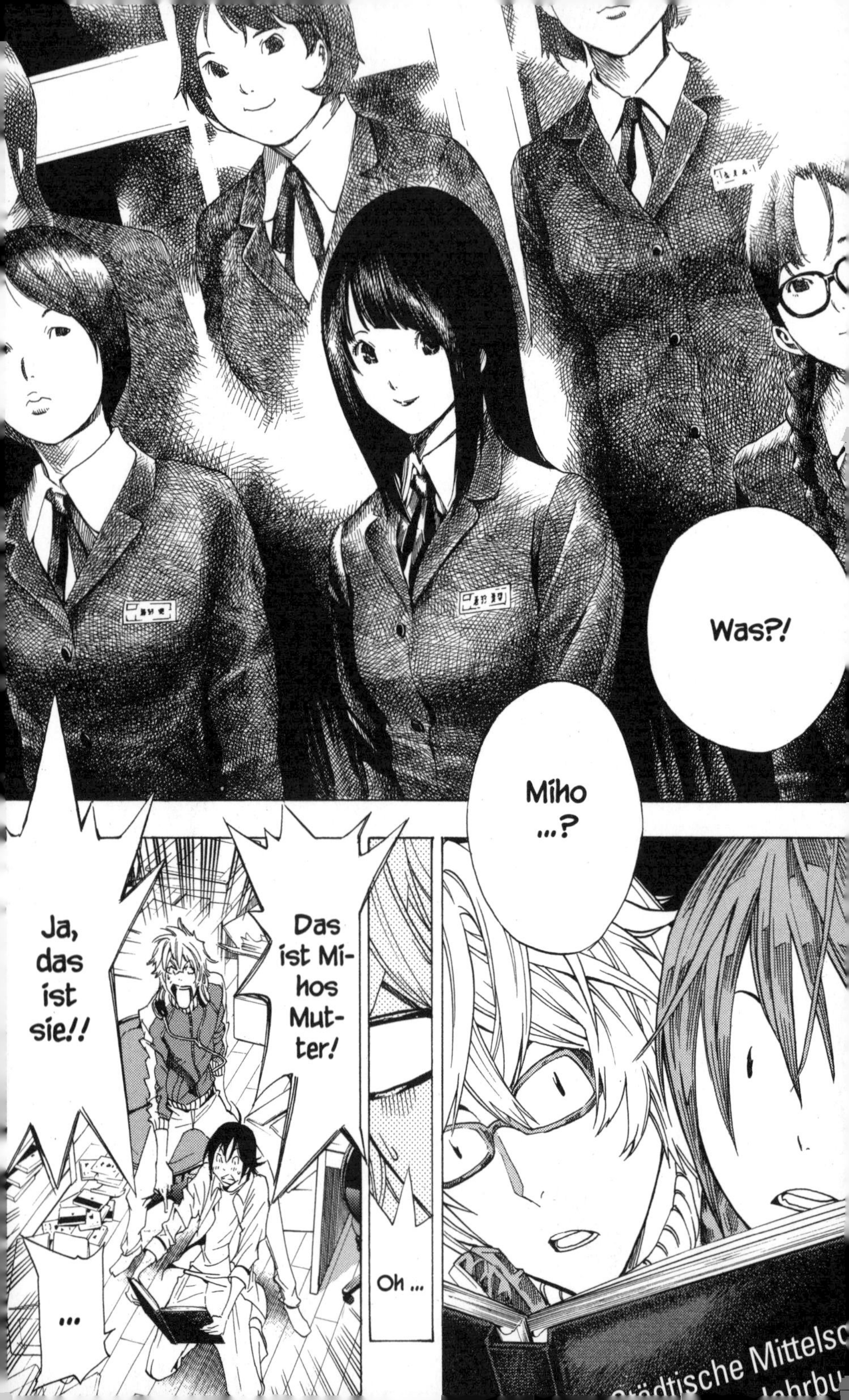

Was?!
Miho ...?
Oh ...
Das ist Mihos Mutter!
Ja, das ist sie!!
...

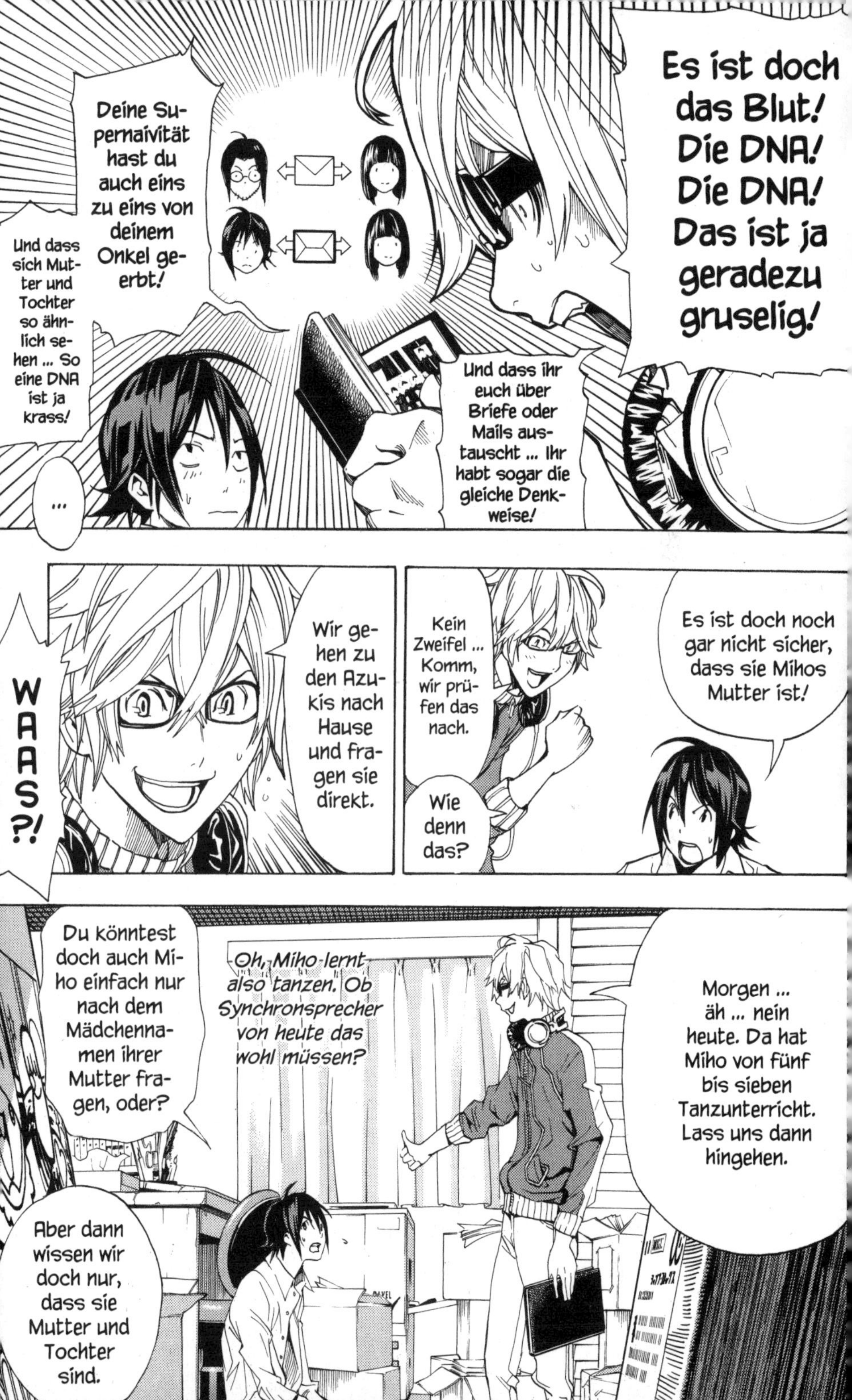
Es ist doch das Blut! Die DNA! Die DNA! Das ist ja geradezu gruselig!
Und dass ihr euch über Briefe oder Mails austauscht ... Ihr habt sogar die gleiche Denkweise!
Deine Supernaivität hast du auch eins zu eins von deinem Onkel geerbt!
Und dass sich Mutter und Tochter so ähnlich sehen ... So eine DNA ist ja krass!
...
Es ist doch noch gar nicht sicher, dass sie Mihos Mutter ist!
Kein Zweifel ... Komm, wir prüfen das nach.
Wie denn das?
Wir gehen zu den Azukis nach Hause und fragen sie direkt.
WAAAS?!
Morgen ... äh ... nein heute. Da hat Miho von fünf bis sieben Tanzunterricht. Lass uns dann hingehen.
Oh, Miho lernt also tanzen. Ob Synchronsprecher von heute das wohl müssen?
Du könntest doch auch Miho einfach nur nach dem Mädchennamen ihrer Mutter fragen, oder?
Aber dann wissen wir doch nur, dass sie Mutter und Tochter sind.

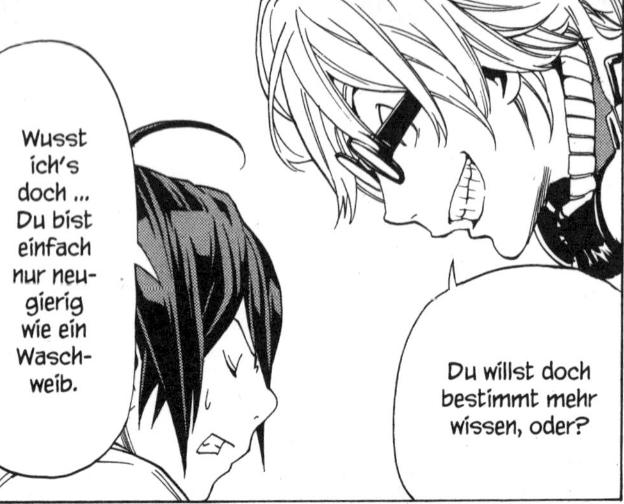
Du willst doch bestimmt mehr wissen, oder?
Wusst ich's doch ... Du bist einfach nur neugierig wie ein Waschweib.

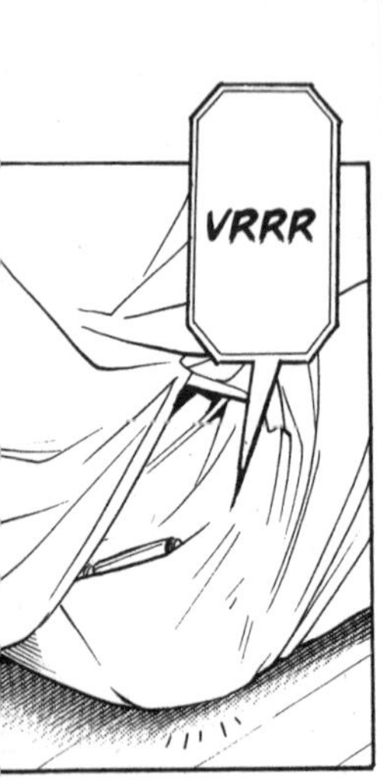
VRRR

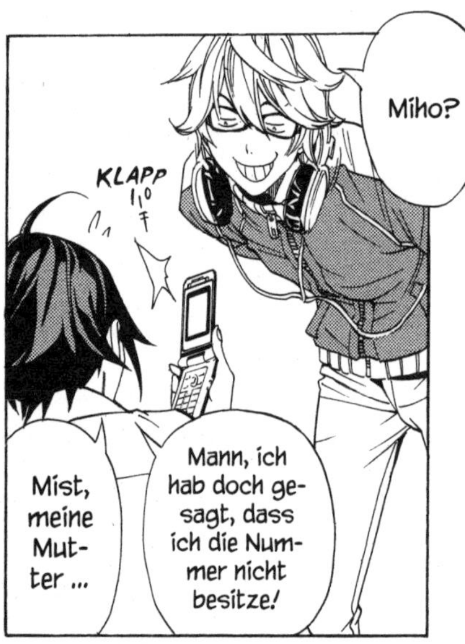
Miho?
KLAPP
Mann, ich hab doch gesagt, dass ich die Nummer nicht besitze!
Mist, meine Mutter ...

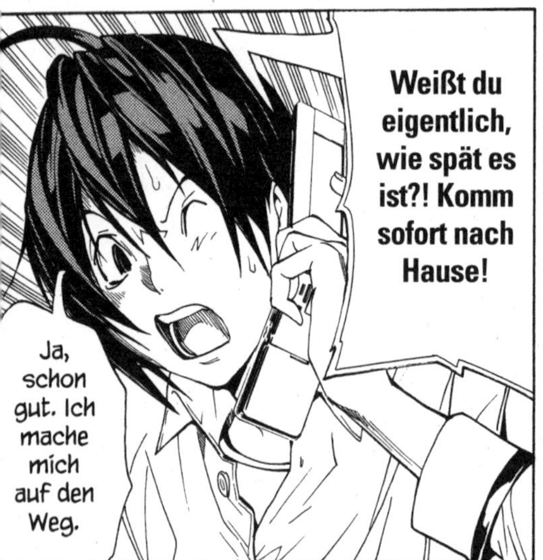
Weißt du eigentlich, wie spät es ist?! Komm sofort nach Hause!
Ja, schon gut. Ich mache mich auf den Weg.

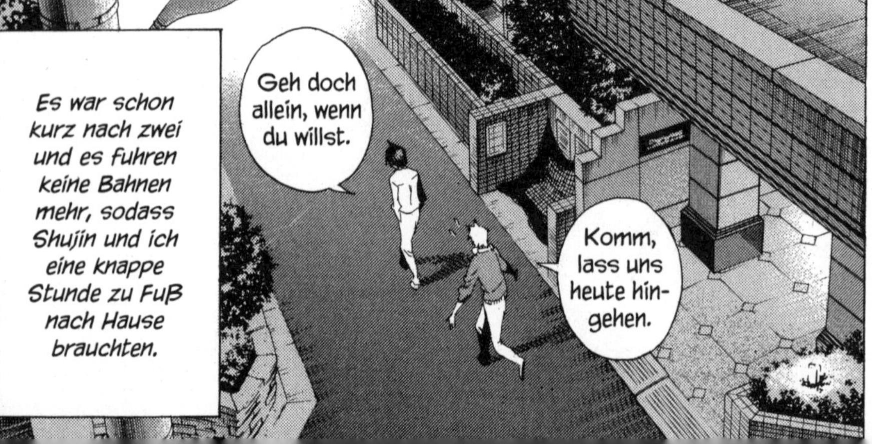
Komm, lass uns heute hingehen.
Geh doch allein, wenn du willst.
Es war schon kurz nach zwei und es fuhren keine Bahnen mehr, sodass Shujin und ich eine knappe Stunde zu Fuß nach Hause brauchten.

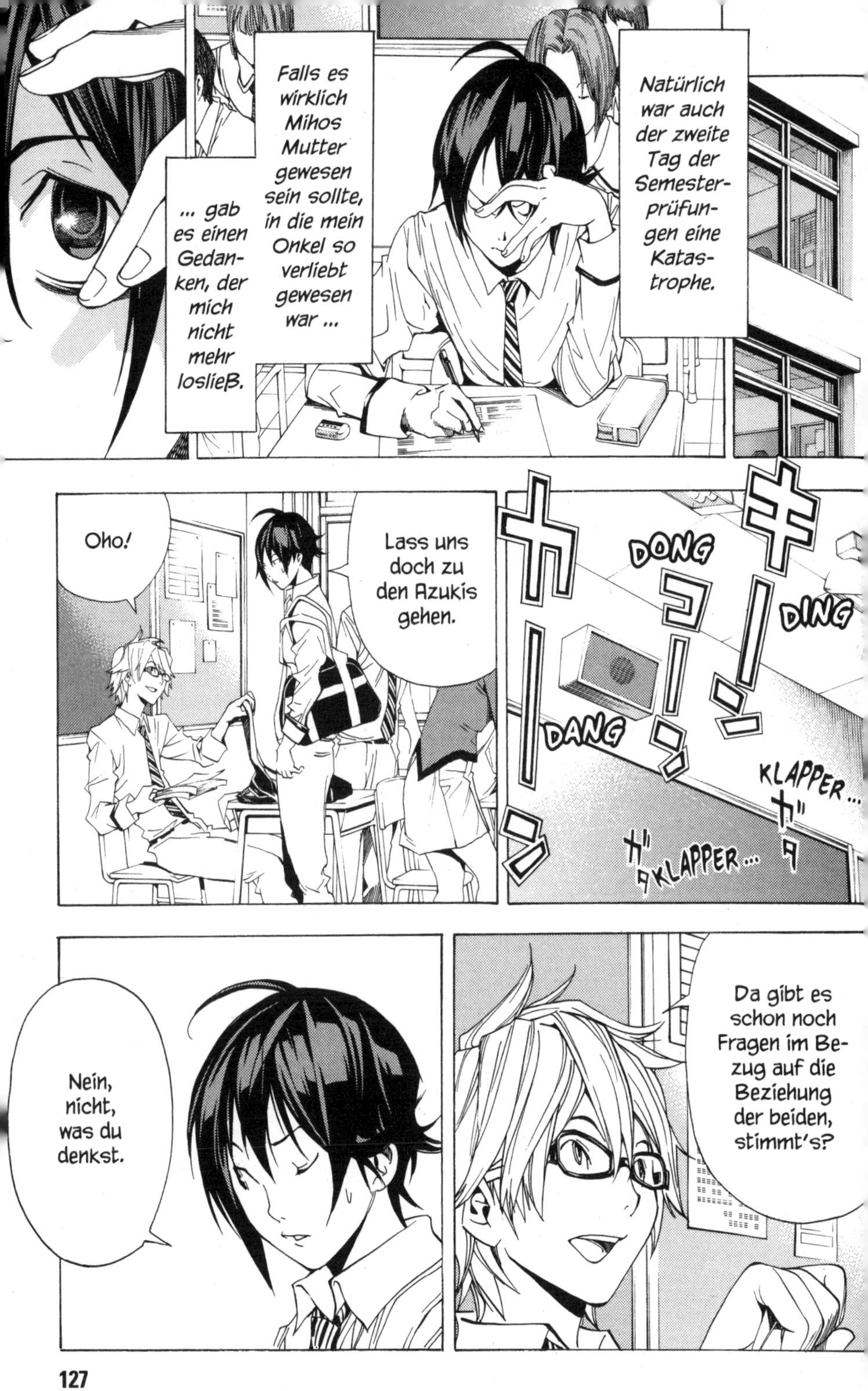

Natürlich war auch der zweite Tag der Semesterprüfungen eine Katastrophe.

Falls es wirklich Mihos Mutter gewesen sein sollte, in die mein Onkel so verliebt gewesen war ...

... gab es einen Gedanken, der mich nicht mehr losließ.

DING
DONG
DANG
KLAPPER ...
ガタ
ガタ
KLAPPER ...

Lass uns doch zu den Azukis gehen.

Oho!

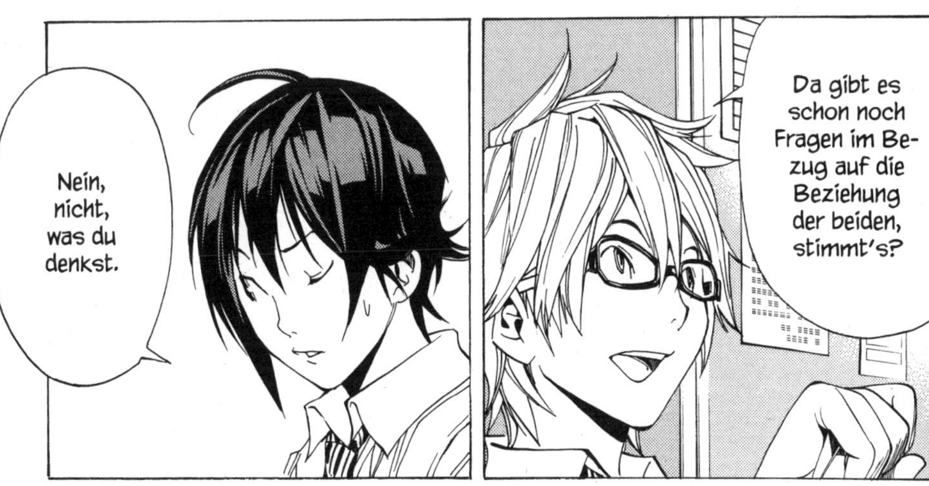

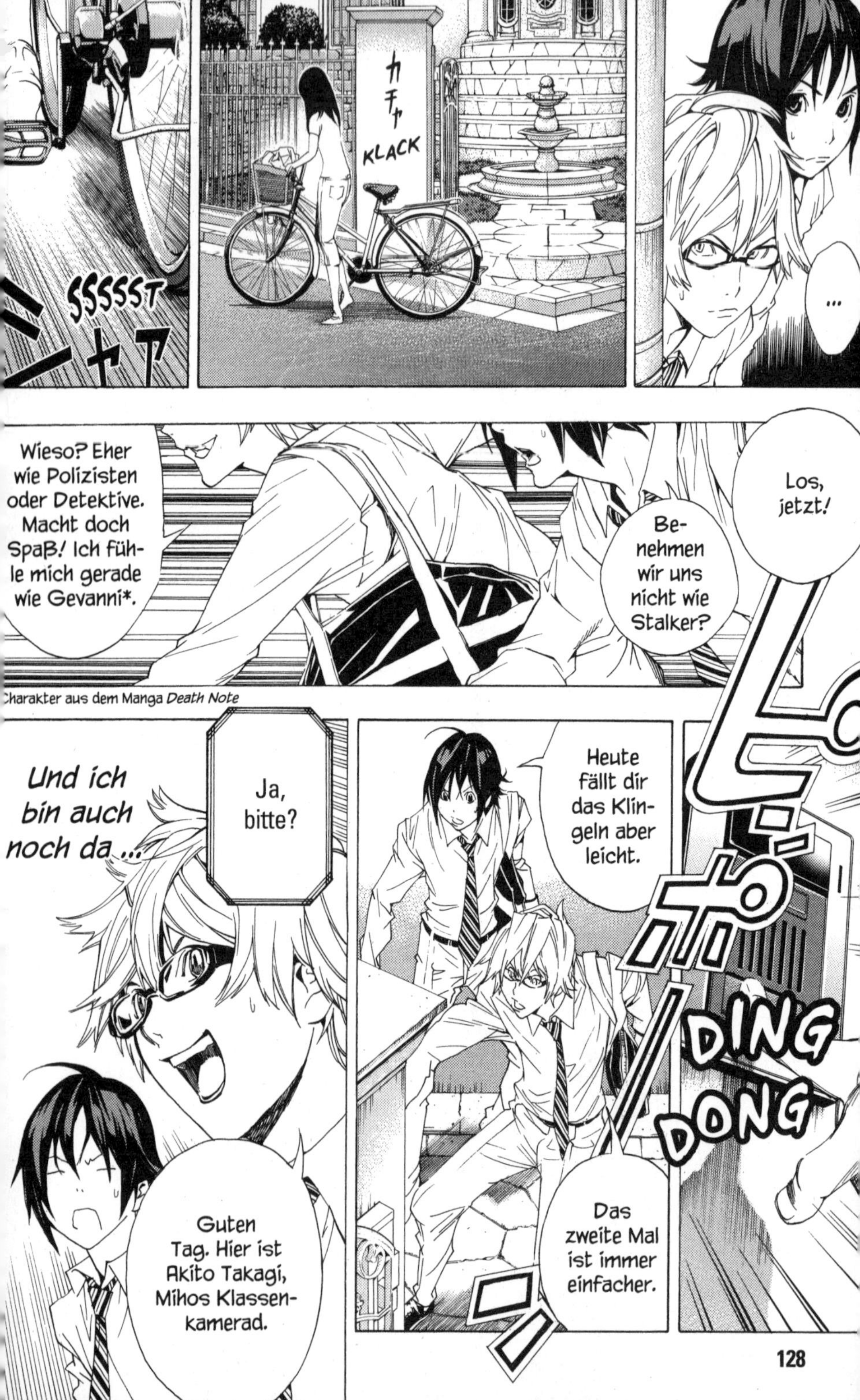

*Charakter aus dem Manga *Death Note*

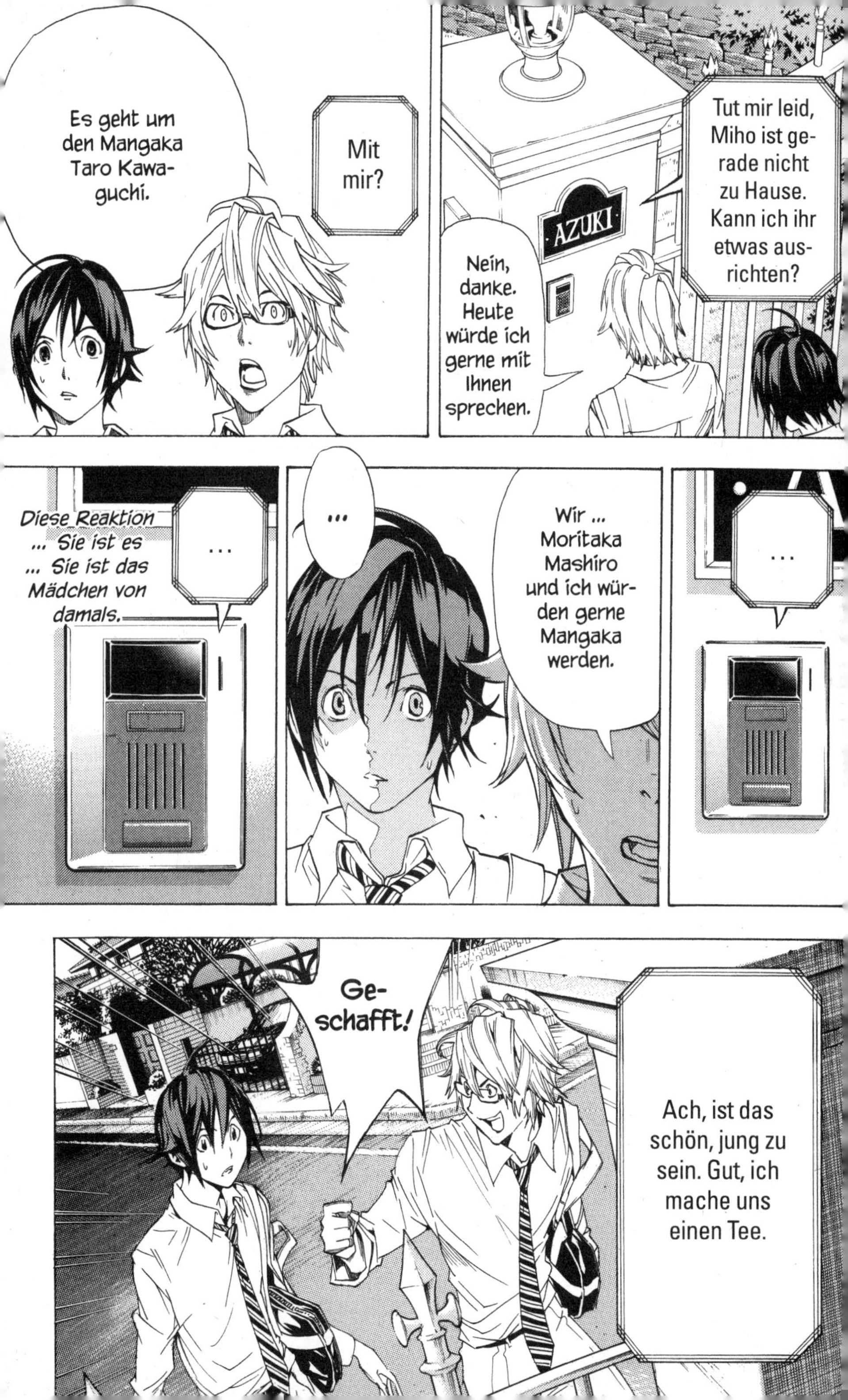

Tut mir leid, Miho ist gerade nicht zu Hause. Kann ich ihr etwas ausrichten?

Nein, danke. Heute würde ich gerne mit Ihnen sprechen.

Mit mir?

Es geht um den Mangaka Taro Kawaguchi.

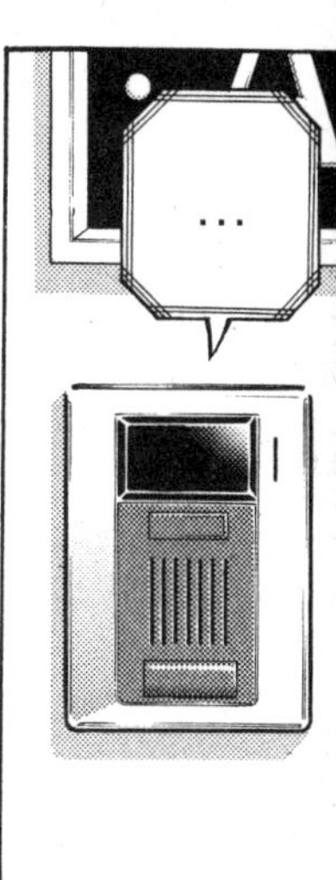

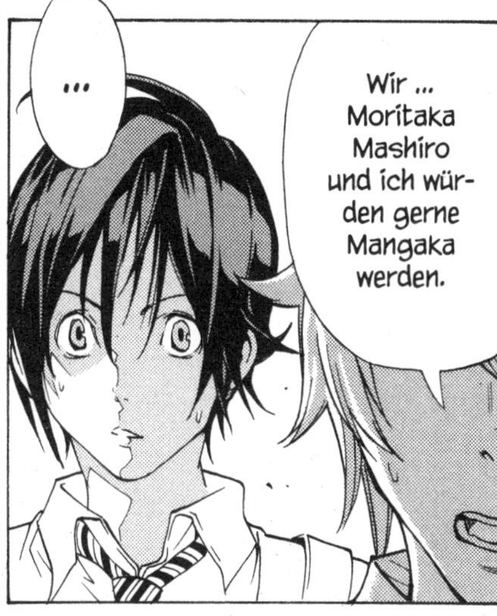

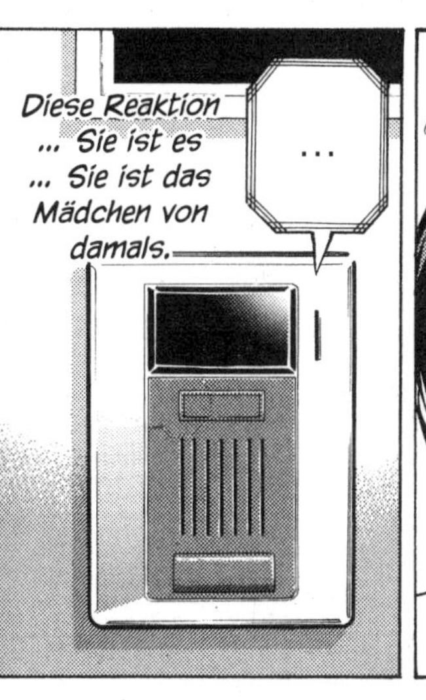

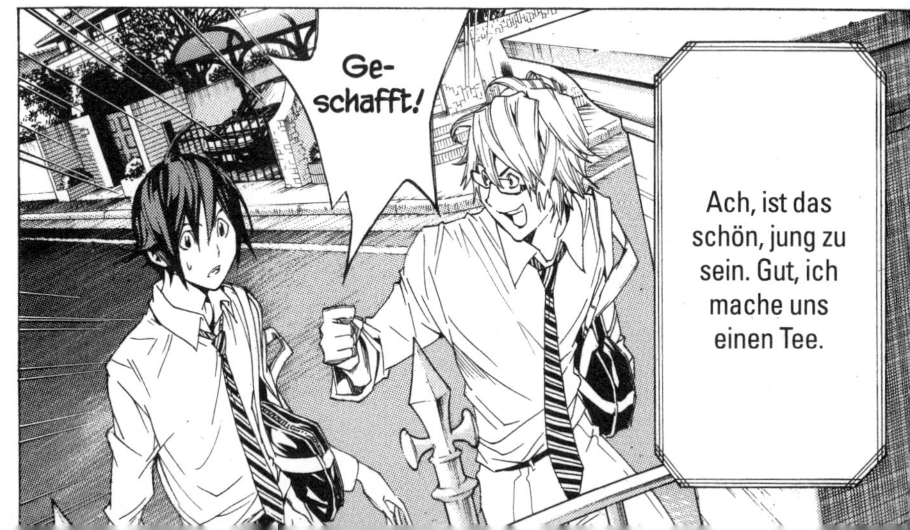

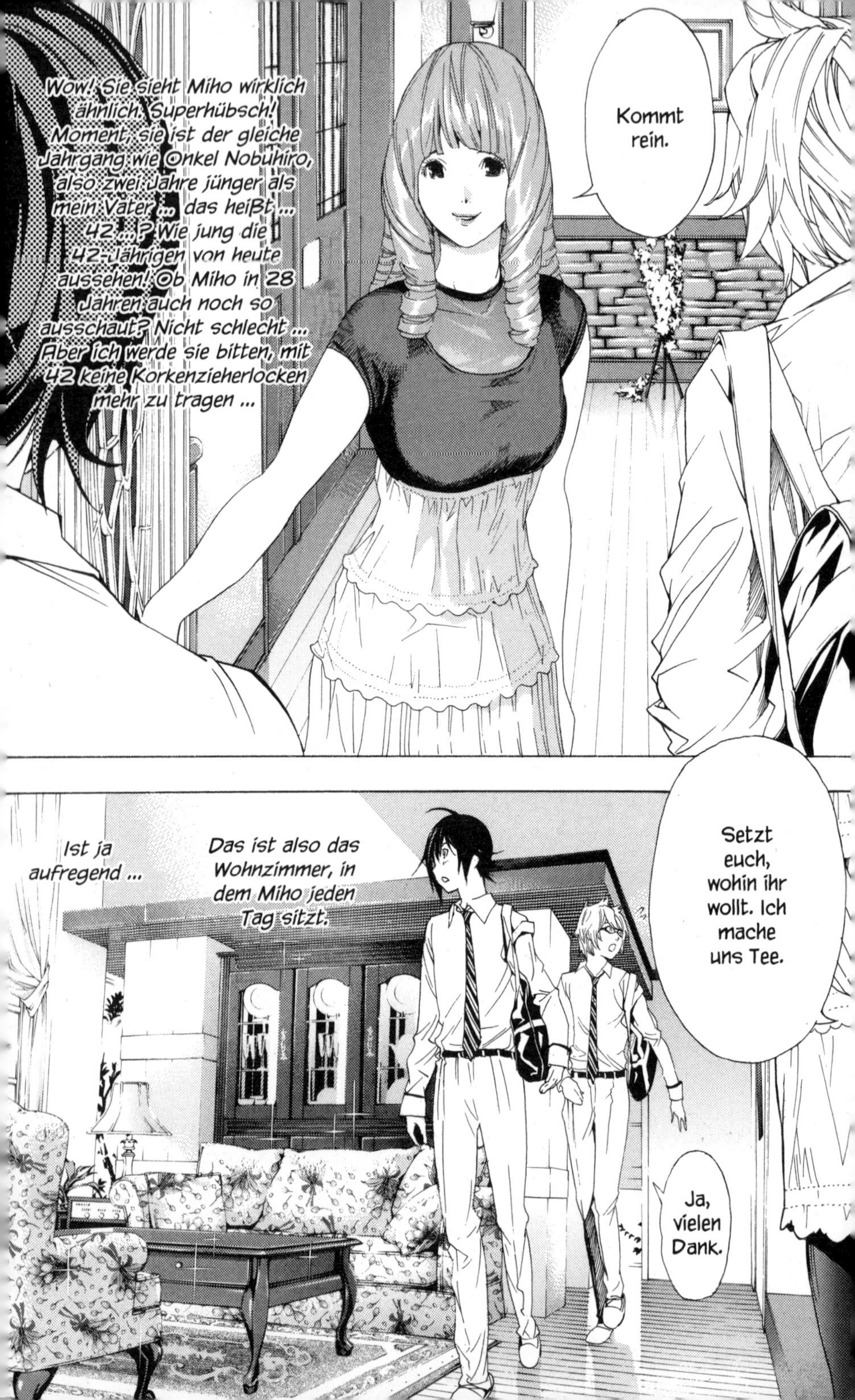
Kommt rein.
Wow! Sie sieht Miho wirklich ähnlich. Superhübsch! Moment, sie ist der gleiche Jahrgang wie Onkel Nobuhiro, also zwei Jahre jünger als mein Vater ... das heißt ... 42 ...? Wie jung die 42-Jährigen von heute aussehen! Ob Miho in 28 Jahren auch noch so ausschaut? Nicht schlecht ... Aber ich werde sie bitten, mit 42 keine Korkenzieherlocken mehr zu tragen ...
Setzt euch, wohin ihr wollt. Ich mache uns Tee.
Ja, vielen Dank.
Das ist also das Wohnzimmer, in dem Miho jeden Tag sitzt.
Ist ja aufregend ...

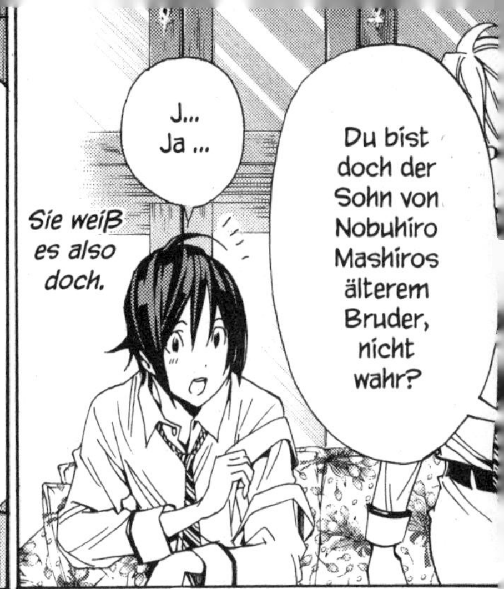
Du bist doch der Sohn von Nobuhiro Mashiros älterem Bruder, nicht wahr?
J... Ja ...
Sie weiß es also doch.

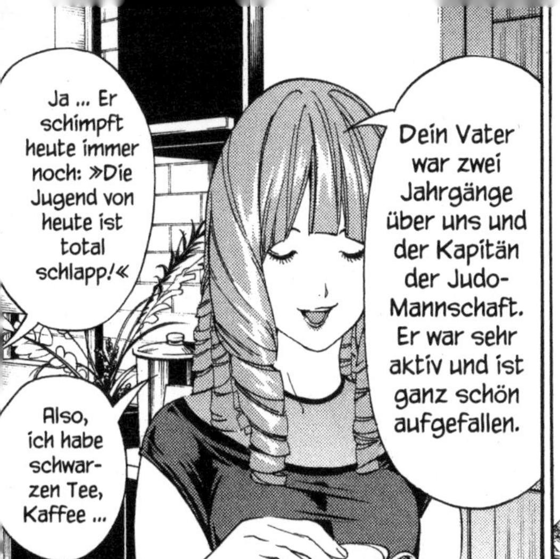
Dein Vater war zwei Jahrgänge über uns und der Kapitän der Judo-Mannschaft. Er war sehr aktiv und ist ganz schön aufgefallen.
Ja ... Er schimpft heute immer noch: »Die Jugend von heute ist total schlapp!«
Also, ich habe schwarzen Tee, Kaffee ...

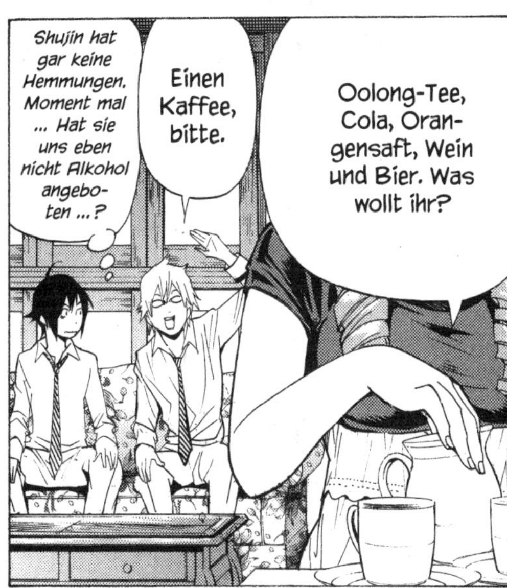
Oolong-Tee, Cola, Orangensaft, Wein und Bier. Was wollt ihr?
Einen Kaffee, bitte.
Shujin hat gar keine Hemmungen. Moment mal ... Hat sie uns eben nicht Alkohol angeboten ...?

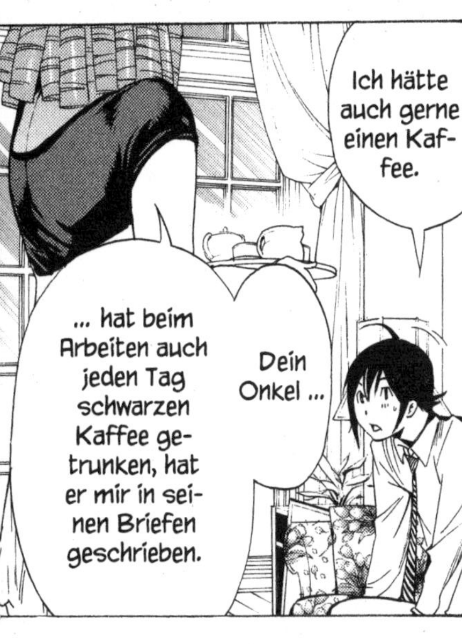
Ich hätte auch gerne einen Kaffee.
Dein Onkel ...
... hat beim Arbeiten auch jeden Tag schwarzen Kaffee getrunken, hat er mir in seinen Briefen geschrieben.

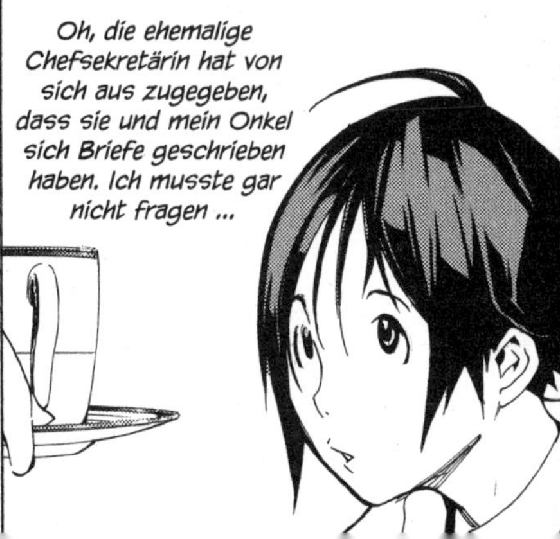
Oh, die ehemalige Chefsekretärin hat von sich aus zugegeben, dass sie und mein Onkel sich Briefe geschrieben haben. Ich musste gar nicht fragen ...

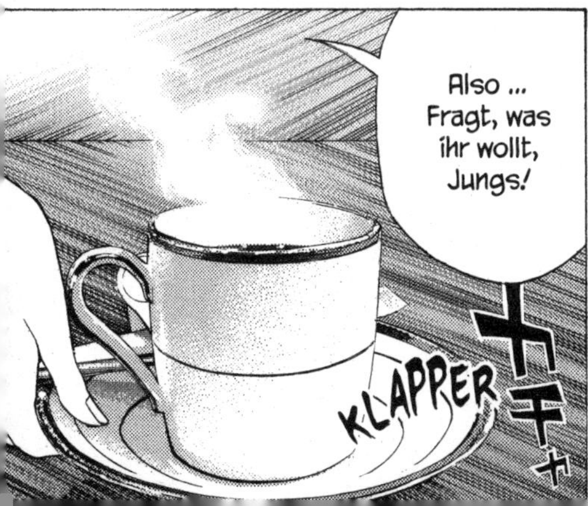
Also ... Fragt, was ihr wollt, Jungs!
KLAPPER

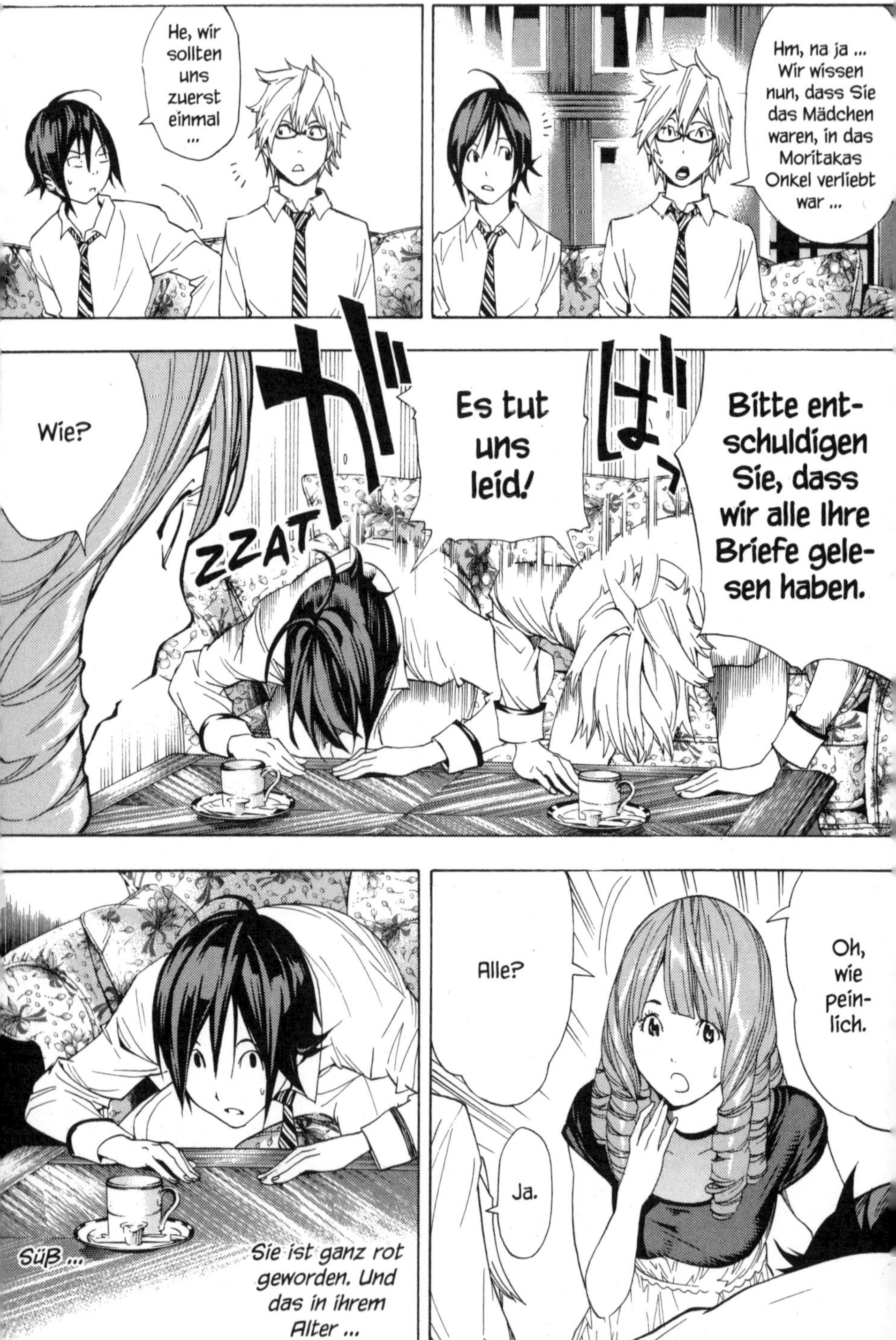

Hm, na ja ... Wir wissen nun, dass Sie das Mädchen waren, in das Moritakas Onkel verliebt war ...

He, wir sollten uns zuerst einmal ...

Bitte entschuldigen Sie, dass wir alle Ihre Briefe gelesen haben.

Es tut uns leid!

ZZAT

Wie?

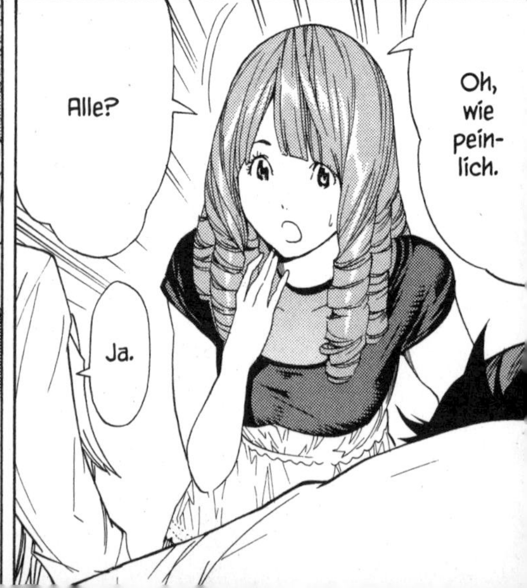

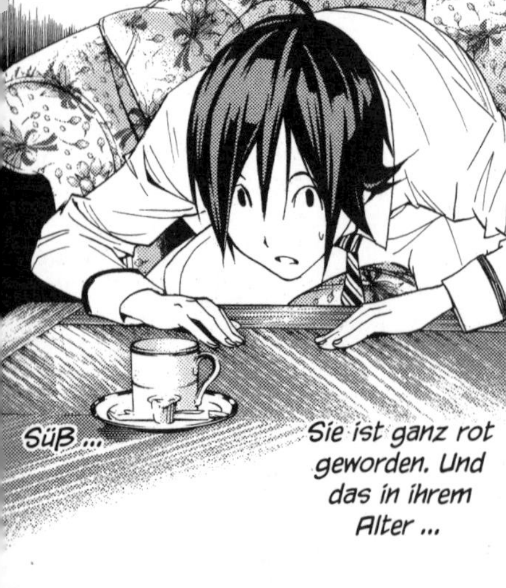

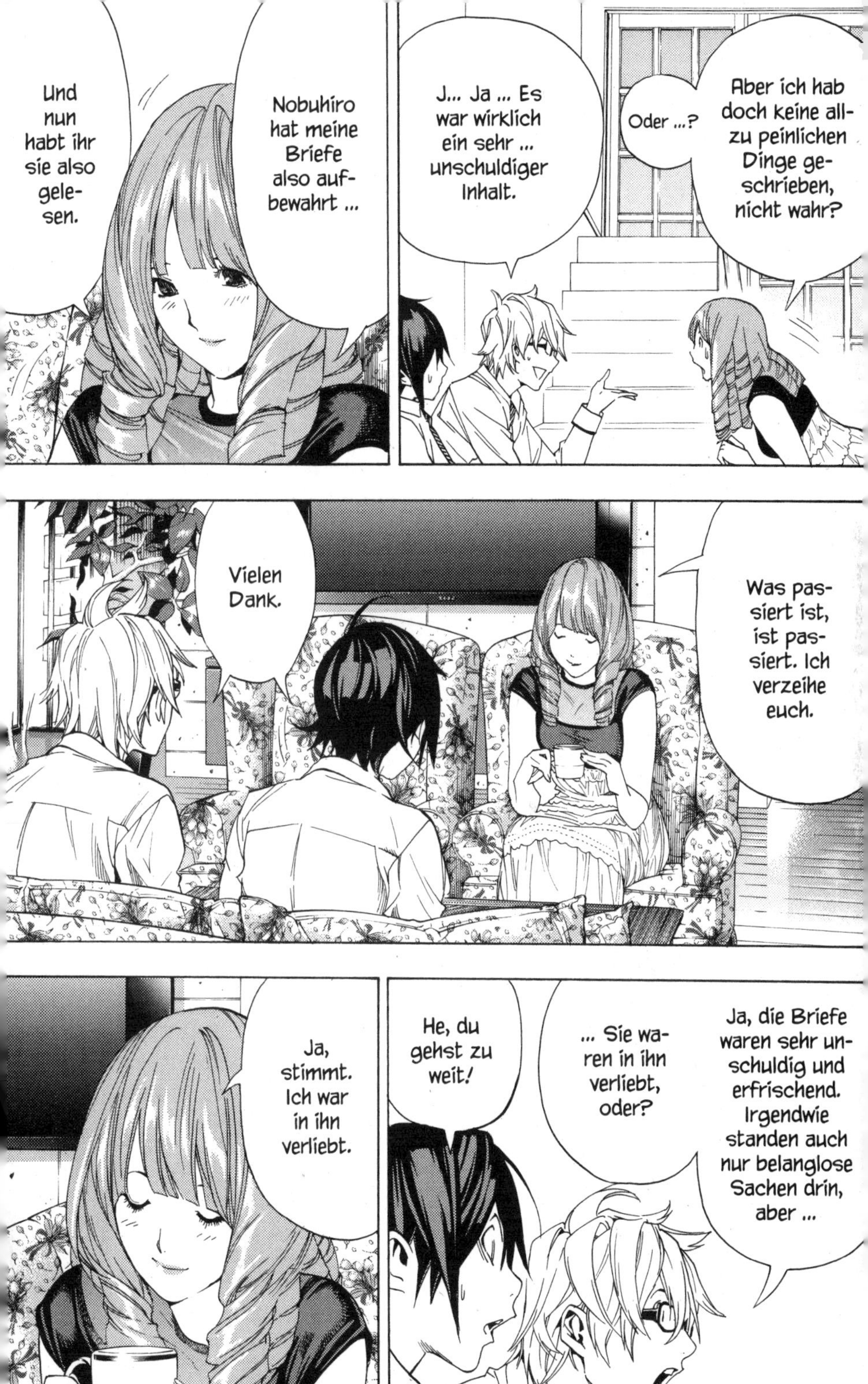
Aber ich hab doch keine allzu peinlichen Dinge geschrieben, nicht wahr?
Oder ...?
J... Ja ... Es war wirklich ein sehr ... unschuldiger Inhalt.
Nobuhiro hat meine Briefe also aufbewahrt ...
Und nun habt ihr sie also gelesen.
Was passiert ist, ist passiert. Ich verzeihe euch.
Vielen Dank.
Ja, die Briefe waren sehr unschuldig und erfrischend. Irgendwie standen auch nur belanglose Sachen drin, aber ...
... Sie waren in ihn verliebt, oder?
He, du gehst zu weit!
Ja, stimmt. Ich war in ihn verliebt.

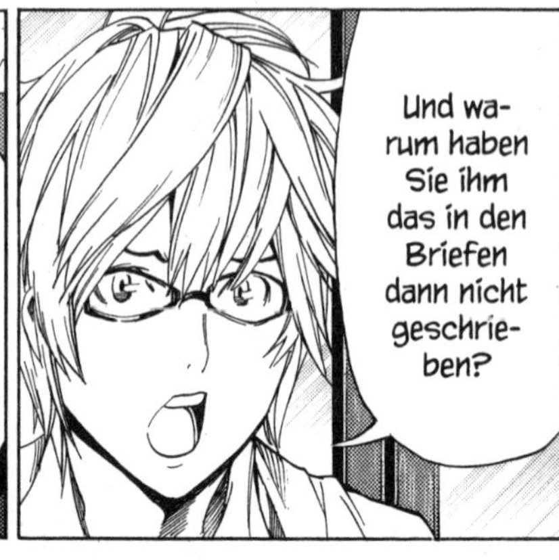
Und warum haben Sie ihm das in den Briefen dann nicht geschrieben?

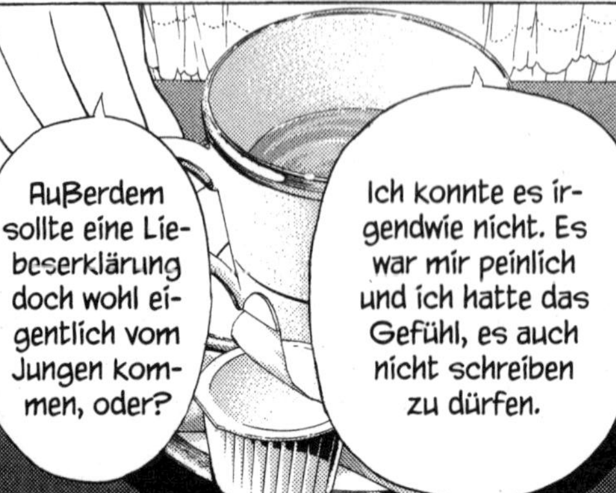
Ich konnte es irgendwie nicht. Es war mir peinlich und ich hatte das Gefühl, es auch nicht schreiben zu dürfen.
Außerdem sollte eine Liebeserklärung doch wohl eigentlich vom Jungen kommen, oder?

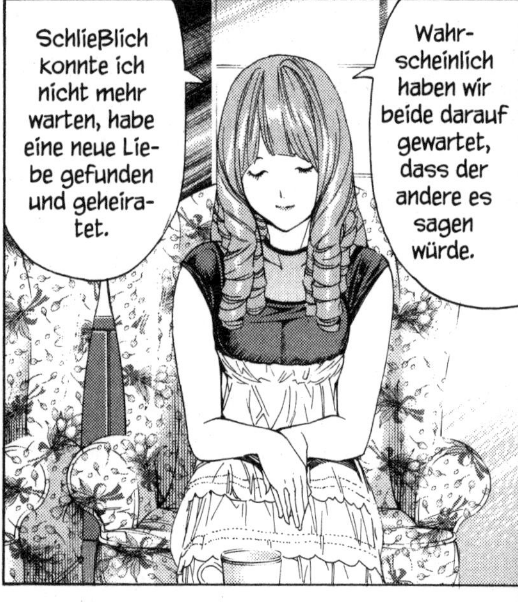
Wahrscheinlich haben wir beide darauf gewartet, dass der andere es sagen würde.
Schließlich konnte ich nicht mehr warten, habe eine neue Liebe gefunden und geheiratet.

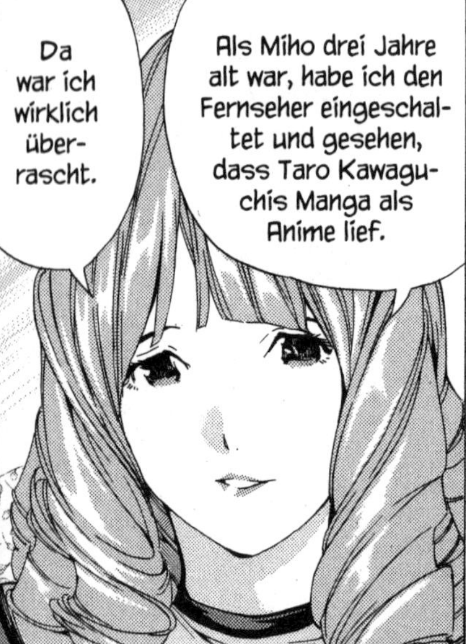
Als Miho drei Jahre alt war, habe ich den Fernseher eingeschaltet und gesehen, dass Taro Kawaguchis Manga als Anime lief.
Da war ich wirklich überrascht.

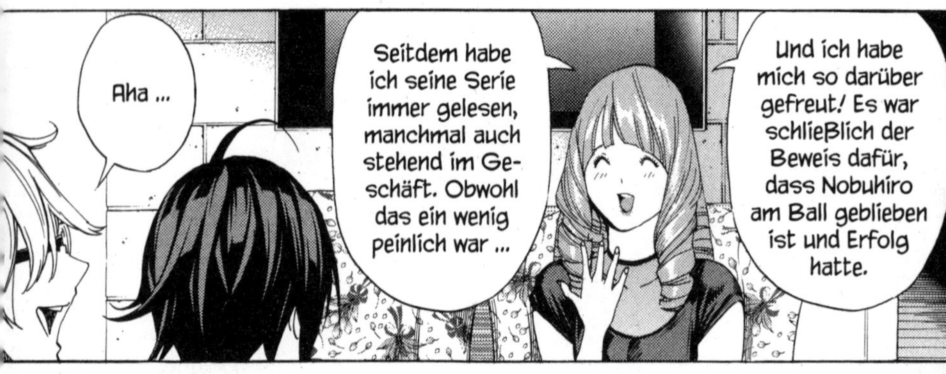
Und ich habe mich so darüber gefreut! Es war schließlich der Beweis dafür, dass Nobuhiro am Ball geblieben ist und Erfolg hatte.
Seitdem habe ich seine Serie immer gelesen, manchmal auch stehend im Geschäft. Obwohl das ein wenig peinlich war ...
Aha ...

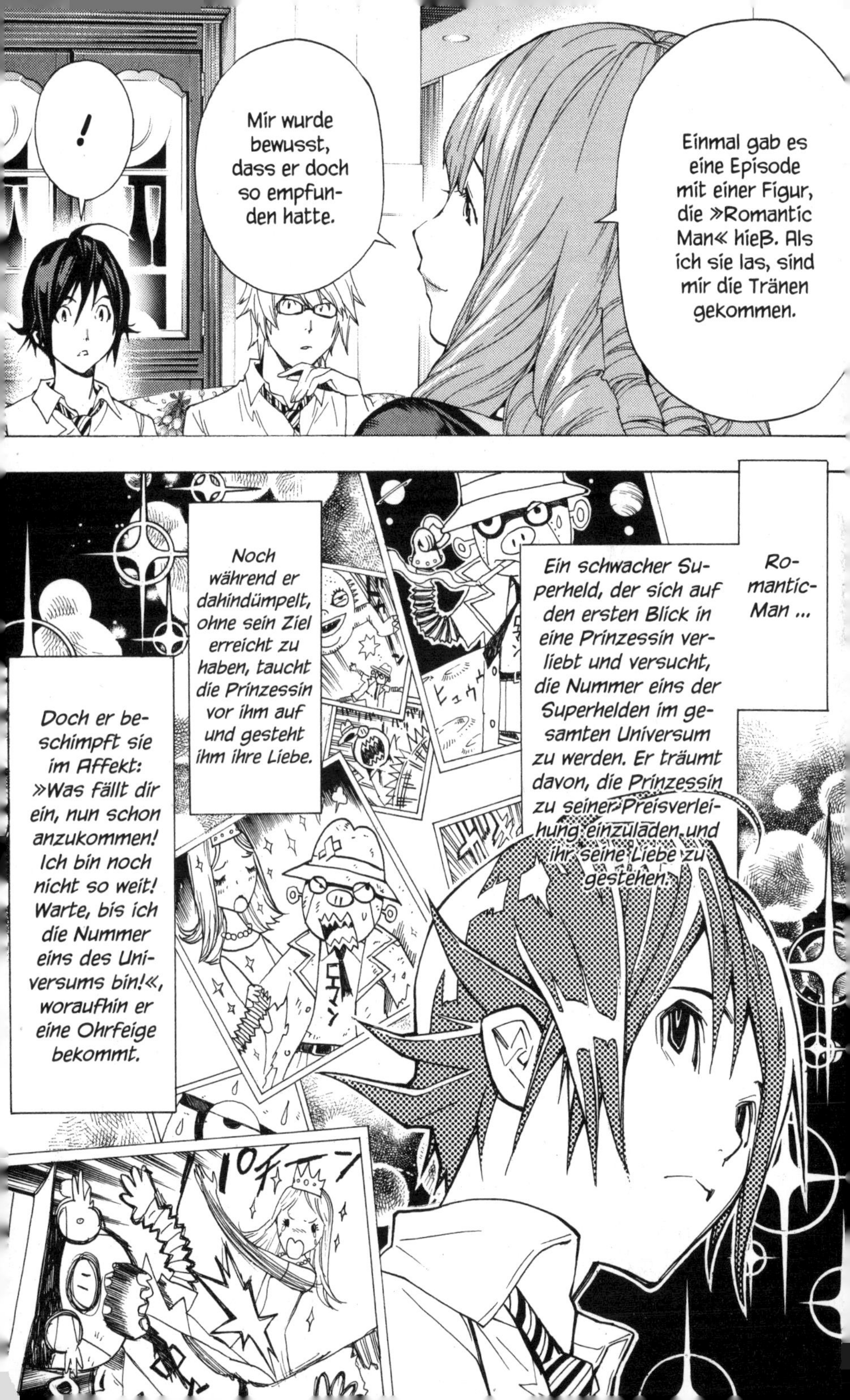

Einmal gab es eine Episode mit einer Figur, die »Romantic Man« hieß. Als ich sie las, sind mir die Tränen gekommen.

Mir wurde bewusst, dass er doch so empfunden hatte.

!

Romantic-Man ...

Ein schwacher Superheld, der sich auf den ersten Blick in eine Prinzessin verliebt und versucht, die Nummer eins der Superhelden im gesamten Universum zu werden. Er träumt davon, die Prinzessin zu seiner Preisverleihung einzuladen und ihr seine Liebe zu gestehen.

Noch während er dahindümpelt, ohne sein Ziel erreicht zu haben, taucht die Prinzessin vor ihm auf und gesteht ihm ihre Liebe.

Doch er beschimpft sie im Affekt: »Was fällt dir ein, nun schon anzukommen! Ich bin noch nicht so weit! Warte, bis ich die Nummer eins des Universums bin!«, woraufhin er eine Ohrfeige bekommt.

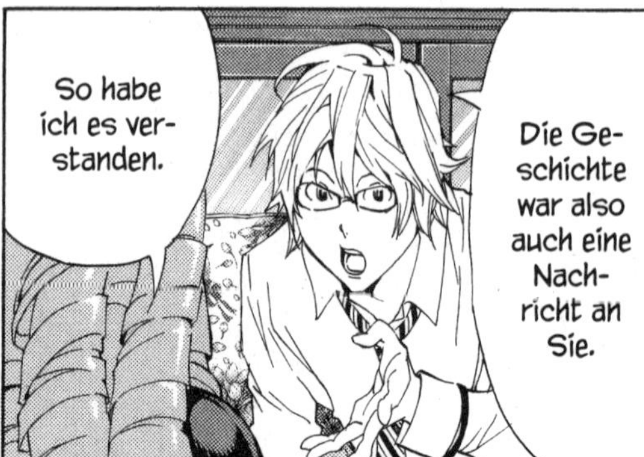
Die Geschichte war also auch eine Nachricht an Sie.
So habe ich es verstanden.

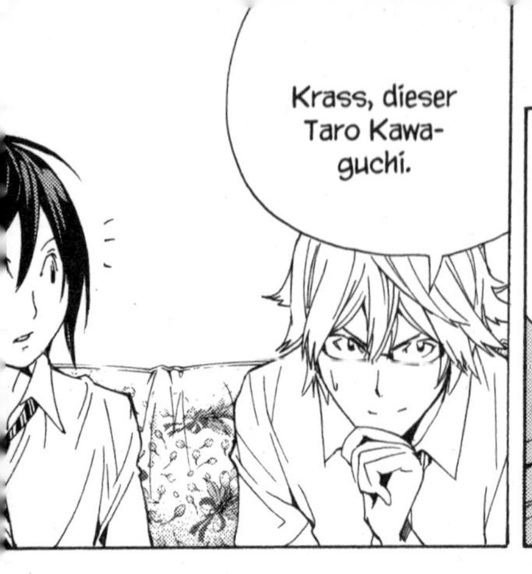
Krass, dieser Taro Kawaguchi.

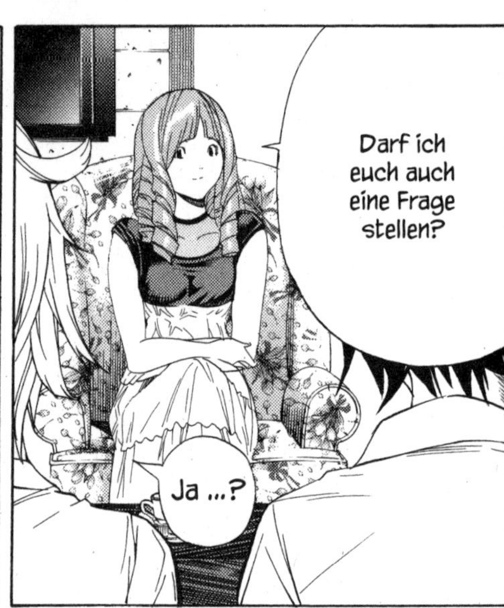
Darf ich euch auch eine Frage stellen?
Ja ...?

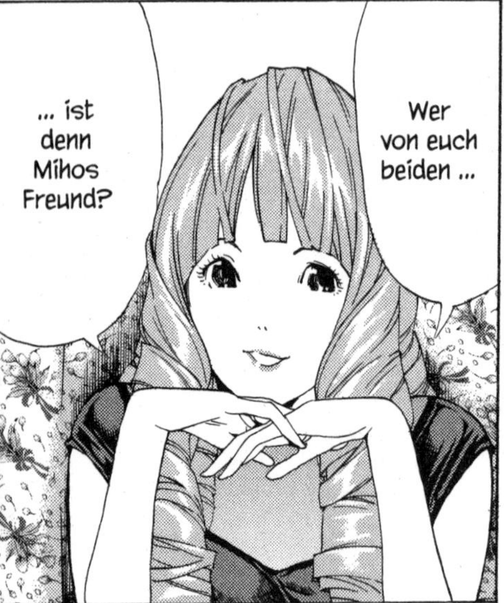
Wer von euch beiden ...
... ist denn Mihos Freund?

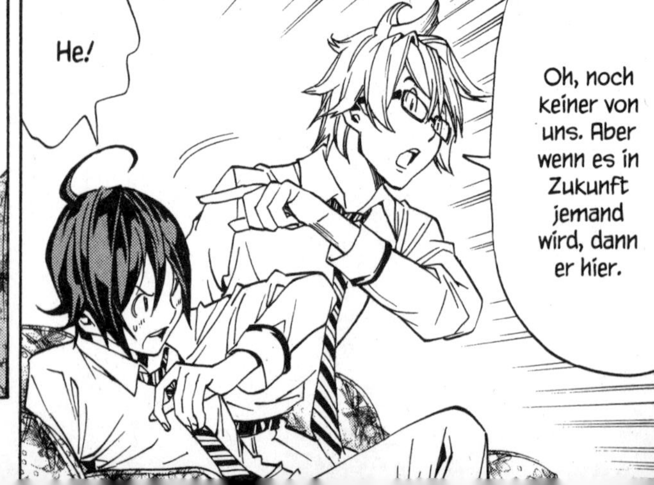
Oh, noch keiner von uns. Aber wenn es in Zukunft jemand wird, dann er hier.
He!

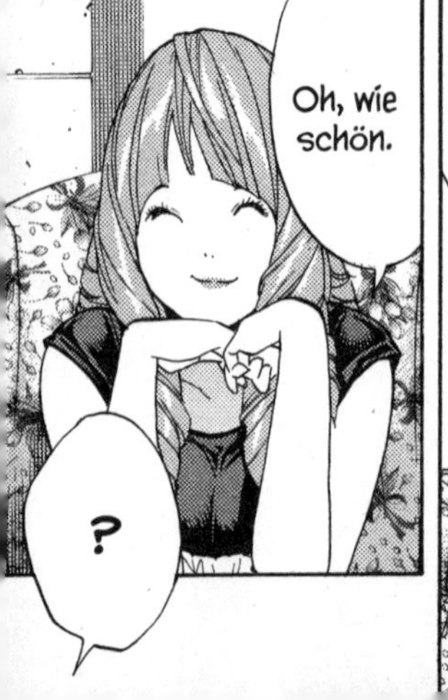
Oh, wie schön.
?

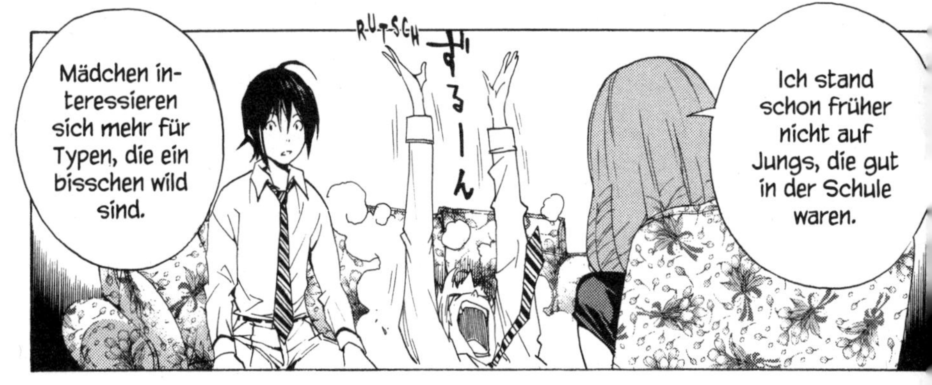
Ich stand schon früher nicht auf Jungs, die gut in der Schule waren.
R-U-T-S-C-H
ずるーん
Mädchen interessieren sich mehr für Typen, die ein bisschen wild sind.

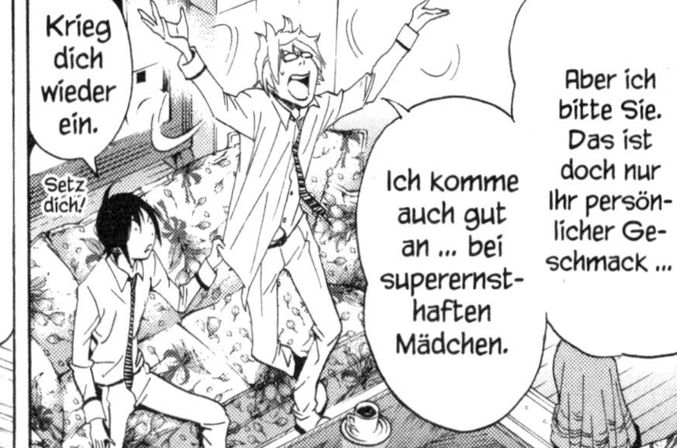
Aber ich bitte Sie. Das ist doch nur Ihr persönlicher Geschmack ...
Ich komme auch gut an ... bei superernsthaften Mädchen.
Krieg dich wieder ein.
Setz dich!

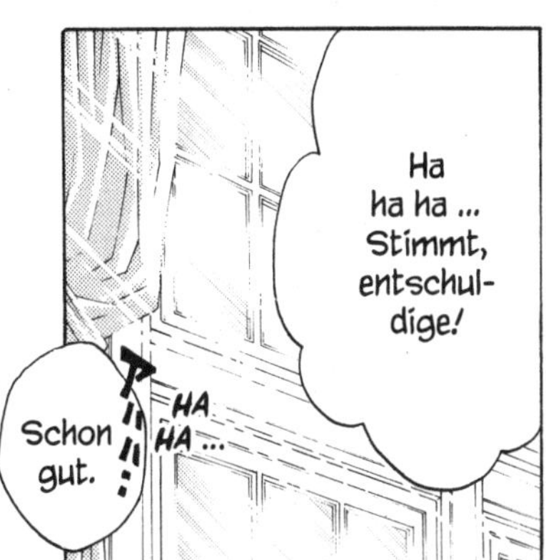
Ha ha ha ... Stimmt, entschuldige!
HA HA ...
Schon gut.

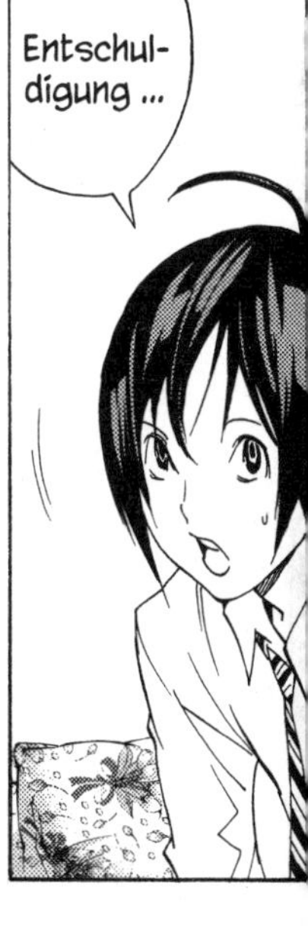
Entschuldigung ...

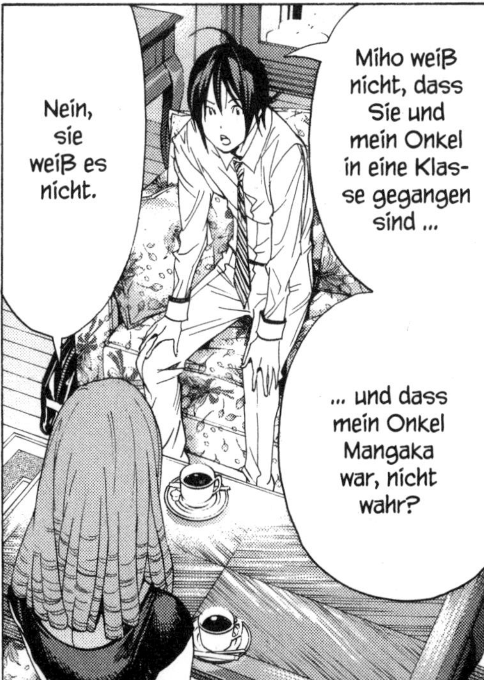
Miho weiß nicht, dass Sie und mein Onkel in eine Klasse gegangen sind ...
... und dass mein Onkel Mangaka war, nicht wahr?
Nein, sie weiß es nicht.

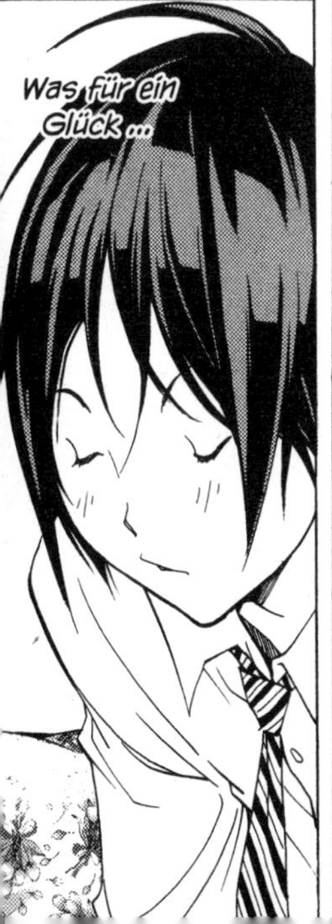
Was für ein Glück ...

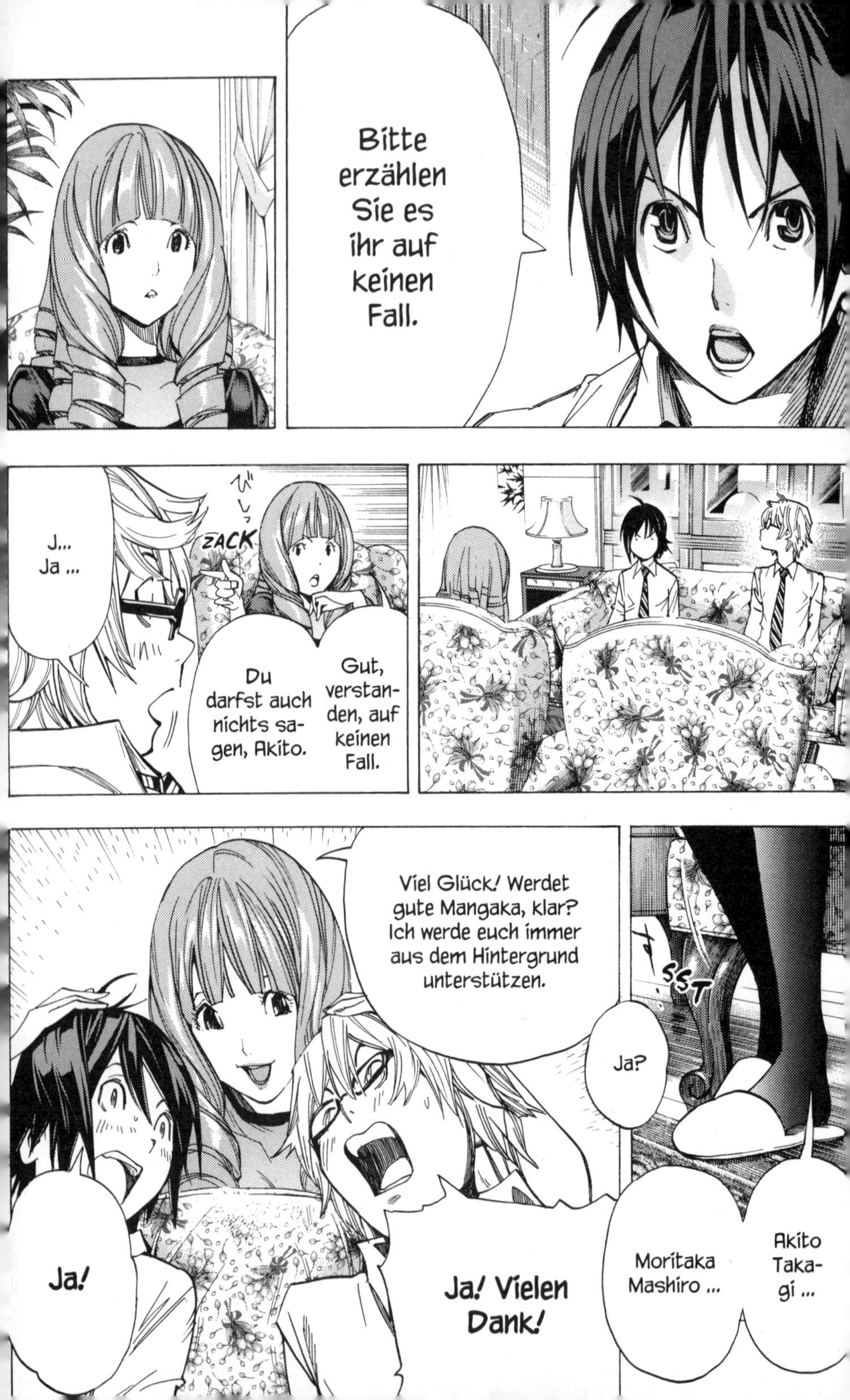

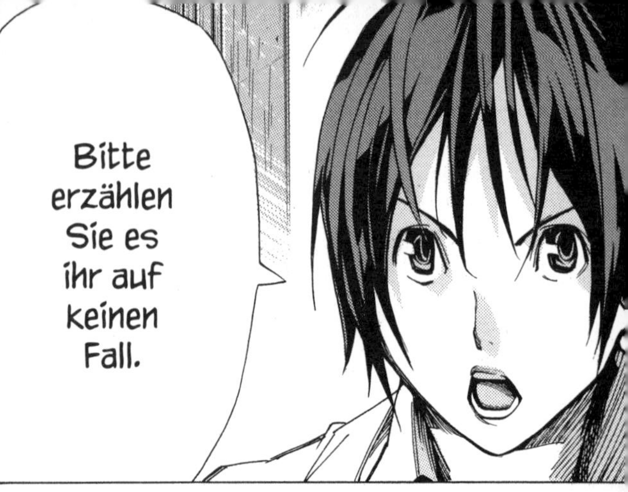

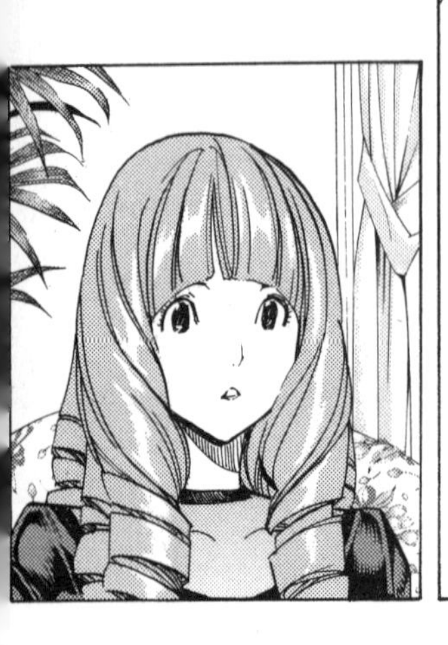

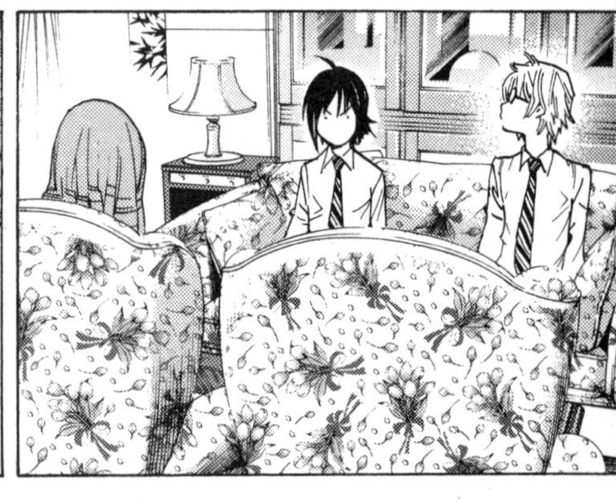

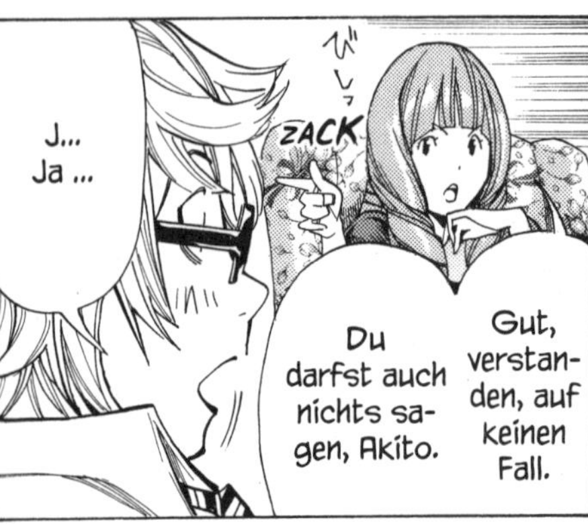

Akito Takagi ...

Moritaka Mashiro ...

Ja?

SST

Viel Glück! Werdet gute Mangaka, klar? Ich werde euch immer aus dem Hintergrund unterstützen.

Ja! Vielen Dank!

Ja!

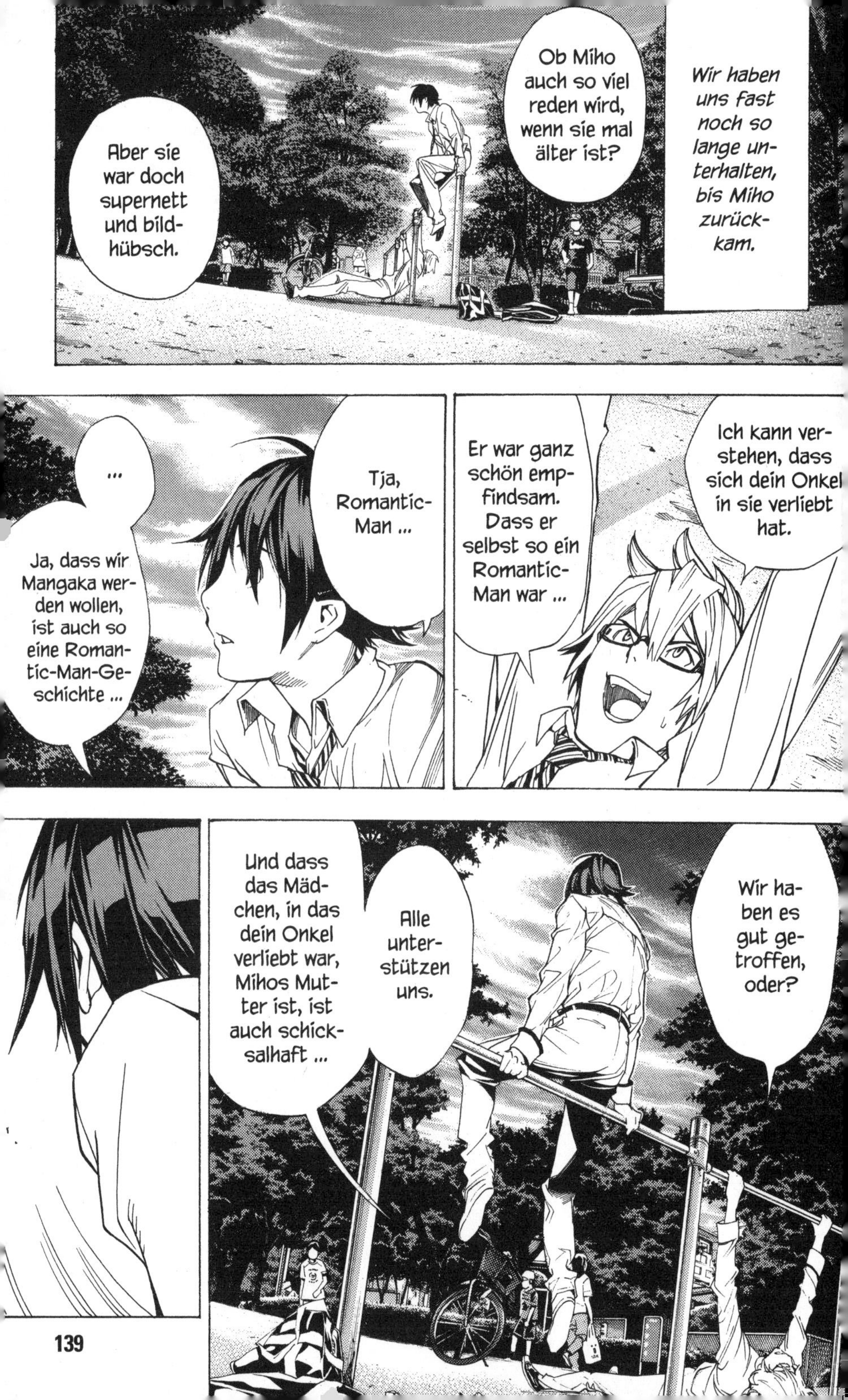

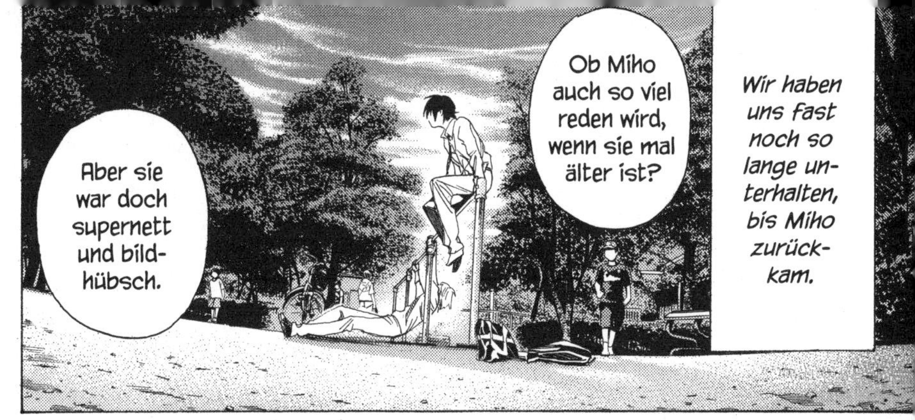

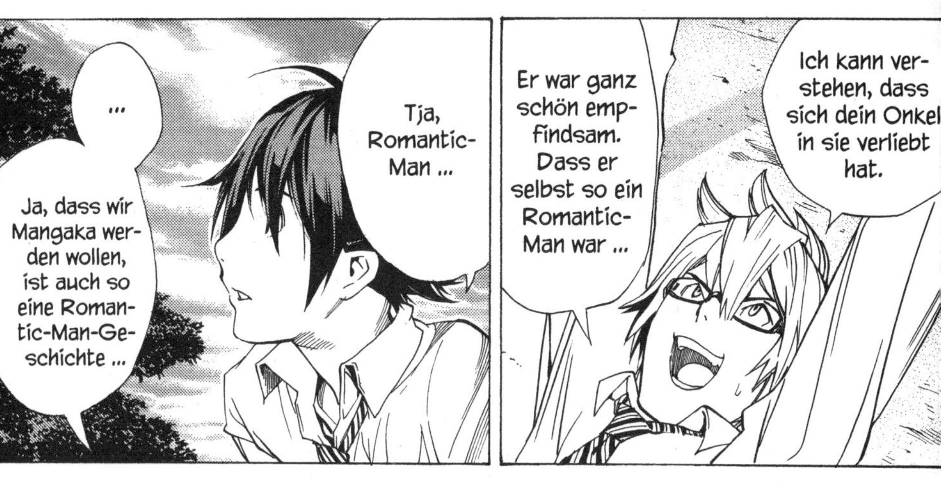

Wir haben es gut getroffen, oder?

Alle unterstützen uns.

Und dass das Mädchen, in das dein Onkel verliebt war, Mihos Mutter ist, ist auch schicksalhaft ...

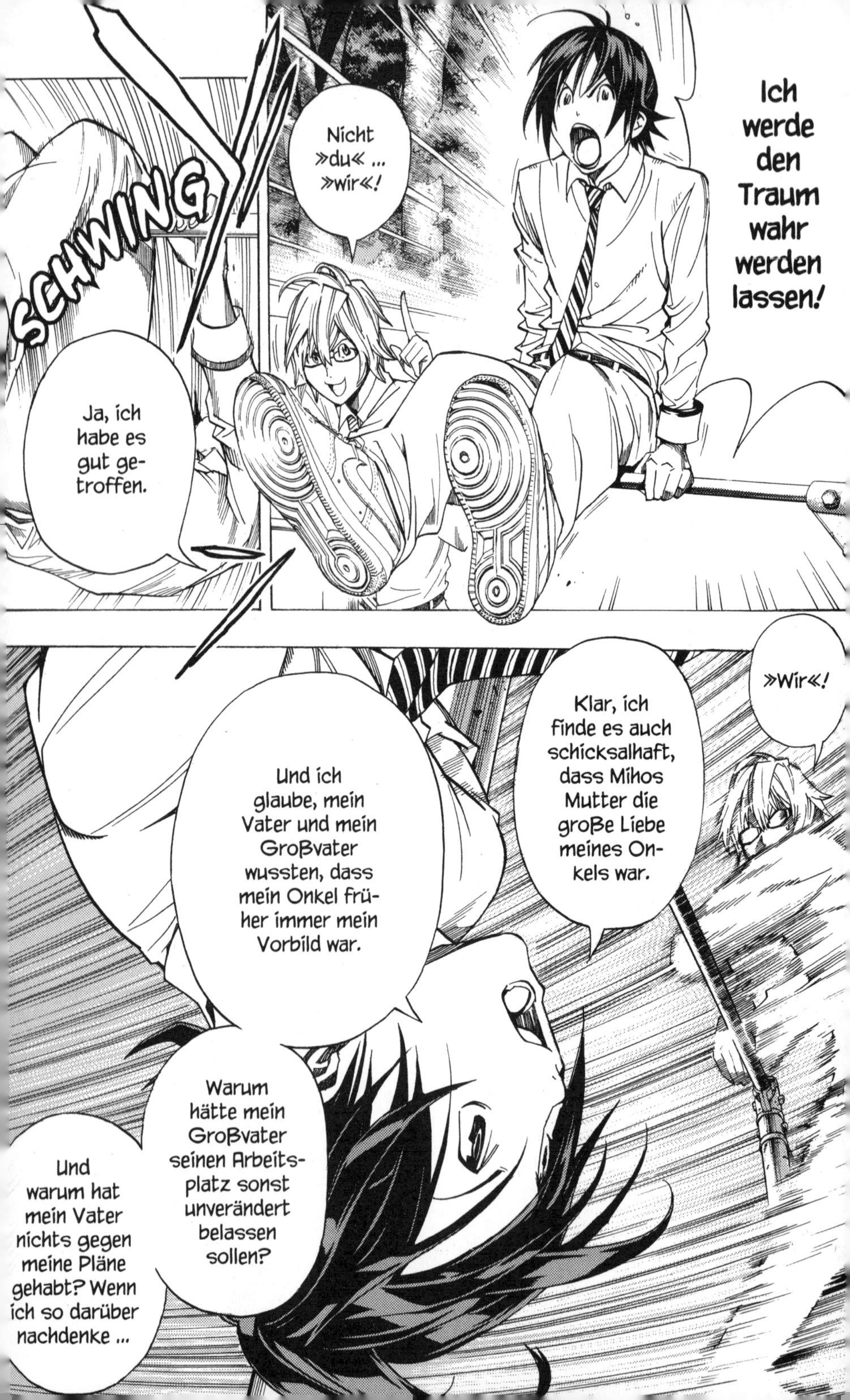
Ich werde den Traum wahr werden lassen!
Nicht »du« ... »wir«!
SCHWING
Ja, ich habe es gut getroffen.
»Wir«!
Klar, ich finde es auch schicksalhaft, dass Mihos Mutter die große Liebe meines Onkels war.
Und ich glaube, mein Vater und mein Großvater wussten, dass mein Onkel früher immer mein Vorbild war.
Warum hätte mein Großvater seinen Arbeitsplatz sonst unverändert belassen sollen?
Und warum hat mein Vater nichts gegen meine Pläne gehabt? Wenn ich so darüber nachdenke ...

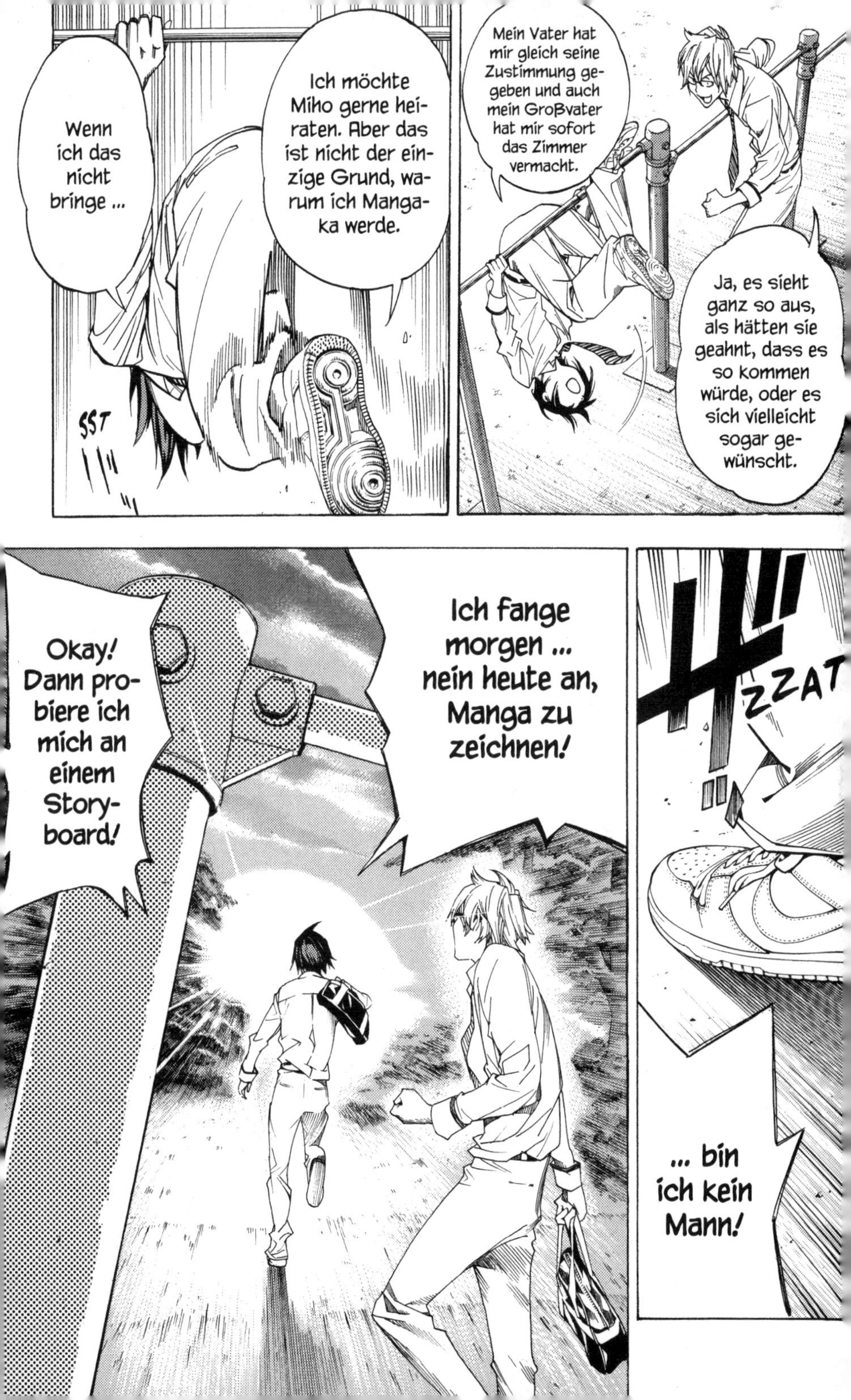

Mein Vater hat mir gleich seine Zustimmung gegeben und auch mein Großvater hat mir sofort das Zimmer vermacht.

Ja, es sieht ganz so aus, als hätten sie geahnt, dass es so kommen würde, oder es sich vielleicht sogar gewünscht.

Ich möchte Miho gerne heiraten. Aber das ist nicht der einzige Grund, warum ich Mangaka werde.

Wenn ich das nicht bringe ...

SST

ZZAT

... bin ich kein Mann!

Ich fange morgen ... nein heute an, Manga zu zeichnen!

Okay! Dann probiere ich mich an einem Storyboard!

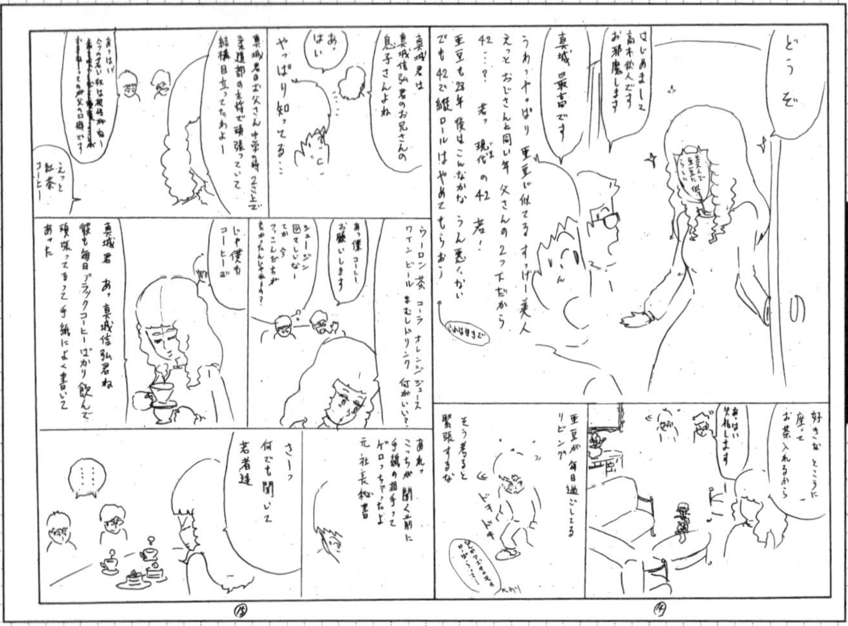

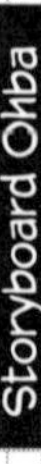

どうぞ
はじめまして 高木秋人です お邪魔します
真城最高です
うわっやっぱり亜豆に似てる すっげー美人 えっとおじさんと同い年 父さんの2つ下だから 42…? 若っ 現代の42 若! 亜豆も28年後はこんなかな うん悪くない でも42で縦ロールはやめてもらおう
好きなところに座って お茶入れるから
あっはい 失礼します
亜豆が毎日過ごしてるリビング そう考えると緊張するな
ドキドキ
⑭

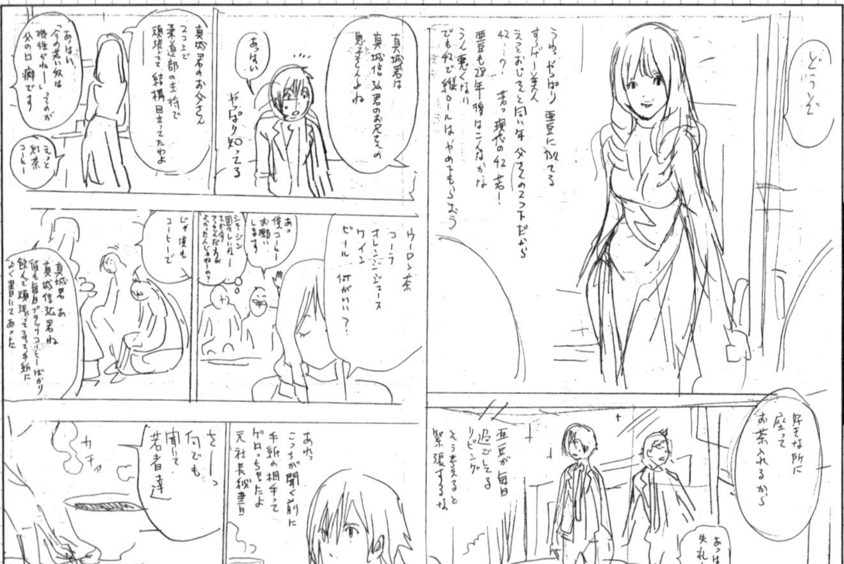

真城君は真城信弘君のお兄さんの息子さんよね
あ…はい
やっぱり知ってる…
真城君のお父さん中学の時2こ上で柔道部の主将で頑張っていて結構目立ってたわよー
えっと 紅茶 コーヒー
ウーロン茶 コーラ オレンジジュース ワイン ビール まぁしドリンク 何がいい?
あっ僕コーヒーお願いします
じゃ僕もコーヒーで
真城君 あっ 真城信弘君ね 彼も毎日ブラックコーヒーばかり飲んで頑張ってるって手紙によく書いてあった
あれっ こっちが聞く前に手紙の相手ってゲロっちゃったよ 元社長秘書
さーっ 何でも聞いて若者達
……
⑮

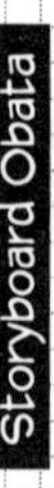

どうぞ
うわっやっぱり亜豆に似てる すげー美人 えっとおじさんと同い年 父さんの2つ下だから 42…? 若っ 現代の42若! 亜豆も28年後はこんなかな うん悪くない でも42で縦ロールはやめてもらおう
好きな所に座って お茶入れるから
あっはい 失礼します
亜豆が毎日過ごしてるリビング そう考えると緊張するな
14

真城君は真城信弘君のお兄さんの息子さんよね
あっはい
やっぱり知ってる
真城君のお父さん ココ上で柔道部の主将で頑張ってて結構目立ってたわよ
あははっ 「今の若い奴は根性がねー」 そのが父の口癖です
えっと 紅茶 コーヒー
ウーロン茶 コーラ オレンジジュース ワイン ビール 何がいい?
あっ 僕コーヒーお願いします
じゃ僕もコーヒーで
真城君 あ 真城信弘君ね 彼も毎日ブラックコーヒーばかり飲んで頑張ってるって手紙によく書いてあった
あれっ こっちが聞く前に手紙の相手ってゲロっちゃったよ 元社長秘書
さーっ 何でも聞いて若者達
カチャ
15

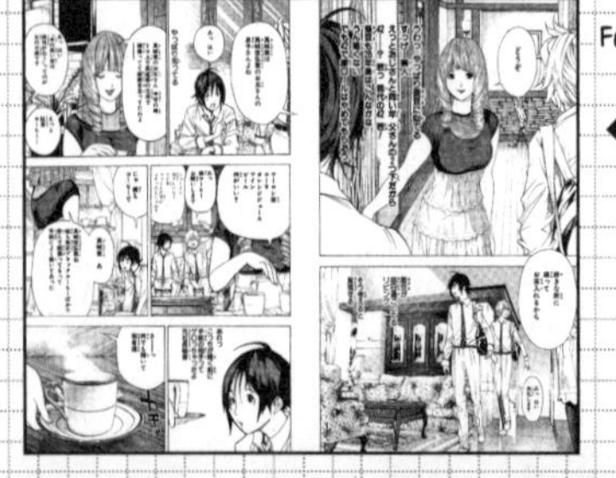

Fertig!

Bakuman. Band 1
»Bis eine Manuskriptseite entsteht«
page. 4: S. 132, S. 133

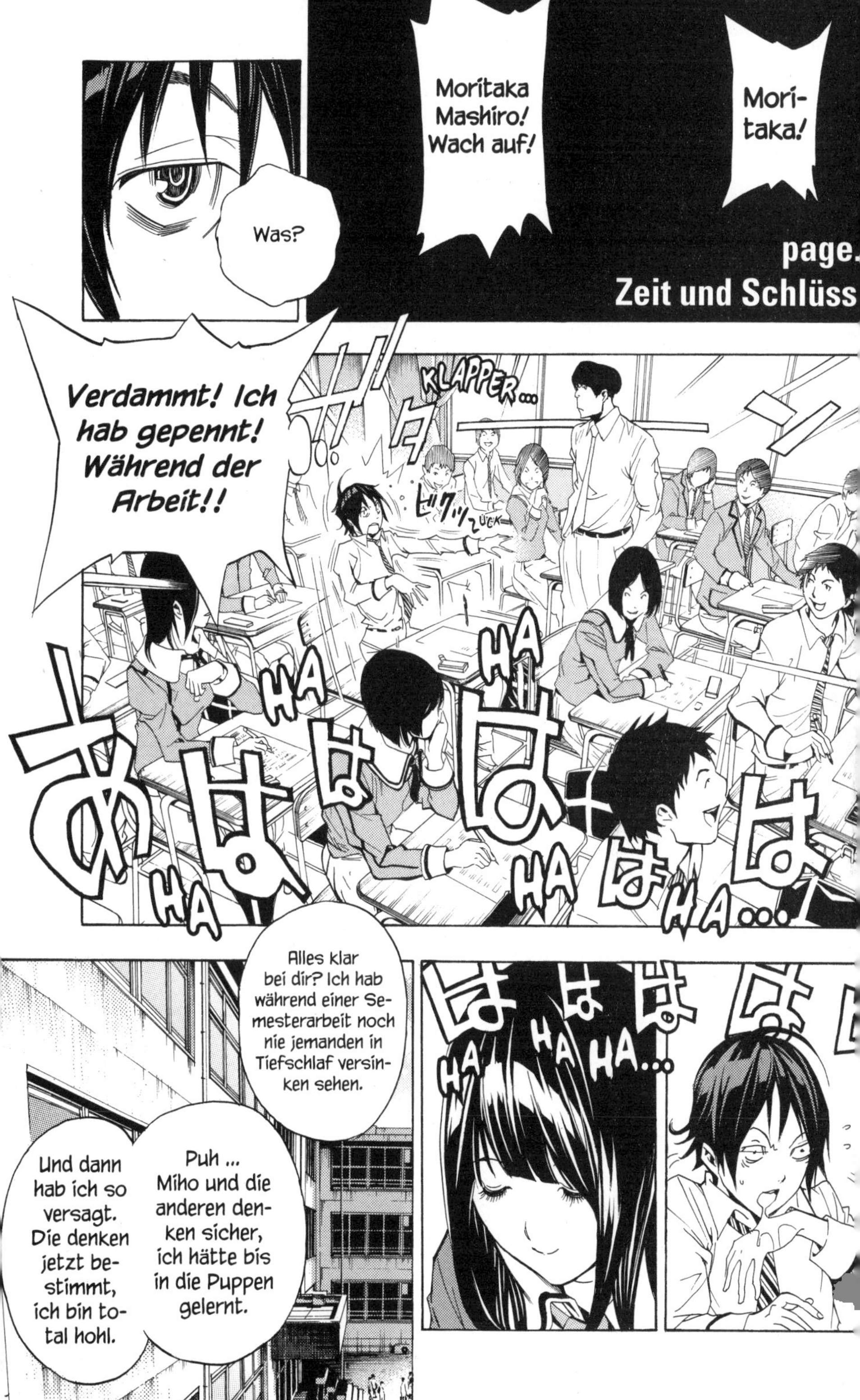
Moritaka!
Moritaka Mashiro! Wach auf!
Was?
page. Zeit und Schlüss
KLAPPER ...
ZUCK
Verdammt! Ich hab gepennt! Während der Arbeit!!
HA HA HA HA HA HA ...
HA HA HA ...
Alles klar bei dir? Ich hab während einer Semesterarbeit noch nie jemanden in Tiefschlaf versinken sehen.
Puh ... Miho und die anderen denken sicher, ich hätte bis in die Puppen gelernt.
Und dann hab ich so versagt. Die denken jetzt bestimmt, ich bin total hohl.

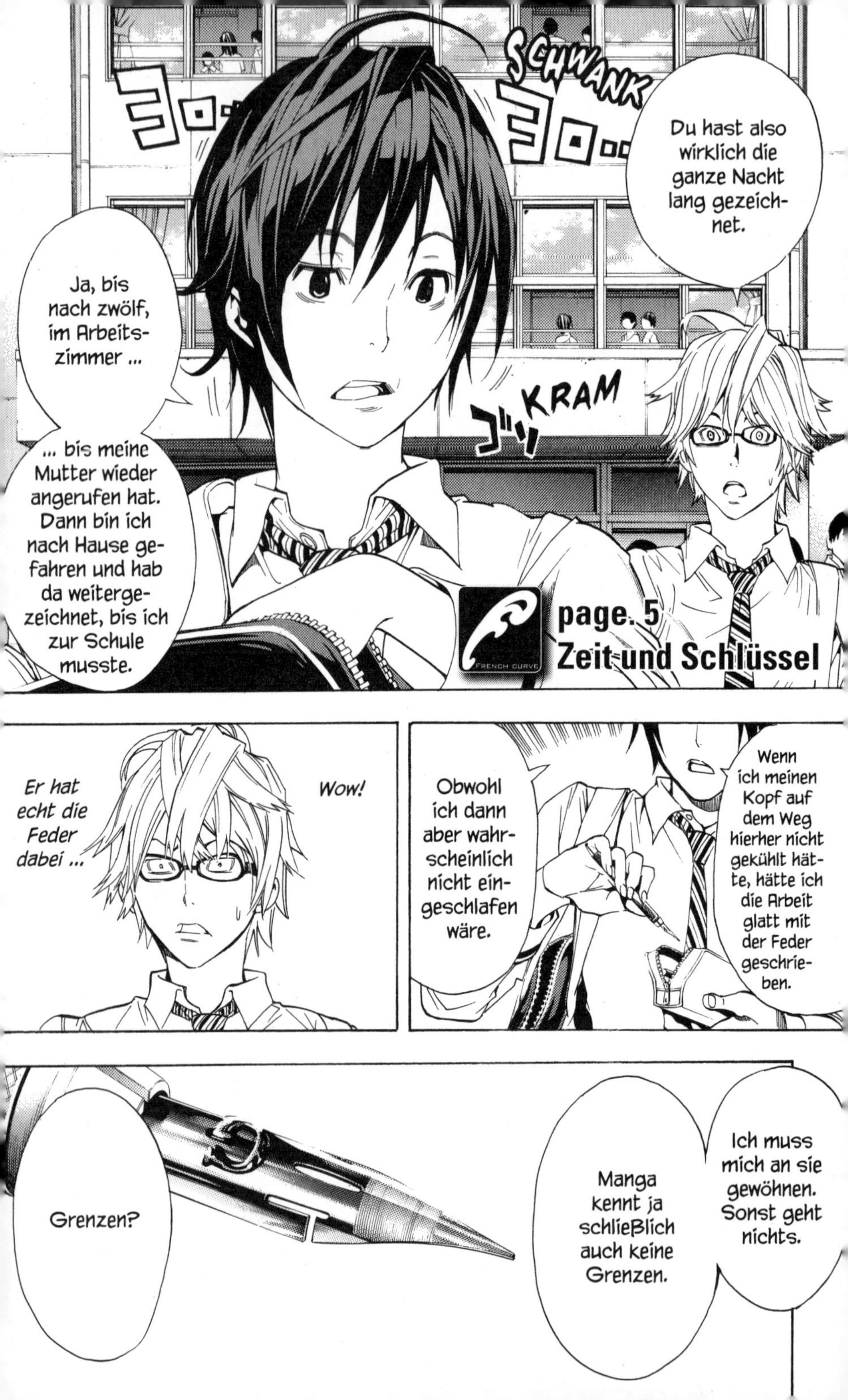

SCHWANK
Du hast also wirklich die ganze Nacht lang gezeichnet.
KRAM
Ja, bis nach zwölf, im Arbeitszimmer ...
... bis meine Mutter wieder angerufen hat. Dann bin ich nach Hause gefahren und hab da weitergezeichnet, bis ich zur Schule musste.

page. 5 Zeit und Schlüssel

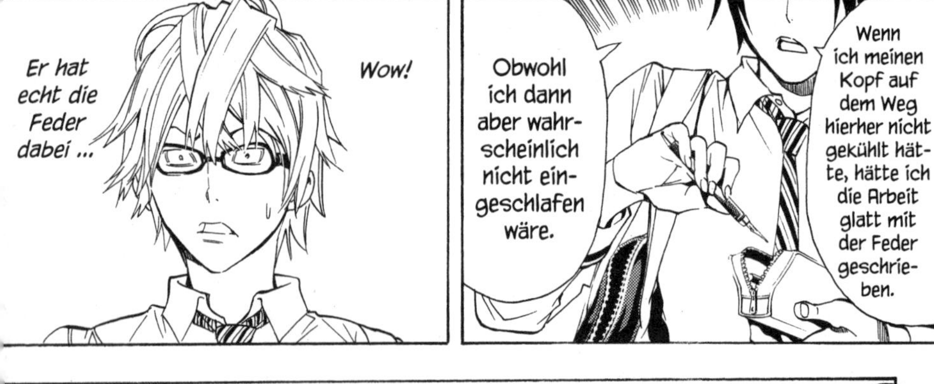

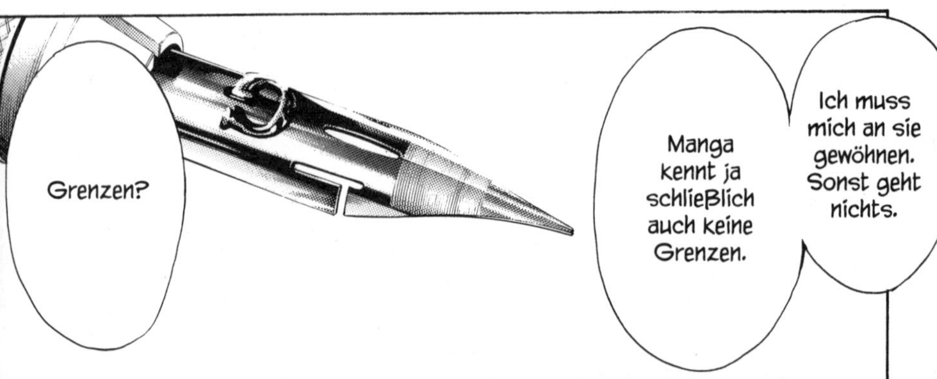

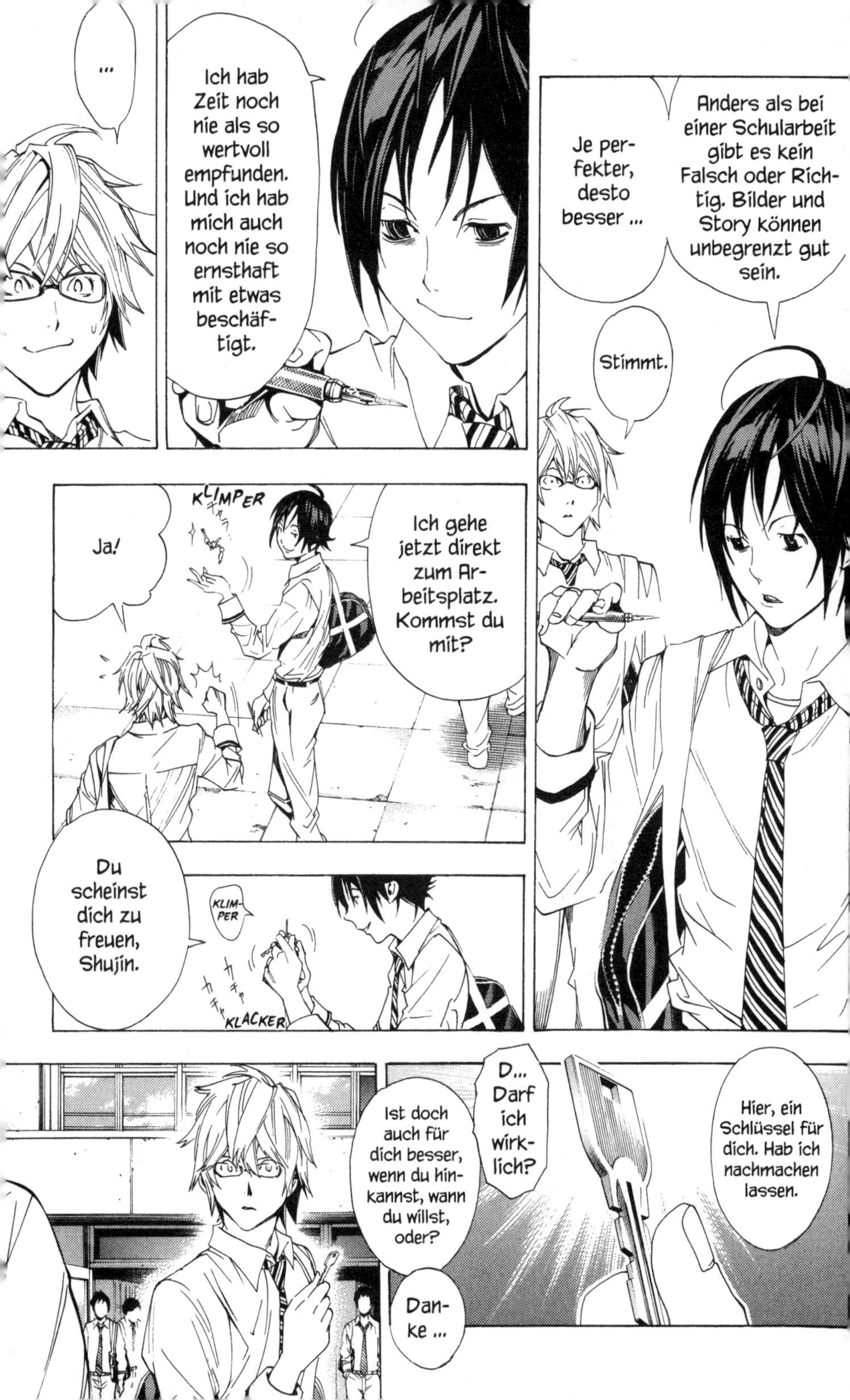
Anders als bei einer Schularbeit gibt es kein Falsch oder Richtig. Bilder und Story können unbegrenzt gut sein.
Je perfekter, desto besser ...
Stimmt.
Ich hab Zeit noch nie als so wertvoll empfunden. Und ich hab mich auch noch nie so ernsthaft mit etwas beschäftigt.
...
Ich gehe jetzt direkt zum Arbeitsplatz. Kommst du mit?
KLIMPER
Ja!
Du scheinst dich zu freuen, Shujin.
KLIMPER
KLACKER
Hier, ein Schlüssel für dich. Hab ich nachmachen lassen.
D... Darf ich wirklich?
Ist doch auch für dich besser, wenn du hinkannst, wann du willst, oder?
Danke ...

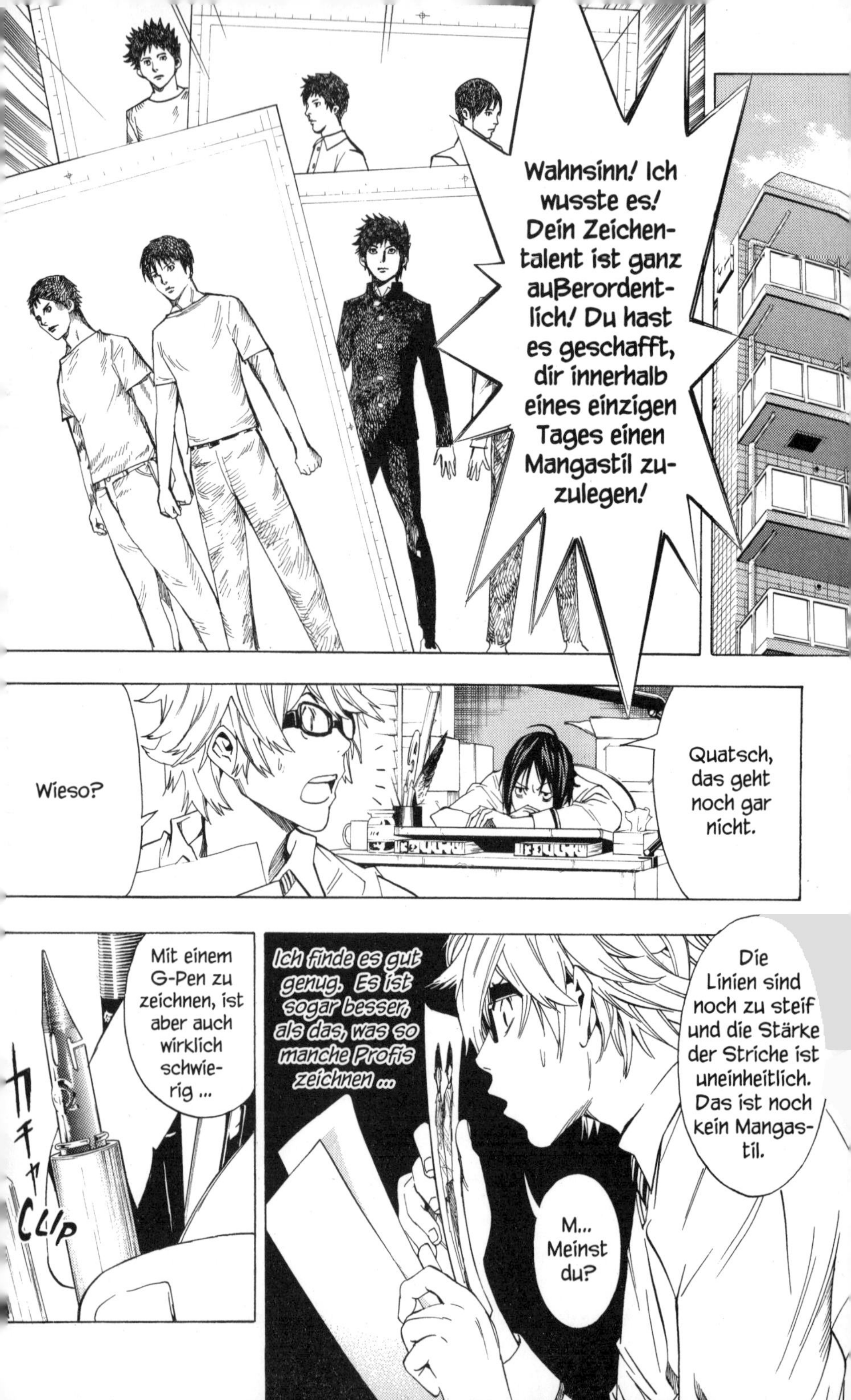
Wahnsinn! Ich wusste es! Dein Zeichentalent ist ganz außerordentlich! Du hast es geschafft, dir innerhalb eines einzigen Tages einen Mangastil zuzulegen!
Quatsch, das geht noch gar nicht.
Wieso?
Die Linien sind noch zu steif und die Stärke der Striche ist uneinheitlich. Das ist noch kein Mangastil.
M... Meinst du?
Ich finde es gut genug. Es ist sogar besser, als das, was so manche Profis zeichnen ...
Mit einem G-Pen zu zeichnen, ist aber auch wirklich schwierig ...
カチャ
CLIP

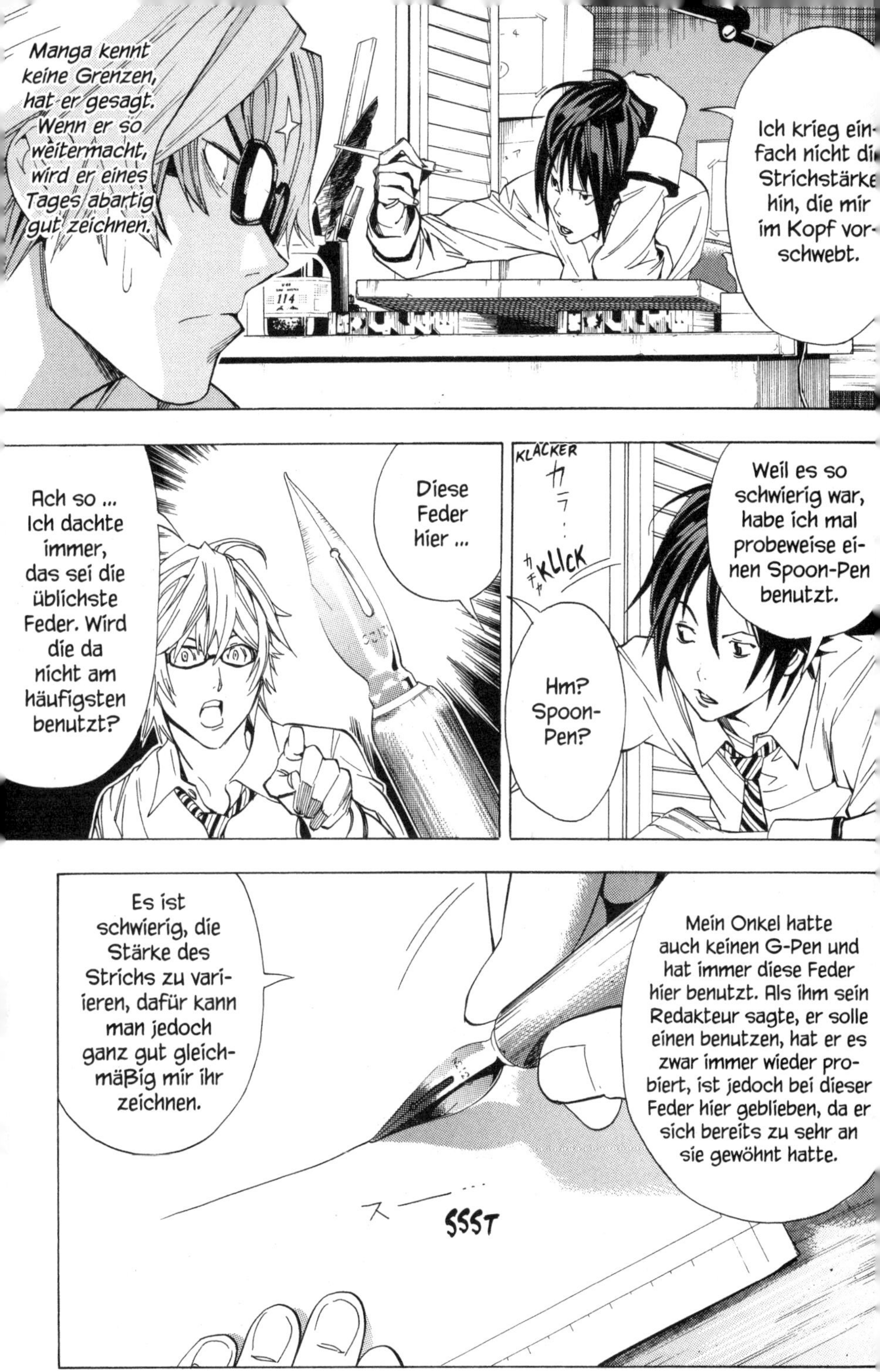

Ich krieg einfach nicht di Strichstärke hin, die mir im Kopf vorschwebt.

Manga kennt keine Grenzen, hat er gesagt. Wenn er so weitermacht, wird er eines Tages abartig gut zeichnen.

KLACKER

KLICK

Weil es so schwierig war, habe ich mal probeweise einen Spoon-Pen benutzt.

Hm? Spoon-Pen?

Diese Feder hier ...

Ach so ... Ich dachte immer, das sei die üblichste Feder. Wird die da nicht am häufigsten benutzt?

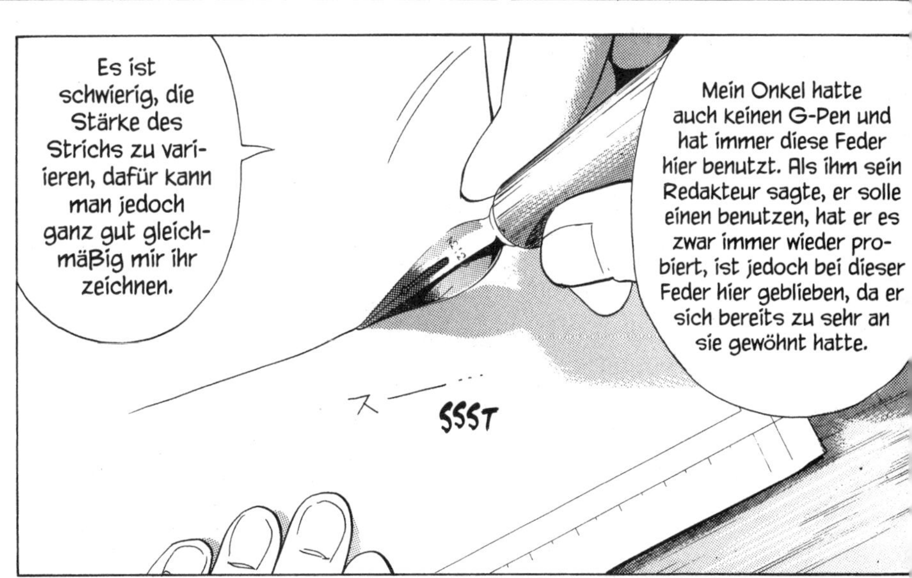

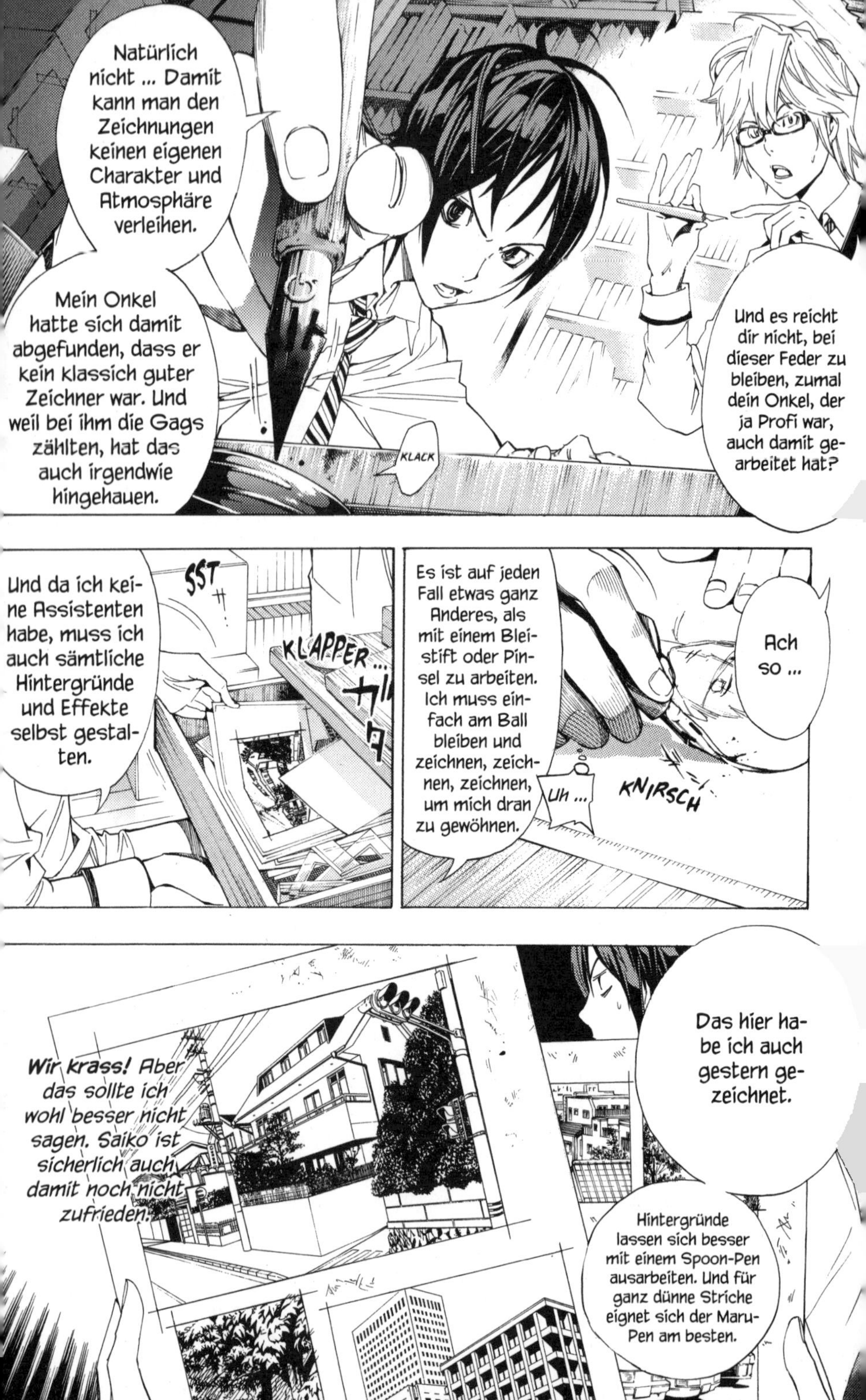
Und es reicht dir nicht, bei dieser Feder zu bleiben, zumal dein Onkel, der ja Profi war, auch damit gearbeitet hat?
KLACK
Natürlich nicht ... Damit kann man den Zeichnungen keinen eigenen Charakter und Atmosphäre verleihen.
Mein Onkel hatte sich damit abgefunden, dass er kein klassich guter Zeichner war. Und weil bei ihm die Gags zählten, hat das auch irgendwie hingehauen.
Ach so ...
KNIRSCH
Uh ...
Es ist auf jeden Fall etwas ganz Anderes, als mit einem Bleistift oder Pinsel zu arbeiten. Ich muss einfach am Ball bleiben und zeichnen, zeichnen, zeichnen, um mich dran zu gewöhnen.
SST
KLAPPER ...
Und da ich keine Assistenten habe, muss ich auch sämtliche Hintergründe und Effekte selbst gestalten.
Das hier habe ich auch gestern gezeichnet.
Hintergründe lassen sich besser mit einem Spoon-Pen ausarbeiten. Und für ganz dünne Striche eignet sich der Maru-Pen am besten.
Wir krass! Aber das sollte ich wohl besser nicht sagen. Saiko ist sicherlich auch damit noch nicht zufrieden.

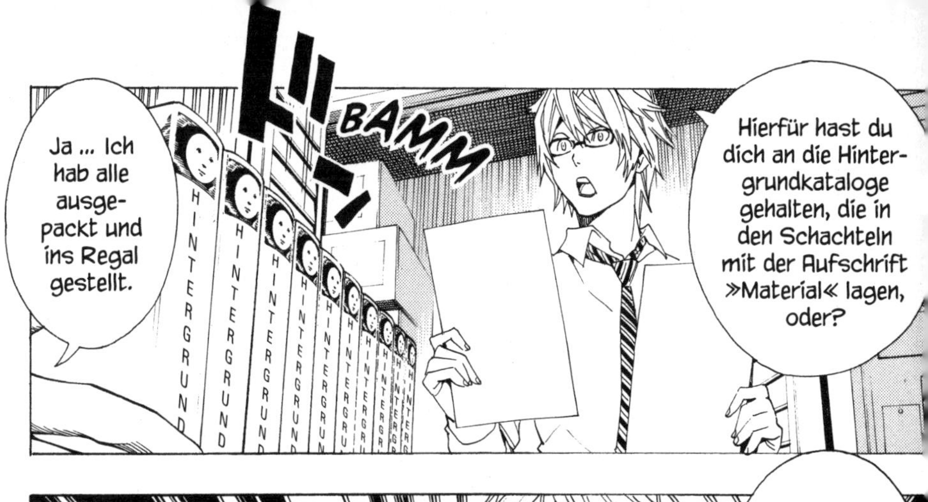

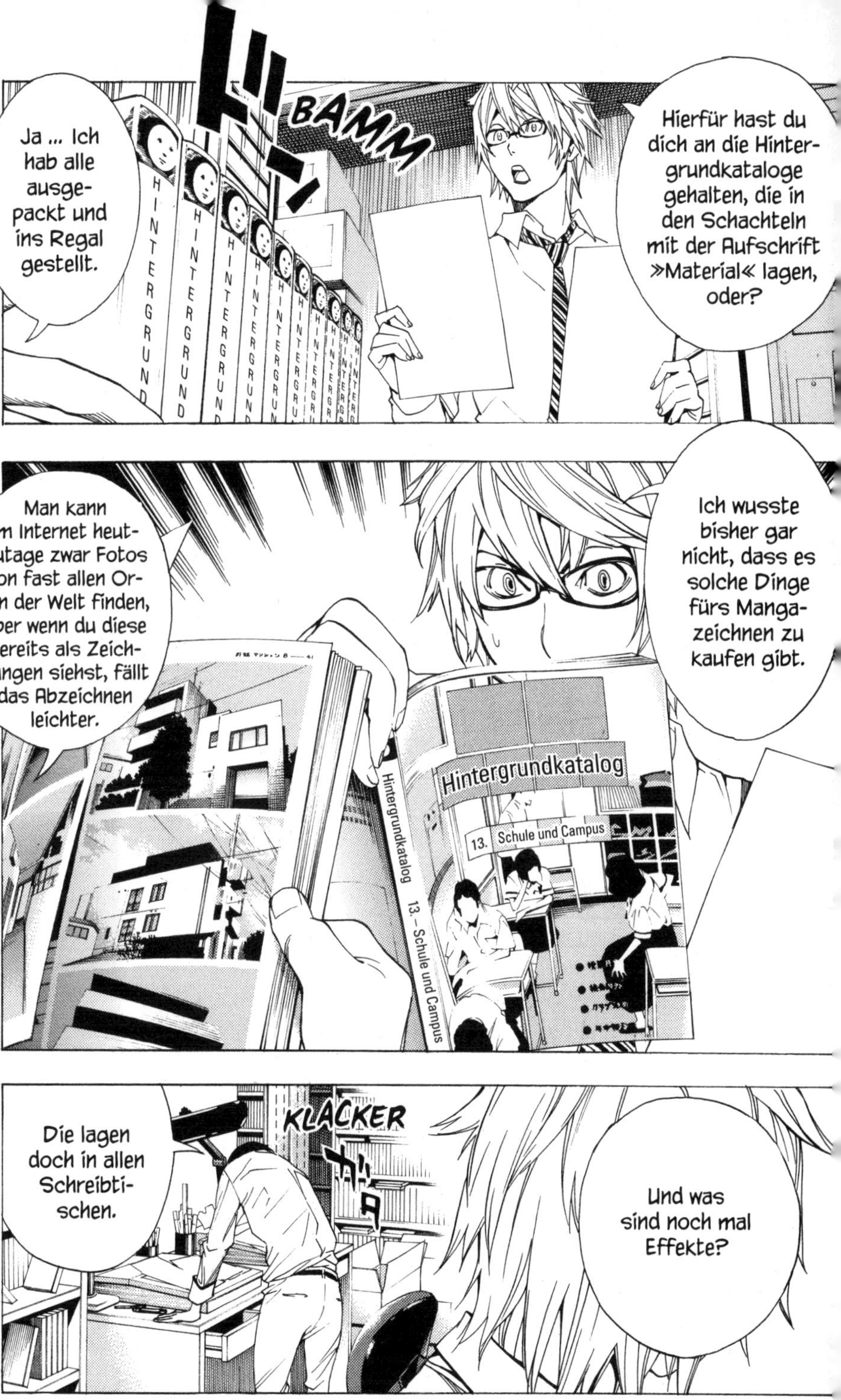

Ich wusste bisher gar nicht, dass es solche Dinge fürs Mangazeichnen zu kaufen gibt.

Man kann im Internet heutzutage zwar Fotos von fast allen Orten der Welt finden, aber wenn du diese bereits als Zeichnungen siehst, fällt das Abzeichnen leichter.

Hintergrundkatalog

13. Schule und Campus

Hintergrundkatalog 13. – Schule und Campus

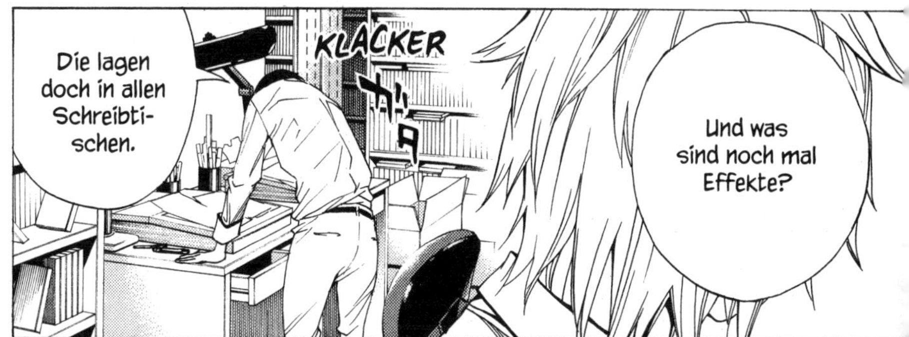

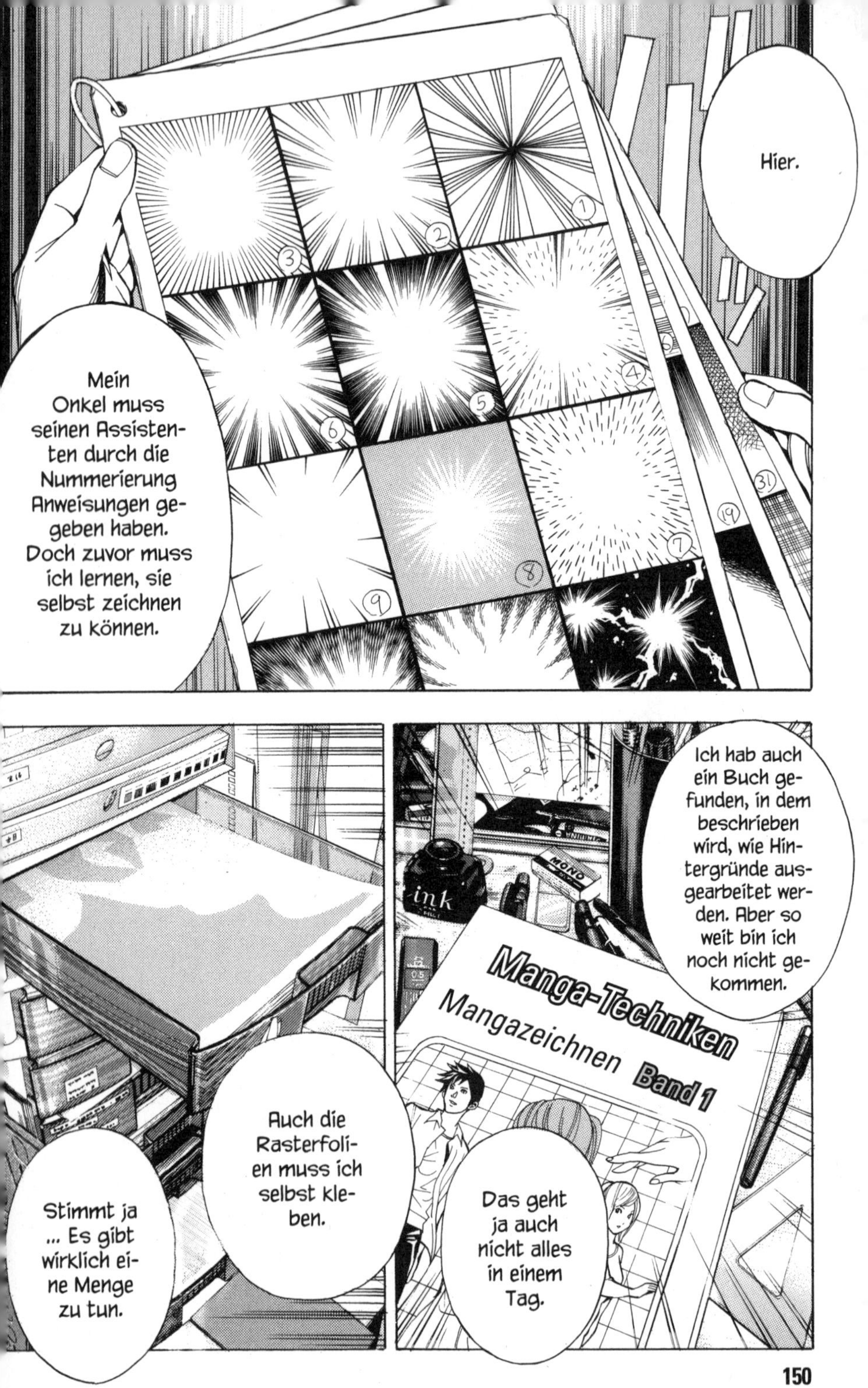

Hier.

Mein Onkel muss seinen Assistenten durch die Nummerierung Anweisungen gegeben haben. Doch zuvor muss ich lernen, sie selbst zeichnen zu können.

Ich hab auch ein Buch gefunden, in dem beschrieben wird, wie Hintergründe ausgearbeitet werden. Aber so weit bin ich noch nicht gekommen.

Manga-Techniken
Mangazeichnen Band 1

Auch die Rasterfolien muss ich selbst kleben.

Stimmt ja ... Es gibt wirklich eine Menge zu tun.

Das geht ja auch nicht alles in einem Tag.

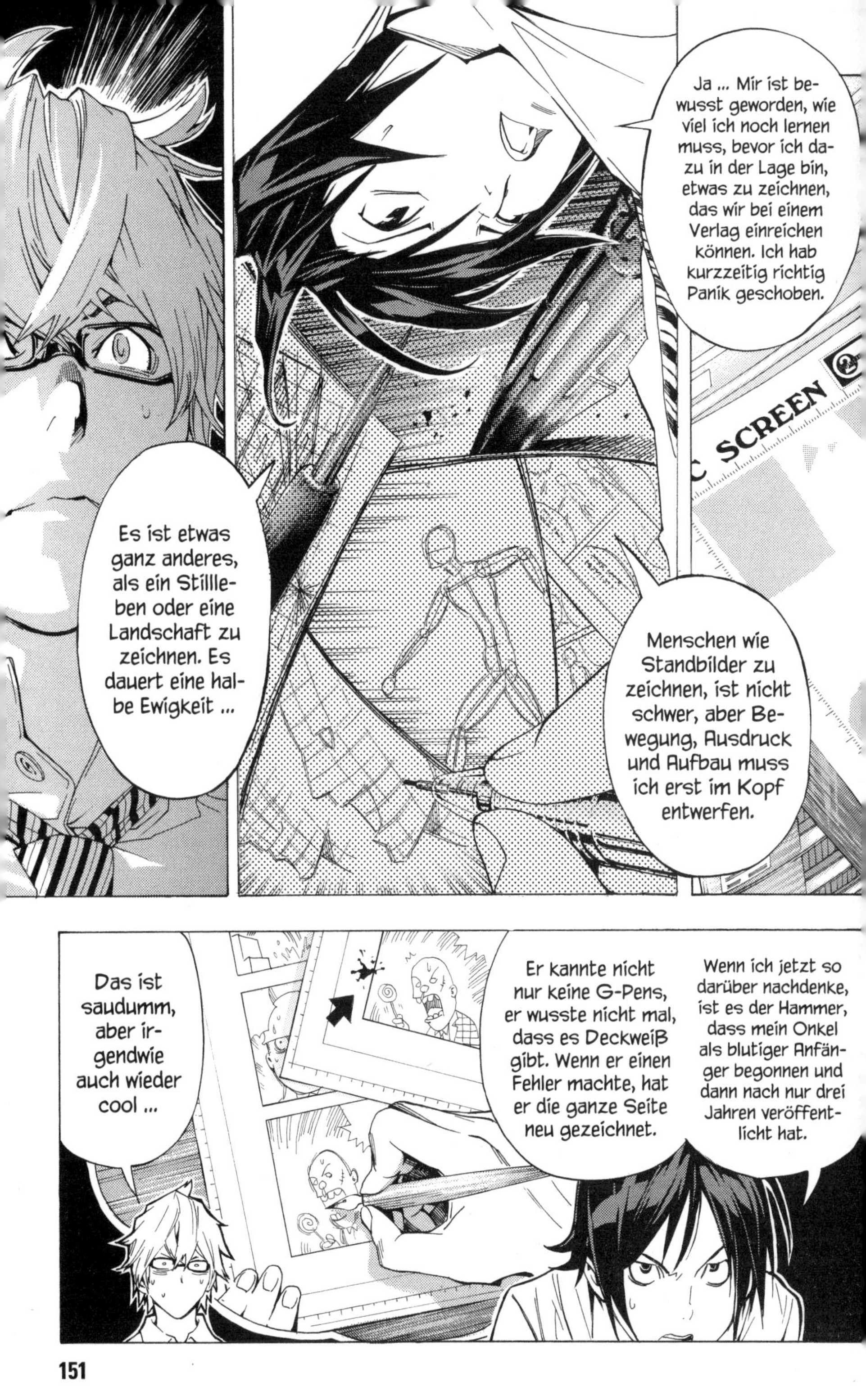

Ja ... Mir ist bewusst geworden, wie viel ich noch lernen muss, bevor ich dazu in der Lage bin, etwas zu zeichnen, das wir bei einem Verlag einreichen können. Ich hab kurzzeitig richtig Panik geschoben.

Es ist etwas ganz anderes, als ein Stillleben oder eine Landschaft zu zeichnen. Es dauert eine halbe Ewigkeit ...

Menschen wie Standbilder zu zeichnen, ist nicht schwer, aber Bewegung, Ausdruck und Aufbau muss ich erst im Kopf entwerfen.

C SCREEN

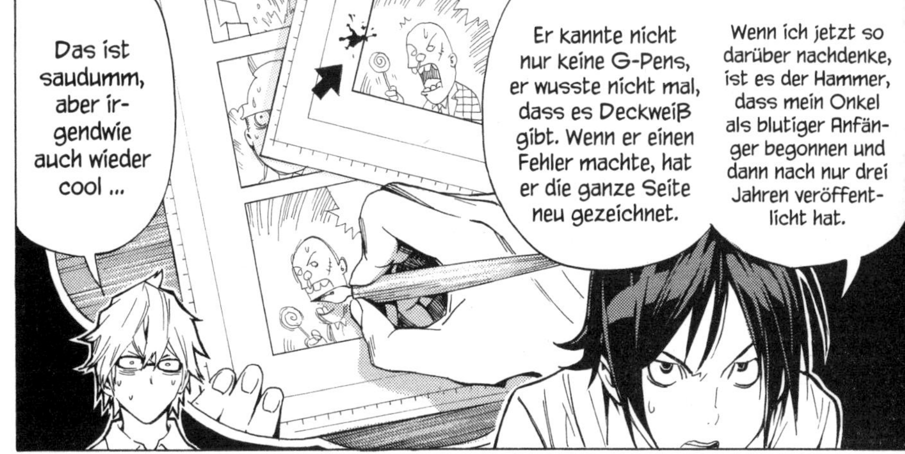

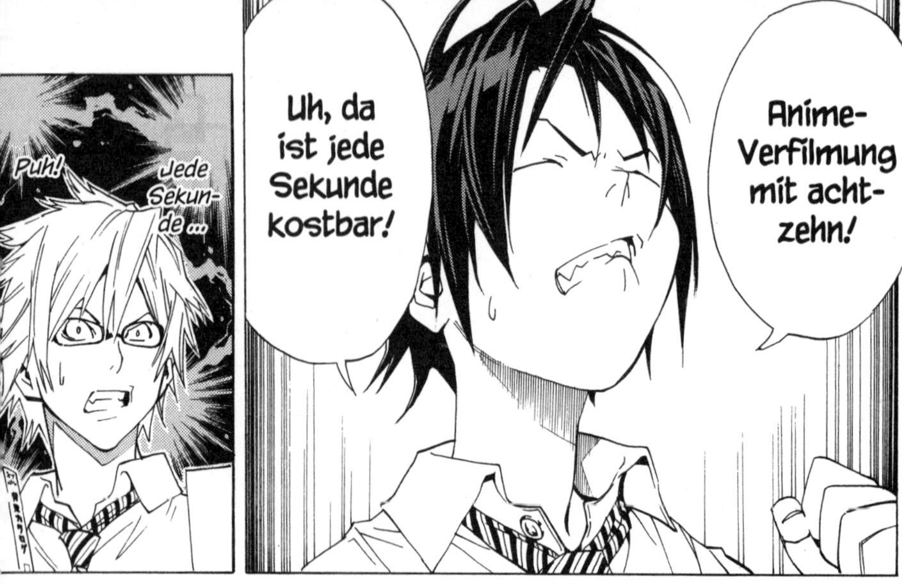
Anime-Verfilmung mit achtzehn!
Uh, da ist jede Sekunde kostbar!
Jede Sekunde ...
Puh!

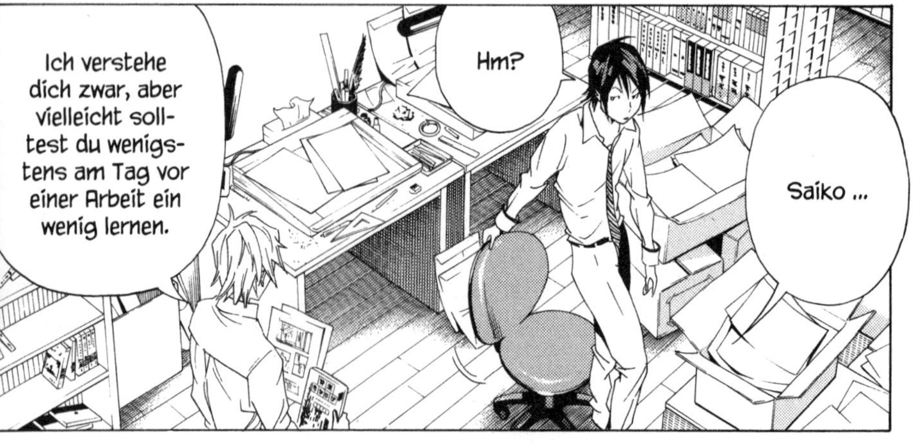
Saiko ...
Hm?
Ich verstehe dich zwar, aber vielleicht solltest du wenigstens am Tag vor einer Arbeit ein wenig lernen.

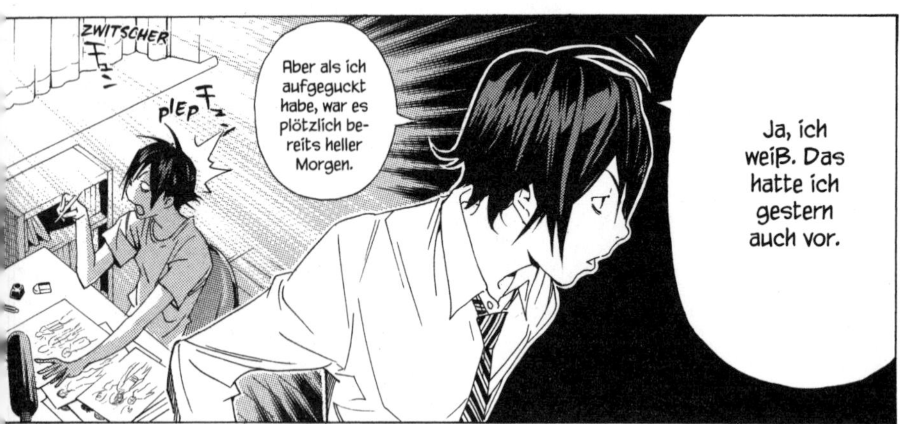
Ja, ich weiß. Das hatte ich gestern auch vor.
Aber als ich aufgeguckt habe, war es plötzlich bereits heller Morgen.
ZWITSCHER
PIEP

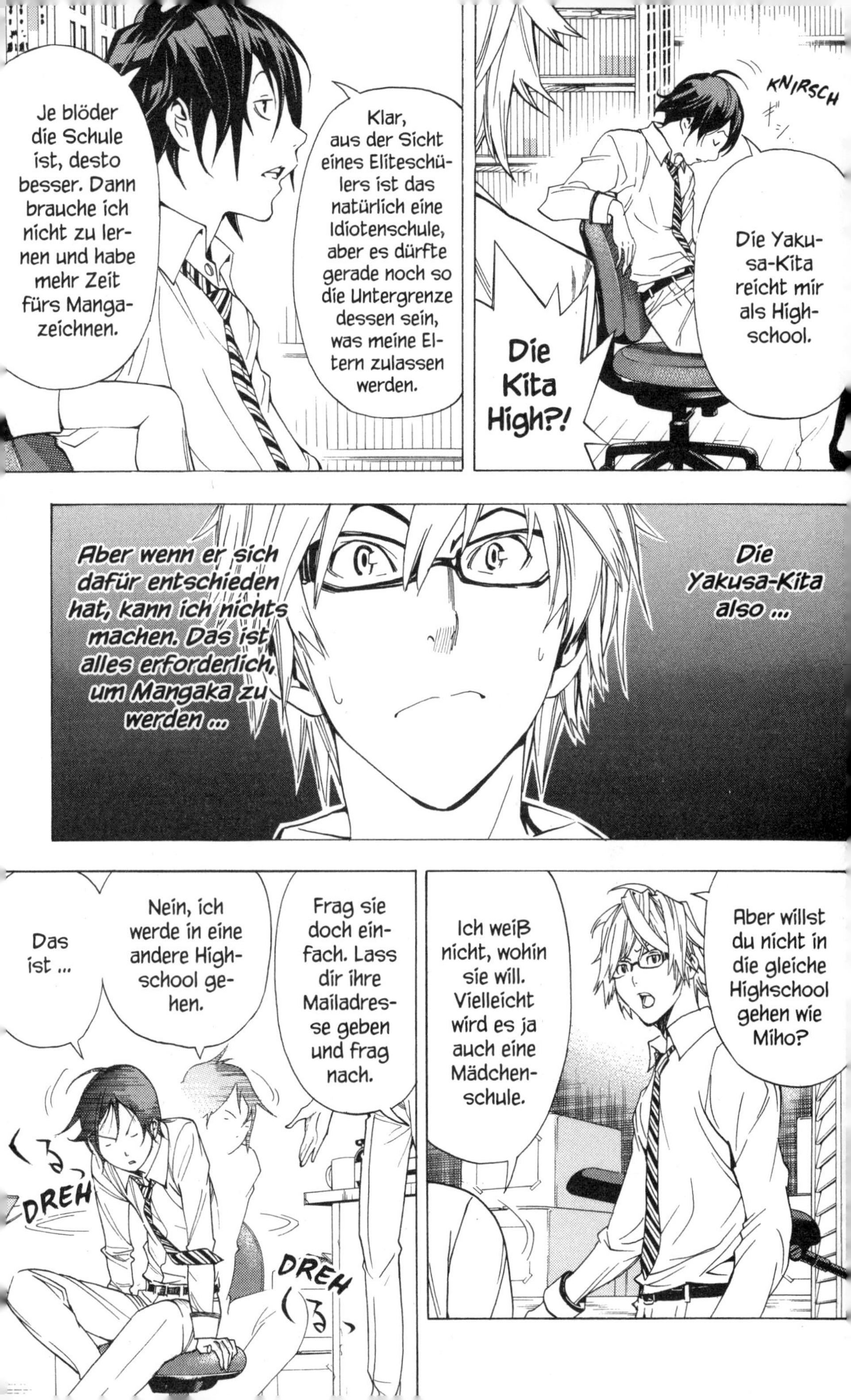

KNIRSCH

Die Yakusa-Kita reicht mir als Highschool.

Die Kita High?!

Klar, aus der Sicht eines Eliteschülers ist das natürlich eine Idiotenschule, aber es dürfte gerade noch so die Untergrenze dessen sein, was meine Eltern zulassen werden.

Je blöder die Schule ist, desto besser. Dann brauche ich nicht zu lernen und habe mehr Zeit fürs Mangazeichnen.

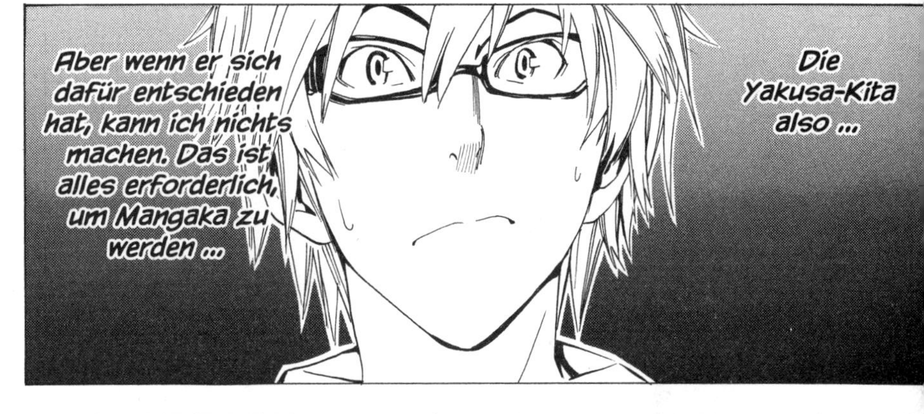

Aber willst du nicht in die gleiche Highschool gehen wie Miho?

Ich weiß nicht, wohin sie will. Vielleicht wird es ja auch eine Mädchenschule.

Frag sie doch einfach. Lass dir ihre Mailadresse geben und frag nach.

Nein, ich werde in eine andere Highschool gehen.

Das ist ...

DREH

DREH

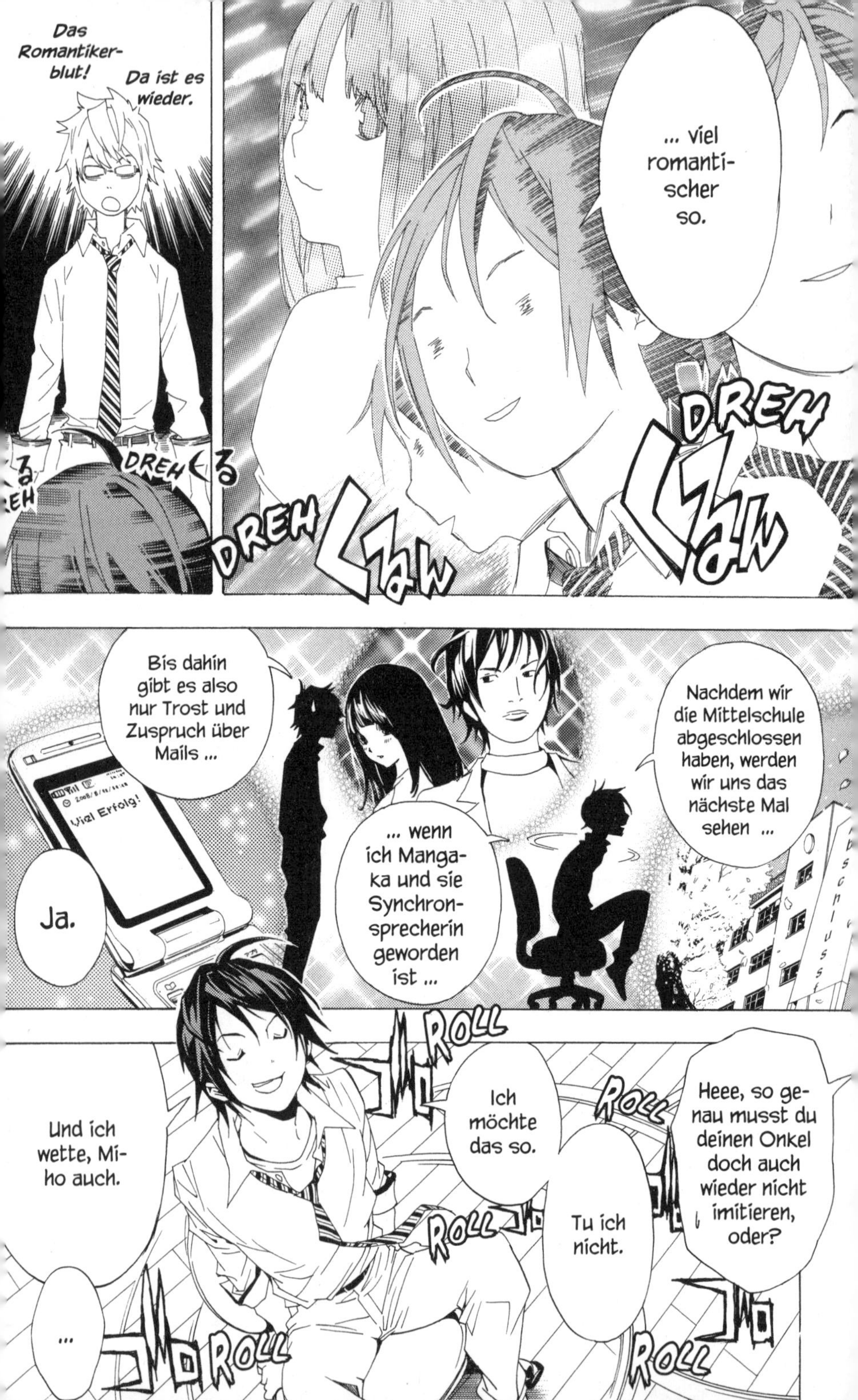
... viel romanti- scher so.
DREH
DREH
Das Romantiker- blut!
Da ist es wieder.
DREH
Nachdem wir die Mittelschule abgeschlossen haben, werden wir uns das nächste Mal sehen ...
... wenn ich Manga- ka und sie Synchron- sprecherin geworden ist ...
Bis dahin gibt es also nur Trost und Zuspruch über Mails ...
Viel Erfolg!
Ja.
ROLL
ROLL
Heee, so ge- nau musst du deinen Onkel doch auch wieder nicht imitieren, oder?
Tu ich nicht.
Ich möchte das so.
ROLL
Und ich wette, Mi- ho auch.
...
ROLL
ROLL

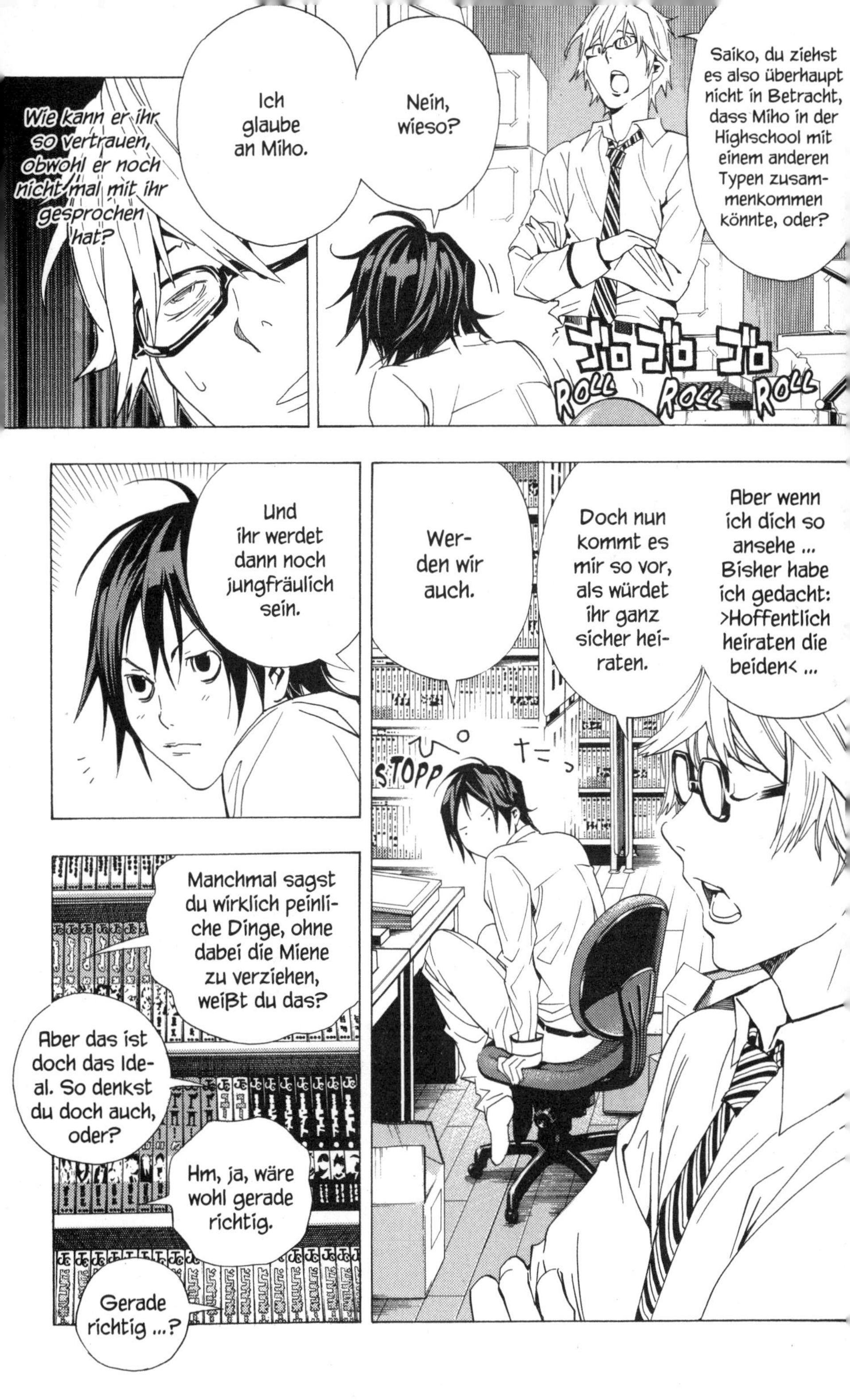

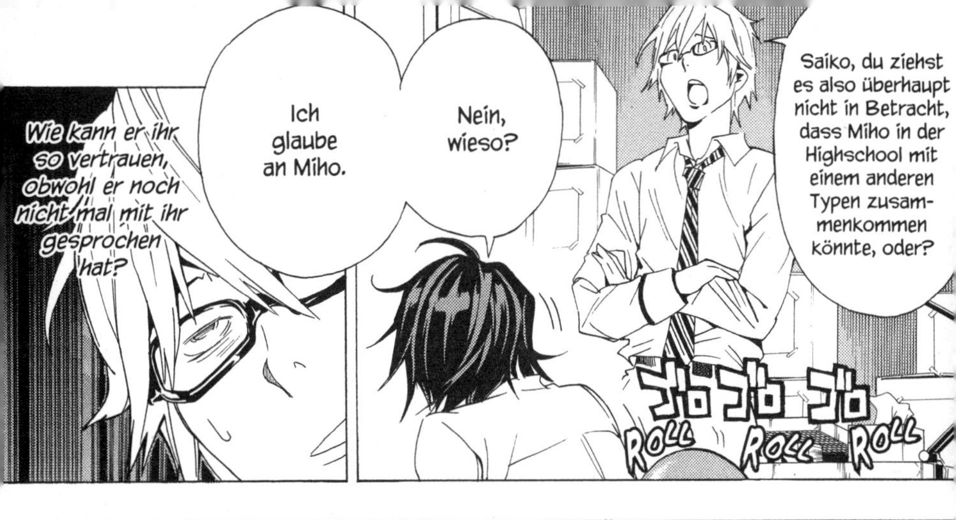

Aber wenn ich dich so ansehe ... Bisher habe ich gedacht: >Hoffentlich heiraten die beiden< ...

Doch nun kommt es mir so vor, als würdet ihr ganz sicher heiraten.

Werden wir auch.

STOPP

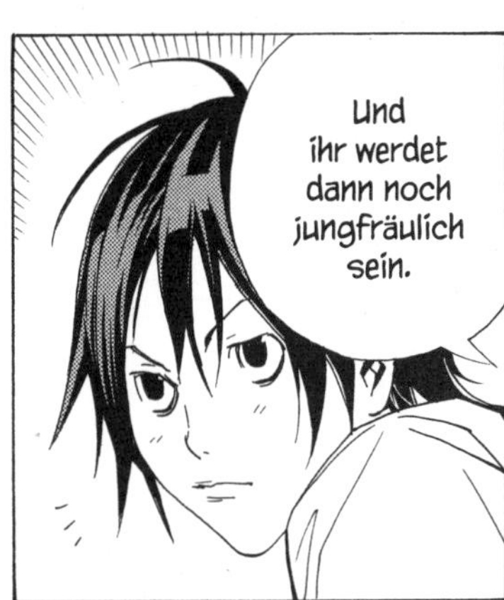

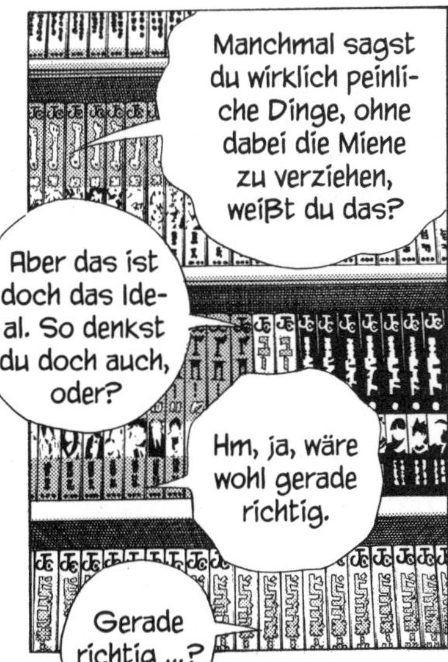

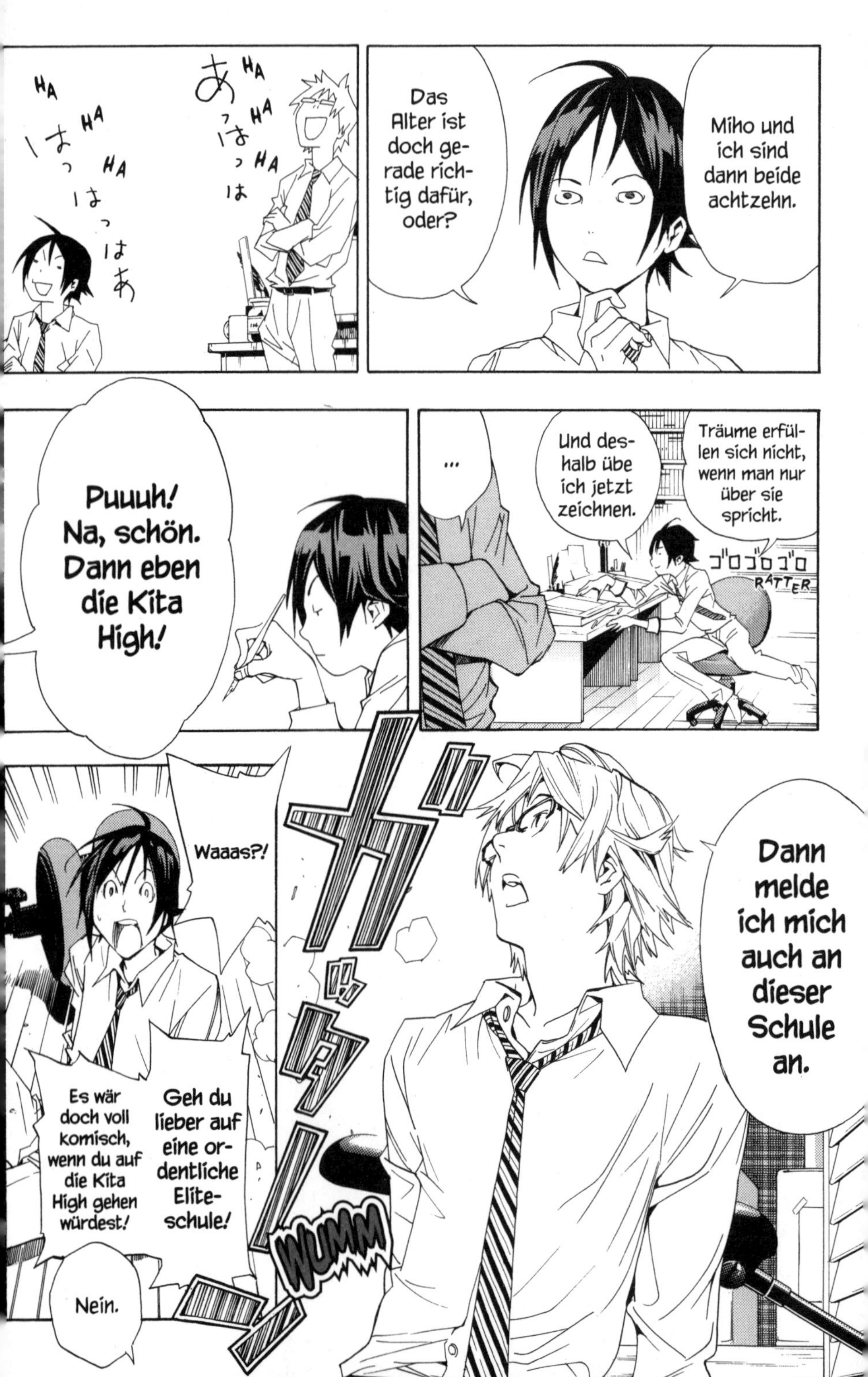
Miho und ich sind dann beide achtzehn.
Das Alter ist doch gerade richtig dafür, oder?
HA HA HA HA HA HA
あっはっは
はっはっはっはあ
Träume erfüllen sich nicht, wenn man nur über sie spricht.
Und deshalb übe ich jetzt zeichnen.
...
ゴロゴロゴロ
RATTER
Puuuh! Na, schön. Dann eben die Kita High!
Dann melde ich mich auch an dieser Schule an.
WUMM
Waaas?!
Geh du lieber auf eine ordentliche Eliteschule!
Es wär doch voll komisch, wenn du auf die Kita High gehen würdest!
Nein.

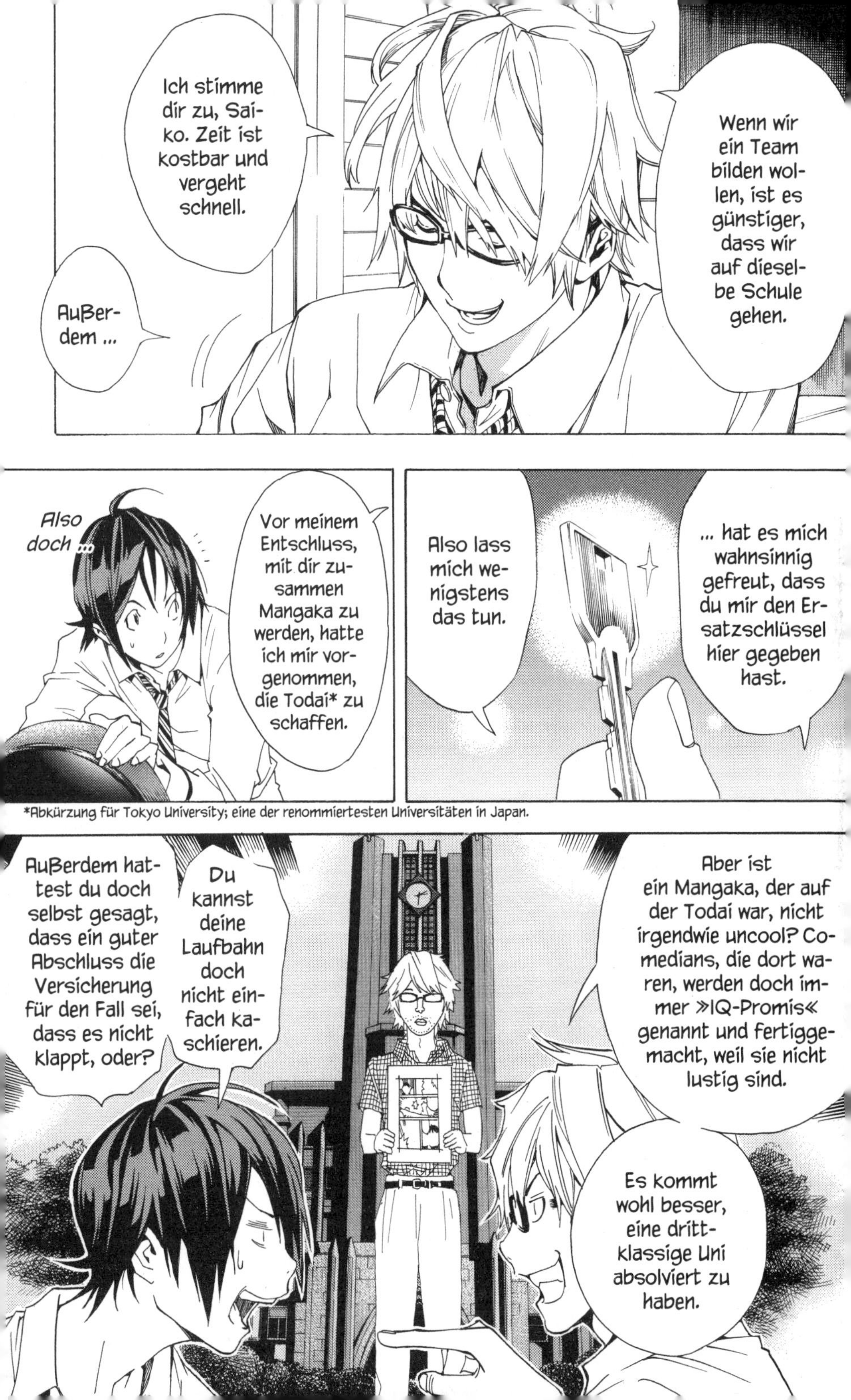

Wenn wir ein Team bilden wollen, ist es günstiger, dass wir auf dieselbe Schule gehen.

Ich stimme dir zu, Saiko. Zeit ist kostbar und vergeht schnell.

Außerdem ...

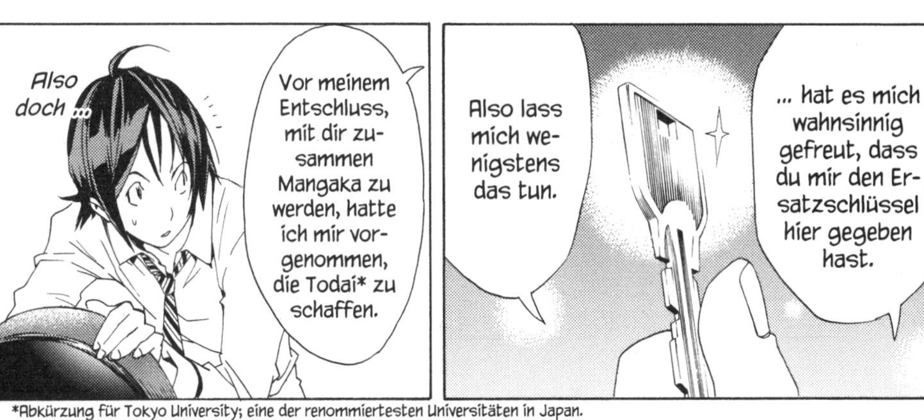

*Abkürzung für Tokyo University; eine der renommiertesten Universitäten in Japan.

Aber ist ein Mangaka, der auf der Todai war, nicht irgendwie uncool? Comedians, die dort waren, werden doch immer »IQ-Promis« genannt und fertiggemacht, weil sie nicht lustig sind.

Es kommt wohl besser, eine drittklassige Uni absolviert zu haben.

Du kannst deine Laufbahn doch nicht einfach kaschieren.

Außerdem hattest du doch selbst gesagt, dass ein guter Abschluss die Versicherung für den Fall sei, dass es nicht klappt, oder?

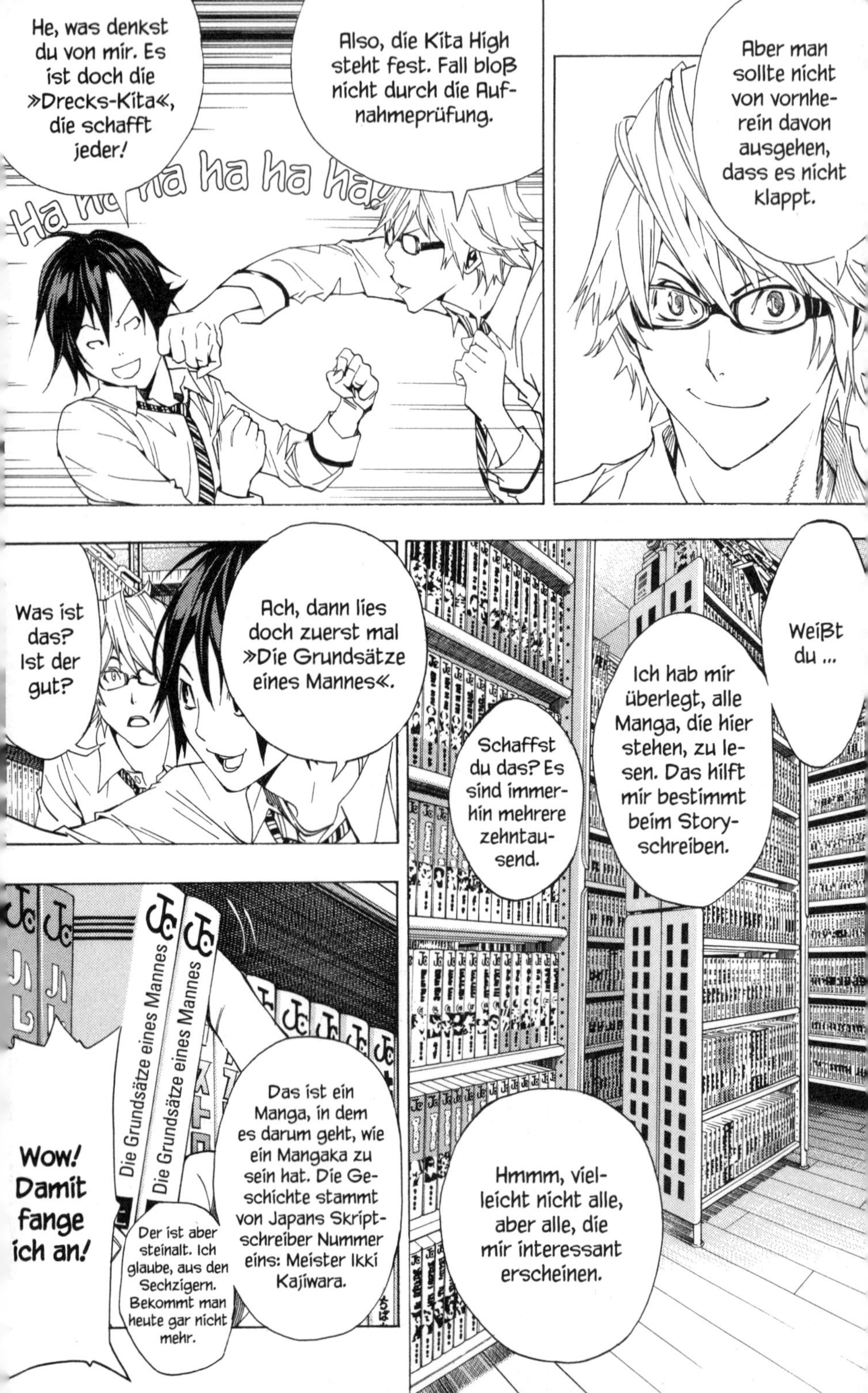
Aber man sollte nicht von vornherein davon ausgehen, dass es nicht klappt.
Also, die Kita High steht fest. Fall bloß nicht durch die Aufnahmeprüfung.
He, was denkst du von mir. Es ist doch die »Drecks-Kita«, die schafft jeder!
Ha ha ha ha ha
Weißt du ...
Ich hab mir überlegt, alle Manga, die hier stehen, zu lesen. Das hilft mir bestimmt beim Storyschreiben.
Schaffst du das? Es sind immerhin mehrere zehntausend.
Hmmm, vielleicht nicht alle, aber alle, die mir interessant erscheinen.
Ach, dann lies doch zuerst mal »Die Grundsätze eines Mannes«.
Was ist das? Ist der gut?
Die Grundsätze eines Mannes
Die Grundsätze eines Mannes
Das ist ein Manga, in dem es darum geht, wie ein Mangaka zu sein hat. Die Geschichte stammt von Japans Skriptschreiber Nummer eins: Meister Ikki Kajiwara.
Der ist aber steinalt. Ich glaube, aus den Sechzigern. Bekommt man heute gar nicht mehr.
Wow! Damit fange ich an!

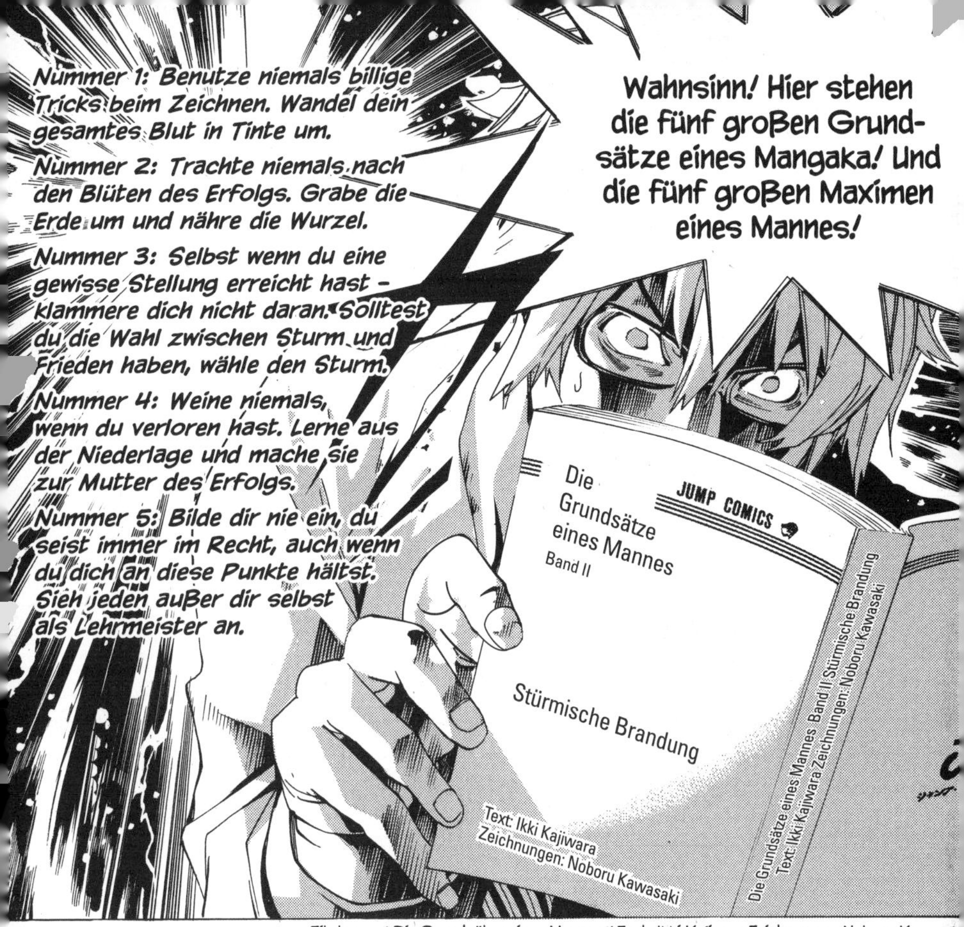

Wahnsinn! Hier stehen die fünf großen Grundsätze eines Mangaka! Und die fünf großen Maximen eines Mannes!

Nummer 1: Benutze niemals billige Tricks beim Zeichnen. Wandel dein gesamtes Blut in Tinte um.

Nummer 2: Trachte niemals nach den Blüten des Erfolgs. Grabe die Erde um und nähre die Wurzel.

Nummer 3: Selbst wenn du eine gewisse Stellung erreicht hast – klammere dich nicht daran. Solltest du die Wahl zwischen Sturm und Frieden haben, wähle den Sturm.

Nummer 4: Weine niemals, wenn du verloren hast. Lerne aus der Niederlage und mache sie zur Mutter des Erfolgs.

Nummer 5: Bilde dir nie ein, du seist immer im Recht, auch wenn du dich an diese Punkte hältst. Sieh jeden außer dir selbst als Lehrmeister an.

JUMP COMICS

Die Grundsätze eines Mannes

Band II

Stürmische Brandung

Text: Ikki Kajiwara

Zeichnungen: Noboru Kawasaki

Die Grundsätze eines Mannes Band II Stürmische Brandung

Text: Ikki Kajiwara Zeichnungen: Noboru Kawasaki

Zitat aus: »Die Grundsätze eines Mannes« Text: Ikki Kajiwara Zeichnungen: Noboru Kawasak

Heutzutage ist alles ein wenig stylischer und nichts zählt mehr als der Erfolg ...

... aber mir gefällt so was besser.

Du sagtest ja auch, du stündest auf männliche Manga.

Ach ja ... Auch mein Onkel hat ...

... drei Grundregeln für einen Mangaka aufgestellt. Wie war das noch mal?

Sag!

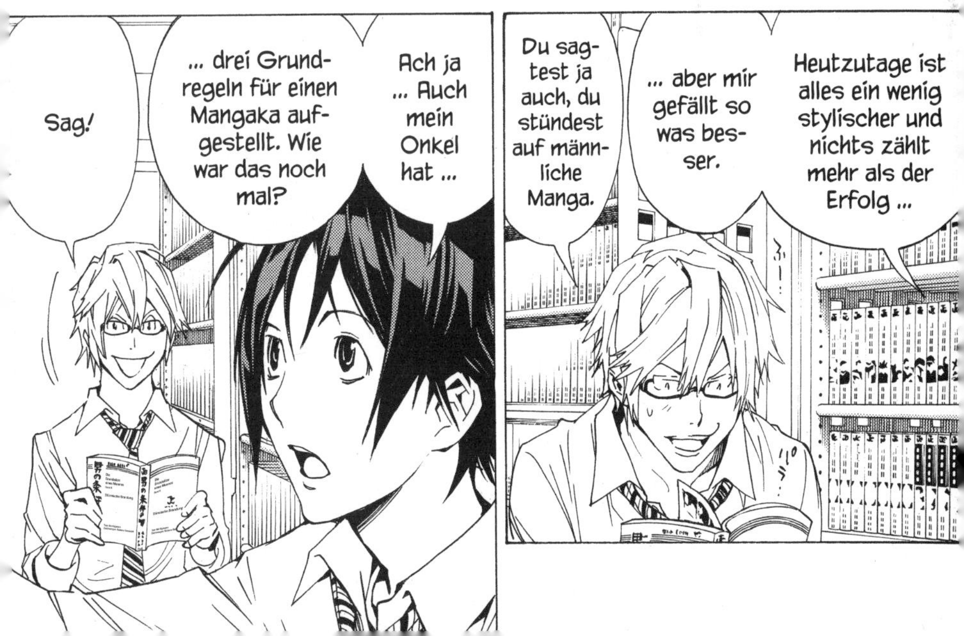

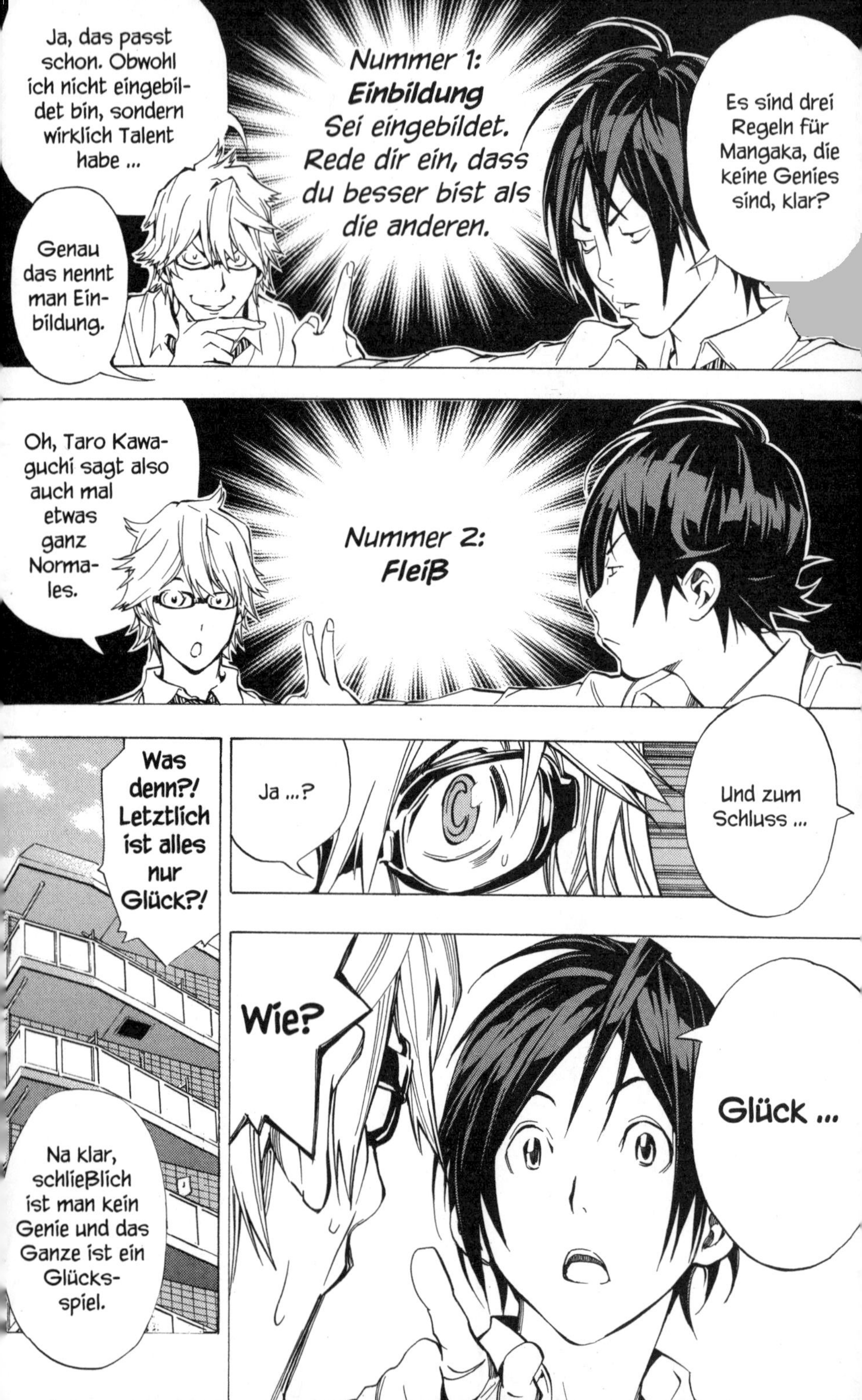
Es sind drei Regeln für Mangaka, die keine Genies sind, klar?
Nummer 1: Einbildung Sei eingebildet. Rede dir ein, dass du besser bist als die anderen.
Ja, das passt schon. Obwohl ich nicht eingebildet bin, sondern wirklich Talent habe ...
Genau das nennt man Einbildung.
Nummer 2: Fleiß
Oh, Taro Kawaguchi sagt also auch mal etwas ganz Normales.
Und zum Schluss ...
Ja ...?
Glück ...
Wie?
Was denn?! Letztlich ist alles nur Glück?!
Na klar, schließlich ist man kein Genie und das Ganze ist ein Glücksspiel.

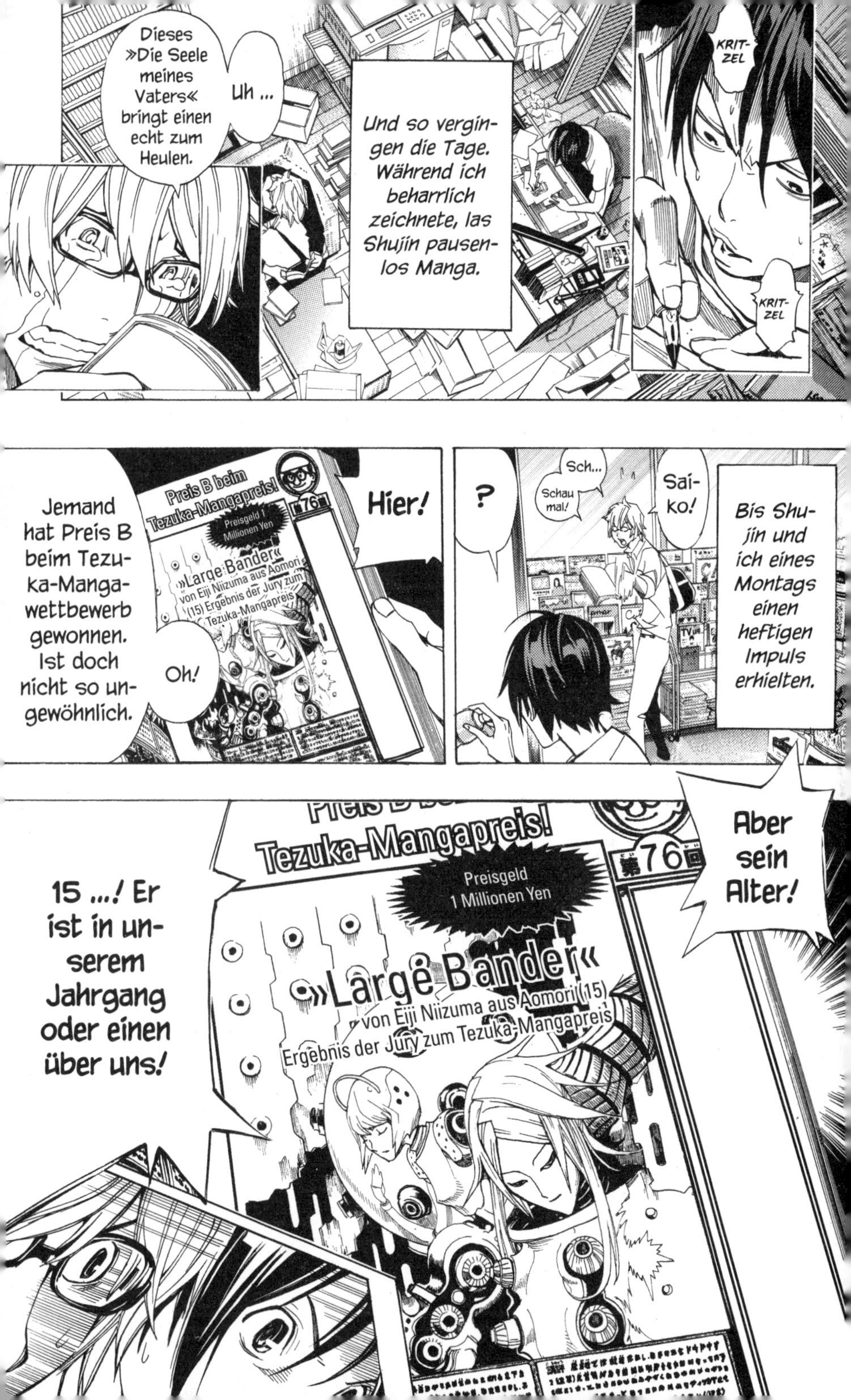

KRITZEL

KRITZEL

Und so vergingen die Tage. Während ich beharrlich zeichnete, las Shujin pausenlos Manga.

Uh ...

Dieses »Die Seele meines Vaters« bringt einen echt zum Heulen.

Bis Shujin und ich eines Montags einen heftigen Impuls erhielten.

Saiko!

Sch...

Schau mal!

?

Hier!

Preis B beim Tezuka-Mangapreis!

Preisgeld 1 Millionen Yen

»Large Bander« von Eiji Niizuma aus Aomori (15) Ergebnis der Jury zum Tezuka-Mangapreis

Oh!

Jemand hat Preis B beim Tezuka-Mangawettbewerb gewonnen. Ist doch nicht so ungewöhnlich.

Aber sein Alter!

Preis B beim Tezuka-Mangapreis!

Preisgeld 1 Millionen Yen

»Large Bander« von Eiji Niizuma aus Aomori (15) Ergebnis der Jury zum Tezuka-Mangapreis

15 ...! Er ist in unserem Jahrgang oder einen über uns!

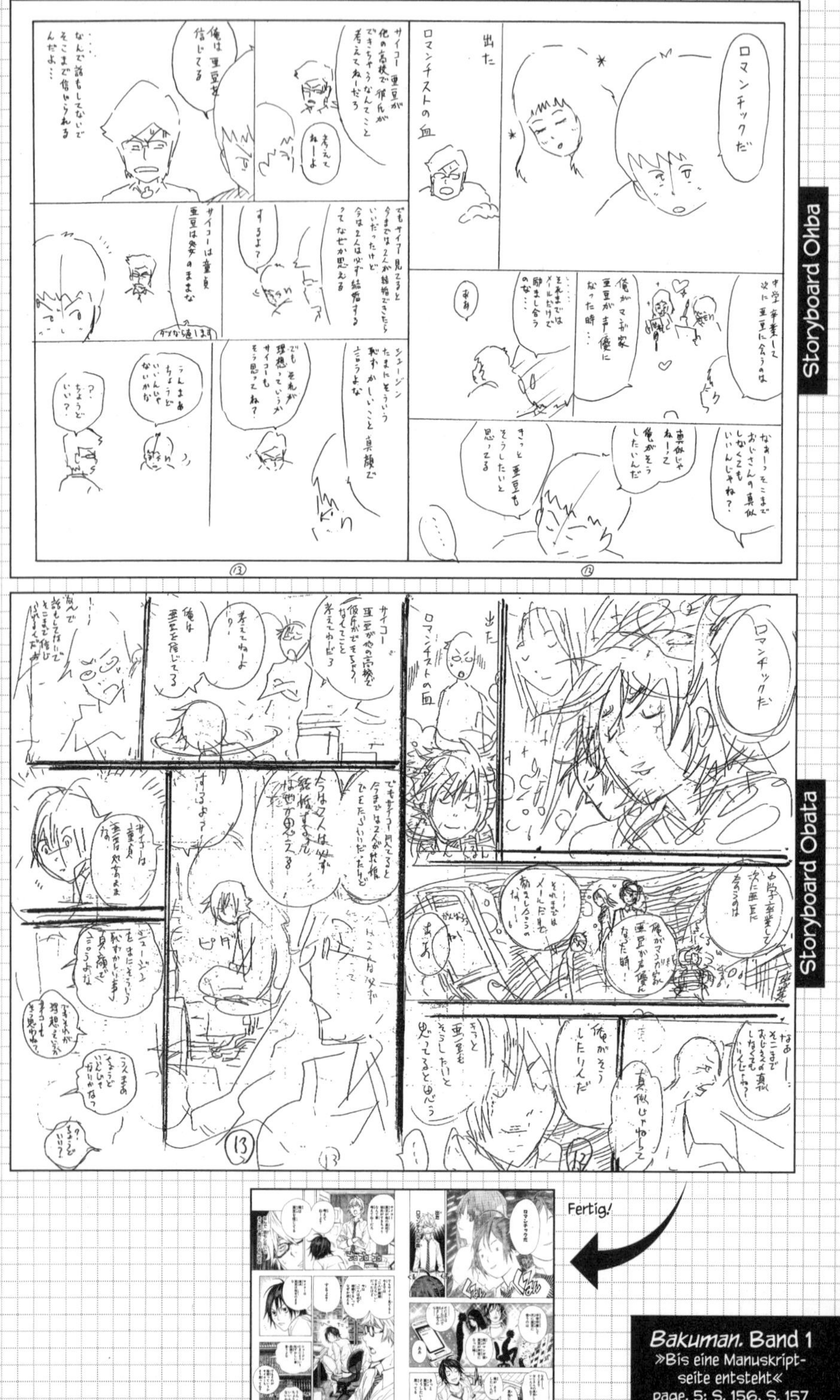

Bakuman. Band 1
»Bis eine Manuskriptseite entsteht«
page. 5: S. 156, S. 157

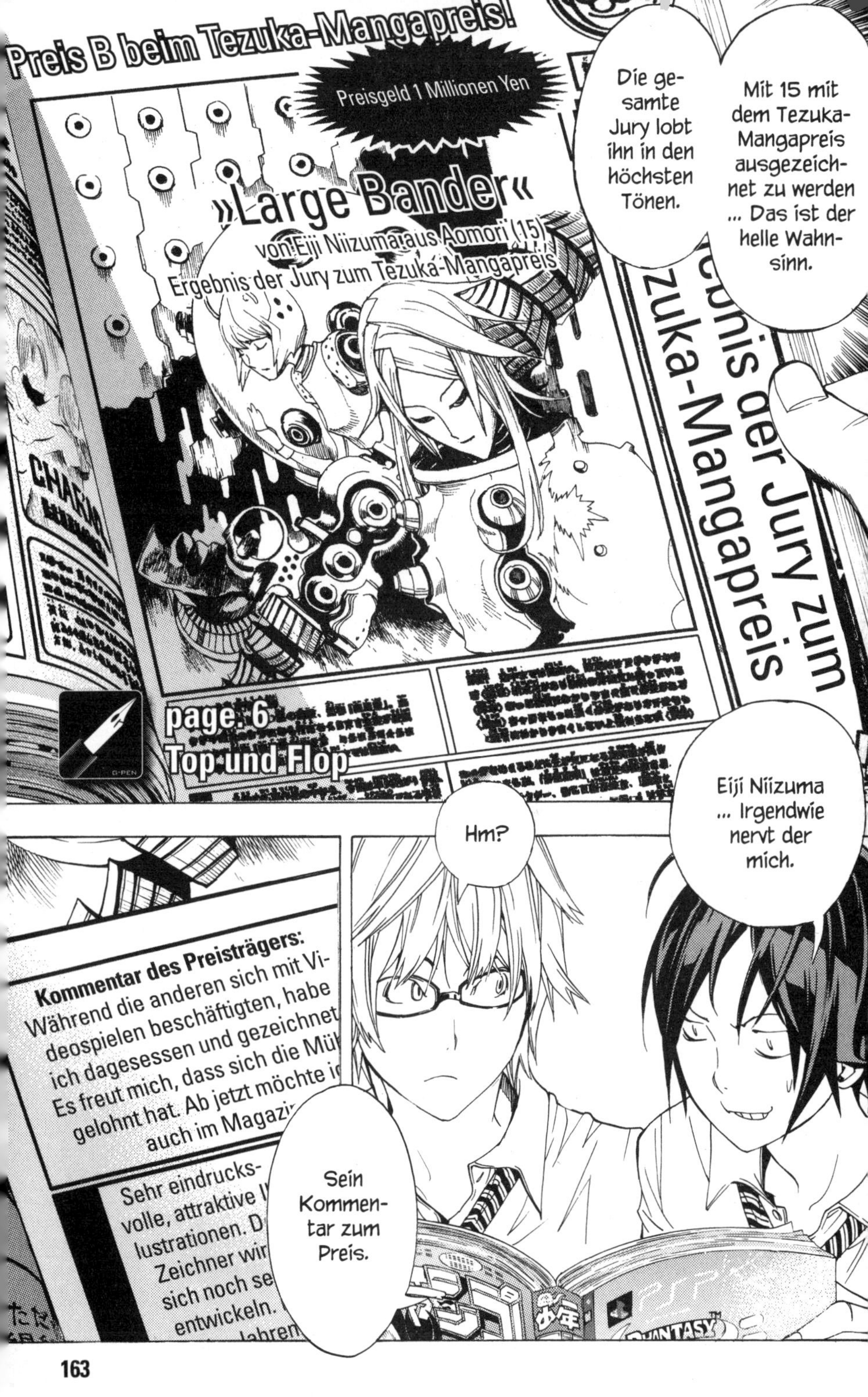

Preis B beim Tezuka-Mangapreis!
Preisgeld 1 Millionen Yen
»Large Bander«
von Eiji Niizuma aus Aomori (15)
Ergebnis der Jury zum Tezuka-Mangapreis
page. 6
Top und Flop
Mit 15 mit dem Tezuka-Mangapreis ausgezeichnet zu werden ... Das ist der helle Wahnsinn.
Die gesamte Jury lobt ihn in den höchsten Tönen.
Eiji Niizuma ... Irgendwie nervt der mich.
Hm?
Kommentar des Preisträgers:
Während die anderen sich mit Videospielen beschäftigten, habe ich dagesessen und gezeichnet
Es freut mich, dass sich die Mü
gelohnt hat. Ab jetzt möchte i
auch im Magazi
Sein Kommentar zum Preis.
Sehr eindrucksvolle, attraktive I
lustrationen. D
Zeichner wir
sich noch se
entwickeln.

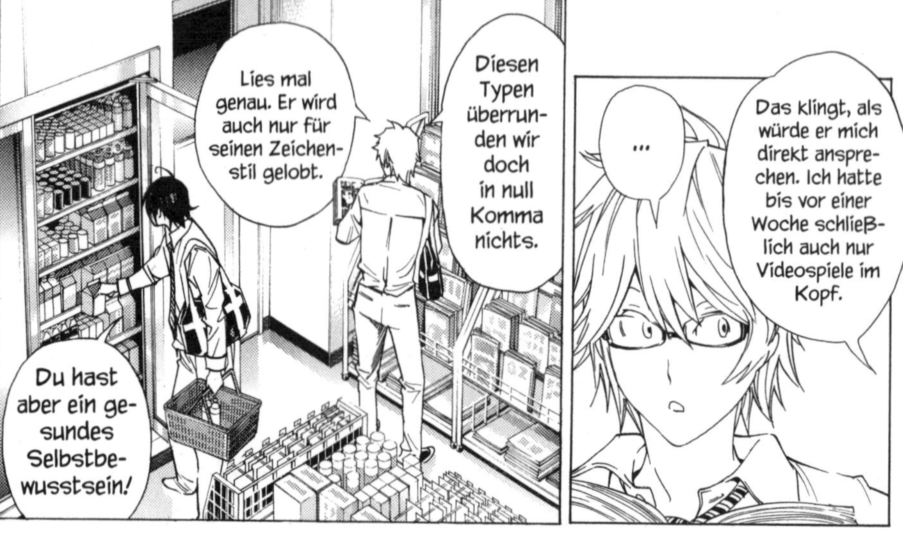

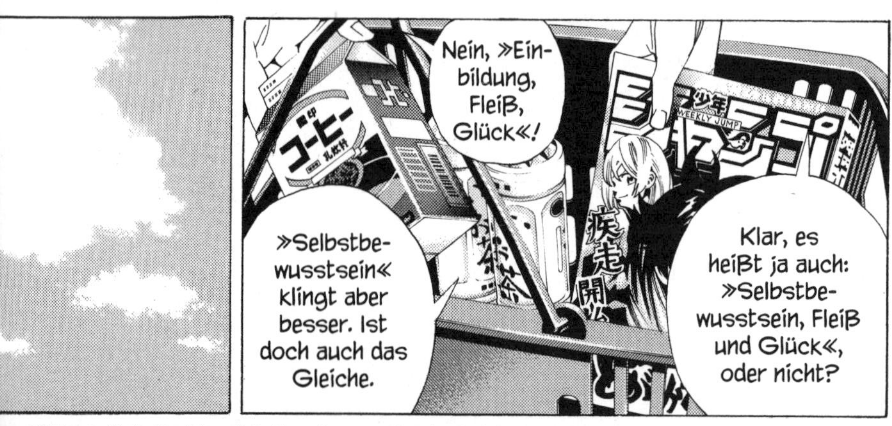

*Abkürzung für *Kochira Katsushikaku Kamearikouenmae Hashutsusho*; beliebte Mangaserie, die seit 1976 im *Weekly Shonen Jump* läuft.

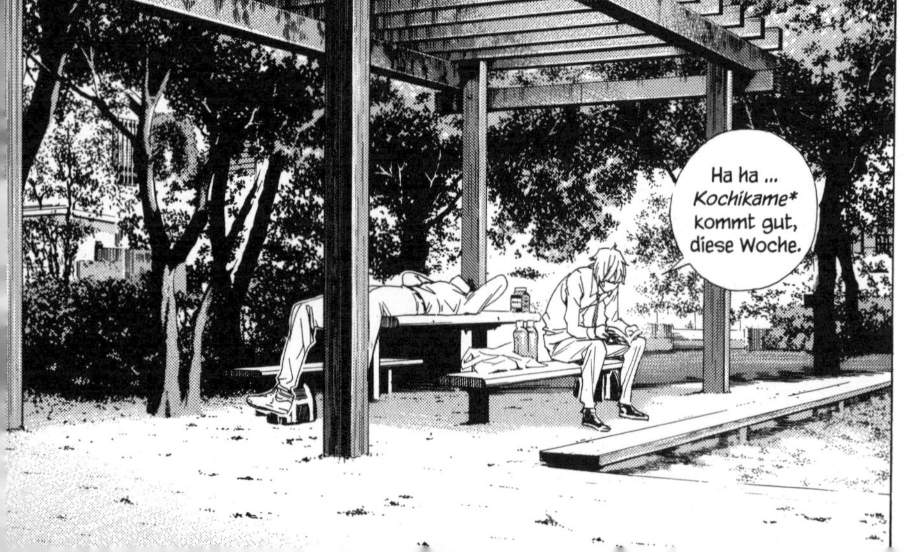

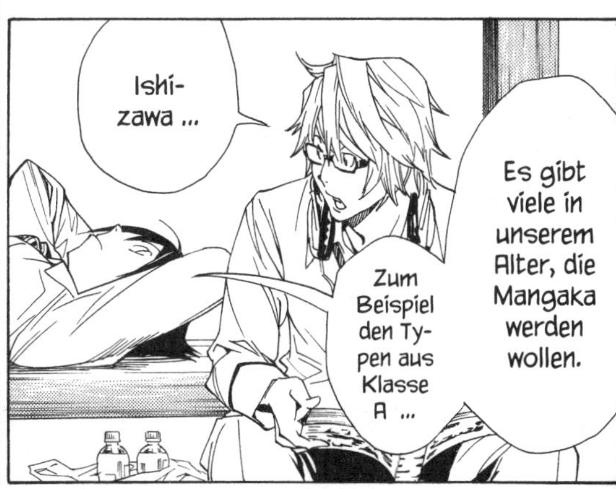
Es gibt viele in unserem Alter, die Mangaka werden wollen.
Zum Beispiel den Typen aus Klasse A ...
Ishi-zawa ...

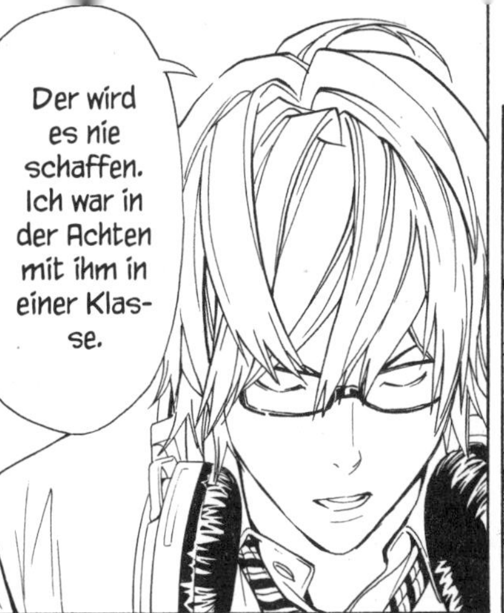
Der wird es nie schaffen. Ich war in der Achten mit ihm in einer Klasse.

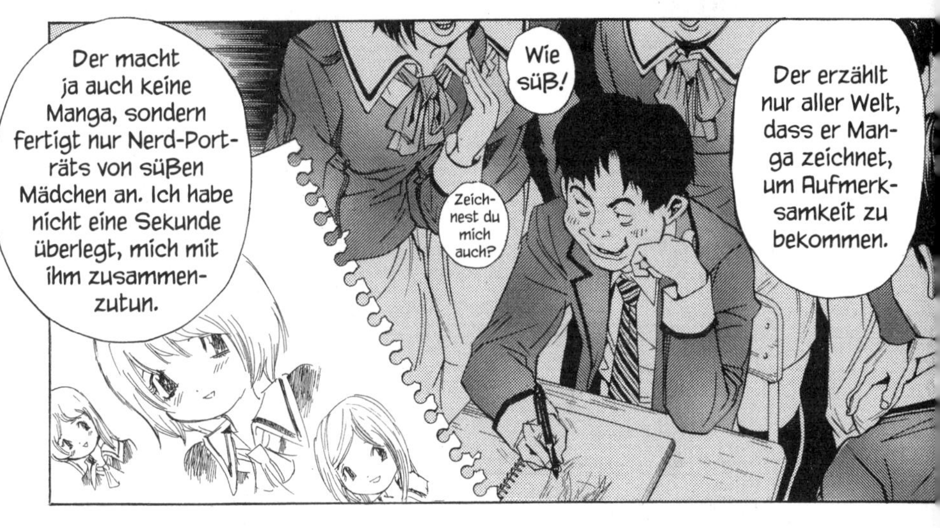
Der erzählt nur aller Welt, dass er Manga zeichnet, um Aufmerksamkeit zu bekommen.
Wie süß!
Zeichnest du mich auch?
Der macht ja auch keine Manga, sondern fertigt nur Nerd-Porträts von süßen Mädchen an. Ich habe nicht eine Sekunde überlegt, mich mit ihm zusammenzutun.

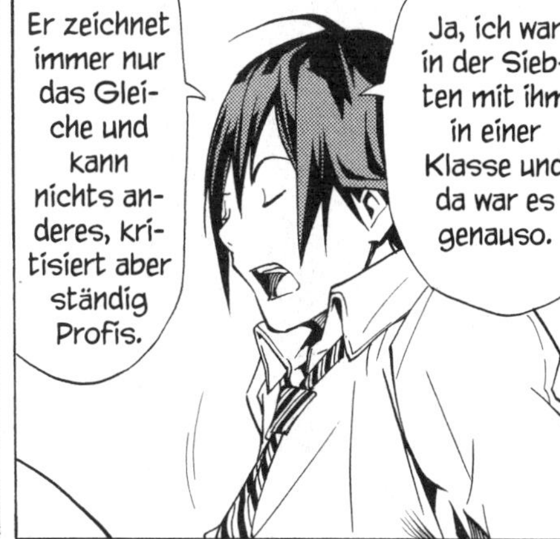
Ja, ich war in der Sieben mit ihm in einer Klasse und da war es genauso.
Er zeichnet immer nur das Gleiche und kann nichts anderes, kritisiert aber ständig Profis.

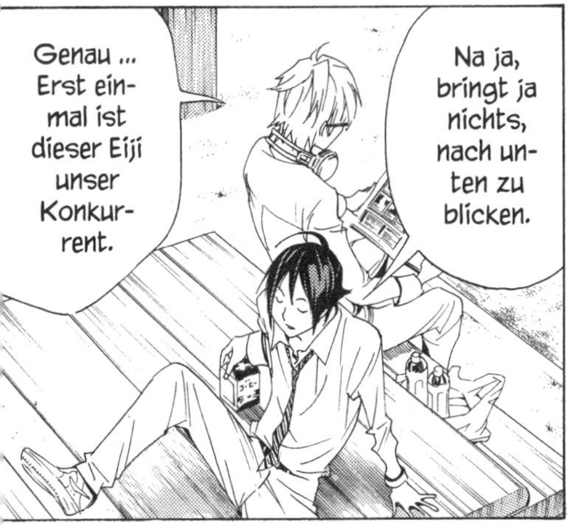
Na ja, bringt ja nichts, nach unten zu blicken.
Genau ... Erst einmal ist dieser Eiji unser Konkurrent.

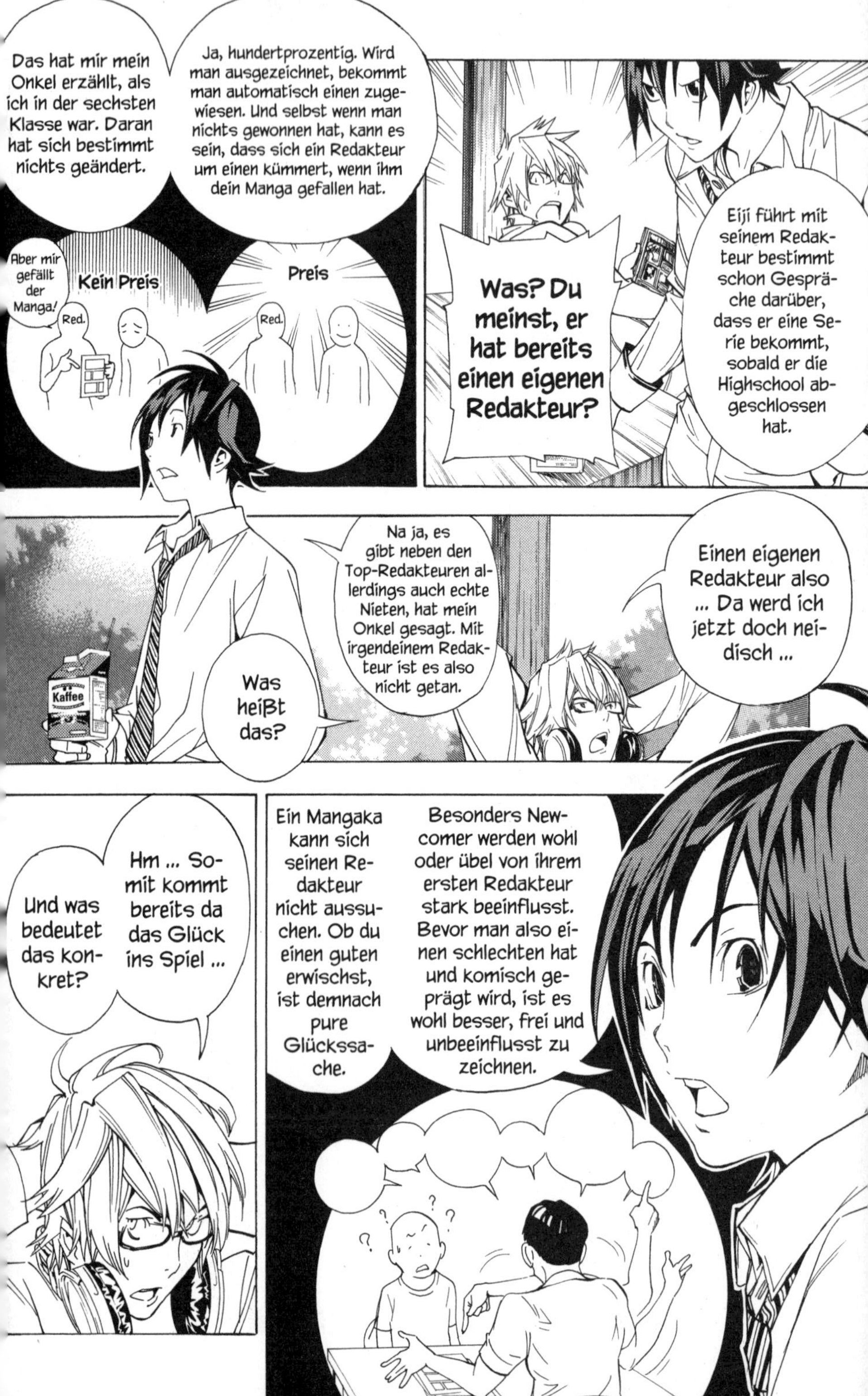

Ja, hundertprozentig. Wird man ausgezeichnet, bekommt man automatisch einen zugewiesen. Und selbst wenn man nichts gewonnen hat, kann es sein, dass sich ein Redakteur um einen kümmert, wenn ihm dein Manga gefallen hat.
Das hat mir mein Onkel erzählt, als ich in der sechsten Klasse war. Daran hat sich bestimmt nichts geändert.
Preis
Red.
Kein Preis
Red.
Aber mir gefällt der Manga!
Eiji führt mit seinem Redakteur bestimmt schon Gespräche darüber, dass er eine Serie bekommt, sobald er die Highschool abgeschlossen hat.
Was? Du meinst, er hat bereits einen eigenen Redakteur?
Einen eigenen Redakteur also ... Da werd ich jetzt doch neidisch ...
Na ja, es gibt neben den Top-Redakteuren allerdings auch echte Nieten, hat mein Onkel gesagt. Mit irgendeinem Redakteur ist es also nicht getan.
Was heißt das?
Kaffee
Besonders Newcomer werden wohl oder übel von ihrem ersten Redakteur stark beeinflusst. Bevor man also einen schlechten hat und komisch geprägt wird, ist es wohl besser, frei und unbeeinflusst zu zeichnen.
Ein Mangaka kann sich seinen Redakteur nicht aussuchen. Ob du einen guten erwischst, ist demnach pure Glückssache.
Hm ... Somit kommt bereits da das Glück ins Spiel ...
Und was bedeutet das konkret?

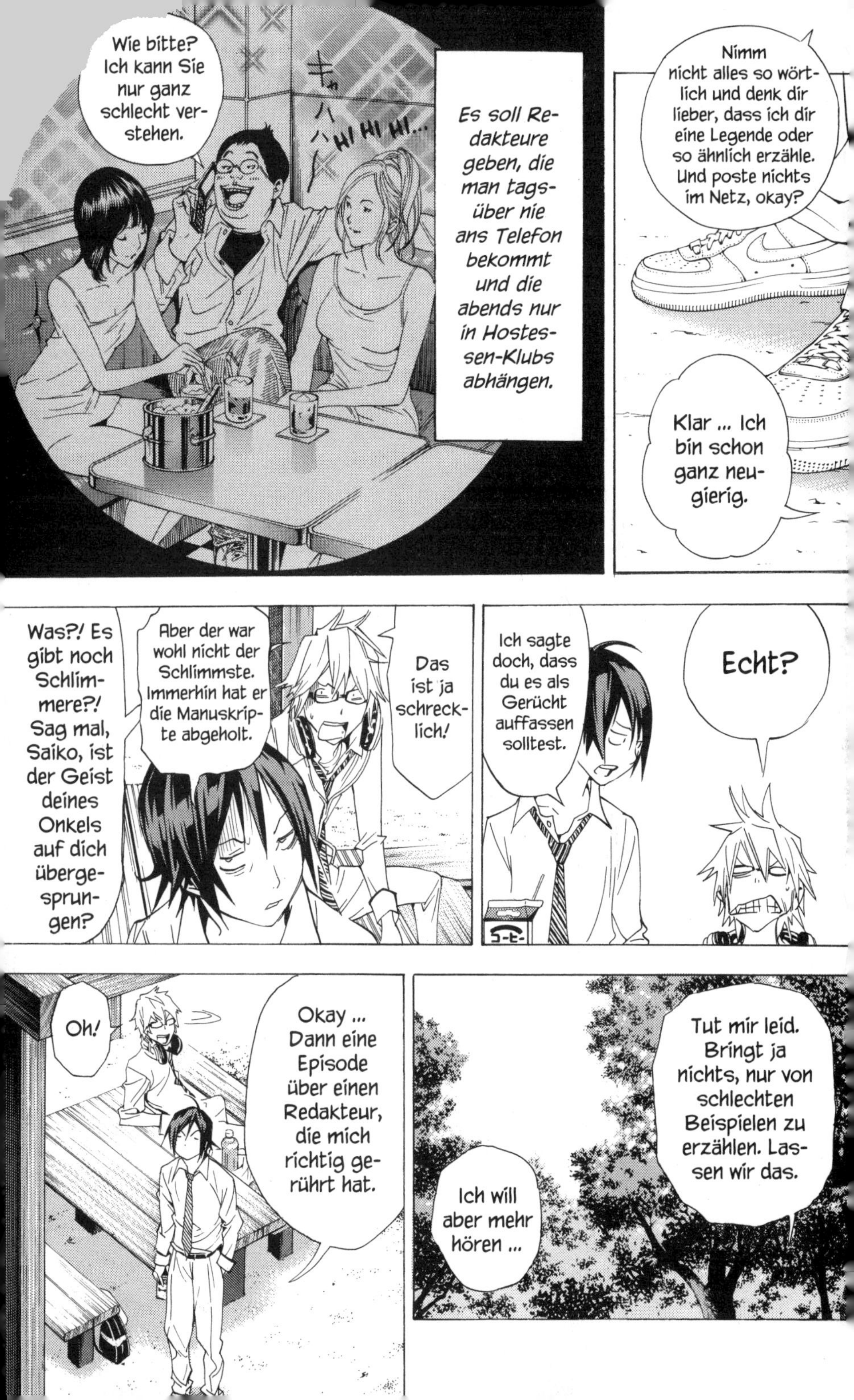

Nimm nicht alles so wörtlich und denk dir lieber, dass ich dir eine Legende oder so ähnlich erzähle. Und poste nichts im Netz, okay?

Klar ... Ich bin schon ganz neugierig.

Es soll Redakteure geben, die man tagsüber nie ans Telefon bekommt und die abends nur in Hostessen-Klubs abhängen.

HI HI HI...

Wie bitte? Ich kann Sie nur ganz schlecht verstehen.

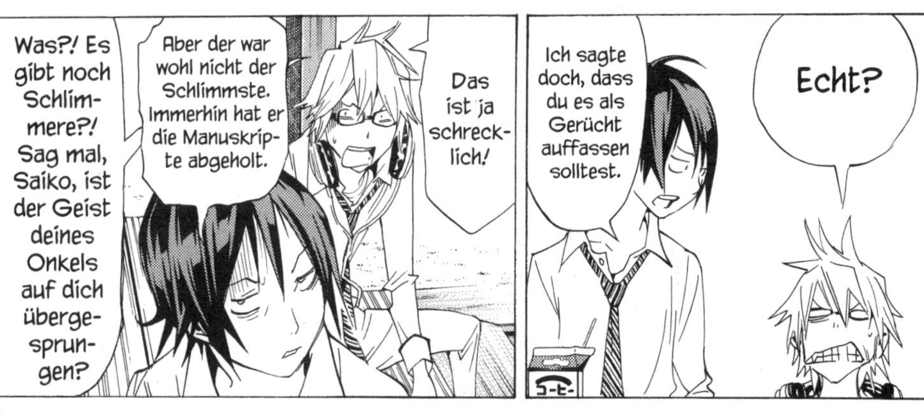

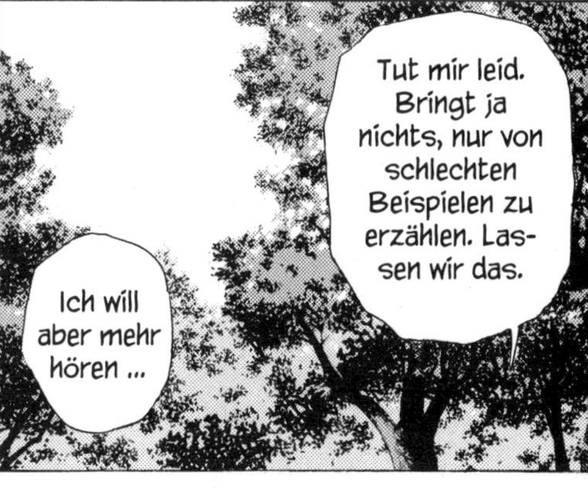

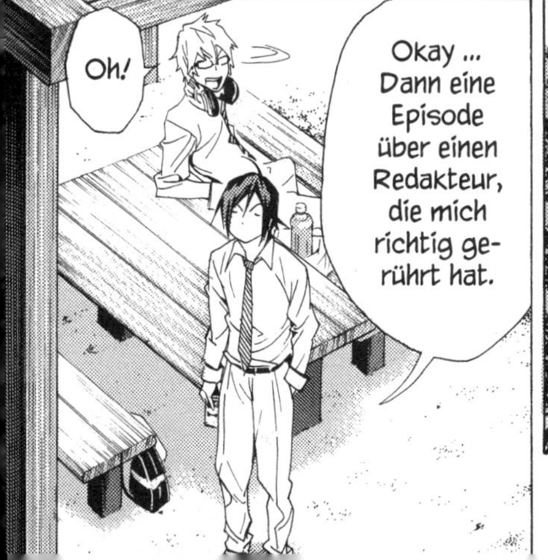

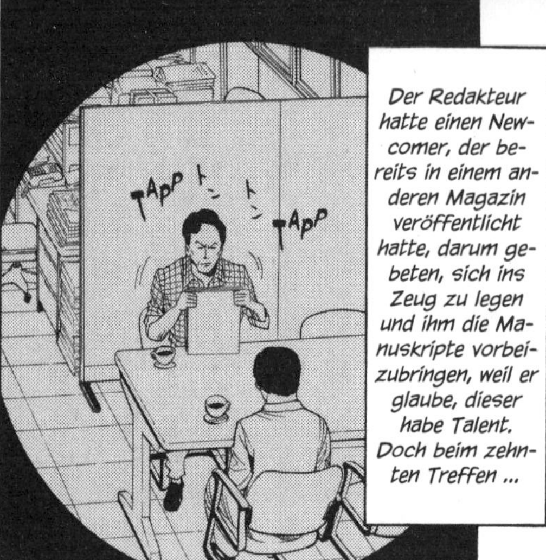
Der Redakteur hatte einen Newcomer, der bereits in einem anderen Magazin veröffentlicht hatte, darum gebeten, sich ins Zeug zu legen und ihm die Manuskripte vorbeizubringen, weil er glaube, dieser habe Talent. Doch beim zehnten Treffen ...
TAPP
TAPP

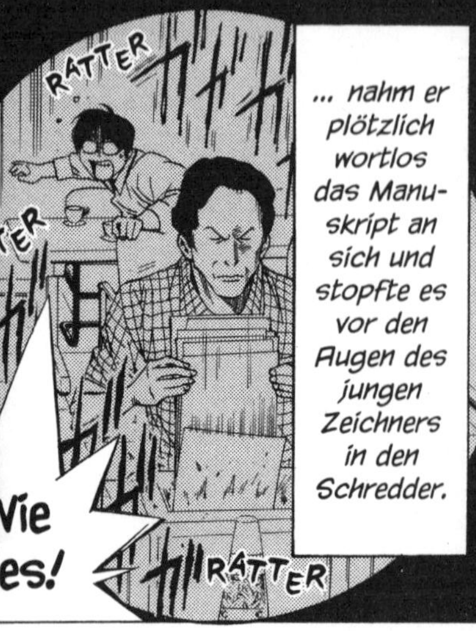
... nahm er plötzlich wortlos das Manuskript an sich und stopfte es vor den Augen des jungen Zeichners in den Schredder.
RATTER
RATTER
Wie
ies!

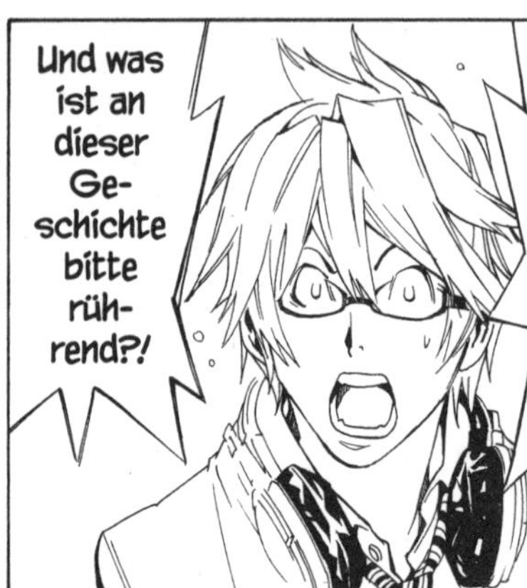
Würde ein Redakteur heute so was machen, hätte er sofort eine Klage am Hals! Das ist ja tausendmal schlimmer, als Originale zu verschludern!
Und was ist an dieser Geschichte bitte rührend?!

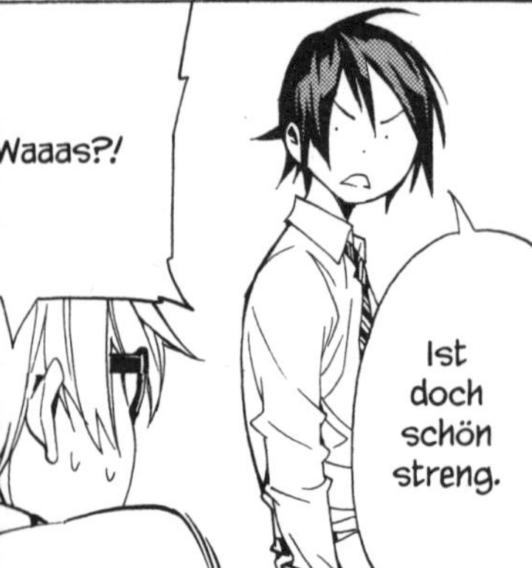
Ist doch schön streng.
Waaas?!

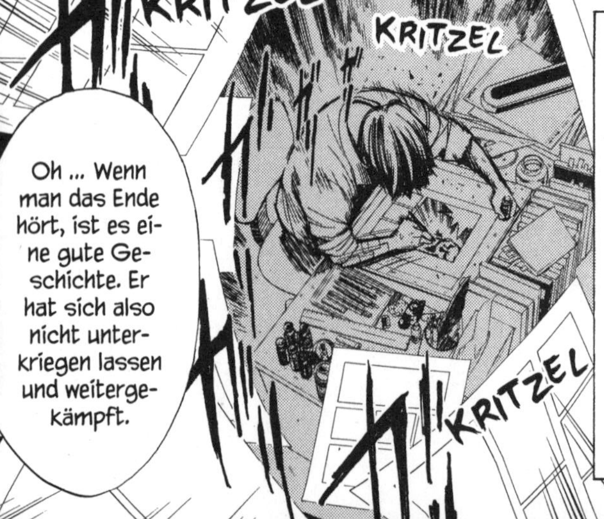
Der Newcomer hat sich gefreut, da der Redakteur alles bis zum Schluss gelesen hatte. Bis dahin hatte dieser nämlich schon nach den ersten paar Seiten Nein gesagt. Da ihn der Verlust der Seiten aber natürlich ärgerte, strengte er sich noch mehr an und wurde letztlich ein beliebter Mangaka.
KRITZEL
KRITZEL
KRITZEL
Oh ... Wenn man das Ende hört, ist es eine gute Geschichte. Er hat sich also nicht unterkriegen lassen und weitergekämpft.

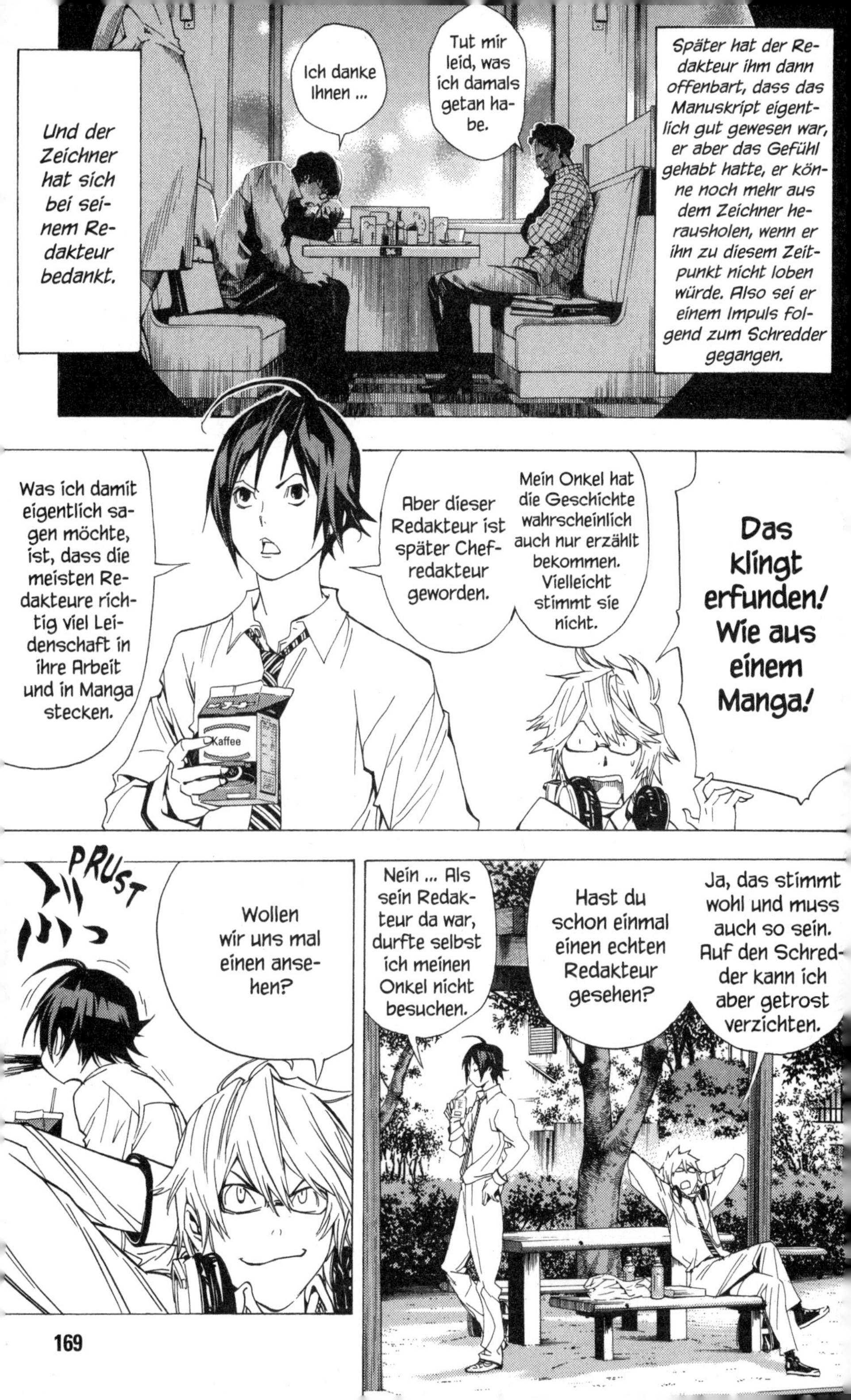

Später hat der Redakteur ihm dann offenbart, dass das Manuskript eigentlich gut gewesen war, er aber das Gefühl gehabt hatte, er könne noch mehr aus dem Zeichner herausholen, wenn er ihn zu diesem Zeitpunkt nicht loben würde. Also sei er einem Impuls folgend zum Schredder gegangen.

Tut mir leid, was ich damals getan habe.

Ich danke Ihnen ...

Und der Zeichner hat sich bei seinem Redakteur bedankt.

Das klingt erfunden! Wie aus einem Manga!

Mein Onkel hat die Geschichte wahrscheinlich auch nur erzählt bekommen. Vielleicht stimmt sie nicht.

Aber dieser Redakteur ist später Chefredakteur geworden.

Was ich damit eigentlich sagen möchte, ist, dass die meisten Redakteure richtig viel Leidenschaft in ihre Arbeit und in Manga stecken.

Kaffee

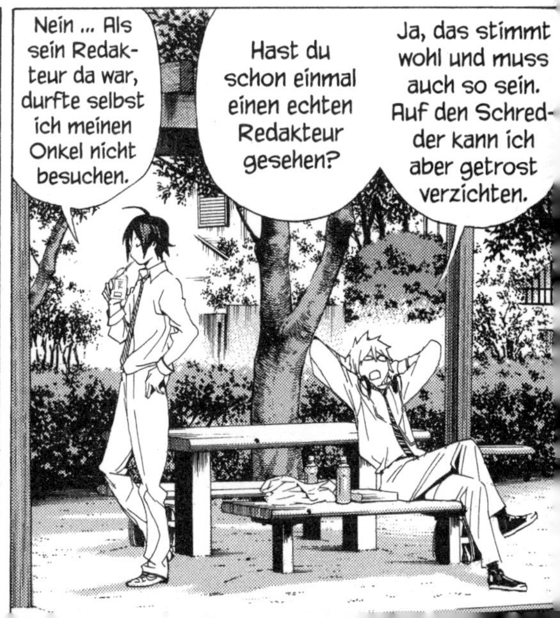

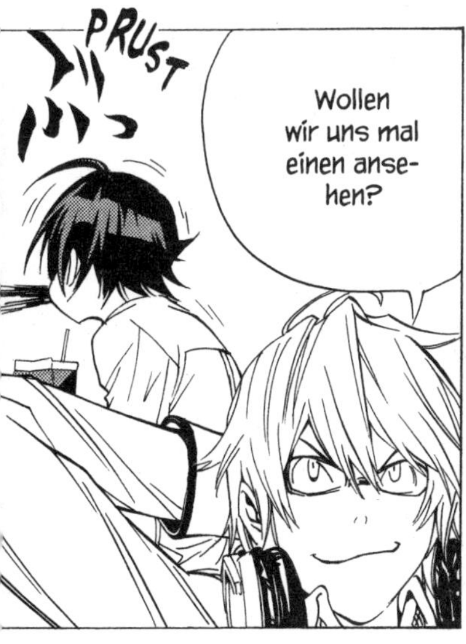

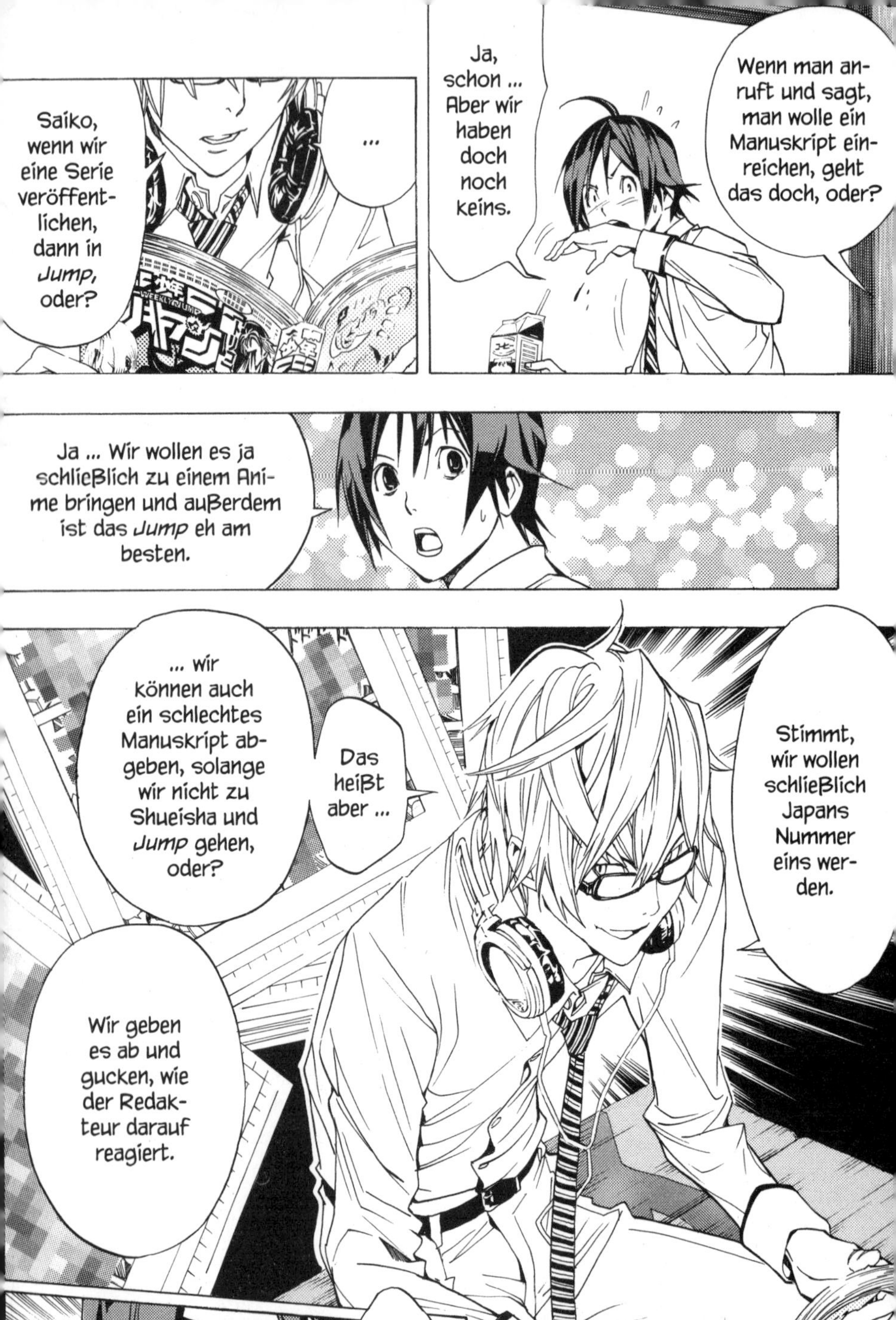

Wenn man anruft und sagt, man wolle ein Manuskript einreichen, geht das doch, oder?
Ja, schon ... Aber wir haben doch noch keins.
...
Saiko, wenn wir eine Serie veröffentlichen, dann in *Jump*, oder?
Ja ... Wir wollen es ja schließlich zu einem Anime bringen und außerdem ist das *Jump* eh am besten.
Stimmt, wir wollen schließlich Japans Nummer eins werden.
Das heißt aber ...
... wir können auch ein schlechtes Manuskript abgeben, solange wir nicht zu Shueisha und *Jump* gehen, oder?
Wir geben es ab und gucken, wie der Redakteur darauf reagiert.
...

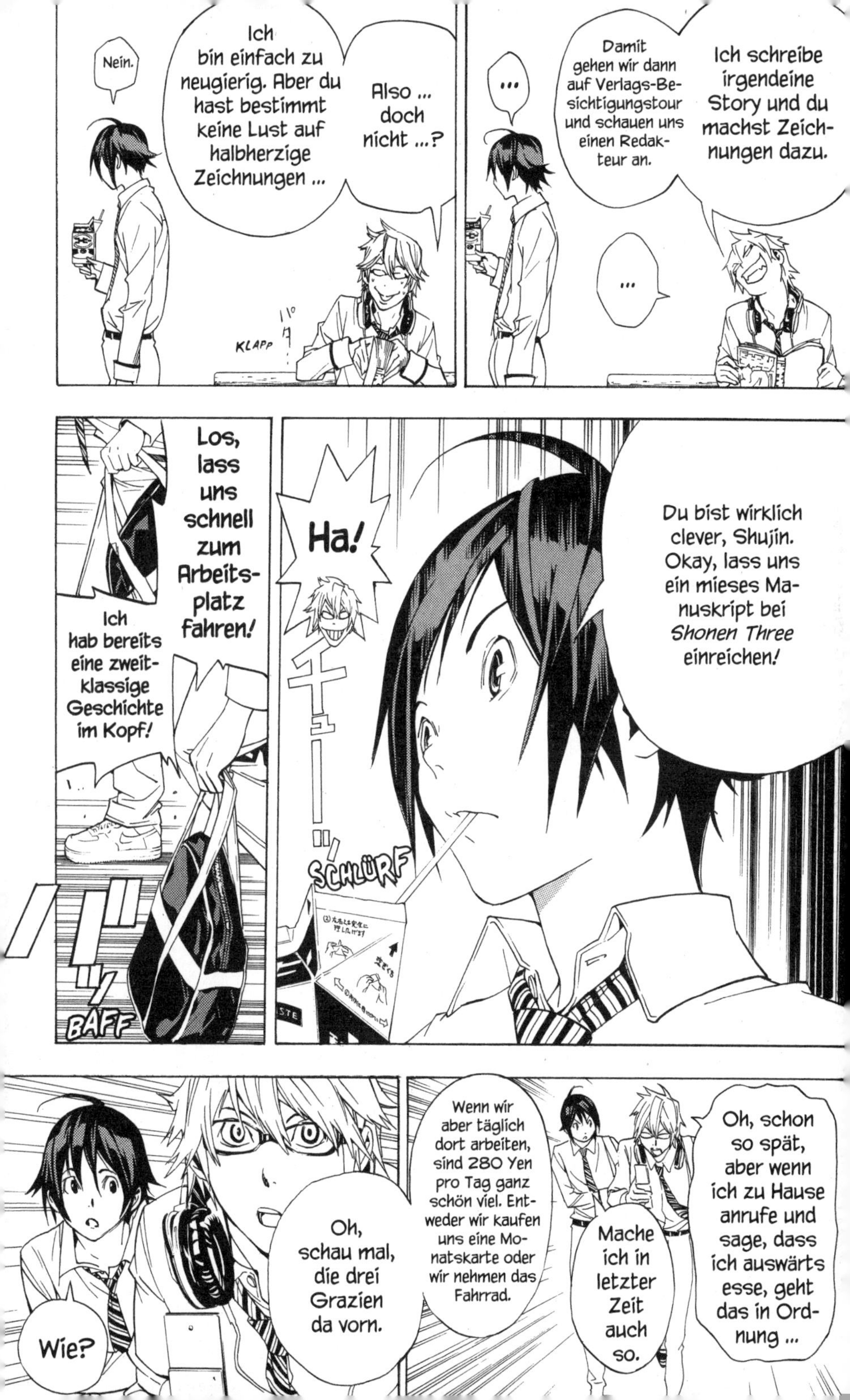

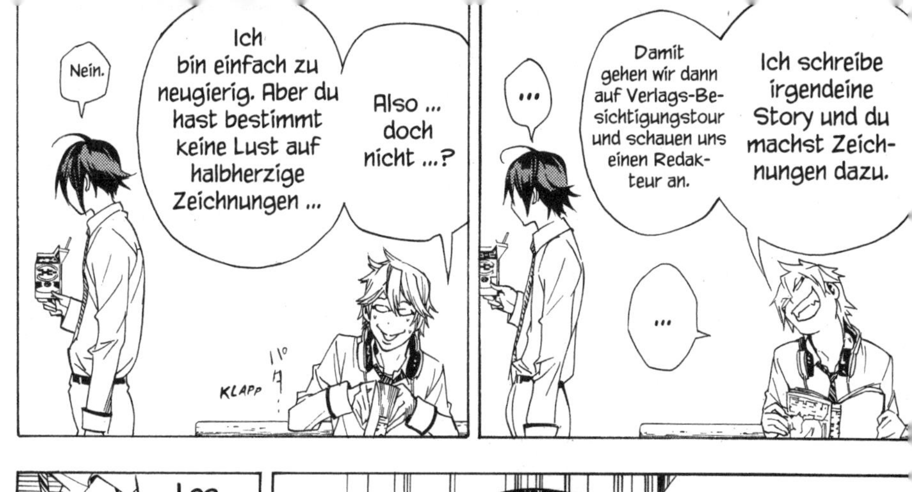

Du bist wirklich clever, Shujin. Okay, lass uns ein mieses Manuskript bei *Shonen Three* einreichen!

Ha!

SCHLÜRF

Los, lass uns schnell zum Arbeitsplatz fahren!

Ich hab bereits eine zweitklassige Geschichte im Kopf!

BAFF

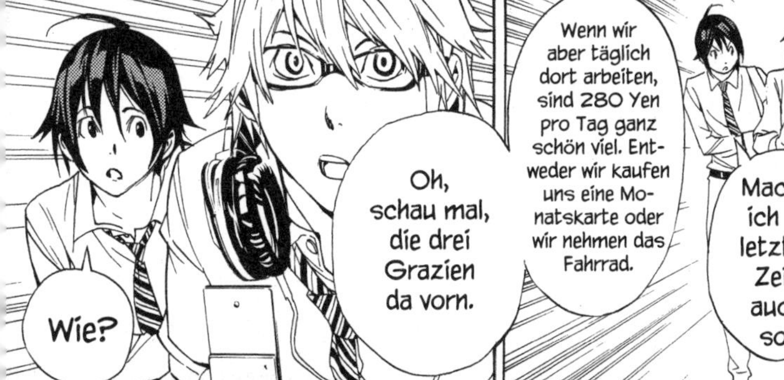

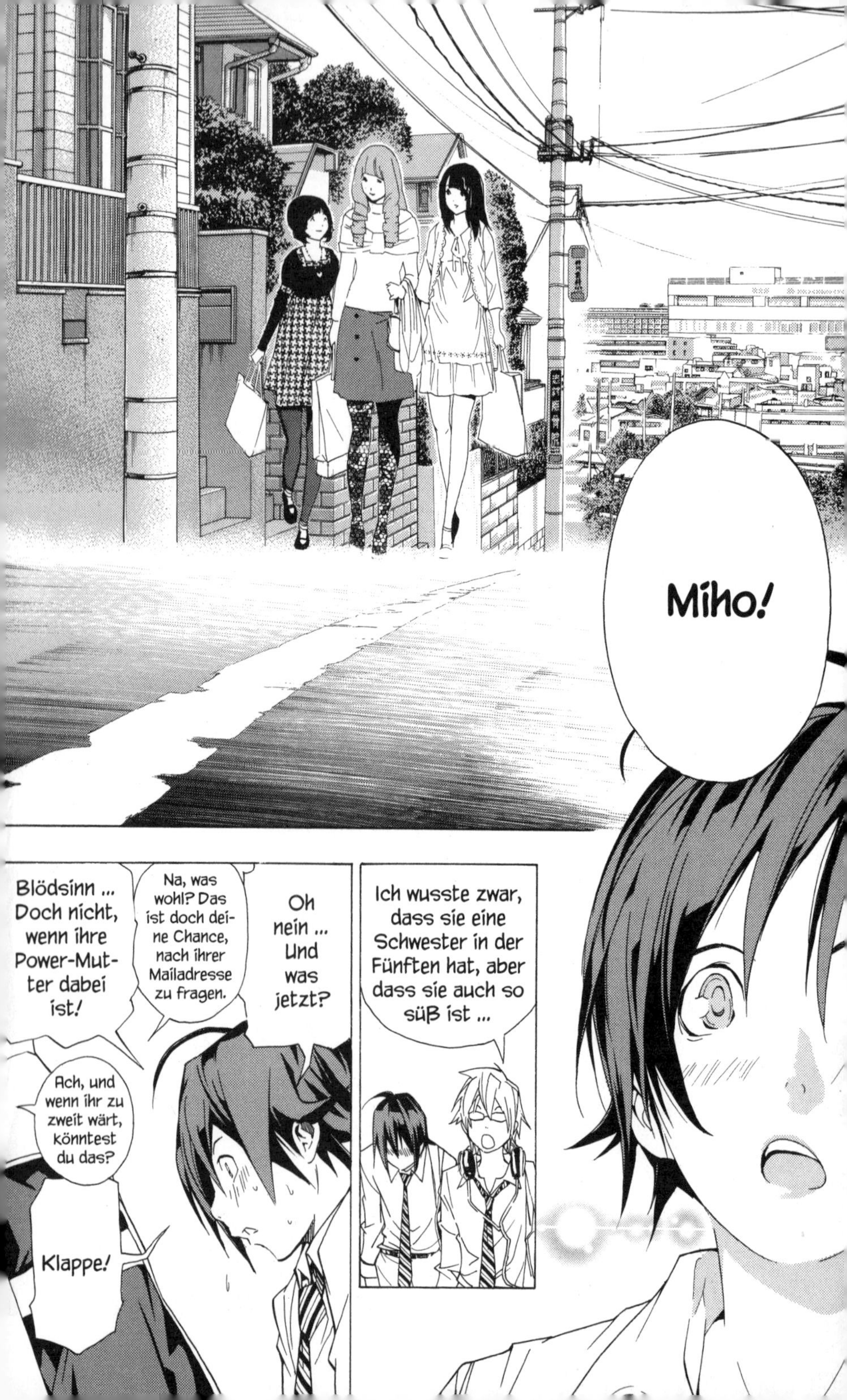
Miho!
Ich wusste zwar, dass sie eine Schwester in der Fünften hat, aber dass sie auch so süß ist ...
Oh nein ... Und was jetzt?
Na, was wohl? Das ist doch deine Chance, nach ihrer Mailadresse zu fragen.
Blödsinn ... Doch nicht, wenn ihre Power-Mutter dabei ist!
Ach, und wenn ihr zu zweit wärt, könntest du das?
Klappe!

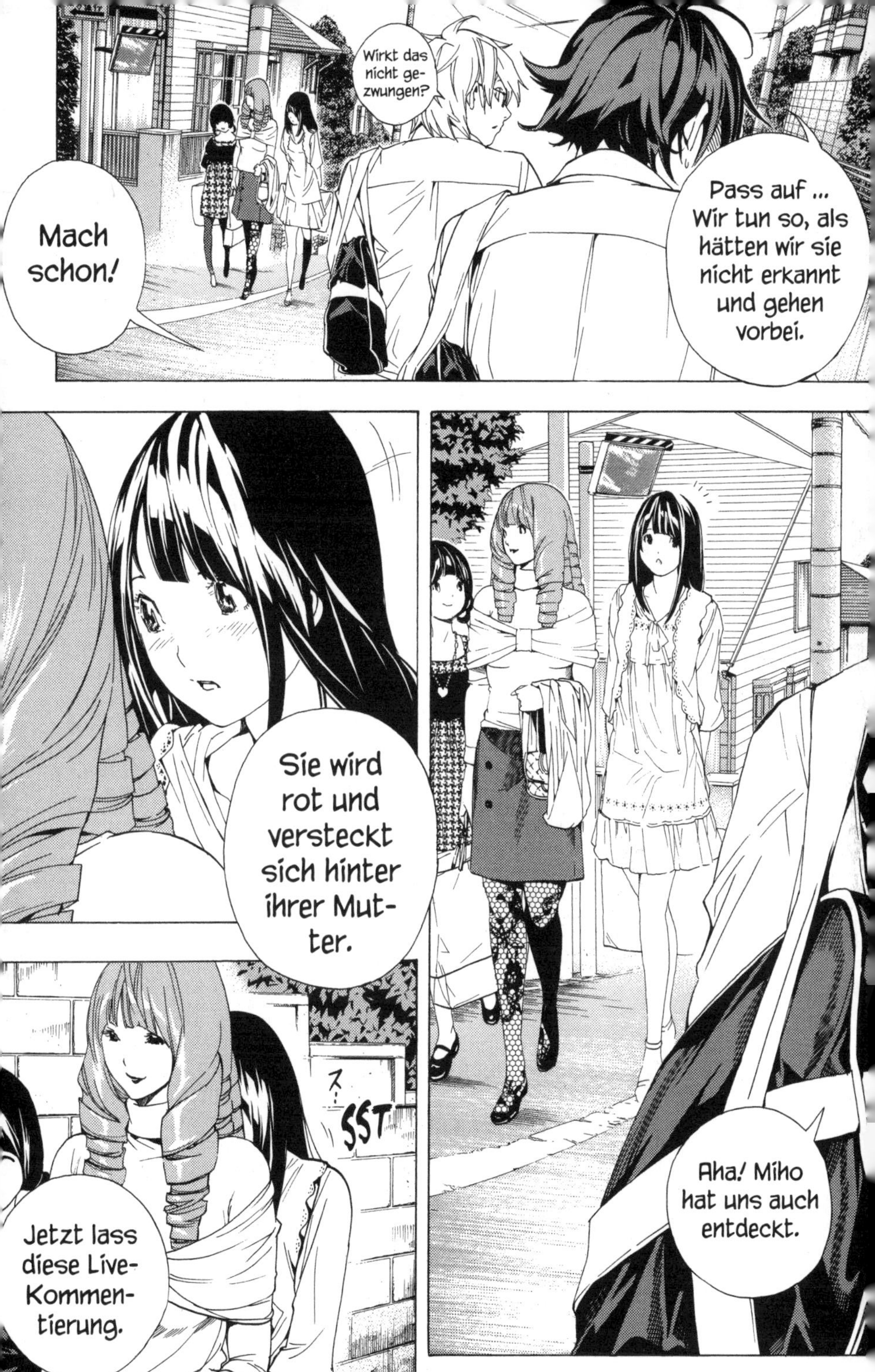

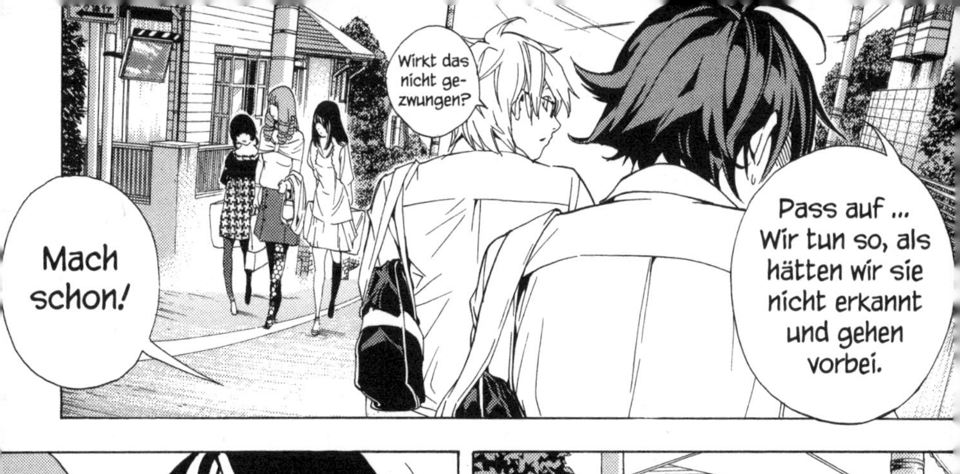

Aha! Miho hat uns auch entdeckt.

Sie wird rot und versteckt sich hinter ihrer Mutter.

SST

Jetzt lass diese Live-Kommentierung.

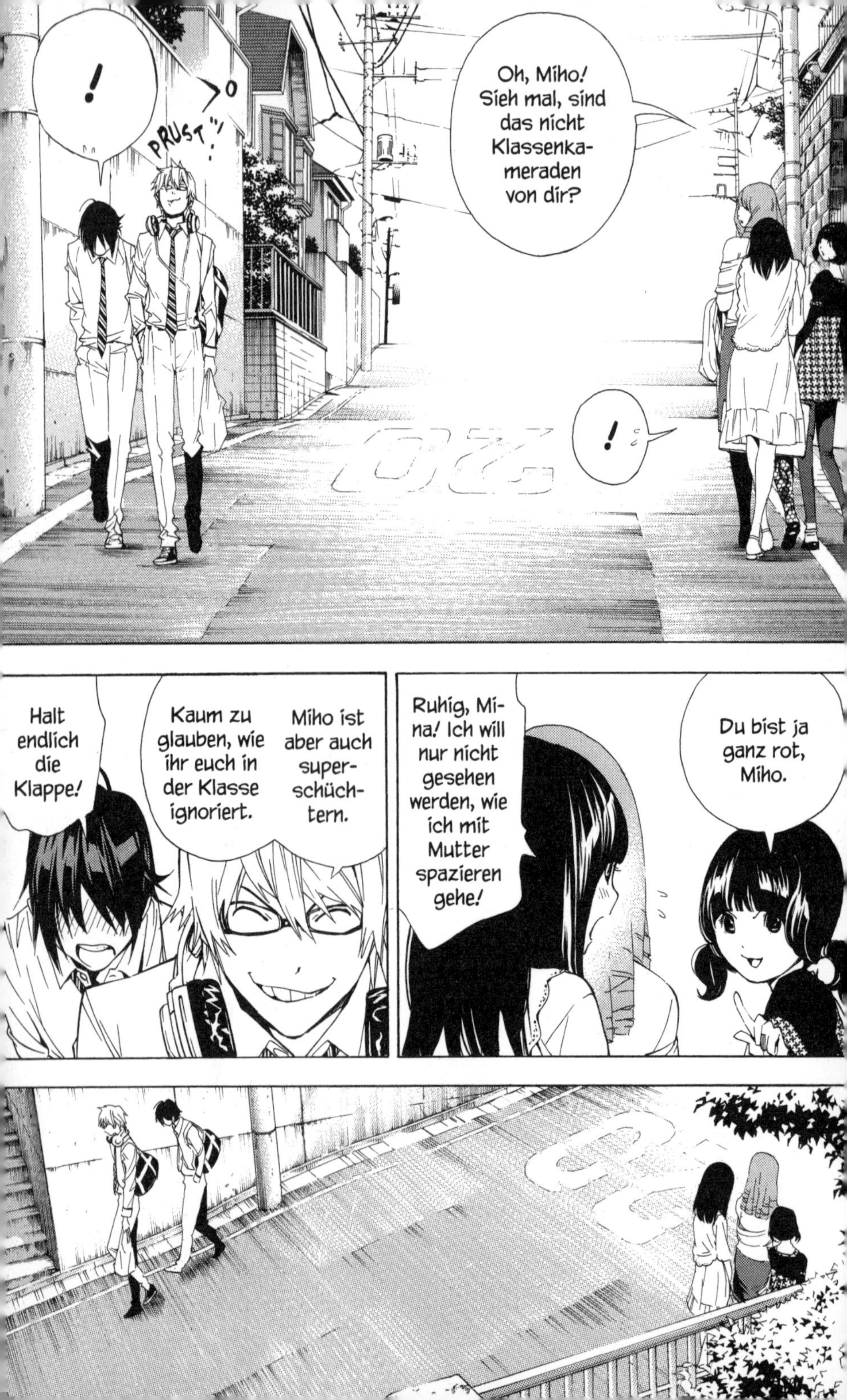

Oh, Miho! Sieh mal, sind das nicht Klassenkameraden von dir?
!
!
PRUST

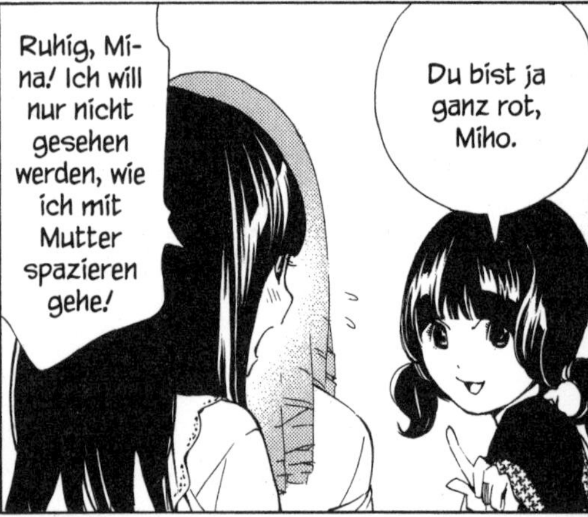

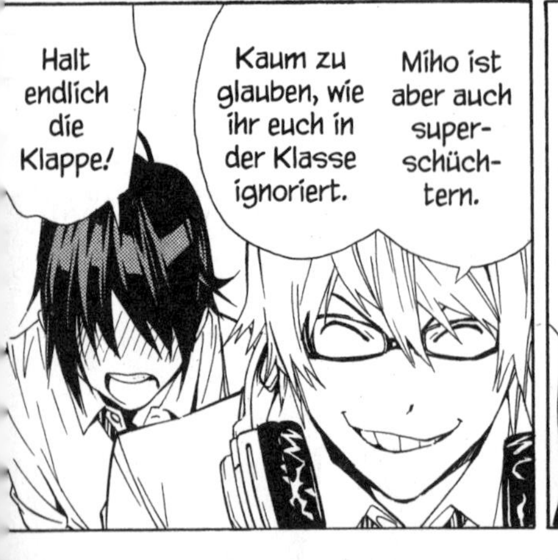

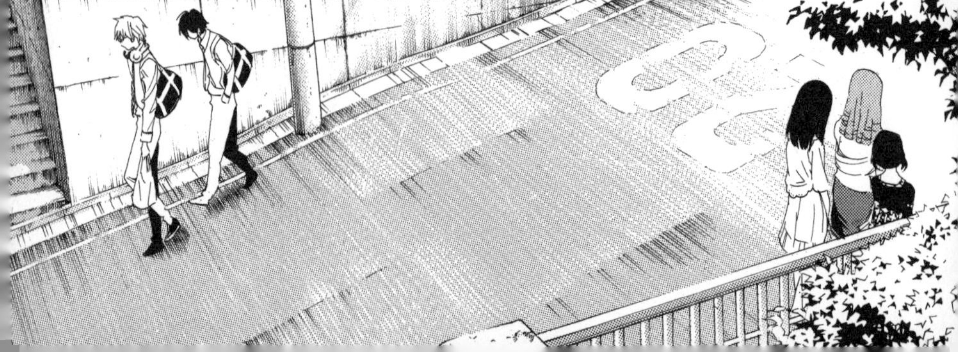

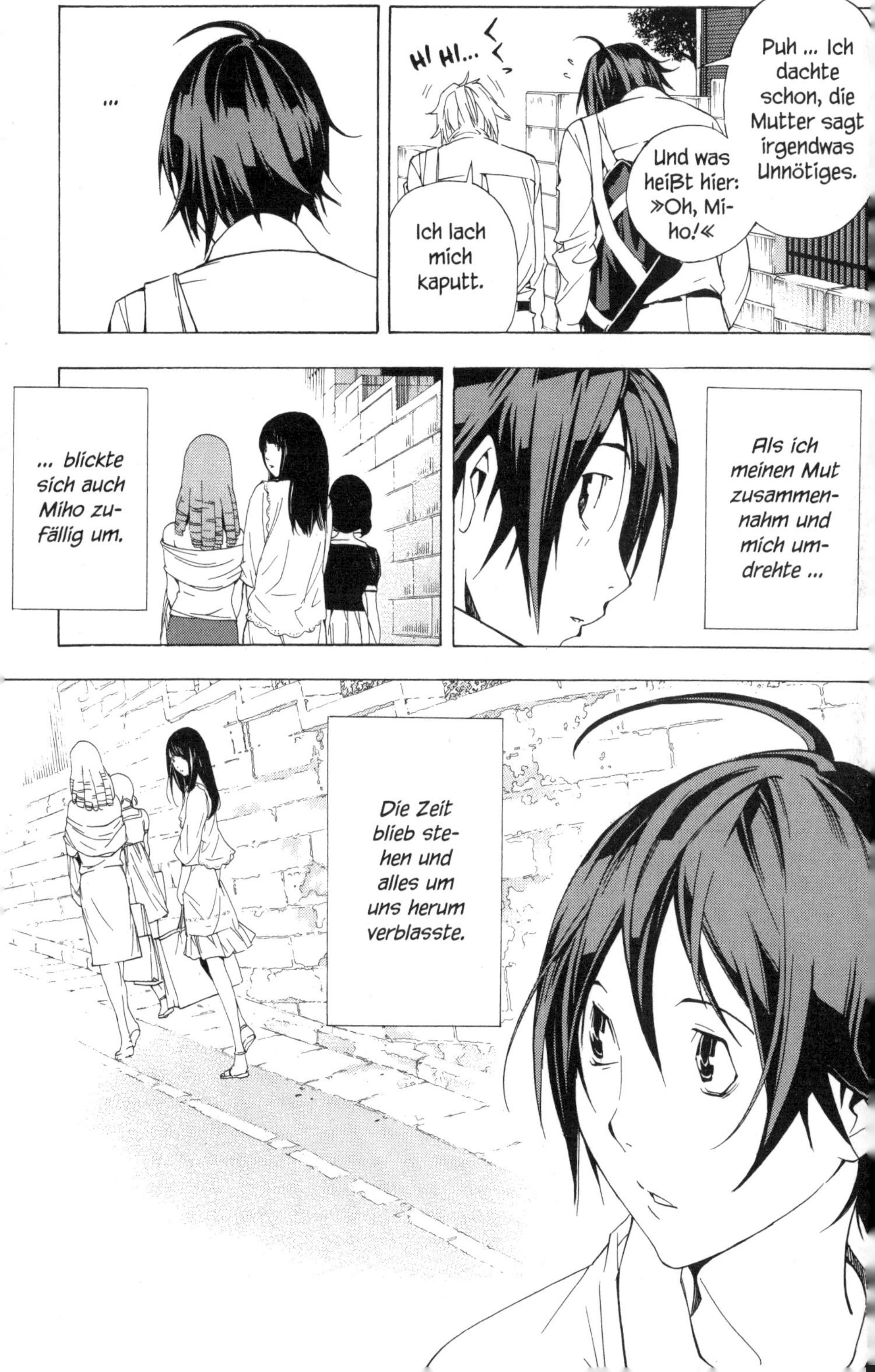

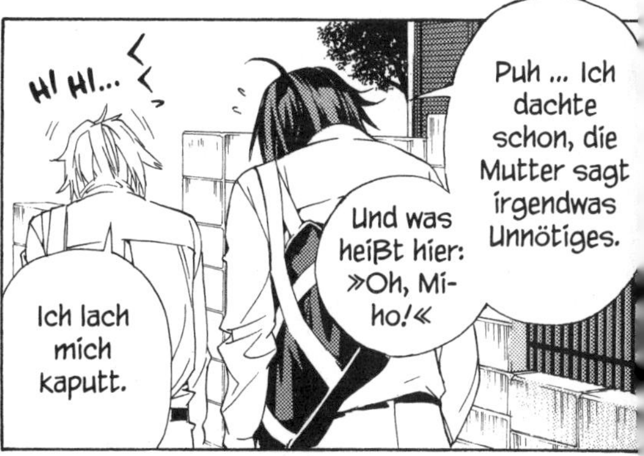

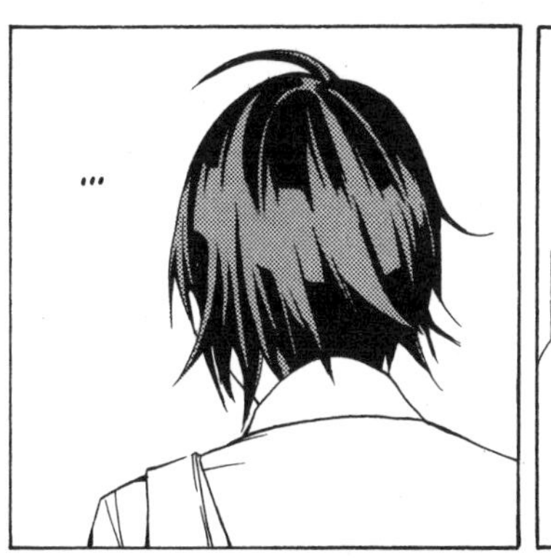

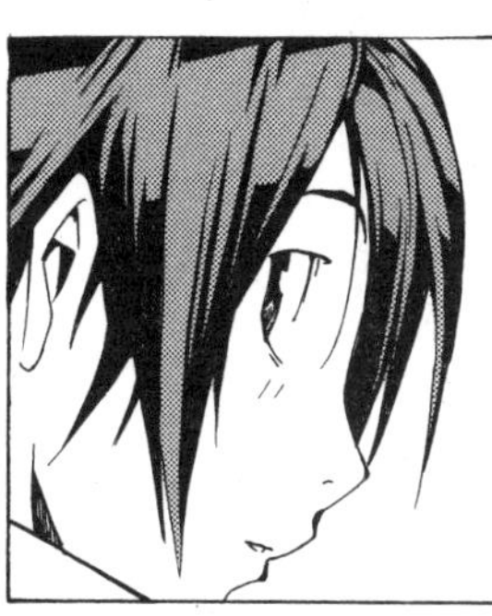

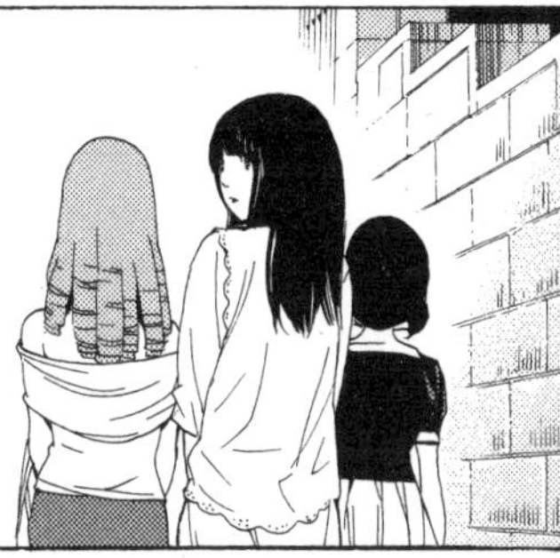

Die Zeit blieb stehen und alles um uns herum verblasste.

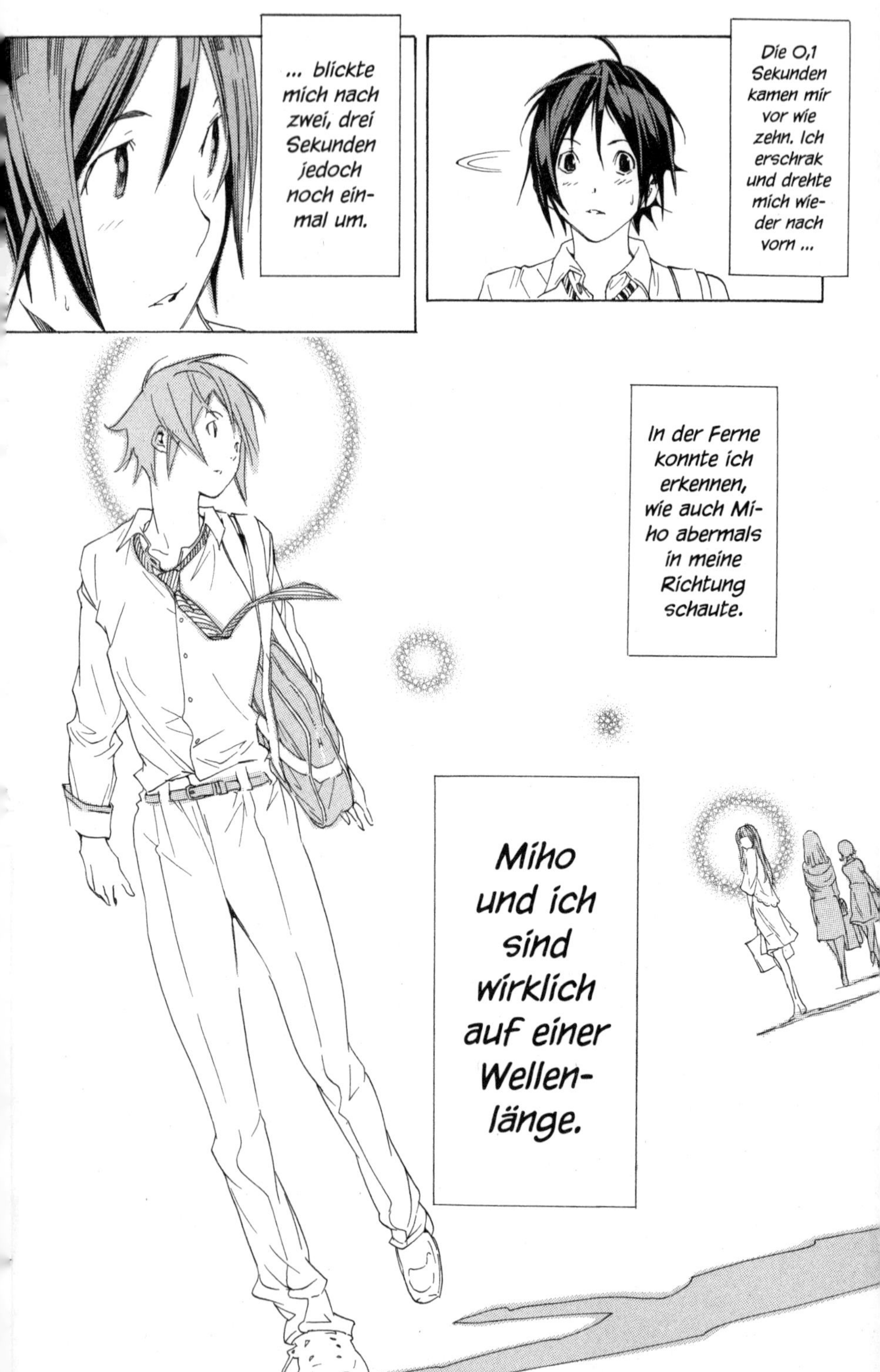
Die 0,1 Sekunden kamen mir vor wie zehn. Ich erschrak und drehte mich wieder nach vorn ...
... blickte mich nach zwei, drei Sekunden jedoch noch einmal um.
In der Ferne konnte ich erkennen, wie auch Miho abermals in meine Richtung schaute.
Miho und ich sind wirklich auf einer Wellenlänge.

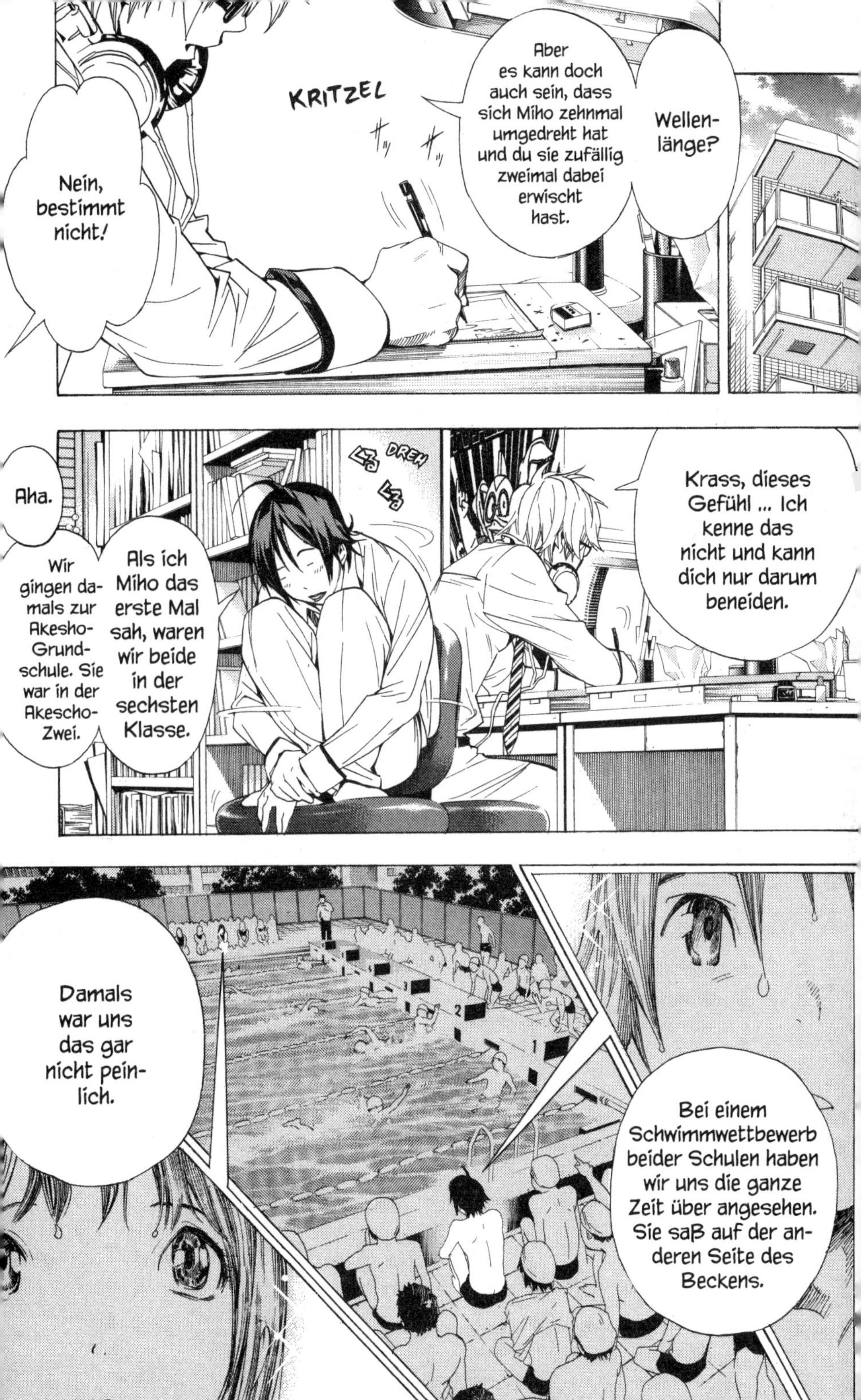
Wellen-länge?
Aber es kann doch auch sein, dass sich Miho zehnmal umgedreht hat und du sie zufällig zweimal dabei erwischt hast.
KRITZEL
Nein, bestimmt nicht!
Krass, dieses Gefühl ... Ich kenne das nicht und kann dich nur darum beneiden.
DREH
Aha.
Als ich Miho das erste Mal sah, waren wir beide in der sechsten Klasse.
Wir gingen damals zur Akesho-Grundschule. Sie war in der Akescho-Zwei.
Bei einem Schwimmwettbewerb beider Schulen haben wir uns die ganze Zeit über angesehen. Sie saß auf der anderen Seite des Beckens.
Damals war uns das gar nicht peinlich.

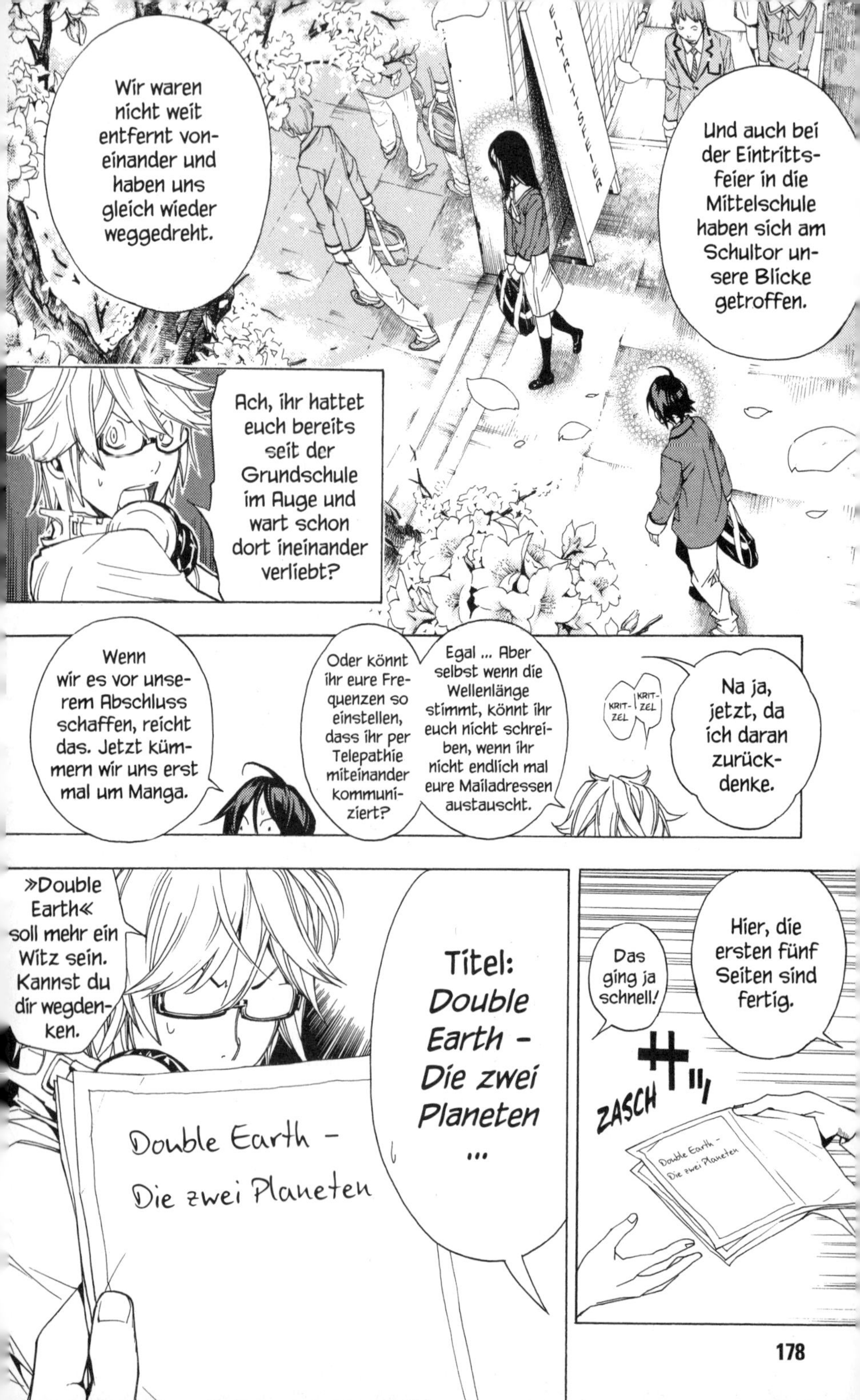
EINTRITTSFEIER
Und auch bei der Eintritts-feier in die Mittelschule haben sich am Schultor un-sere Blicke getroffen.
Wir waren nicht weit entfernt von-einander und haben uns gleich wieder weggedreht.
Ach, ihr hattet euch bereits seit der Grundschule im Auge und wart schon dort ineinander verliebt?
Na ja, jetzt, da ich daran zurück-denke.
KRIT-ZEL
KRIT-ZEL
Egal ... Aber selbst wenn die Wellenlänge stimmt, könnt ihr euch nicht schrei-ben, wenn ihr nicht endlich mal eure Mailadressen austauscht.
Oder könnt ihr eure Fre-quenzen so einstellen, dass ihr per Telepathie miteinander kommuni-ziert?
Wenn wir es vor unse-rem Abschluss schaffen, reicht das. Jetzt küm-mern wir uns erst mal um Manga.
Hier, die ersten fünf Seiten sind fertig.
Das ging ja schnell!
ZASCH
Double Earth – Die zwei Planeten
Titel: Double Earth – Die zwei Planeten ...
Double Earth – Die zwei Planeten
»Double Earth« soll mehr ein Witz sein. Kannst du dir wegden-ken.

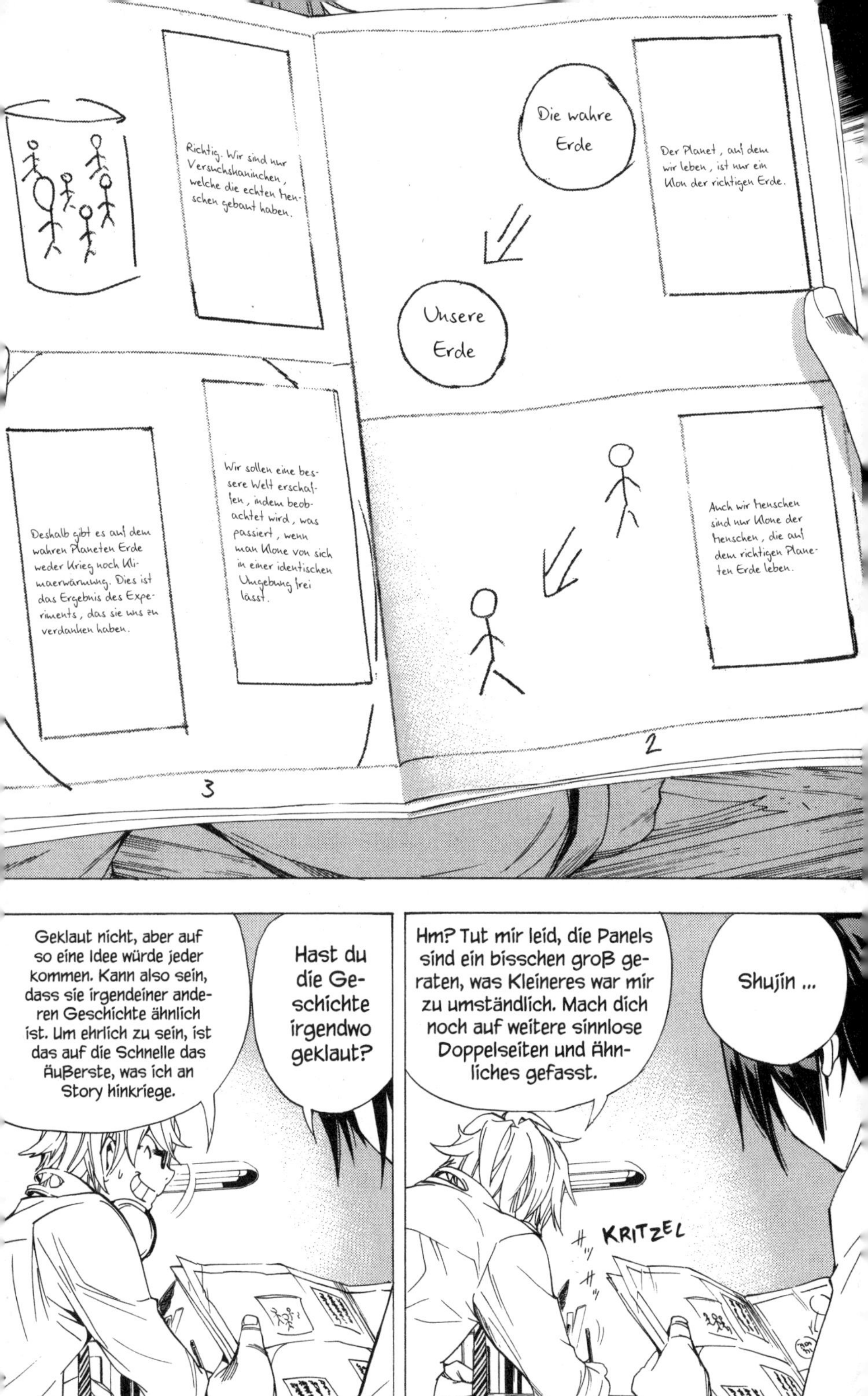
Der Planet, auf dem wir leben, ist nur ein Klon der richtigen Erde.
Die wahre Erde
Unsere Erde
Auch wir Menschen sind nur Klone der Menschen, die auf dem richtigen Planeten Erde leben.
2
Richtig. Wir sind nur Versuchskaninchen, welche die echten Menschen gebaut haben.
Wir sollen eine bessere Welt erschaffen, indem beobachtet wird, was passiert, wenn man Klone von sich in einer identischen Umgebung frei lässt.
Deshalb gibt es auf dem wahren Planeten Erde weder Krieg noch Klimaerwärmung. Dies ist das Ergebnis des Experiments, das sie uns zu verdanken haben.
3
Shujin ...
Hm? Tut mir leid, die Panels sind ein bisschen groß geraten, was Kleineres war mir zu umständlich. Mach dich noch auf weitere sinnlose Doppelseiten und Ähnliches gefasst.
KRITZEL
Hast du die Geschichte irgendwo geklaut?
Geklaut nicht, aber auf so eine Idee würde jeder kommen. Kann also sein, dass sie irgendeiner anderen Geschichte ähnlich ist. Um ehrlich zu sein, ist das auf die Schnelle das Äußerste, was ich an Story hinkriege.

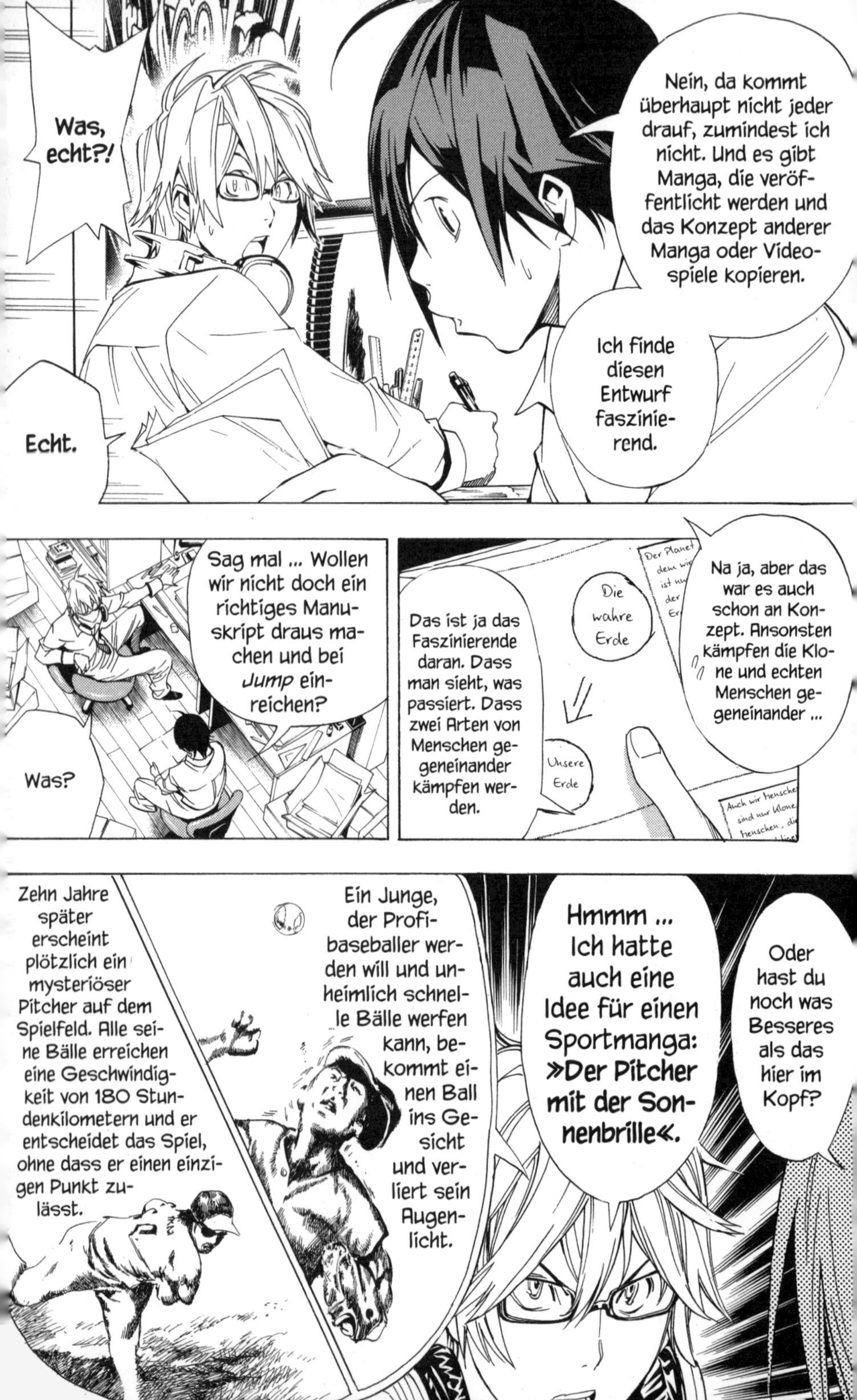
Nein, da kommt überhaupt nicht jeder drauf, zumindest ich nicht. Und es gibt Manga, die veröffentlicht werden und das Konzept anderer Manga oder Videospiele kopieren.
Was, echt?!
Ich finde diesen Entwurf faszinierend.
Echt.
Na ja, aber das war es auch schon an Konzept. Ansonsten kämpfen die Klone und echten Menschen gegeneinander ...
Die wahre Erde
Unsere Erde
Das ist ja das Faszinierende daran. Dass man sieht, was passiert. Dass zwei Arten von Menschen gegeneinander kämpfen werden.
Sag mal ... Wollen wir nicht doch ein richtiges Manuskript draus machen und bei *Jump* einreichen?
Was?
Oder hast du noch was Besseres als das hier im Kopf?
Hmmm ... Ich hatte auch eine Idee für einen Sportmanga: »Der Pitcher mit der Sonnenbrille«.
Ein Junge, der Profibaseballer werden will und unheimlich schnelle Bälle werfen kann, bekommt einen Ball ins Gesicht und verliert sein Augenlicht.
Zehn Jahre später erscheint plötzlich ein mysteriöser Pitcher auf dem Spielfeld. Alle seine Bälle erreichen eine Geschwindigkeit von 180 Stundenkilometern und er entscheidet das Spiel, ohne dass er einen einzigen Punkt zulässt.

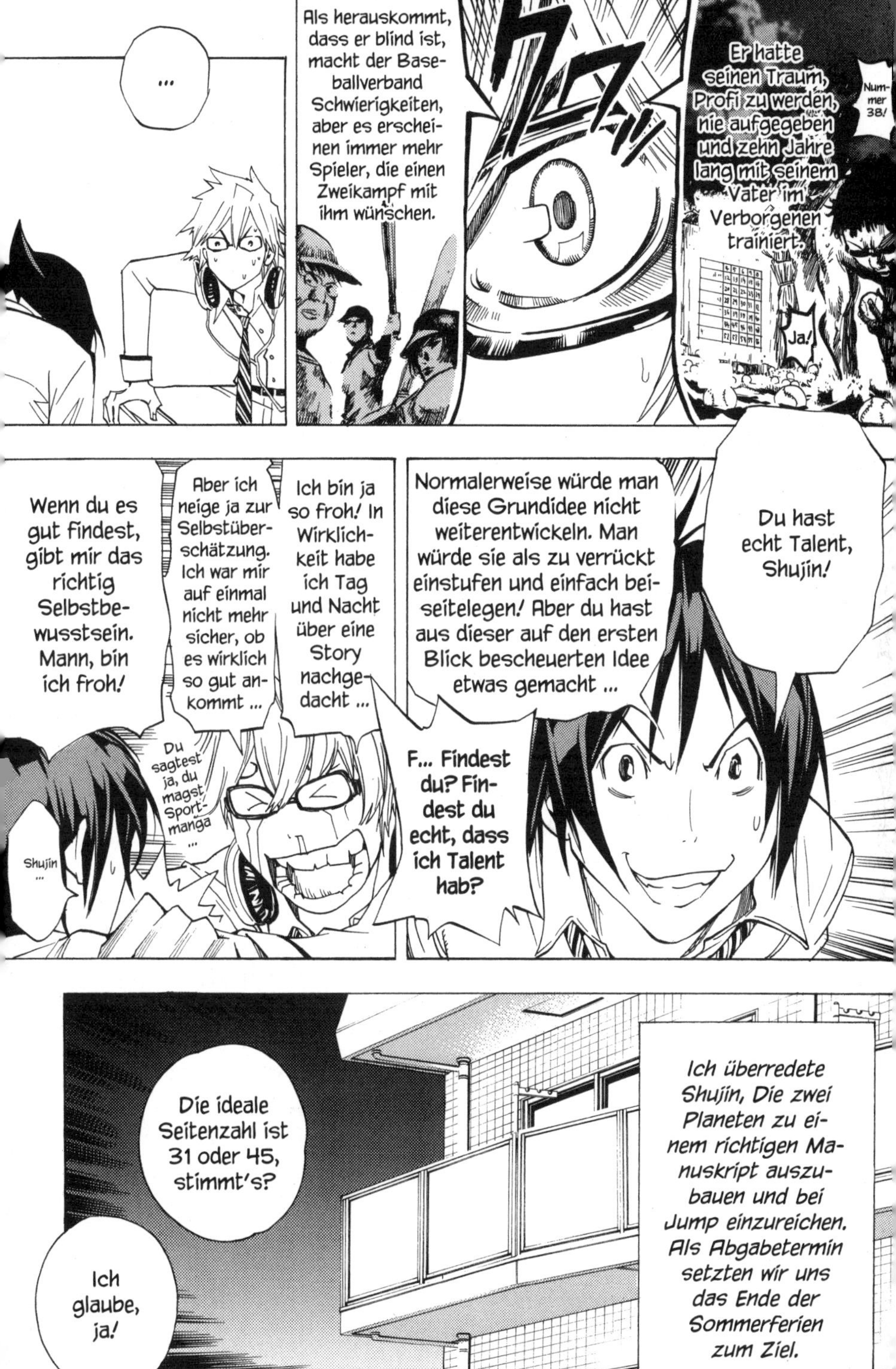
Er hatte seinen Traum, Profi zu werden, nie aufgegeben und zehn Jahre lang mit seinem Vater im Verborgenen trainiert.
Nummer 38!
Ja!
Als herauskommt, dass er blind ist, macht der Baseballverband Schwierigkeiten, aber es erscheinen immer mehr Spieler, die einen Zweikampf mit ihm wünschen.
...
Du hast echt Talent, Shujin!
Normalerweise würde man diese Grundidee nicht weiterentwickeln. Man würde sie als zu verrückt einstufen und einfach beiseitelegen! Aber du hast aus dieser auf den ersten Blick bescheuerten Idee etwas gemacht ...
F... Findest du? Findest du echt, dass ich Talent hab?
Ich bin ja so froh! In Wirklichkeit habe ich Tag und Nacht über eine Story nachgedacht ...
Aber ich neige ja zur Selbstüberschätzung. Ich war mir auf einmal nicht mehr sicher, ob es wirklich so gut ankommt ...
Du sagtest ja, du magst Sportmanga ...
Wenn du es gut findest, gibt mir das richtig Selbstbewusstsein. Mann, bin ich froh!
Shujin ...
Ich überredete Shujin, Die zwei Planeten zu einem richtigen Manuskript auszubauen und bei Jump einzureichen. Als Abgabetermin setzten wir uns das Ende der Sommerferien zum Ziel.
Die ideale Seitenzahl ist 31 oder 45, stimmt's?
Ich glaube, ja!

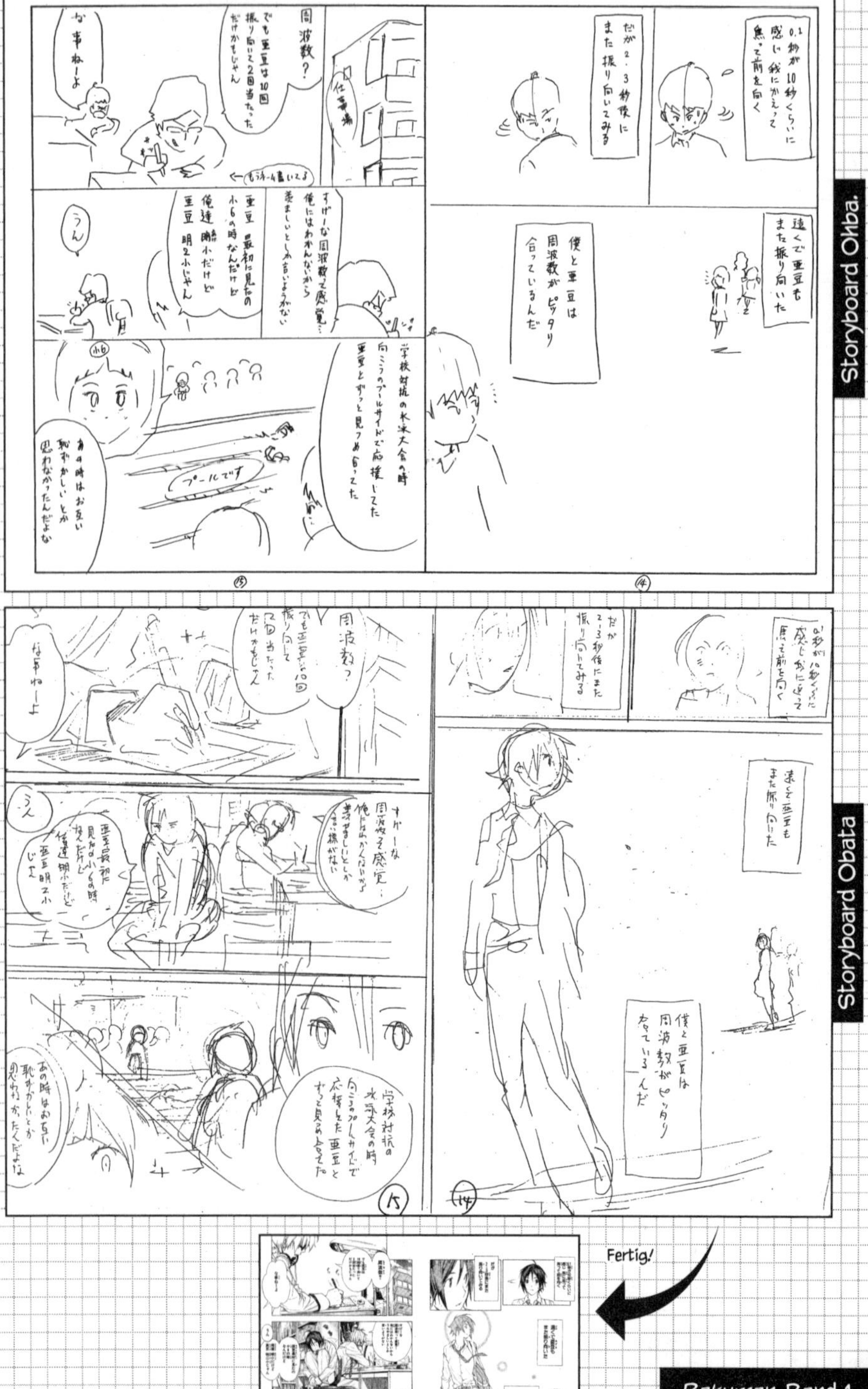

Storyboard Ohba.

Storyboard Obata

Fertig!

Bakuman. Band 1
»Bis eine Manuskriptseite entsteht«
page. 6: S. 178, S. 179

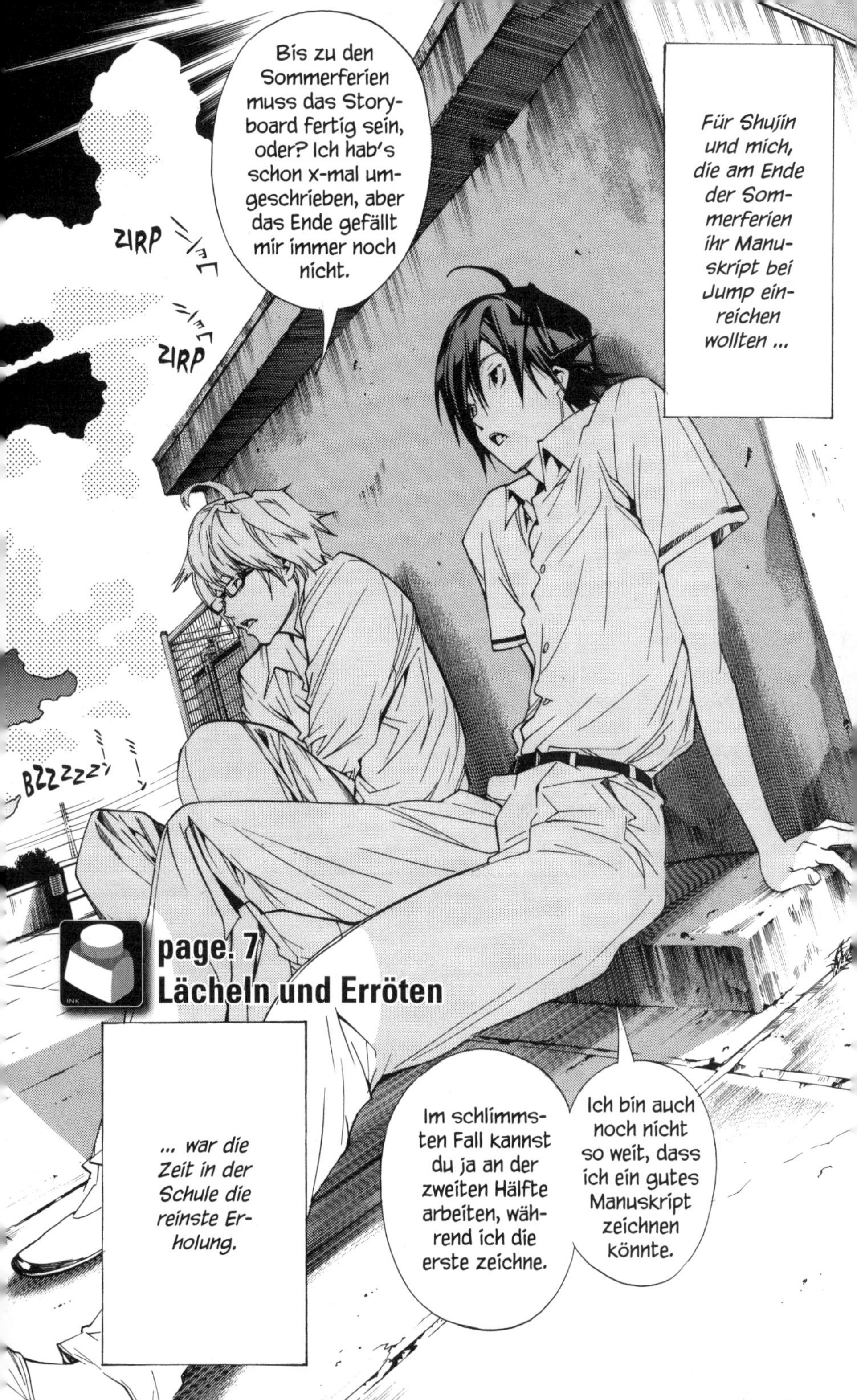
Für Shujin und mich, die am Ende der Sommerferien ihr Manuskript bei Jump einreichen wollten ...
Bis zu den Sommerferien muss das Storyboard fertig sein, oder? Ich hab's schon x-mal umgeschrieben, aber das Ende gefällt mir immer noch nicht.
ZIRP
ZIRP
BZZZZZ
page. 7
Lächeln und Erröten
Ich bin auch noch nicht so weit, dass ich ein gutes Manuskript zeichnen könnte.
Im schlimmsten Fall kannst du ja an der zweiten Hälfte arbeiten, während ich die erste zeichne.
... war die Zeit in der Schule die reinste Erholung.

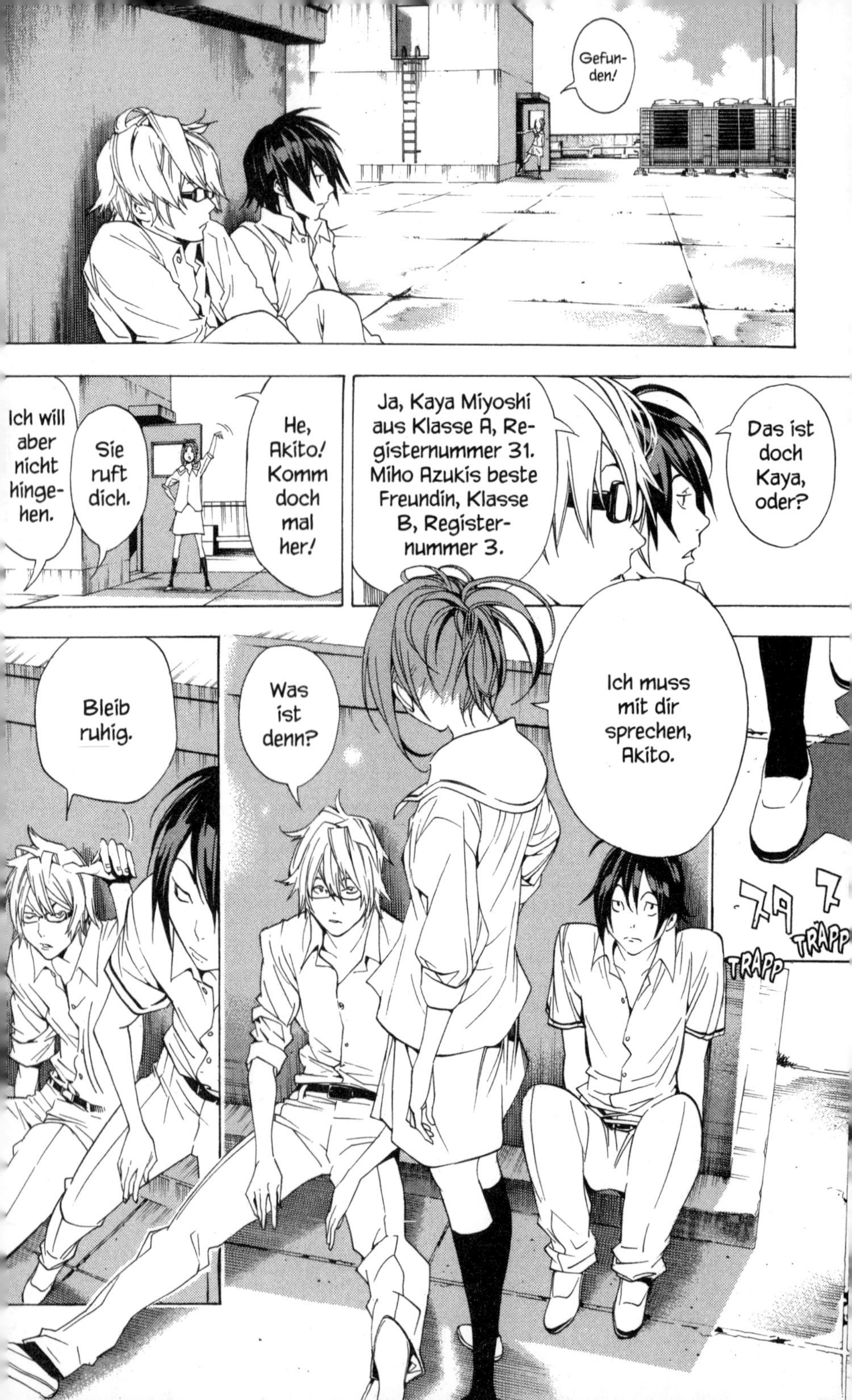
Gefunden!
Das ist doch Kaya, oder?
Ja, Kaya Miyoshi aus Klasse A, Registernummer 31. Miho Azukis beste Freundin, Klasse B, Registernummer 3.
He, Akito! Komm doch mal her!
Sie ruft dich.
Ich will aber nicht hingehen.
TRAPP
TRAPP
Ich muss mit dir sprechen, Akito.
Was ist denn?
Bleib ruhig.

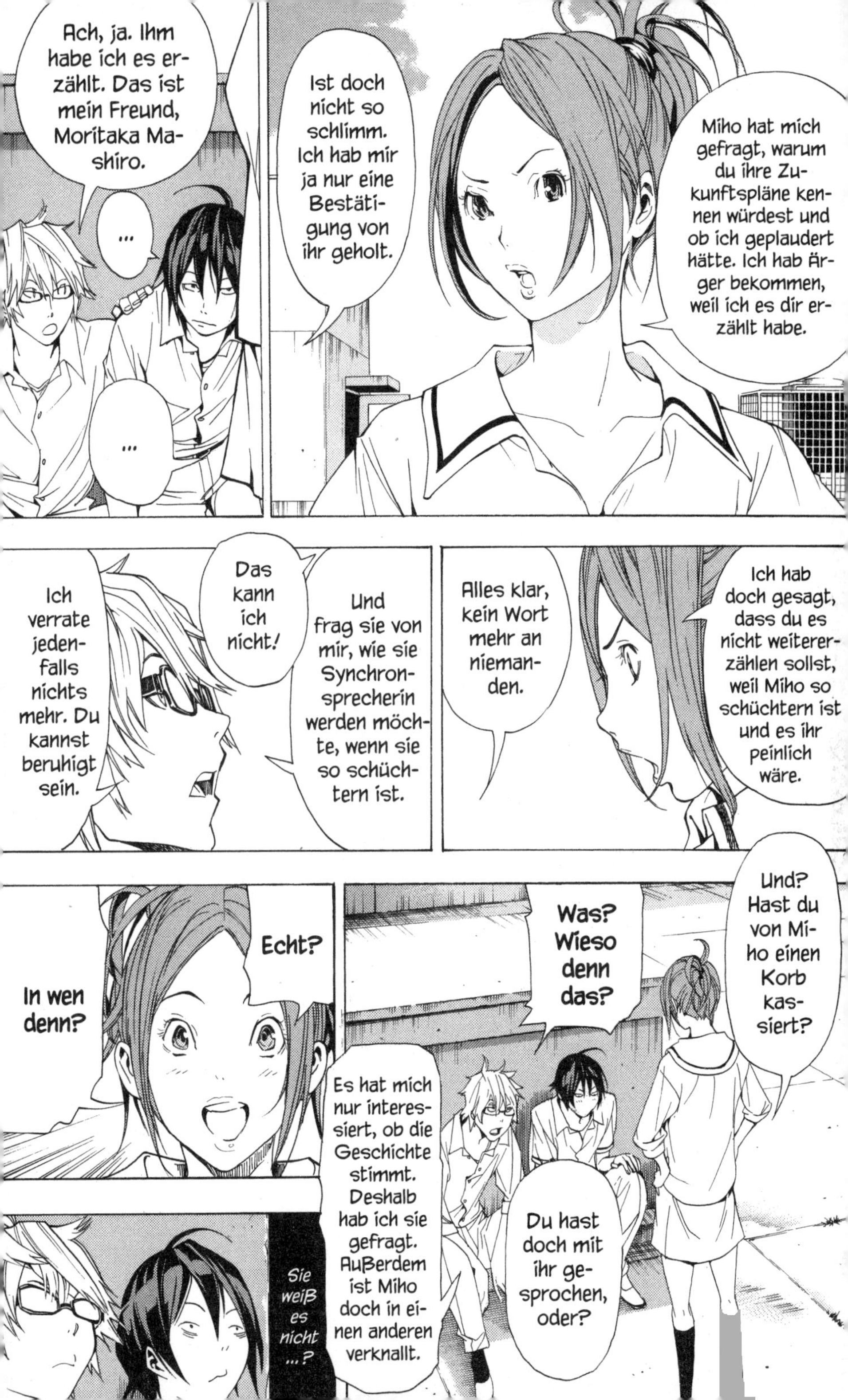

Miho hat mich gefragt, warum du ihre Zukunftspläne kennen würdest und ob ich geplaudert hätte. Ich hab Ärger bekommen, weil ich es dir erzählt habe.
Ist doch nicht so schlimm. Ich hab mir ja nur eine Bestätigung von ihr geholt.
Ach, ja. Ihm habe ich es erzählt. Das ist mein Freund, Moritaka Mashiro.
...
...
Ich hab doch gesagt, dass du es nicht weitererzählen sollst, weil Miho so schüchtern ist und es ihr peinlich wäre.
Alles klar, kein Wort mehr an niemanden.
Und frag sie von mir, wie sie Synchronsprecherin werden möchte, wenn sie so schüchtern ist.
Das kann ich nicht!
Ich verrate jedenfalls nichts mehr. Du kannst beruhigt sein.
Und? Hast du von Miho einen Korb kassiert?
Was? Wieso denn das?
Du hast doch mit ihr gesprochen, oder?
Es hat mich nur interessiert, ob die Geschichte stimmt. Deshalb hab ich sie gefragt. Außerdem ist Miho doch in einen anderen verknallt.
Echt?
In wen denn?
Sie weiß es nicht ...?

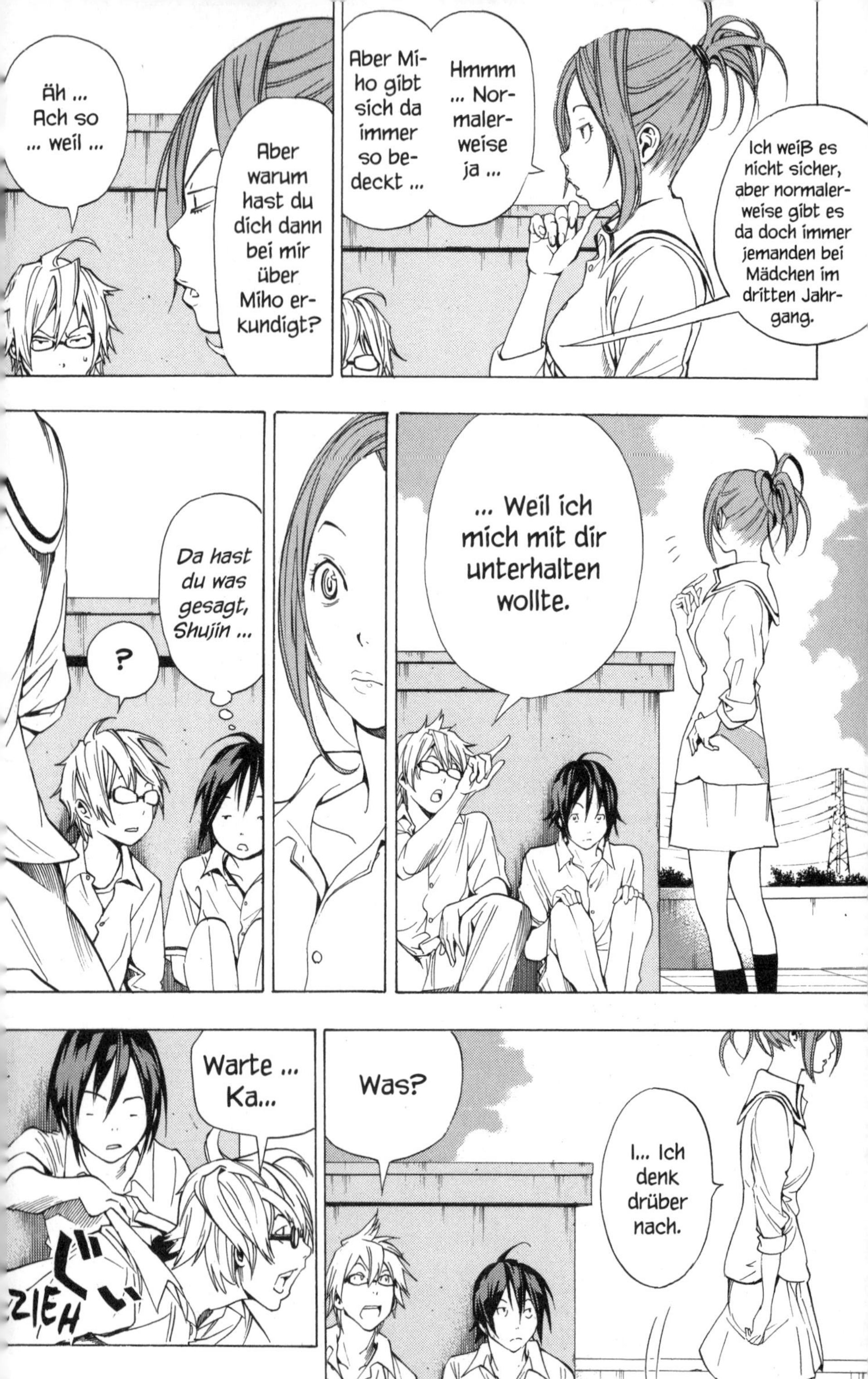
Ich weiß es nicht sicher, aber normalerweise gibt es da doch immer jemanden bei Mädchen im dritten Jahrgang.
Hmmm ... Normalerweise ja ...
Aber Miho gibt sich da immer so bedeckt ...
Aber warum hast du dich dann bei mir über Miho erkundigt?
Äh ... Ach so ... weil ...
... Weil ich mich mit dir unterhalten wollte.
Da hast du was gesagt, Shujin ...
?
I... Ich denk drüber nach.
Was?
Warte ... Ka...
ZIEH

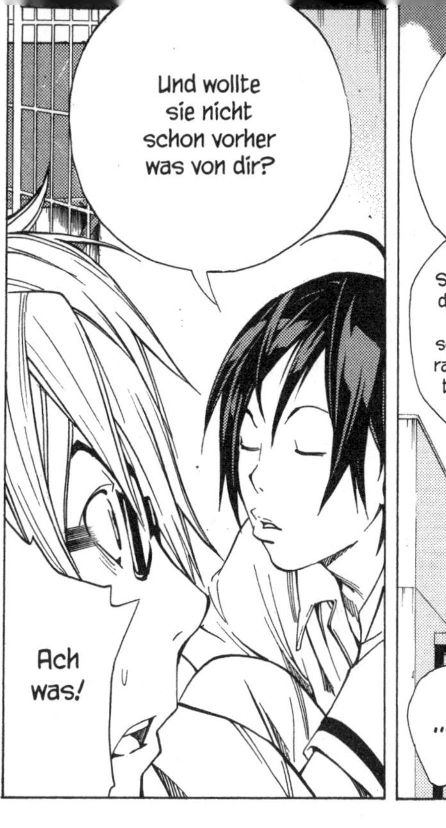
Wenn du jetzt sagst, das sei nur ein Witz gewesen, heult sie entweder oder wird stinksauer.
Sie ist es doch, die an den Landesmeisterschaften in Karate oder Aikido teilgenommen hat, oder?
...
Und wollte sie nicht schon vorher was von dir?
Ach was!

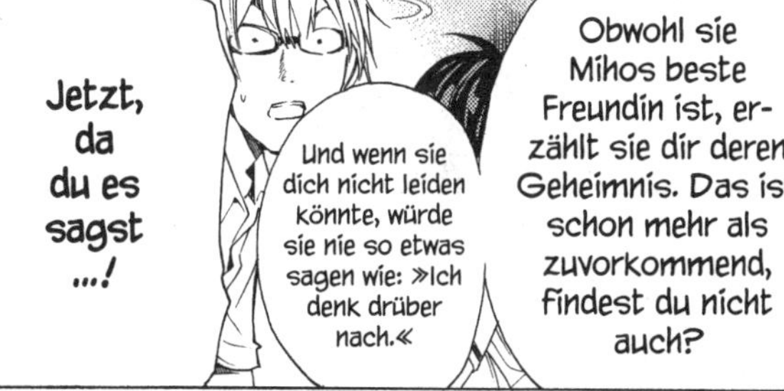
Obwohl sie Mihos beste Freundin ist, erzählt sie dir deren Geheimnis. Das ist schon mehr als zuvorkommend, findest du nicht auch?
Und wenn sie dich nicht leiden könnte, würde sie nie so etwas sagen wie: »Ich denk drüber nach.«
Jetzt, da du es sagst ...!

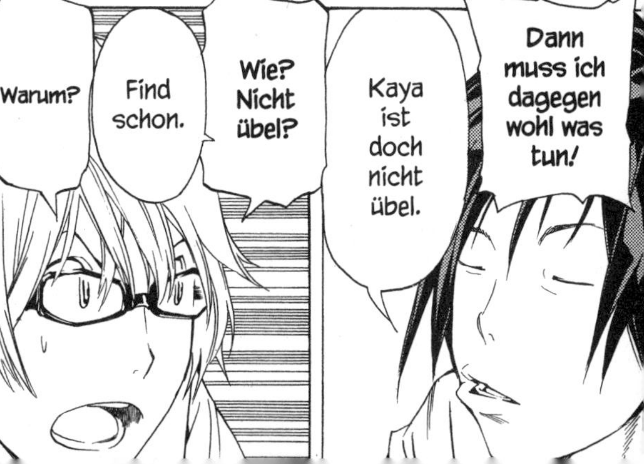
Dann muss ich dagegen wohl was tun!
Kaya ist doch nicht übel.
Wie? Nicht übel?
Find schon.
Warum?

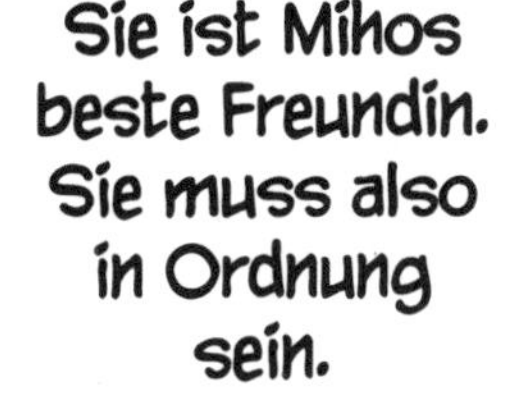
Sie ist Mihos beste Freundin. Sie muss also in Ordnung sein.

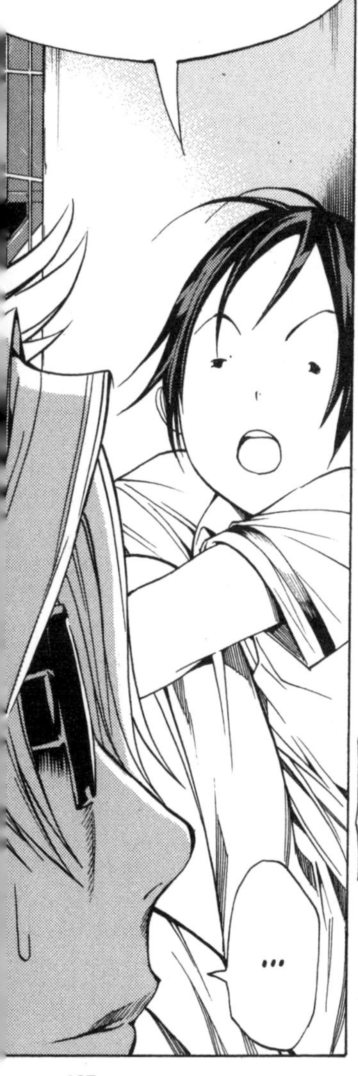
...

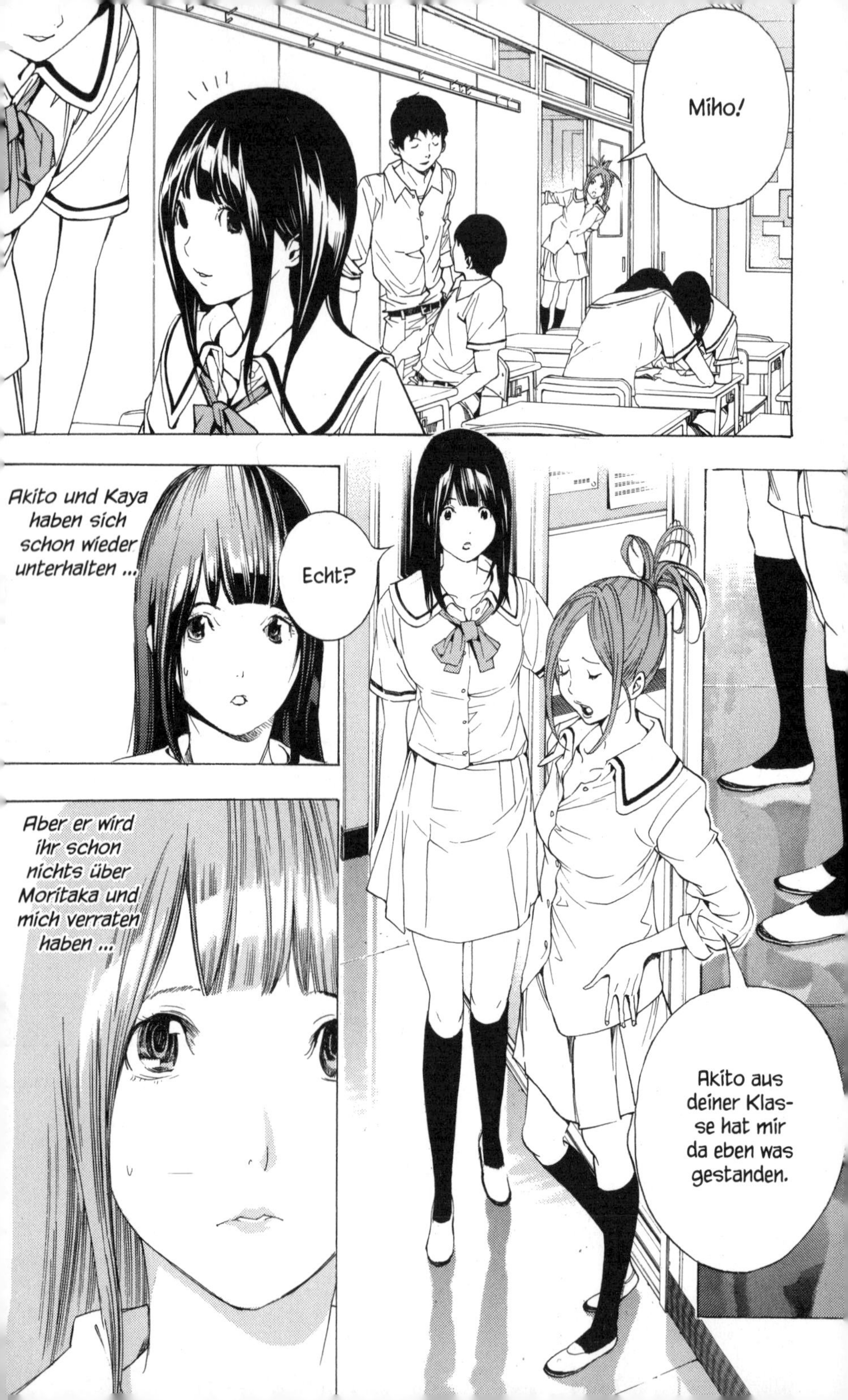
Miho!
Akito aus deiner Klasse hat mir da eben was gestanden.
Echt?
Akito und Kaya haben sich schon wieder unterhalten ...
Aber er wird ihr schon nichts über Moritaka und mich verraten haben ...

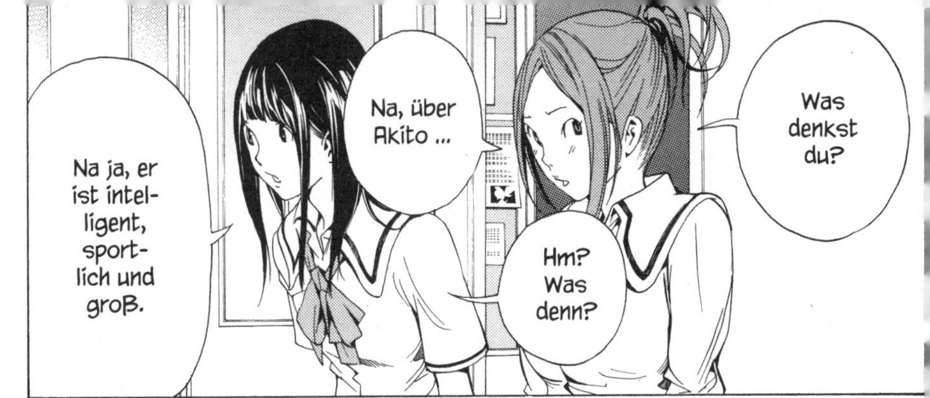
Was denkst du?
Hm? Was denn?
Na, über Akito ...
Na ja, er ist intel-ligent, sport-lich und groß.

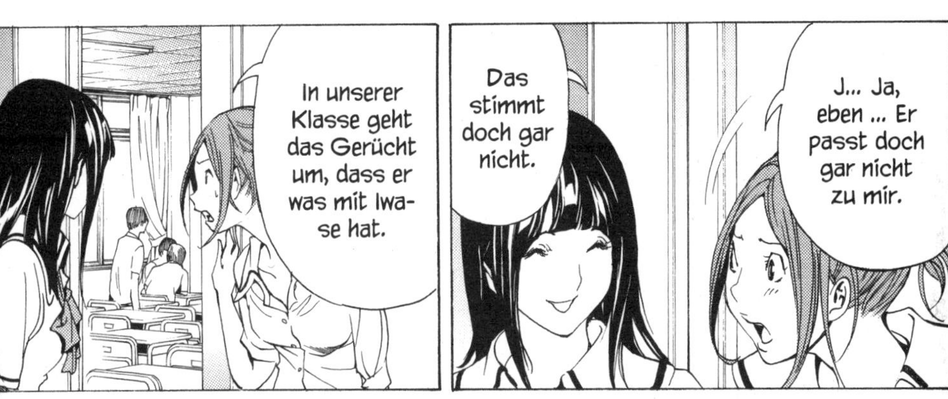
J... Ja, eben ... Er passt doch gar nicht zu mir.
Das stimmt doch gar nicht.
In unserer Klasse geht das Gerücht um, dass er was mit Iwa-se hat.

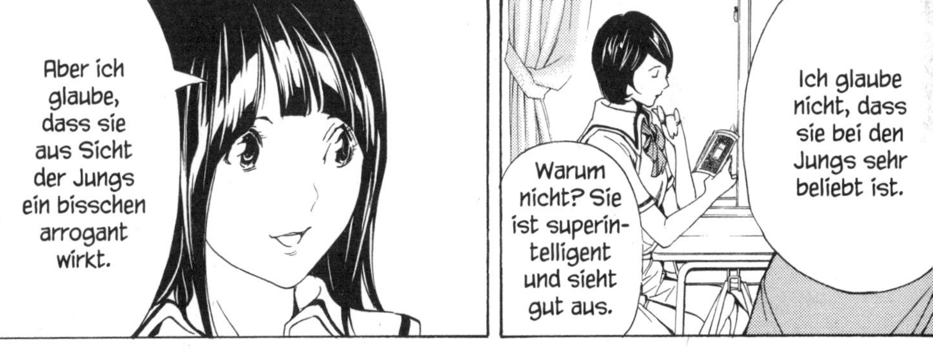
Ich glaube nicht, dass sie bei den Jungs sehr beliebt ist.
Warum nicht? Sie ist superin-telligent und sieht gut aus.
Aber ich glaube, dass sie aus Sicht der Jungs ein bisschen arrogant wirkt.

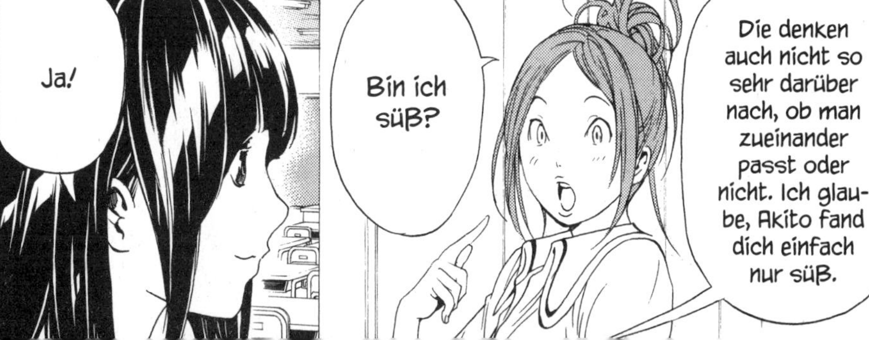
Die denken auch nicht so sehr darüber nach, ob man zueinander passt oder nicht. Ich glau-be, Akito fand dich einfach nur süß.
Bin ich süß?
Ja!

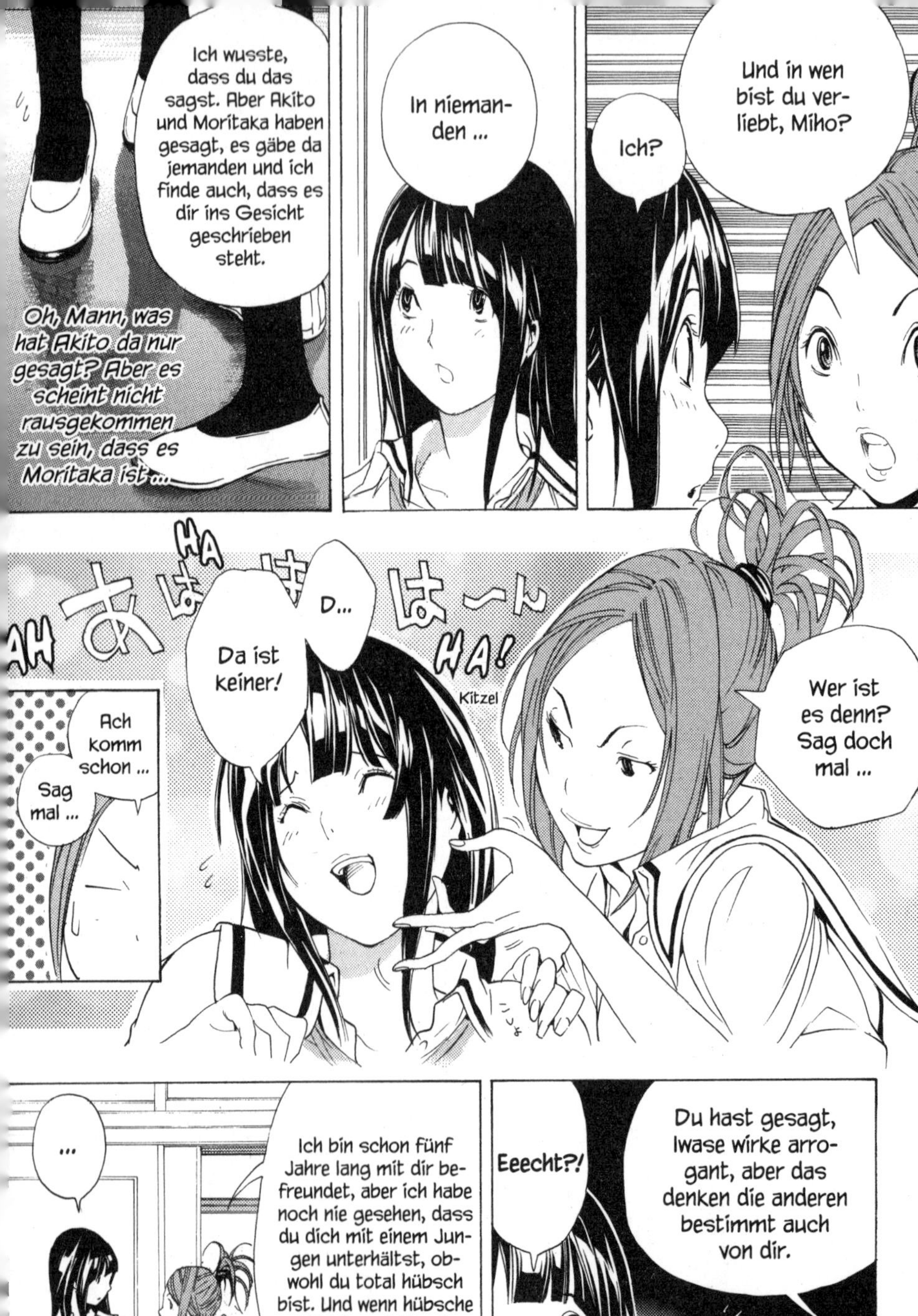
Und in wen bist du verliebt, Miho?
Ich?
In nieman-den ...
Ich wusste, dass du das sagst. Aber Akito und Moritaka haben gesagt, es gäbe da jemanden und ich finde auch, dass es dir ins Gesicht geschrieben steht.
Oh, Mann, was hat Akito da nur gesagt? Aber es scheint nicht rausgekommen zu sein, dass es Moritaka ist ...
Wer ist es denn? Sag doch mal ...
HA HA!
Kitzel
D...
Da ist keiner!
AH
Ach komm schon ...
Sag mal ...
Du hast gesagt, Iwase wirke arro-gant, aber das denken die anderen bestimmt auch von dir.
Eeecht?!
Ich bin schon fünf Jahre lang mit dir be-freundet, aber ich habe noch nie gesehen, dass du dich mit einem Jun-gen unterhältst, ob-wohl du total hübsch bist. Und wenn hübsche Mädchen nicht mit Jungs reden, ist das doch wohl total arrogant ...
...

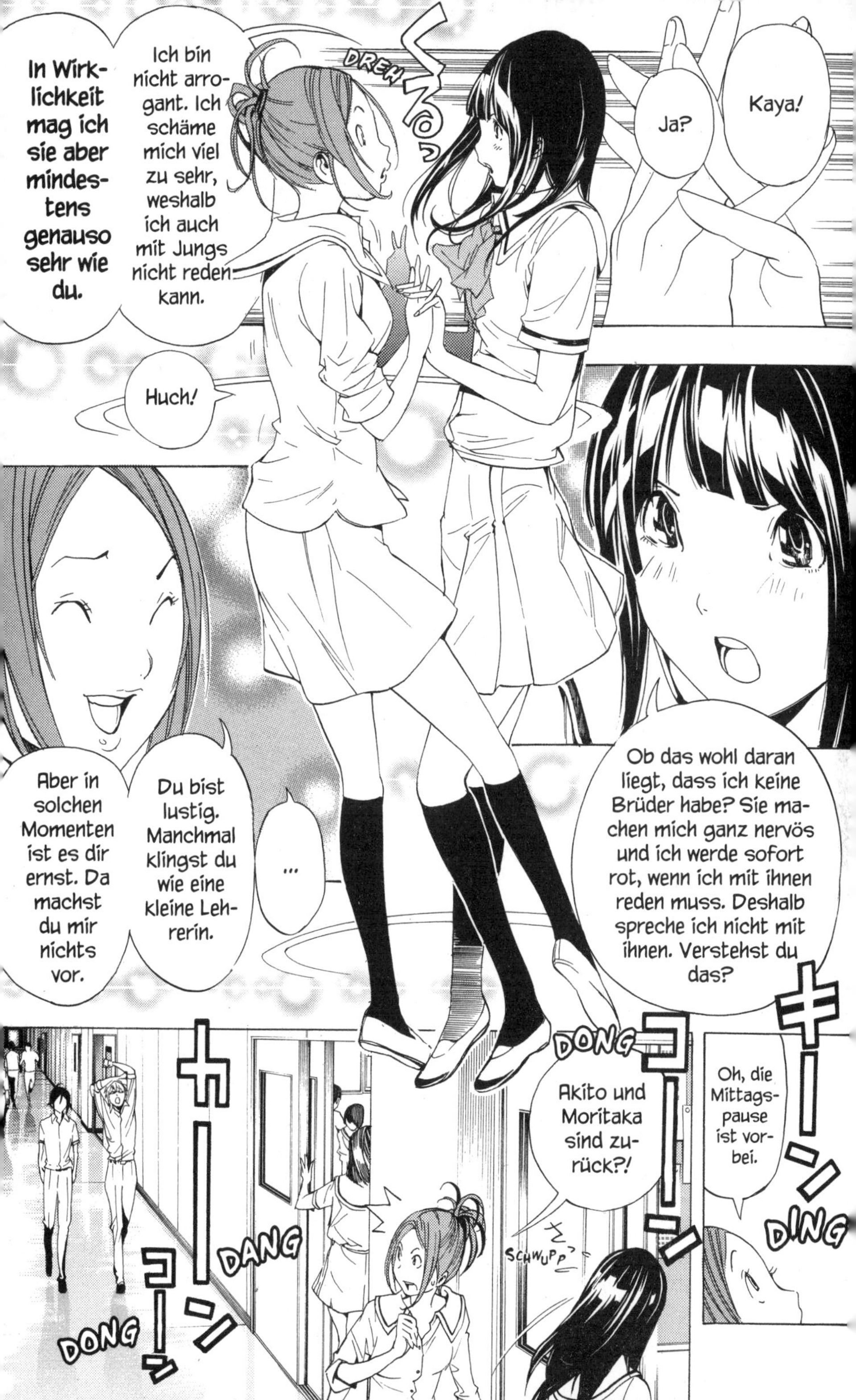
Kaya!
Ja?
DREH
Ich bin nicht arrogant. Ich schäme mich viel zu sehr, weshalb ich auch mit Jungs nicht reden kann.
In Wirklichkeit mag ich sie aber mindestens genauso sehr wie du.
Huch!
Ob das wohl daran liegt, dass ich keine Brüder habe? Sie machen mich ganz nervös und ich werde sofort rot, wenn ich mit ihnen reden muss. Deshalb spreche ich nicht mit ihnen. Verstehst du das?
...
Du bist lustig. Manchmal klingst du wie eine kleine Lehrerin.
Aber in solchen Momenten ist es dir ernst. Da machst du mir nichts vor.
DING
DONG
Oh, die Mittagspause ist vorbei.
Akito und Moritaka sind zurück?!
SCHWUPP
DANG
DONG

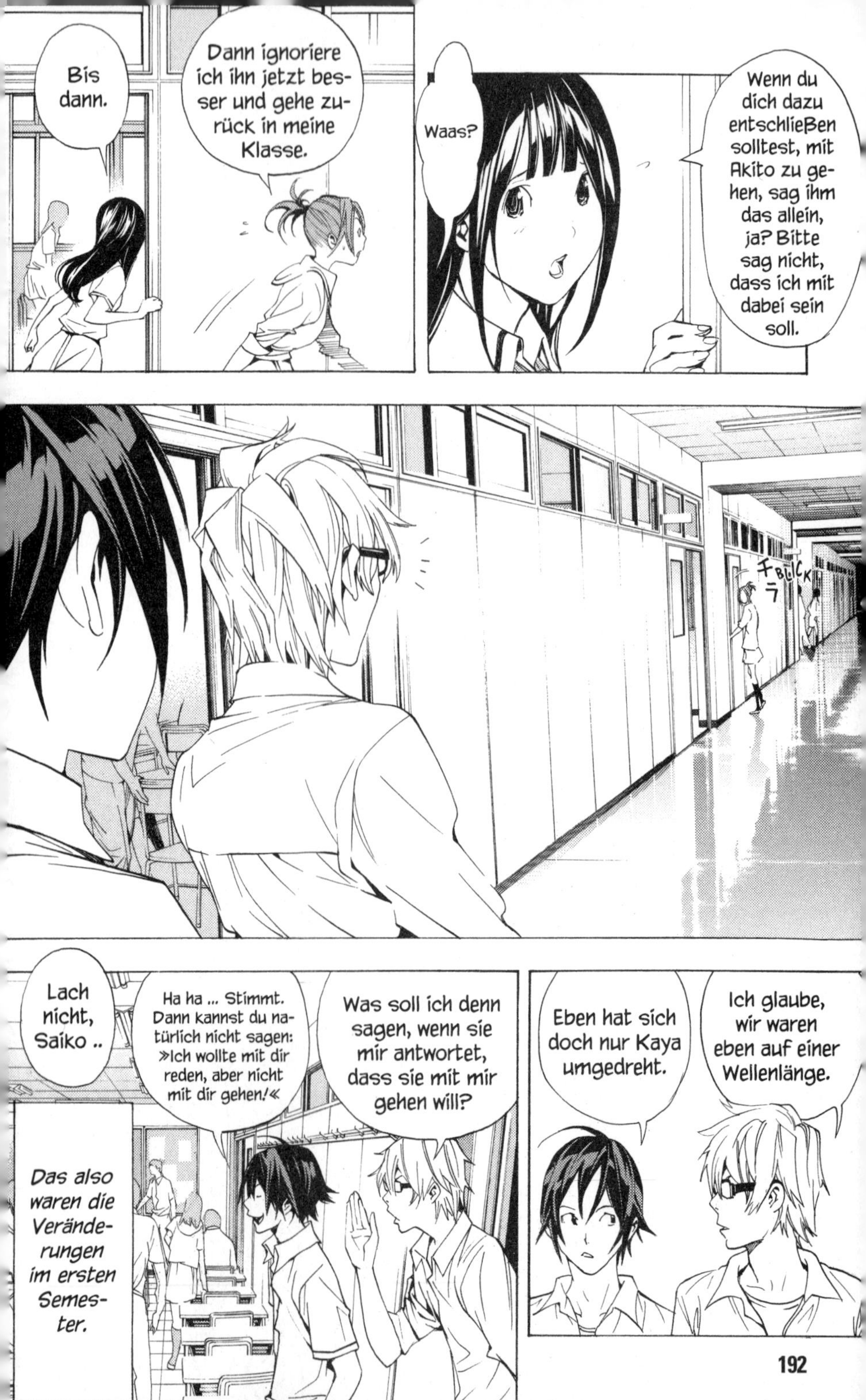

Wenn du dich dazu entschließen solltest, mit Akito zu gehen, sag ihm das allein, ja? Bitte sag nicht, dass ich mit dabei sein soll.

Waas?

Dann ignoriere ich ihn jetzt besser und gehe zurück in meine Klasse.

Bis dann.

BLICK

チラ

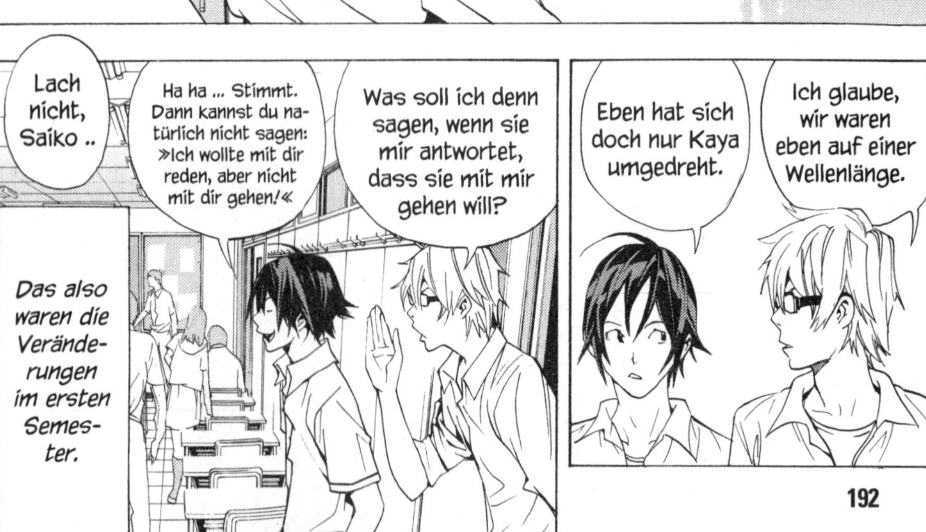

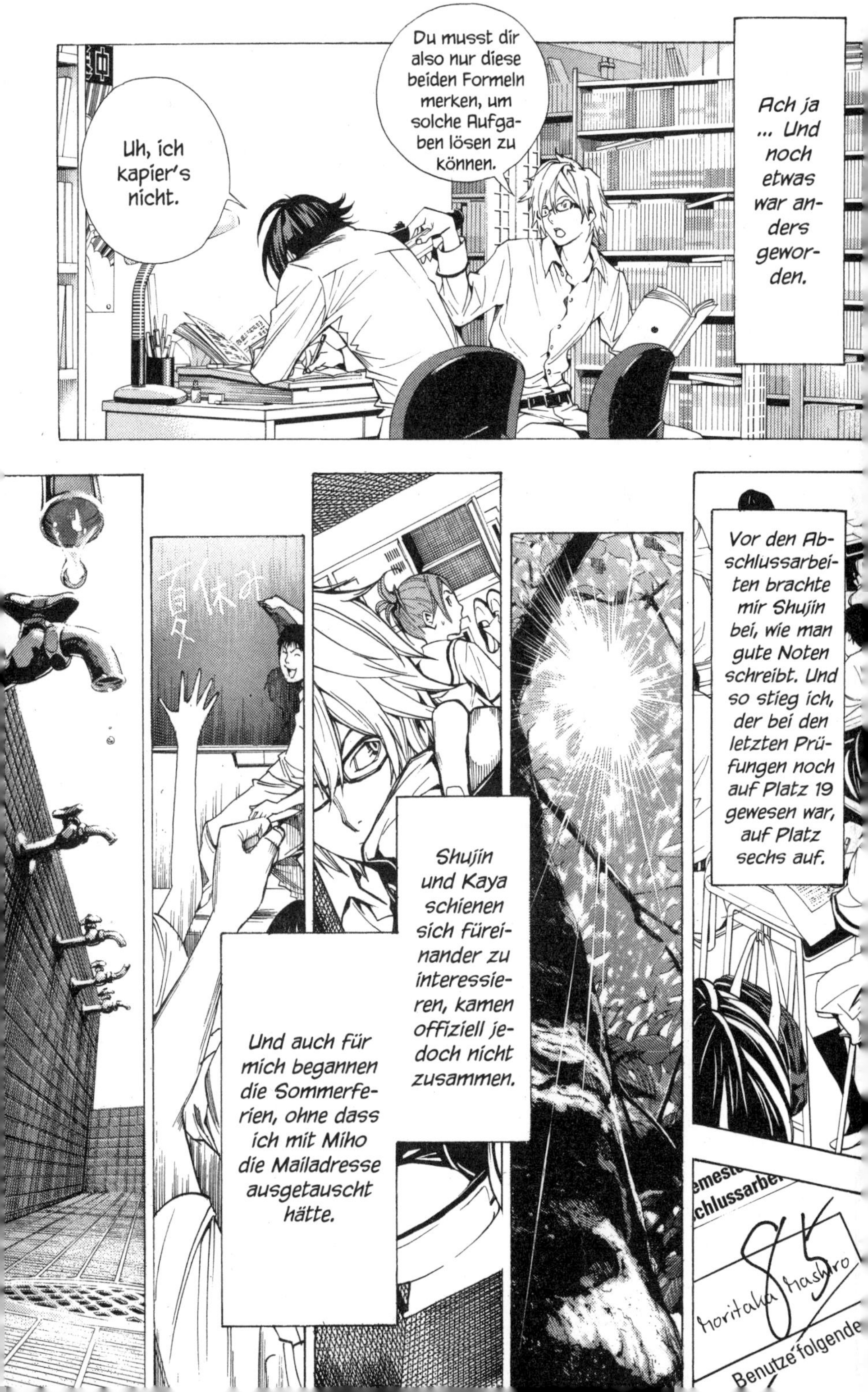

Ach ja ... Und noch etwas war anders geworden.

Du musst dir also nur diese beiden Formeln merken, um solche Aufgaben lösen zu können.

Uh, ich kapier's nicht.

Vor den Abschlussarbeiten brachte mir Shujin bei, wie man gute Noten schreibt. Und so stieg ich, der bei den letzten Prüfungen noch auf Platz 19 gewesen war, auf Platz sechs auf.

Moritaka Mashiro

Benutze folgende

Shujin und Kaya schienen sich füreinander zu interessieren, kamen offiziell jedoch nicht zusammen.

夏休み

Und auch für mich begannen die Sommerferien, ohne dass ich mit Miho die Mailadresse ausgetauscht hätte.

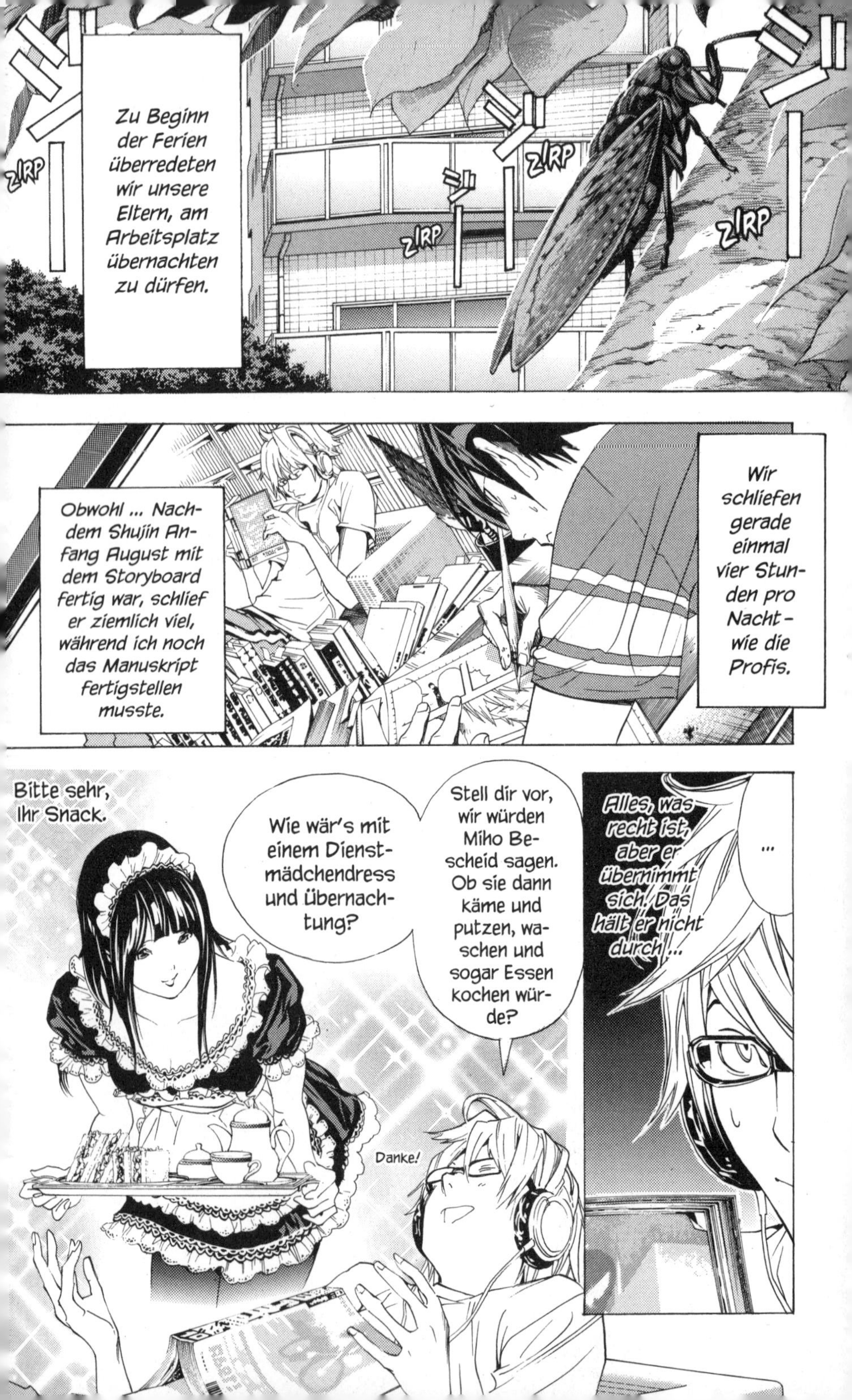

Zu Beginn der Ferien überredeten wir unsere Eltern, am Arbeitsplatz übernachten zu dürfen.

ZIRP

ZIRP

ZIRP

ZIRP

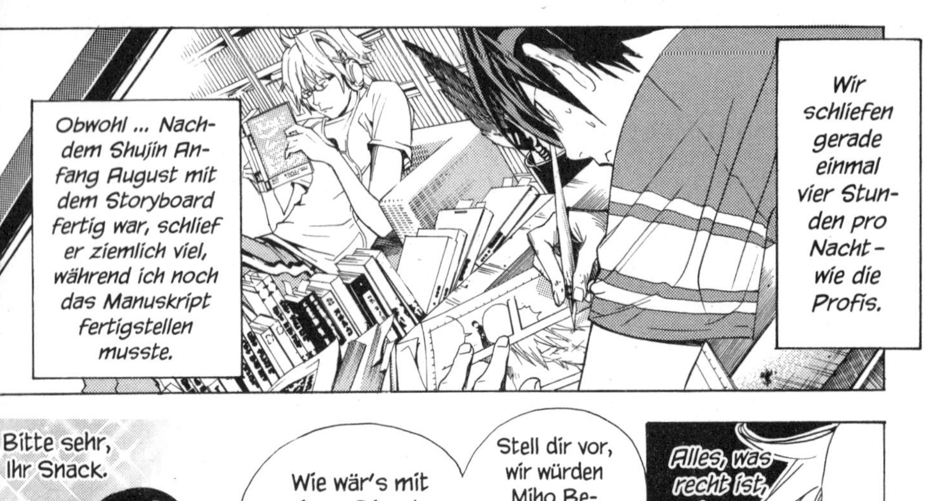

Alles, was recht ist, aber er übernimmt sich. Das hält er nicht durch ...

...

Stell dir vor, wir würden Miho Bescheid sagen. Ob sie dann käme und putzen, waschen und sogar Essen kochen würde?

Wie wär's mit einem Dienstmädchendress und Übernachtung?

Bitte sehr, Ihr Snack.

Danke!

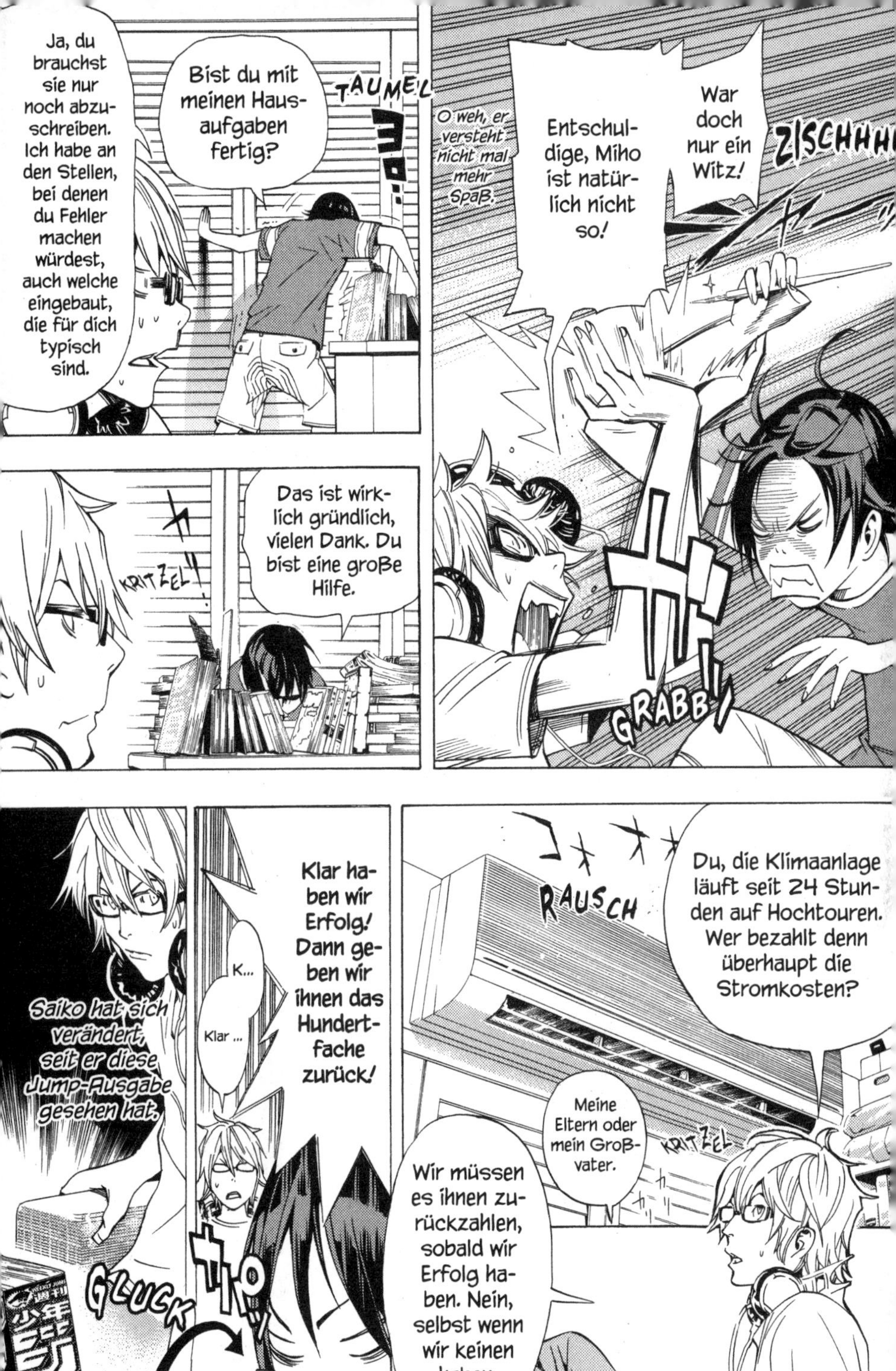
ZISCHHH
War doch nur ein Witz!
Entschuldige, Miho ist natürlich nicht so!
O weh, er versteht nicht mal mehr Spaß.
GRABB
TAUMEL
Bist du mit meinen Hausaufgaben fertig?
Ja, du brauchst sie nur noch abzuschreiben. Ich habe an den Stellen, bei denen du Fehler machen würdest, auch welche eingebaut, die für dich typisch sind.
Das ist wirklich gründlich, vielen Dank. Du bist eine große Hilfe.
KRITZEL
RAUSCH
Du, die Klimaanlage läuft seit 24 Stunden auf Hochtouren. Wer bezahlt denn überhaupt die Stromkosten?
Meine Eltern oder mein Großvater.
KRITZEL
Wir müssen es ihnen zurückzahlen, sobald wir Erfolg haben. Nein, selbst wenn wir keinen haben.
Klar haben wir Erfolg! Dann geben wir ihnen das Hundertfache zurück!
K...
Klar ...
GLUCK
Saiko hat sich verändert, seit er diese Jump-Ausgabe gesehen hat.

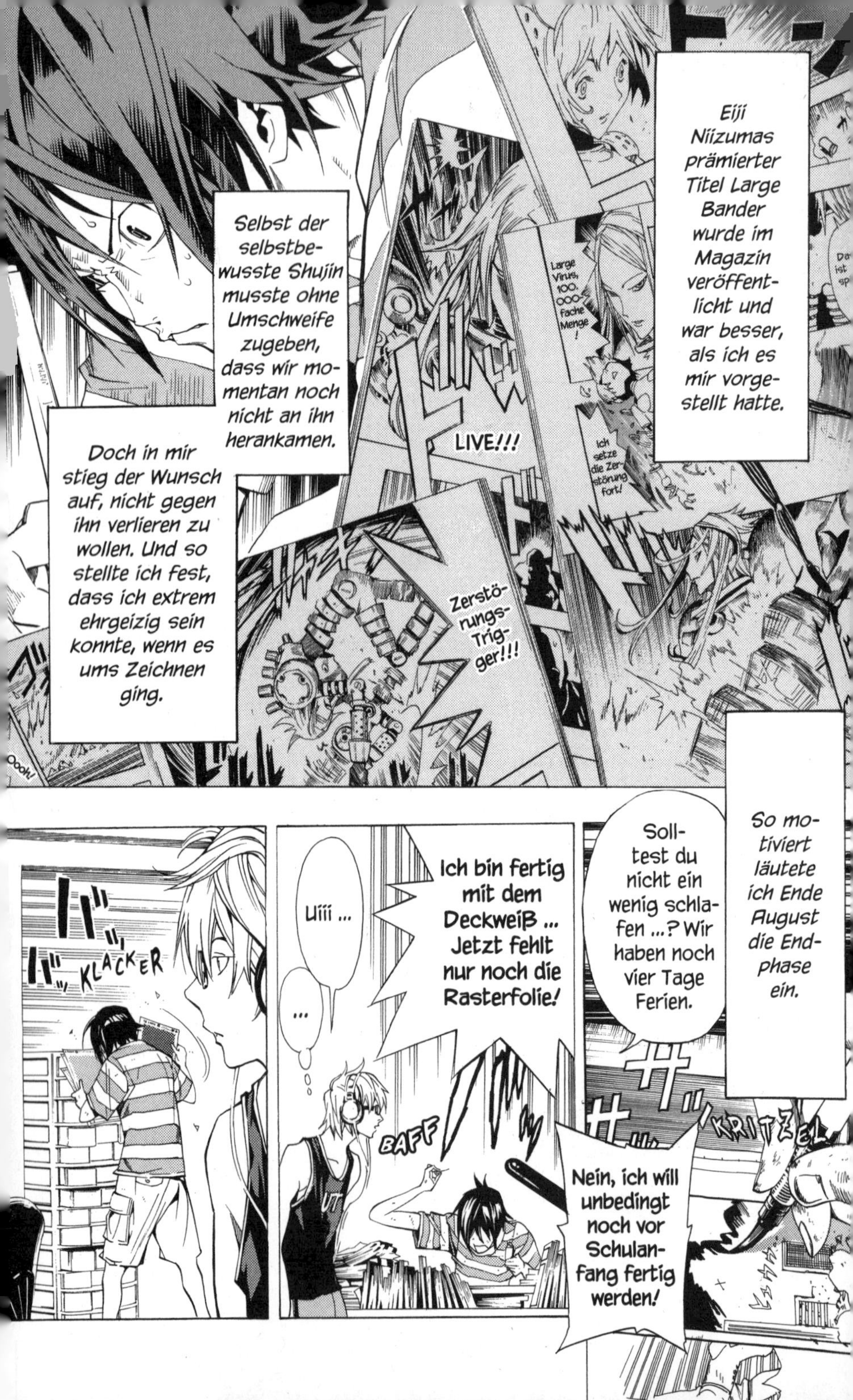
Eiji Niizumas prämierter Titel Large Bander wurde im Magazin veröffentlicht und war besser, als ich es mir vorgestellt hatte.
Large Virus, 100.000-fache Menge!
Ich setze die Zerstörung fort!
LIVE!!!
Zerstörungs-Trigger!!!
Selbst der selbstbewusste Shujin musste ohne Umschweife zugeben, dass wir momentan noch nicht an ihn herankamen.
Doch in mir stieg der Wunsch auf, nicht gegen ihn verlieren zu wollen. Und so stellte ich fest, dass ich extrem ehrgeizig sein konnte, wenn es ums Zeichnen ging.
Oooh!
So motiviert läutete ich Ende August die Endphase ein.
Solltest du nicht ein wenig schlafen ...? Wir haben noch vier Tage Ferien.
Nein, ich will unbedingt noch vor Schulanfang fertig werden!
KRITZEL
Ich bin fertig mit dem Deckweiß ... Jetzt fehlt nur noch die Rasterfolie!
BAFF
Uiii ...
...
KLACKER

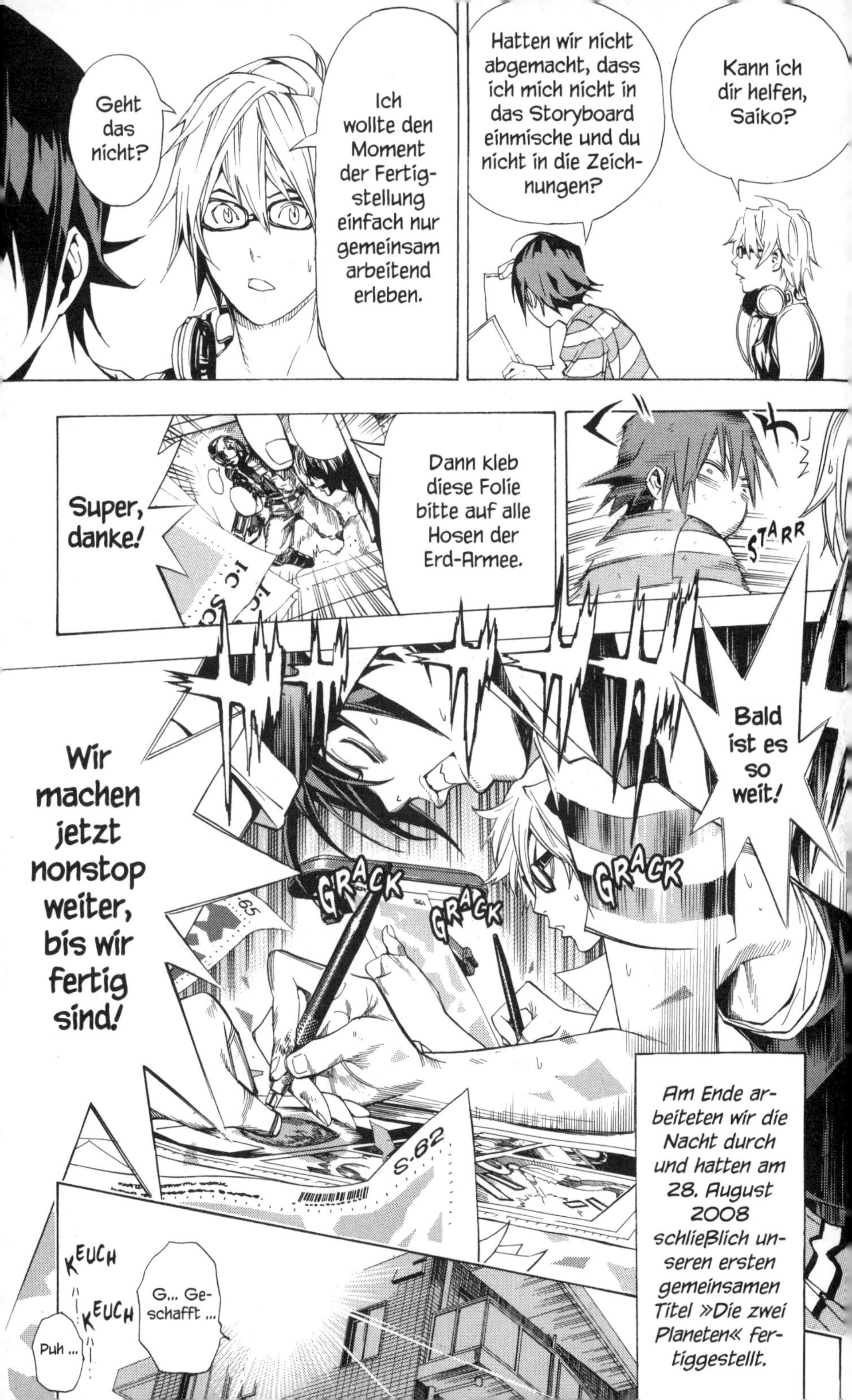

Kann ich dir helfen, Saiko?
Hatten wir nicht abgemacht, dass ich mich nicht in das Storyboard einmische und du nicht in die Zeichnungen?
Ich wollte den Moment der Fertigstellung einfach nur gemeinsam arbeitend erleben.
Geht das nicht?
STARR
Dann kleb diese Folie bitte auf alle Hosen der Erd-Armee.
Super, danke!
Bald ist es so weit!
Wir machen jetzt nonstop weiter, bis wir fertig sind!
GRACK
GRACK
GRACK
S-62
Am Ende arbeiteten wir die Nacht durch und hatten am 28. August 2008 schließlich unseren ersten gemeinsamen Titel »Die zwei Planeten« fertiggestellt.
G... Geschafft ...
KEUCH
KEUCH
Puh ...

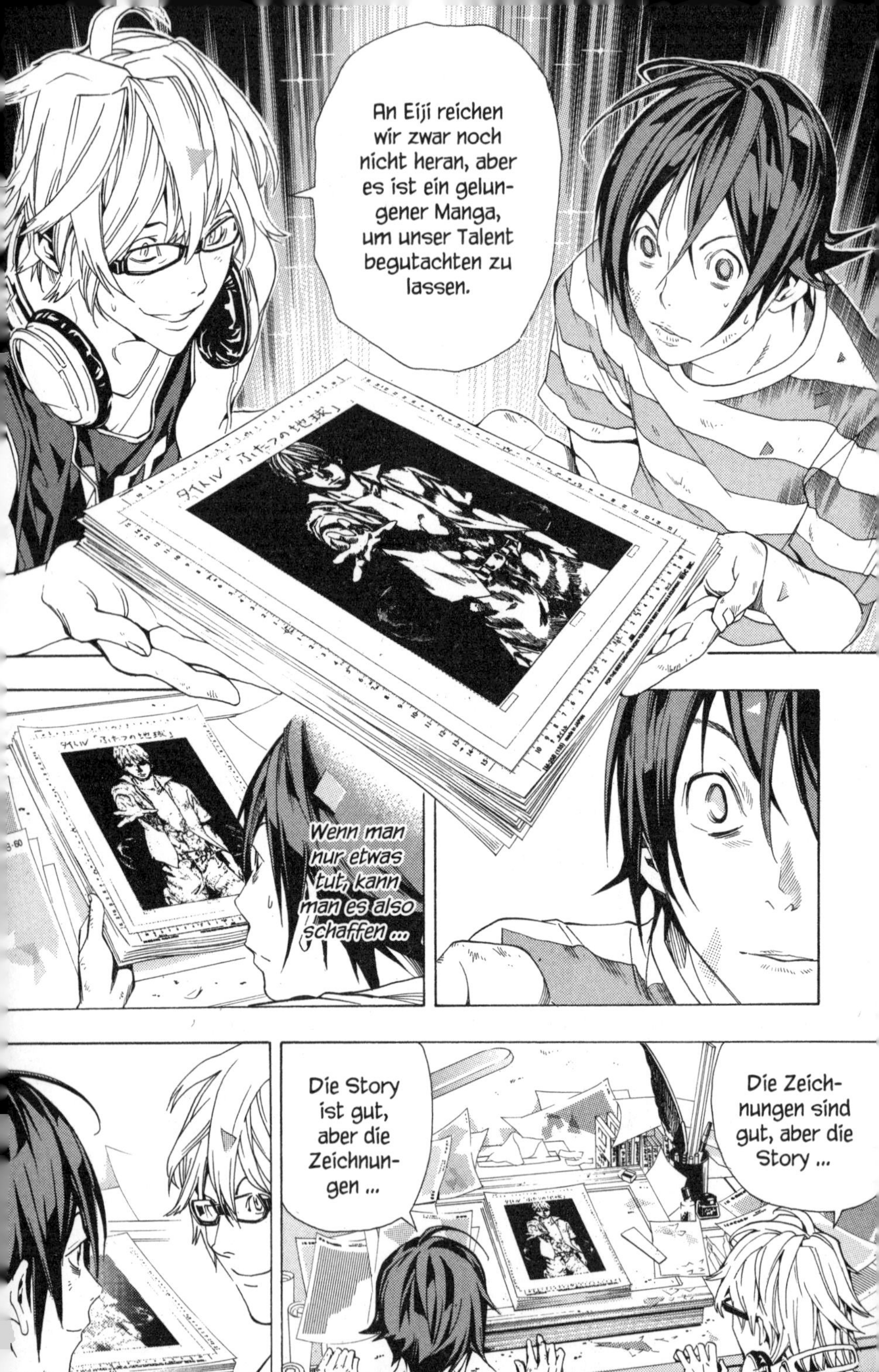
An Eiji reichen wir zwar noch nicht heran, aber es ist ein gelungener Manga, um unser Talent begutachten zu lassen.
Wenn man nur etwas tut, kann man es also schaffen ...
Die Zeichnungen sind gut, aber die Story ...
Die Story ist gut, aber die Zeichnungen ...

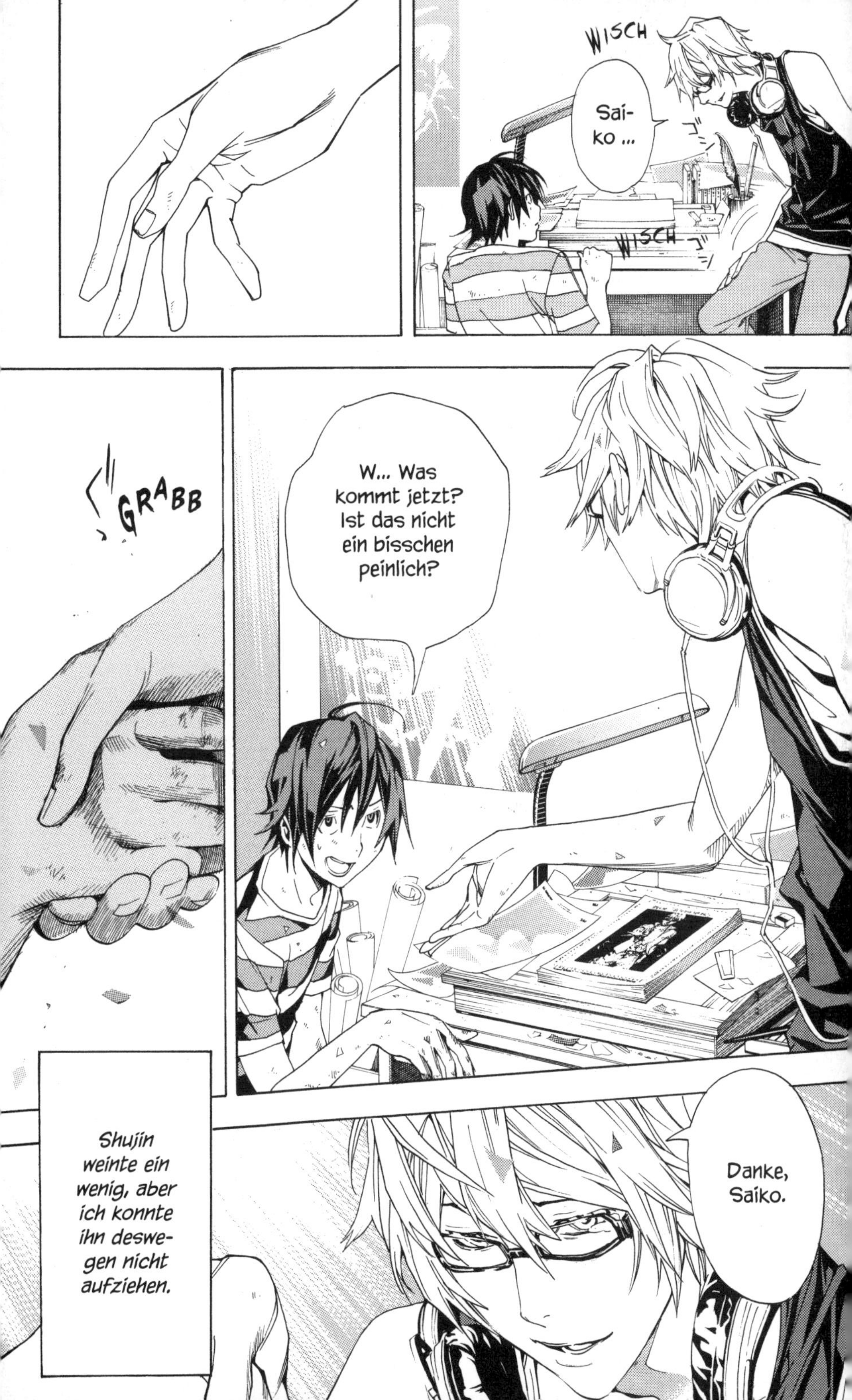
WISCH
Sai-
ko ...
WISCH
GRABB
W... Was
kommt jetzt?
Ist das nicht
ein bisschen
peinlich?
Danke,
Saiko.
Shujin
weinte ein
wenig, aber
ich konnte
ihn deswe-
gen nicht
aufziehen.

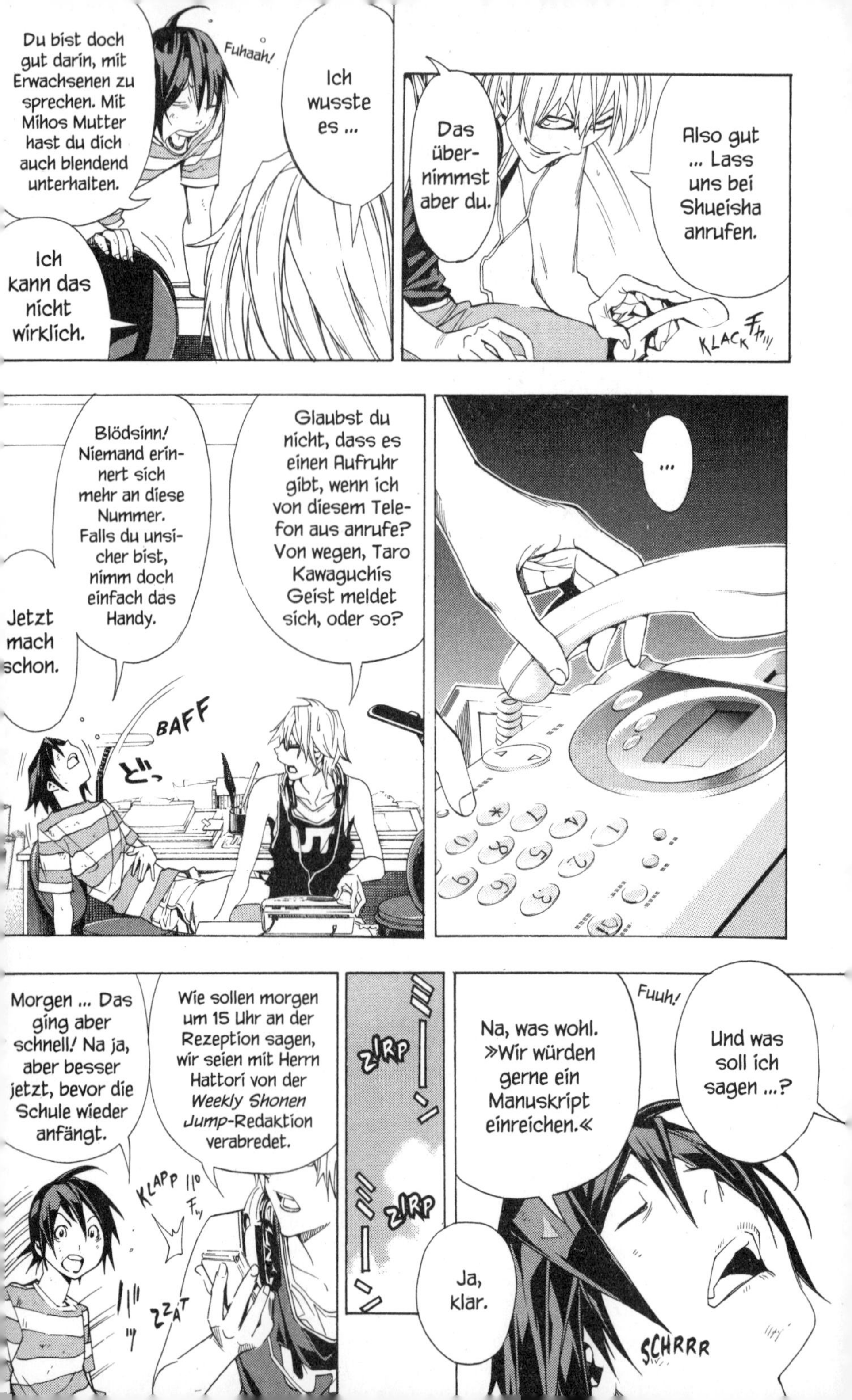

Also gut ... Lass uns bei Shueisha anrufen.
Das übernimmst aber du.
KLACK
Ich wusste es ...
Fuhaah!
Du bist doch gut darin, mit Erwachsenen zu sprechen. Mit Mihos Mutter hast du dich auch blendend unterhalten.
Ich kann das nicht wirklich.

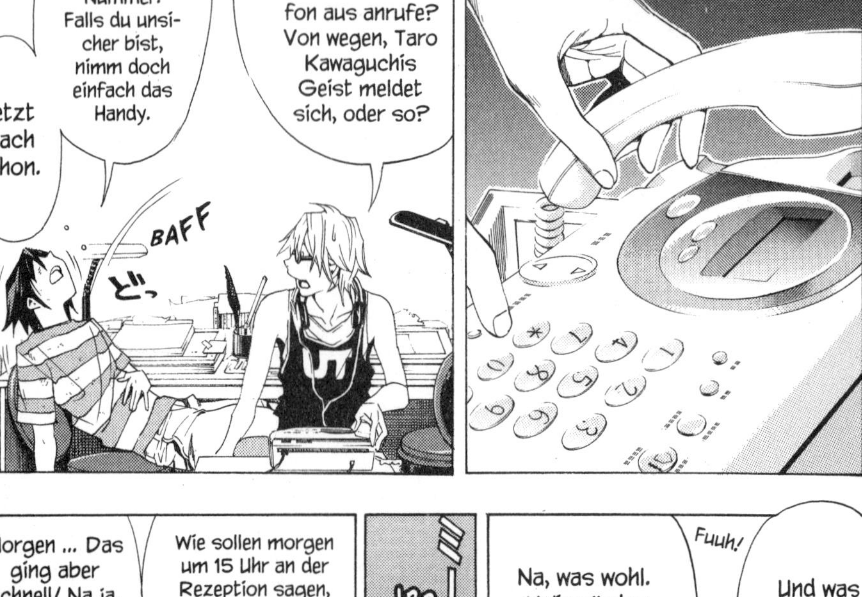

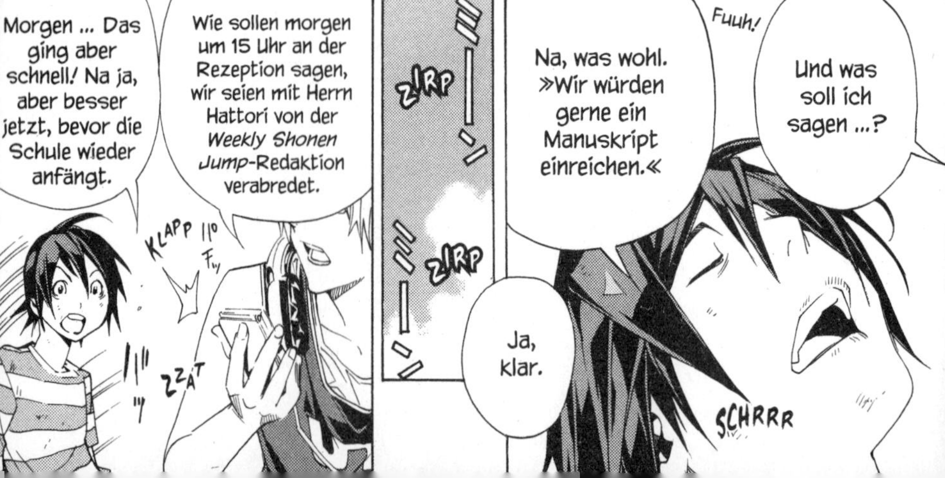

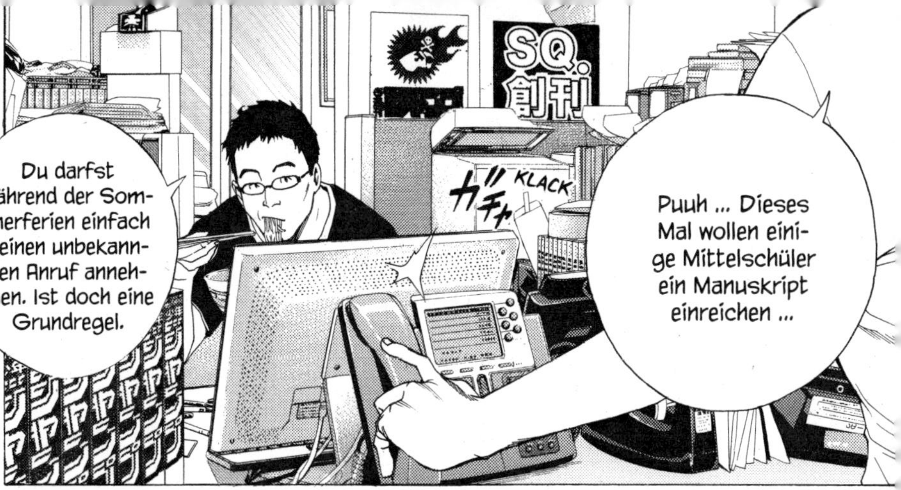

Puuh ... Dieses Mal wollen einige Mittelschüler ein Manuskript einreichen ...

KLACK

Du darfst während der Sommerferien einfach keinen unbekannten Anruf annehmen. Ist doch eine Grundregel.

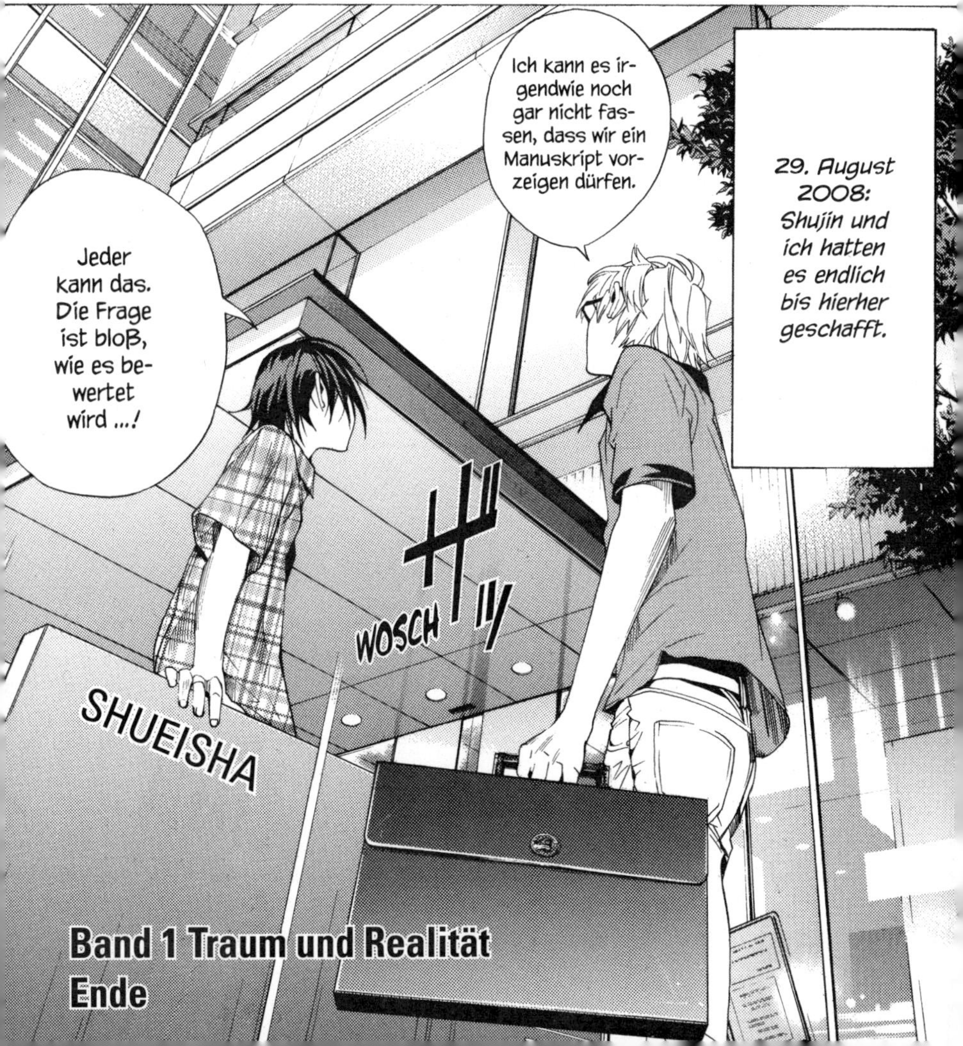

29. August 2008: Shujin und ich hatten es endlich bis hierher geschafft.

Ich kann es irgendwie noch gar nicht fassen, dass wir ein Manuskript vorzeigen dürfen.

Jeder kann das. Die Frage ist bloß, wie es bewertet wird ...!

WOSCH

SHUEISHA

Band 1 Traum und Realität Ende

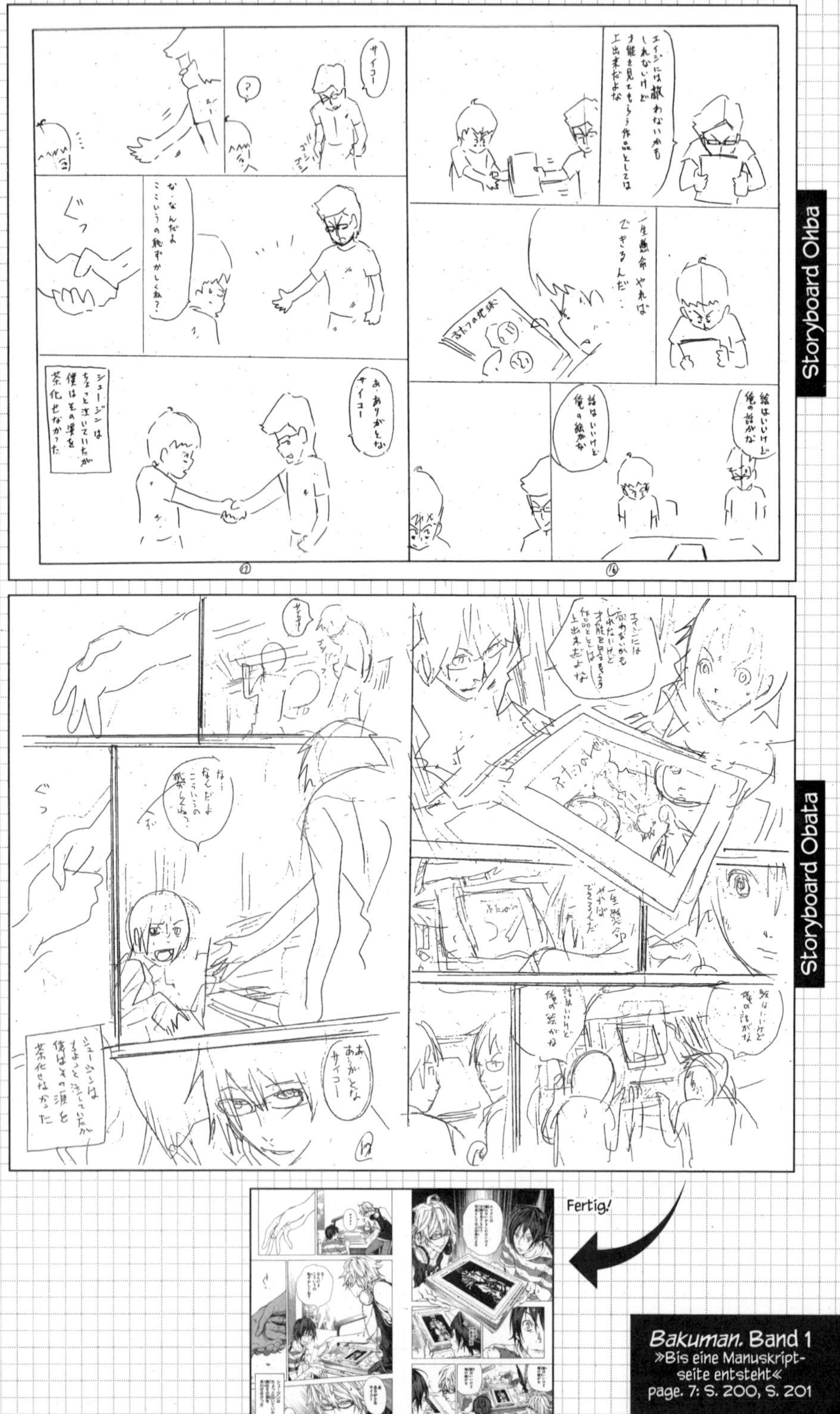
Storyboard Ohba
エイジには敵わないかもしれないけど才能を見てもらう作品としては上出来だよな
一生懸命やればできるんだ・・・
絵はいいけど俺の話がな
話はいいけど俺の絵がな
サイコー
？
ぐっ
な、なんだよこういうの恥ずかしくね？
あ、ありがとなサイコー
シュージンはちょっと泣いていたが僕はその涙を茶化せなかった
Storyboard Obata
Fertig!
Bakuman. Band 1
»Bis eine Manuskript-
seite entsteht«
page. 7: S. 200, S. 201

BAKUMAN。

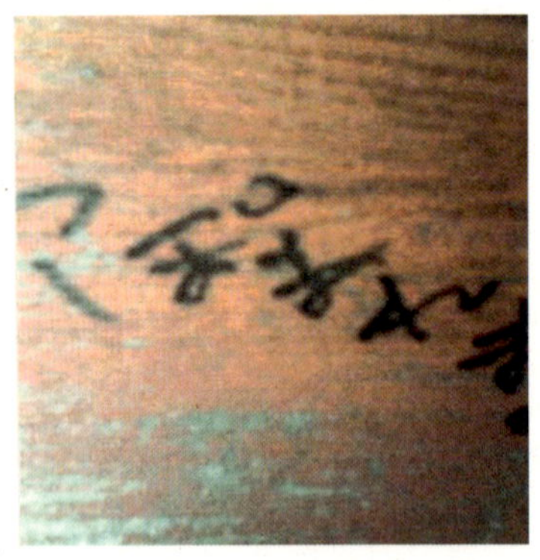

Tsugumi Ohba:

Viele Kinder denken, das Leben sei lang.
Viele alte Menschen denken, das Leben sei kurz.
So kommt es mir vor …

Weekly Shonen Jump 2008, Nummer 37/38 bis 44

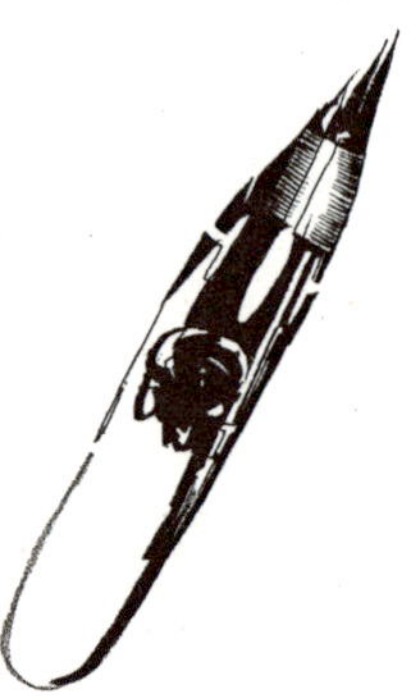

Takeshi Obata:

Diese Serie enthält keinerlei Fantasyelemente.
Ich bin ganz aufgeregt.

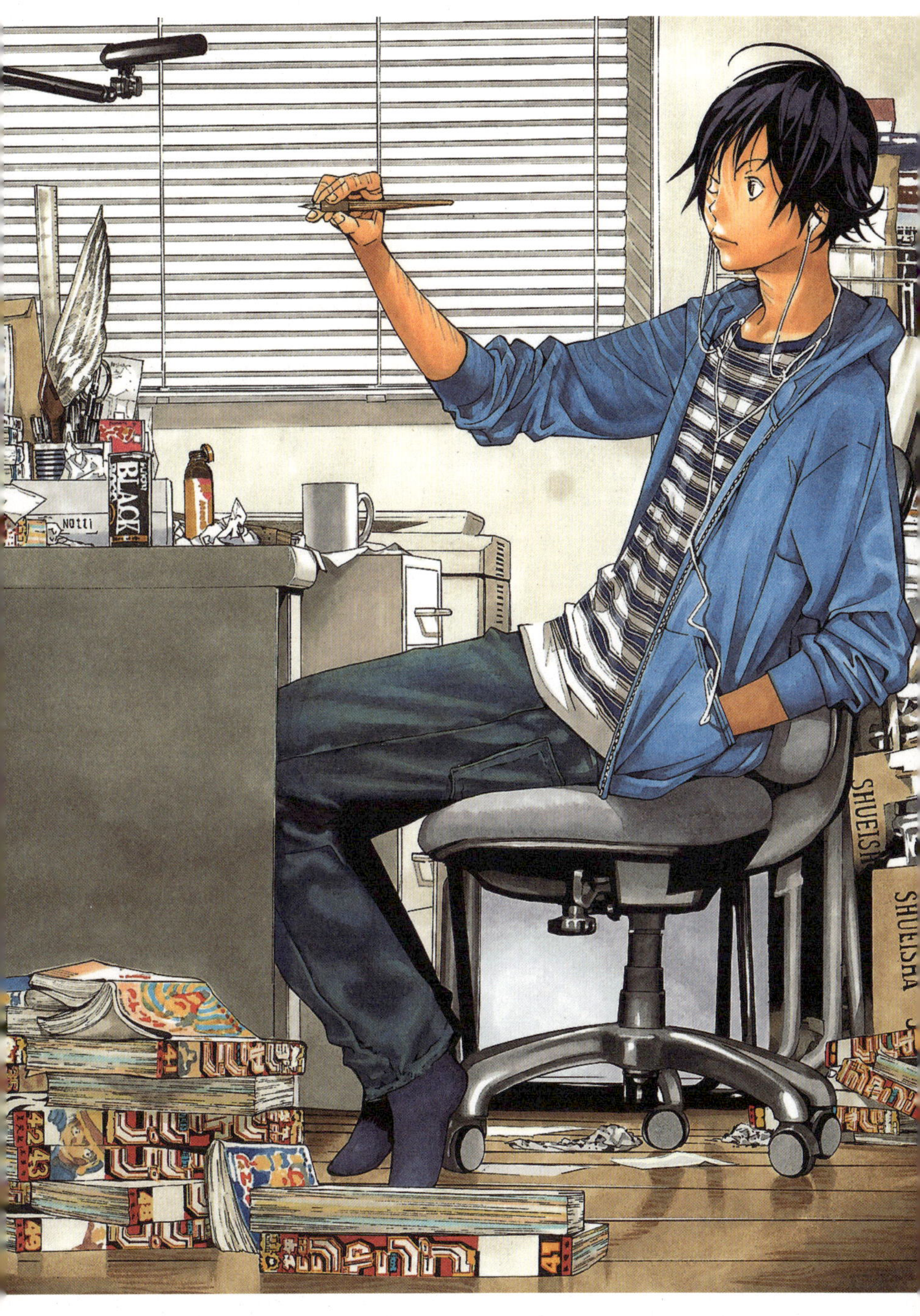
BLACK
SHUEISHA

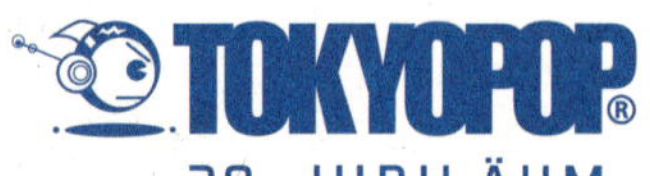

TOKYOPOP GmbH
Hamburg

TOKYOPOP
Einmalige Auflage, 2024
Deutsche Ausgabe/German Edition

Aus dem Japanischen von Yuki Kowalsky

BAKUMAN.

First published in Japan in 2008 by SHUEISHA Inc., Tokyo.
German translation rights in Germany, Austria and German-speaking Switzerland arranged by SHUEISHA Inc. through VME PLB SAS, France.

Konzept der Jubiläumsedition: Benjamin Spinrath
Coverdesign der Jubiläumsedition: Annika Meyer-Wülfing

Redaktion: Benjamin Spinrath, Diana Hammermeister
Lettering: Datafix, Inc.
Herstellung: Annika Meyer-Wülfing, Fabian Salzmann
Druck und buchbinderische Verarbeitung:
CPI – Clausen & Bosse GmbH, Leck
Printed in Germany

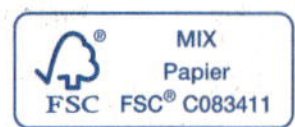

Wir achten auf die Umwelt.
Dieses Produkt besteht aus FSC®-zertifizierten und anderen kontrollierten Materialien.

ISBN 978-3-8420-9710-0

www.tokyopop.de

BAKUMAN。